二松學舎ブックス

今、なぜ「大学改革」か？

私立大学の戦略的経営の必要性

学校法人二松学舎 理事長
水戸 英則 編著

丸善プラネット

刊行に寄せて

日本私立学校振興・共済事業団 理事長　河田 悌一

　二松學舍に学んでよかった——という言葉を聞いたのは、もう半世紀近く前のことである。

　そう言われたのは、尊敬する竹内実先生。中国学を専攻する私の師である。

　竹内実先生はこう言われた。「己を修め人を治め一世に有用なる人物を養成する」という二松學舍の"建学の精神"が、自分自身が学んだことを世のため人のために活用し社会に還元せねばならぬとする、現在の自分の人間的基盤になっているのだ、と。そして、ご子息を二松學舍大学に進学させられたのだった。

　山東省に生まれ、19歳まで中国で育ったのち二松學舍で学び、学徒出陣して生き残った竹内実（1923〜2013、京都大学名誉教授）先生は、20世紀後半からその死まで、日本を代表する世界的中国学者であった。

　このたび、その学校法人二松學舍の理事長である水戸英則氏が、大学改革の重要性、私立大学の戦略的経営の必要性を論旨明快かつ説得的に説いた書物を、上梓されることになった。題して『今、なぜ「大学改革」か？——私立大学の戦略的経営の必要性——』。

　本書は、1969年に日本銀行に入行したのち約35年間、日本と世界の金融業界の荒波のもとで活躍された、国際的経済人である水戸氏が、10年前に教育界、特に日本の私立大学経営に身を投じた経験を基に、137年の歴史と伝統を擁する二松學舍大学を、自分で考え、判断し、活動する学生諸君を輩出する、より存在感のある学園に改革した貴重な証言集である。

　日本の私立大学の歴史的軌跡と現状の描写に始まる本書は、21世紀のグローバル化と少子化の中で、私立大学特に中小規模の私学が、いかに教育改革と経営改革を戦略的に行わなければならないか——を、豊富なデータと著者の経験知に基づいて論じている。まさに、日本の私立大学の置かれた客観的状況と水戸氏自身の鋭い経営感覚を生かす実践との統一、すなわち王陽明の言う"知

行合一"の書といえる。

　そうした意味から、本書は日本各地で日夜、学校経営に悪戦苦闘されている学校法人の方々、資金不足に悩む多くの国立大学法人、公立大学法人に属する人々など、国公私立を問わず、すべての学校運営に携わる教育関係者にとって、豊富な具体例を有するまさに必読の書ということができよう。

　文部科学省国立大学評価委員会委員の同僚として、また大学関係の各種の会議の席上で著者・水戸英則理事長の誠実で真摯なお人柄を崇拝する後輩のひとりとして、私は諸手を挙げて本書を広く日本の大学人に推奨するものである。

刊行に寄せて

日本私立大学協会事務局長　小出秀文

　今般の本書の刊行は誠に時宜を得たものである。全体構成を見ると、まず私立大学の歴史から書き下ろし、私学経営の課題を選び出し、当該課題の解決策を含めて、現在学校法人二松学舎において実践中の中長期計画、「N' 2020 プラン」へと誘導している。また私立大学経営の要諦たる財務についての解説、収益事業会社経営、信用格付け取得問題、私学の情報公開・IR 問題にも論を進めている点など、私学経営に必要なエッセンスが詰め込まれており、非常に興味深く拝読した。加えて国の文教政策動向と私立大学団体連合会、私立大学協会の取り組みも紹介しており、これからのオールジャパンの私立大学の方向性を示している。

　大学の今日的課題について、深い見識と豊かな経験に裏打ちされた論考にあらためて敬服する。大学の経営責任者としてのワイドな情報収集、洞察には重ねて共鳴し敬意を表したい。

はじめに

　筆者は、平成16年に金融界から教育の世界に入った。教育業界に入った理由は、地方勤務時に地元私立大学で、請われて金融論の非常勤講師を兼務で約6年続けたが、その時に大学教育の大切さ、重要性を身に染みて感じたからである。その後私立大学経営に従事して、足かけ10年、少子化や知識基盤社会化の進展等環境激変の中で、経営・教育改革を進めてきた。特に、学校経営手法面においては、企業経営の原則を応用できるところは導入するなど、改革を行ってきたが、本書はこの間の経緯を、内外の講演・研修講話録をもとに書き記したものである。また同時に、文部科学省国立大学法人評価委員会委員、同分科会専門員、同財務・業務専門部会委員、日本高等教育評価機構評価員、日本私立大学協会監事などを務め、文部科学省、日本私立学校振興・共済事業団(以下「私学事業団」)、日本私立大学団体連合会、日本私立大学協会やその他調査機関から発出されている多くの私立大学に関する文献、同経営・教育改革等関連資料に触れる機会も多く、本書では、これらの資料を系統的に組み直しつつ引用、掲載することに努めた。本書により私立大学への理解を深め、同時に学校経営・教育両面に新たな何らかの示唆を与えることができれば幸甚である。
　以下、本書の概要を述べることとする。
　文部科学省調査による我が国の18歳人口は、1966年(昭和41年)、第一次ベビーブームの249万人をピークに、途中1992年(平成4年)に第二次ベビーブームの205万人を次のピークとしてその後は減りつづけ、2013年(平成25年)には123万人と急減している。今後60万人に向けてさらに減少していく見通しで、80年間で約4分の1へと激減していくことになり、現在の大学進学率50%前後が続いたとすると、大学進学者も大きく減少していく見通しである。
　一方、国・公・私立大学総数の推移をみると、ここ20年間、国・公立大学は、37校増加、私立大学は222校増加と私立大学が大きく増加している。現状、私立大学の大学総数に占める割合は8割弱に及び、また私立大学の全大学の在籍学生に占める割合は7割強を占めるに至っており、我が国の大学におけ

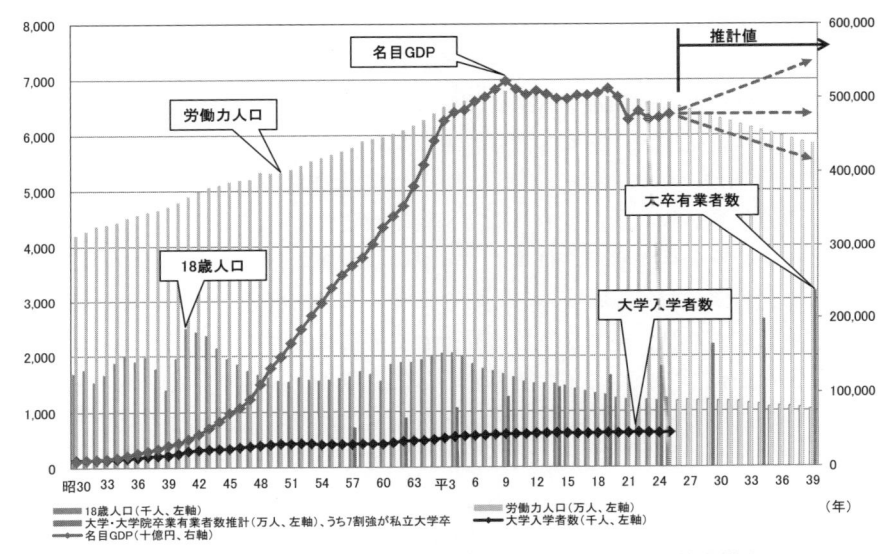

図　18歳人口、労働力人口、我が国国力における大卒の位置付け

(注) 18歳人口及び大学入学者数は「学校基本調査」、労働力人口実績は「労働力調査」より、年平均ベース。
　　労働力人口とは、15歳以上の人口のうち、就業者と失業者の合計。
　　将来の労働力人口は厚生労働省データを参考に予想し、大学・大学院卒業有業者は5年毎の「就業構造基本調査」を基に推計した。
(出所) 文部科学省「学校基本調査」、厚生労働省「労働力調査」、「就業構造基本調査」、総務省統計局

る私立大学の役割は非常に大きなものがある。

　今後、さらに大学進学者数が減少し、一方大学数が増加すると、入学定員に対して応募者が等しくなる大学全入時代の到来が目前である。平成25年度時点でも、私立大学の約40.3％、232校が定員未充足の状況にあり、こうした傾向は、ますます顕著になり、結果的に、経営上厳しい状況に陥る大学が、特に私立大学において増加していくことが懸念される。

　また、平成25年初、内閣官房に設置された教育再生実行会議では、こうした大卒層が我が国の土台を支える労働力と考えれば、図のとおり、我が国の18歳人口の減少に伴う労働力減少が、つれて我が国の国力を示すGDP（国内総生産）の減衰に繋がりかねないとの懸念もあり、「大学力は国力である」（安倍総理大臣）との掛け声の下、グローバル人材、イノベーション創出人材の育

v

成を含め高等教育に対する公的財政措置等を通じて、大卒層の質・量両面の引き上げのため、国公私全大学の教育・経営両面の全般的な改革を並行して進めていく必要があるとの提言を公表している。

このように、我が国の私立大学は大きな転換点を迎えつつあり、上述の教育再生実行会議は、私立大学の役割について次のとおり言及している。「少子高齢化が急速に進む中、加速度的に知識基盤社会化する世界にあって、高等教育の約 8 割を担う私立大学は、日本の「分厚い中間層」を支える土台である。従って、私立大学に対する助成は、これを支える基盤的経費として相応しい効果を挙げる必要があり、多様な特色の発揮と質的充実に向けた支援及びメリハリある配分を強化していく必要がある」としている。

このためにも、私立大学は学生の量・質両面にわたる引き上げのための教育改革と経営改革を同時に進め、国公立大学以上の改革実績を示していく局面にあることを認識することが必要である。

まず教育改革については、これまでの大学教育が基礎、応用、専門知識を一方通行的に行う教育形態であったが、理論面に加え実態面の事象を関連づけて教えるなど、双方向・課題解決型授業やアクティブラーニング等学生が主体的に学べるように教育方法の工夫を要するところである。さらに、グローバル化や知識基盤社会化、ICT 化が進み、社会の価値観が目まぐるしく塗り替わる現在、学生にはこうした動きを主体的に学びたいというニーズがあり、教育内容に加味していく必要がある。言い換えれば、教育はいわゆる「マーケットイン」の考え方で、変化する環境に適応できる教育を行っていくことが肝要である。この結果、学士課程 4 年間に、基礎・専門知識のほか課題解決力、創造力、社会的責任能力等社会を生き抜く力を付ける教育を行うとの観点で、教育改革を推進していく必要がある。

また、経営改革については、従来型の学校経営に、例えば企業経営の原則、「強いガバナンス」「マーケットインの考え方」「情報公開（ディスクロージャー）」「公共性・地域性」を織り交ぜながら、新しい大学経営の形を構築していくことが必要と考えられる。

大学改革は、我が国経済の「失われた 20 年」と時を同じくして、これまで思うほど進捗をみていないことも事実である。なぜ変わらないのか、その理由

をきちんと抽出し、当該課題解決を通じて、今こそ、真の改革を私立大学が率先して実行していく時である。そういう意味で、平成25年7月に日本私立大学団体連合会が発出した「私立大学、6つのアクションプラン」はまことに時宜を得たもので、これを着実に実施していくことが肝要であり、本学が加盟している日本私立大学協会でも加盟校に対して、本改革の実行について、諸局面からのバックアップを行うべきものであると考える。その上で、今回の教育再生実行会議で議論されていない国公私各大学の基本的なミッションの再定義、国公私に対する財政支出の配分の見直し等、名実共のパラダイムシフトが為される時を待つべきである。

　最後に本書の編纂にあたっては、序章から第6章及び第10章から第12章、参考2、3を水戸英則が、第7章、第8章、参考1を常任理事野田恒雄が、第9章、参考4は企画財務課長島田穂隆が、計表整備等を同課大野昌美が、その他整理を同課中嶋剛が担当した。総監修は水戸英則が行った。また、文部科学省高等教育局各部署の担当の方々をはじめ、私学事業団、日本私立大学協会等関係各所からご協力方々種々のご示唆を頂いたことを感謝したい。

　2014年9月

　　　　　　　　　　　　　　　学校法人二松学舎　理事長　水戸 英則

目 次

はじめに

序章　我が国の私立大学の歴史と現況 ── 1
1. 私立大学の歴史 ── 2
2. 18歳人口の推移と大学数 ── 3
3. 私立大学の現況 ── 5
4. 私立大学の志願者数、入学定員充足率の推移、進学率等 ── 8
5. 私立大学、学校法人の関連法 ── 12

第1章　私立大学を巡る環境の激変と先行きの課題 ── 27
1. 私立大学の教育・経営を巡る構造調整圧力 ── 28
2. 行政の対応 ── 36

第2章　中小規模私立大学の経営改革の必要性 ── 49
1. 企業経営4つの原則 ── 50
2. 企業経営と大学経営の比較、大学経営改革の必要性 ── 54
3. 教育改革の必要性 ── 70

第3章　私立大学の戦略的経営と中長期計画 ── 87
1. 私学の中長期経営計画について ── 88
2. 中長期計画の策定方法 ── 92
3. 中長期計画の主要課題 ── 95
4. 二松學舍の中長期計画（マスタープラン）の作成 ── 96

第4章 私立大学の戦略的経営モデル ——— 101

1. 大学教職員の意識改革 ——— 103
2. 大学経営のガバナンス強化 ——— 103
3. 教育・研究の不断の改革 ——— 105
4. 情報公開と社会的責任 ——— 110
5. 財務改革・中長期財務計画の策定 ——— 112
6. 外部評価の活用 ——— 114

第5章 N'2020 Planの策定 ——— 117

1. N'2020 Plan（長期ビジョン）の基本理念 ——— 118
2. N'2020 Plan（長期ビジョン）検討委員会 ——— 120
3. N'2020 Plan（長期ビジョン）5つの柱 ——— 122

第6章 アクションプランと進捗管理体制 ——— 139

1. アクションプラン ——— 140
2. アクションプラン推進管理上の留意点 ——— 144

第7章 私立大学の財務について ——— 147

1. 私立大学の収支構造 ——— 148
2. 学納金（学費） ——— 150
3. 寄附金 ——— 153

4. 補助金 ──────────────── 158
　5. 資金運用 ─────────────── 165
　6. 私立大学における収益事業 ──────── 169
　7. 経理・財務の仕事、担当する者の心構え ── 171

第8章　私学における収益事業会社設立の意義 ── 173

　1. 学校法人で行う収益事業の考え方 ───── 174
　2. 本学での事業会社設立の経緯 ─────── 176
　3. 事業会社設立の目的・役割 ──────── 177
　4. 本学での事業会社運営のポイント ───── 179
　5. 設立後の状況と今後の展開・課題 ───── 180

第9章　私学の信用格付取得の意義と留意点 ── 183

　1. 信用格付とその定義 ──────────── 184
　2. 私立学校における格付取得の意義 ───── 186
　3. 私学の格付取得状況 ──────────── 188
　4. 本学における格付取得の目的と位置づけ ── 190
　5. 格付更新作業の概要とスケジュール ──── 193
　6. 取得上の留意点 ────────────── 196

第10章　情報公開と私学IR ────────── 201

　1. 私学の情報公開のこれまでの流れ ───── 202
　2. IRの実例 ──────────────── 212

第11章 教育再生実行会議の提言からみた大学全般の諸課題とその中における私学の諸課題 ─── 219
1. 大学改革論議の背景 ─── 220
2. 教育再生実行会議の提言の概略（第三次提言）─── 223

第12章 私立大学の今後の方向 ─── 249
1. 私立大学の役割の再確認とパラダイムシフト ─── 250
2. 私立大学の方向づけ、失われた20年を繰り返さないために ─── 252
3. 私大連合会の打ち出したアクションプランの確実な実行を ─── 253

【参考1】私学財政の特徴と仕組み ─── 257
【参考2】私立大学、学校法人の関連法 ─── 274
【参考3】私立大学アクションプラン（日本私立大学団体連合会平成25年7月公表）─── 283
【参考4】学校法人二松學舍　アクションプランの課題 ─── 293

参考文献 ─── 302

序　章

我が国の私立大学の歴史と現況

1．私立大学の歴史

「私立大学」とは、学校法人及び株式会社によって設置される大学を意味し、1899年（明治32年）に制定された私立学校令（勅令第359号）に代わり、1949年に法制化された私立学校法（昭和24年法律第270号）の中で、同1条において「私立学校を自主的かつ公共的機関として」位置づけ、同3条において「学校法人とは、私立学校の設置を目的として、この法律に定めるところにより設立される法人をいう」と規定されており、この法律により初めて学校法人という言葉が使われたといえる。なお、同年に国立大学設置のために、国立学校設置法も制定されている。

その歴史を『文部科学省学制100年史』から、要点を概略みていくと、明治維新直後、明治政府による大学創設計画は、京都の国学中心で進められ、その後東京で洋学中心に進められた。また、全国各地の藩校や私塾なども近代的な教育機関として、改革する動きが起こり、これらもその後専門学校を経て、旧制、新制大学へと発展していくことになる。

まず、1868年4月に明治政府直轄の高等教育機関として「京都学習院」[1]が興され、江戸幕府の昌平坂学問所、開成所などがそれぞれ昌平学校、開成学校として開校され、1869年には、これらが統合され大学校と命名された。その後1871年、文部省が設置され、1872年学制が施行、当初は初等教育機関の普及に力が入れられ、最高学府は当時の専門学校であった医学校（高等教育機関）と中学（中等教育機関）の2つであった。1877年東京医学校と東京開成学校が合併し東京大学（旧）が創設され、その他官公立の専門学校が18校、私立の専門学校が34校であった。1879年教育令公布により学制は廃止、地方官に与えられた権限を縮小し、学区制は廃止となった。1886年帝国大学令の施行により帝国大学（後に東京帝国大学と名称を変更・東京大学）、1896年京都帝国大学、1907年東北帝国大学、1911年九州帝国大学が設立され、さらにこれまで旧制専門学校が公立私立の旧制大学へと移行し、学位の授与を行うことができるようになった。

私立大学は、その後1920年2月に慶應義塾大学、早稲田大学が共に最初の旧制私立大学として認可され、同年4月には日本大学、法政大学、明治大学、

中央大学、國學院大学、同志社大学が、1922年には専修大学、立教大学、大谷大学、龍谷大学、同年5月には東洋協会大学（現・拓殖大学）、立命館大学、関西大学、1924年には立正大学、1925年には駒澤大学、東京農業大学、1926年には日本医科大学、大正大学、高野山大学、1928年には東洋大学、上智大学、1932年には関西学院大学が認可された。第二次世界大戦中は東亜同文書院大学（終戦時廃止）、皇学館大学、興亜工業大学（現・千葉工業大学）、大阪理工科大学（現・近畿大学）が認可された。終戦後は1947年に学校教育法が施行されるまでに、1946年大阪医科大学（私立）、久留米医科大学（現・久留米大学）、昭和医科大学（現・昭和大学）、東海大学、順天堂医科大学（現・順天堂大学）、東京医科大学、東京歯科大学、愛知大学、玉川大学などが大学令に基づき認可された。その後、学校教育法が1947年（昭和22年）4月に施行され、同時に専門学校令は廃止され、専門学校は新制大学に移行する措置をとることとなり、その他の私立大学が設立されることとなった。

2．18歳人口の推移と大学数

次に18歳人口の推移と大学総数や大学在籍者の国公私別のマクロ的な動きについて、みていきたい。

18歳人口と大学数の推移について、図0-1でみると、昭和41年第一次ベビーブーム時は249万人、平成4年205万人、25年は123万人となっており、今後15年間は110万人が続き、その後10年間100万人となり、その後は60万人に大きく減少していく形となっている。すなわち、18歳人口は過去40年あまりで1/2、今後40年でさらに1/2になり、80年かけて1/4とすさまじいスピードで減少していくことになる。図にみるとおり進学率は50％前後で推移しており、60万〜61万人が、大学進学している。一方同じ図で大学数の推移をみると、図のカッコ内の上段が大学総数下段が私立大学数で、昭和41年が346大学中235大学、平成25年が782大学中606大学が私立大学となっている。すなわち、18歳人口がほぼ半減している中、私立大学は235大学から606大学へ371大学増えているという事実がある。素直に考えると、志願者が少なくなる中、入学定員は増加していき当然需給ギャップが開いていくことに

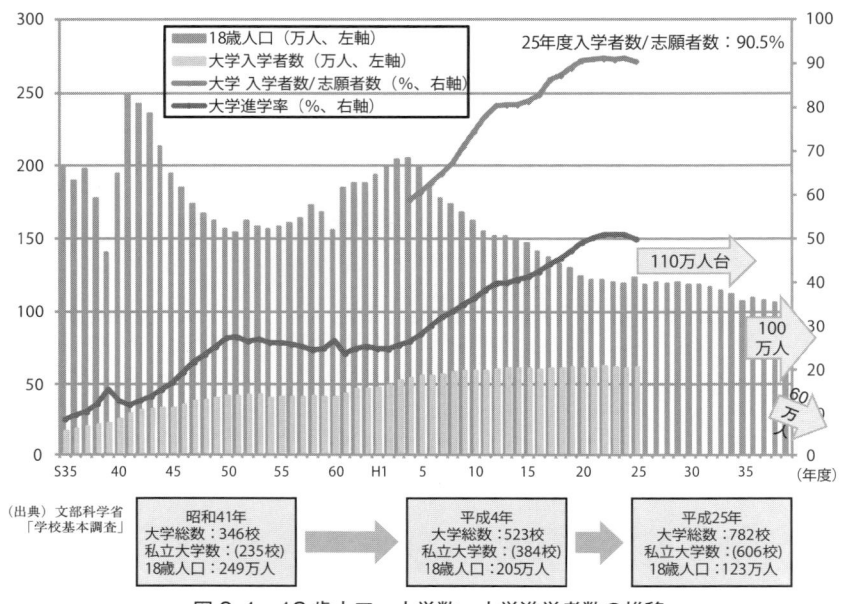

図 0-1　18歳人口、大学数、大学進学者数の推移

なる。現状はまだ志願者のほうが多い状態であり、その率は90.5％、そのギャップは6万人程度志願者が多い状態であるが、今後はこれが等しくなると全入時代に入り、さらに志願者が減ると定員充足ができない大学が出てくることは自明である。特に私立大学については、18歳人口の激減に反比例する形で大学数が増加してきており、これによる収容定員増と志願者数減の需給ギャップの拡大が、将来、定員充足ができない大学の増加につながり、定員割れによる財務悪化から経営難の私学が相当数出現するのは、必至の状況であると判断される。事実、現在でも、定員充足率において地域格差が歴然と出てきており、特に地方所在の私立大学は、先行きの懸念が大きいものがあると思われる。

3．私立大学の現況

　私立大学数は、平成25年度学校基本調査によれば、大学総数782校のうち、606校と総数の約78％を占めている（表0-1）。また、在籍学生数は総計287万人であり、そのうち私立大学在籍学生数は約211万人と73％強を占めており（表0-2）、「大学数において約8割、在籍者数において7割強」を占めるなど我が国の国力を支え労働力層を構成する重要な役割を果たし、少子高齢化が進む今後においても、その役割はきわめて大きい。

　大学生の在籍割合について、この状況を海外と比較すると、例えば米国は私立大学の在籍学生の割合が35％と我が国に次いで高率となっているほかは、ドイツ4％、フランス2％、英国に至っては0.1％ときわめて低率になっている。このように我が国では、高等教育に占める私立大学の在籍学生数が突出して高い状況にあり、重ねて、我が国の国力維持の上で私立大学の果たす役割はきわめて大きいものといえる。

表0-1　国公私立大学数の割合　　　　　　　　　　（校、％）

	国立	公立	私立	総計
平成25年度	86（11.0）	90（11.5）	606（77.5）	782（100）

（出典）文部科学省「学校基本調査」より集計

表0-2　大学在籍者数推移　　　　　　　　　　　　　（人）

		昭41年	平成4年	平成15年	平成24年	平成25年
全体A		1,044,296	2,293,269	2,803,980	2,876,134	2,868,872
	国立	256,603	543,198	622,404	618,134	614,783
	公立	42,539	69,522	120,463	145,578	146,160
	私立B	745,154	1,680,549	2,061,113	2,112,422	2,107,929
私立／全体 B/A		71.4％	73.3％	73.5％	73.4％	73.5％

（出典）文部科学省「学校基本調査」より集計

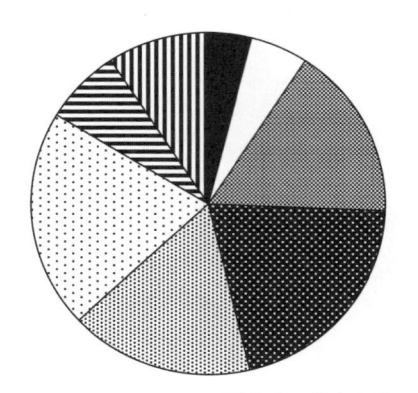

図 0-2　私立大学の地理的分布

したがって、今後の高等教育全体のあり方として、私立大学の果たす役割と国としての私立大学に対する財政的な対応を含め、検討をしていく必要性があると考えられる。この点については、最終章「私立大学の今後の方向」にて、説明したい。

次に私立大学が位置している地理的な分布をみると、図0-2のとおり北海道が24校、東北が32校、関東（東京都を除く）が99校、東京都125校、北陸・甲信越・東海（愛知含む）が102校、近畿（大阪、京都含む）125校、中国・四国43校、九州・沖縄56校となっており、やはり大都市周辺に立地している学校が多い（「学校基本調査」による）。また規模別にみると、表0-3のとおり平成25年度の1学年の入学定員100～400人未満の校数は284校、定員400～800人未満の校数は133校、定員800～3,000未満の校数は136校、同3,000人以上の大規模大学が23校となっており、調査対象校576校のうち417校、72％が1学年定員800人未満の中小規模大学となっている（日本私立学校振興・共済事業団（私立事業団）による）。

次に、私立大学の学校数推移をみると、表0-4のごとく、戦後昭和24年（1949年）には92校、10年後の昭和34年（1959年）には135校、その後第一次ベビーブーマーが高校を卒業する昭和41年（1966年）に235校、第二次ベビーブーマーが高校を卒業する平成4年（1992年）には384校となり、その後さらにこの21年間では、222校増加し、平成25年（2013年）現在では、

序章　我が国の私立大学の歴史と現況

表 0-3　学年入学定員別の私立大学校数　　　　　　　　　　（校）

	100～400 未満	400～800 未満	800～3,000 未満	3,000 以上
平成 24 年度	283	136	135	23
25 年度	284	133	136	23
増減	＋1	△3	＋1	0

（出典）日本私立学校振興・共済事業団「私立大学・短期大学等入学志願動向」

表 0-4　大学数の推移　　　　　　　　　　（校）

学校種		昭24年	昭34年	昭41年	平4年	平10年	平20年	平25年
大　学		178	239	346	523	604	765	782
	内国立	68	72	74	98	99	86	86
	内公立	18	32	37	41	61	90	90
	内私立	92	135	235	384	444	589	606
短期大学		0	272	413	591	588	417	359
	内国立	0	24	24	39	25	2	0
	内公立	0	38	39	53	60	29	19
	内私立	0	210	350	499	503	386	340
総　計		178	511	759	1,114	1,192	1,182	1,141

（出典）文部科学省「学校基本調査」

606校を数えるに至っている。このように少子化が叫ばれながら、この期間、私立大学が増加した一つの背景には、同表下欄の短期大学の項に示されるとおり、私立短期大学が大学に昇格したものが159校あり、この要因によるものが大きい。

4．私立大学の志願者数、入学定員充足率の推移、進学率等

　私立大学への志願者数と入学者数、定員数の動きを平成25年度計数と、約20年前の平成4年の数字と比較してみると、表0-5のとおり、学校数は197校増加し、入学定員は10万2,773人増加、一方志願者は103万4,335人減少したものの、合格者は大学数の増加から入学定員が増加したため31万6,310人増加している。また志願者倍率は12.44倍から7.39倍へ5.05ポイント減少、入学定員充足率はこの20年間で117.69から105.58へと12.11ポイント減少しており、この結果、合格率は35.12%と20年前と比較し、15.45ポイント上昇している。このように18歳人口の減少を、大学数の増加による入学定員増で埋め合わせてきている状況にあるが、一方では、地方所在の私立大学では入学定員を充足できない学校も増加している。

　次に文部科学省学校基本調査による我が国の大学進学率をみると、平成21年度から25年度の5年間、平均50.6%と、微増、微減を繰り返しながら推移してきており、平成25年は49.9%と前年度50.8%比0.9ポイント下落している。

表0-5　入学志願者数等の動き

	平成4年A	平成24年	平成25年B	B－A
集計学校数（校）	379	577	576	197
入学定員A（人）	355,683	455,780	458,456	102,773
志願者B（人）	4,424,506	3,198,128	3,390,171	▲1,034,335
受験者C（人）	4,223,458	3,074,603	3,266,528	▲956,930
合格者D（人）	830,940	1,117,758	1,147,250	316,310
入学者E（人）	418,616	474,893	484,024	65,408
志願者倍率B/A（倍）	12.44	7.02	7.39	▲5.05
合格率　D/C（%）	19.67	36.35	35.12	15.45
入学定員充足率E/A（%）	117.69	104.19	105.58	▲12.11

（出典）日本私立学校振興・共済事業団「私立大学短期大学等入学志願動向」

その前5年間（平成16年から同20年まで）の同推移をみると、この間の平均が45.7％であり、平成16年から同25年まででは7.5ポイント進学率は上昇しているが、この間の18歳人口は約20万人の減少があり、大学進学者数は結果的には、平成12年度から同25年度まで、各年60万～61万人と固定される結果となっている（表0-6）。この大学進学率は今後どのように推移するかであるが、国の高等教育への施策が現状と大きく変わらず、過去5年間の大学進学率（50.6％）が続くと仮定すれば、当面、18歳人口自体は110万～120万人前後で推移していくと予想されているので、大学進学者数も55万～60万人前後で推移していくとみられる。

これまでは、18歳人口が平成12年度151万人から同25年度123万人へと30万人近くも大きく減少したことに加え、大学数の増加による入学定員増から、定員割れの要因が増大してきたが、この間の進学率の上昇から全体として何とか定員を確保してきた。しかしながら、地方所在の大学等を中心に定員割れの大学は、現状私学の40.3％、232大学を占めている。したがって、進学率がこれ以上上昇しないとすれば、これ以上の大学増加は、この状況をさらに悪化させる形となるため、行政上、どのような対応を取るべきか悩みが大きいところであろう。むしろ18歳人口の減少が当面110万人前後と10年間は横ばいで推移していくこの時期に、既存の私学の経営・教育改革を重点的に行っていくことが肝要と思われる。また進学率の引き上げのためには、国の私学を含め

表0-6　18歳人口、大学進学率、大学進学者数推移比較

平成	4年	12年	16年A	20年	21年	24年B	25年C	C－A	C－B
18歳人口 （万人）	205	151	141	124	121	119	123	▲18	4
大学 進学率(%)	26.4	39.7	42.4	49.1	50.2	50.8	49.9	7.5	▲0.9
大学 進学者数 （万人）	54	60	60	61	61	61	61	2	1

（出典）文部科学省「学校基本調査」、大学進学者には高校卒業既往年次卒業生を含む。

た高等教育全般に対する公的財政支出の引き上げ等の施策の充実化が必要となるところである。

ここで、大学進学率を、OECD（経済協力開発機構）加盟国の各国の高等教育機関進学率（2010年調査分、図0-3参照）と比較すると、OECD加盟諸国の平均は62％となっている。この中で、進学率の一番高い国はオーストラリアの96％、アイスランドの93％、そしてポルトガル、ポーランドと続き、我が国の51％は22番目となっており、加盟国中かなり低位にあるといえる。我が国は高学歴社会だと思っていたが、気がついてみると、低学歴社会に陥っていたということである。今後我が国の進学率がどのような推移を辿るかは、予断を許さないところがあるが、いずれにしろ趨勢的な少子化による労働者人口の中核を成す大卒者の枯渇化は、我が国の国力を支える労働力の減退に繋がることとなり、国策としての財政措置も含めた対応とともに、この進学率を引き上げていかざるを得ない状況にあるといえる。

次に私立大学の平成25年度定員充足状況（表0-7）をみると、定員充足100％以上の大学は344大学、80％以上100％未満の大学が125大学、50％以上80

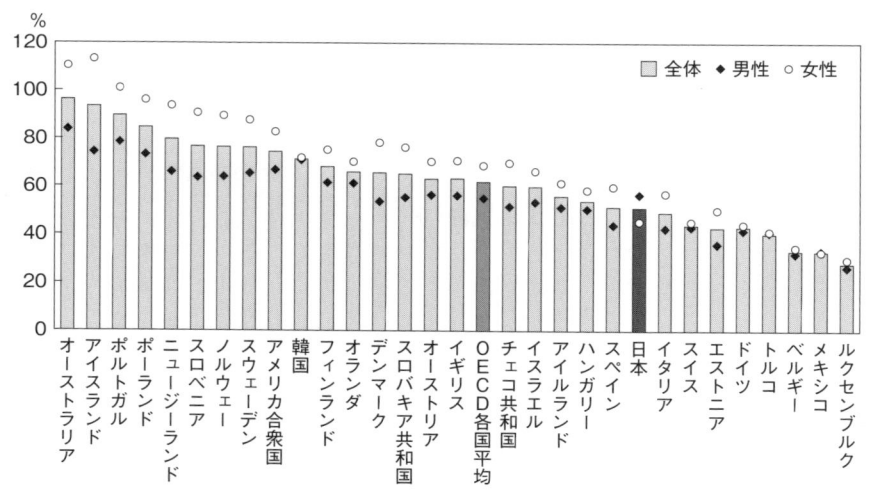

図0-3 平成22年度（2010年）大学進学率（OECD加盟国）
（出典）OECD『図表で見る教育2012年度版』

％未満の大学は90大学、50％未満の大学が17大学となっており、定員割れ大学は232大学、私立大学総数に占める比率は40.3％となっている。計表でもわかるように20年前の平成4年度と比較すると、定員割れ大学（100％割れ）の割合は年々上昇、実に205校増加しており、特に平成14年度以降、定員未充足大学が大幅に増加、その後18年度以降は毎年4割前後の私立大学で定員未充足状況が続いている。また、充足率70％未満の大学は、この約20年間で58大学増えているほか、50％を充足できない大学も16校増加している。

これまで定員割れをみた私立大学では、その収入構造、すなわち収入総計に占める学納金の割合が高く、定員割れに伴って徐々に収入が減少していき、財務状況の悪化をみており、悪化先は定員割れ大学の増加とともに広がりをみせており、こうした先を中心に、改革を通じた経営改善が望まれるところである。

このように私立大学を巡る環境は、まずは少子高齢化の進展に伴う、18歳

表0-7　私立大学定員充足率　　　　　　　　　　　　（校）

充足率	4年度A	14年度	23年度	24年度	25年度B	B-A
130％以上	75	65	3	4	6	▲69
120％台	90	115	55	36	58	▲32
110％台	110	113	170	147	137	27
100％台	77	71	121	126	143	66
90％台	21	31	60	74	59	38
80％台	4	37	56	69	66	62
70％台	1	27	49	47	48	47
60％台	0	14	26	36	25	25
50％台	0	22	16	20	17	17
50％未満	1	13	16	18	17	16
100％未満	27	144	223	264	232	205

（出典）日本私立学校振興・共済事業団「私立大学入学志願動向」

人口の激減を背景に非常に厳しい状況であり、一方でこうした大学卒業生の減少が、若手中間層労働力の減退へとつながり、我が国の先行きの国力を低下させる懸念から、若年層に対しいかに教育を施し質的に引き上げて、量の不足を補うかが重要な課題である。18歳人口の逓減傾向が一旦減速していく今後10年間が、私学の経営立て直しの好機であり、この間に私立大学の経営改革、教育改革を行っていく必要性は、従来にも増して喫緊かつ重要な課題になると考えられる。一方国も以下に述べるとおり、高等教育に対する公的財政支出を引き上げ、また国公私各大学の役割やミッションの再定義を行いつつ、その財政支出割合の見直しも含めた包括的な教育改革を進めていく必要がある。

5．私立大学、学校法人の関連法

　私立大学、学校法人の関連する法律は、①教育基本法、②学校教育法、③私立学校法、④私立学校振興助成法の4つである。私立大学を取り巻く各法律の相関図は図0-4のとおりとなっている。
　以下、各法律について日本私立大学協会基本問題研究科委員会作成の資料から引用する形で解説をしていくこととする。

（1）教育基本法
　教育基本法は、日本国憲法の信教の自由、学問の自由などの精神に則った我が国の教育に関する根本的、基礎的法律である。昭和22年5月に施行された日本国憲法、第20条の信教の自由、第23条の学問の自由、第89条の公の財産の用途制限を受けて、まず冒頭に、「たゆまぬ努力によって築いてきた民主的で文化的な国家を更に発展させるとともに、世界の平和と人類の福祉の向上に貢献することを願う」とした上で、この理想を実現するために教育を推進するとしており、憲法の精神に則った、我が国の教育に関する根本的、基礎的な法律である。その第6条に学校教育、第7条に大学、第8条に私立学校、第9条に教員の使命、第17条に教育振興基本計画の規定などが掲載されている。
　教育基本法は、昭和22年に旧教育基本法が制定されて半世紀以上が経過し、この間の科学技術の進歩、情報化、国際化、少子高齢化など我が国の教育を巡る状況変化や新たな課題に対応するため、平成18年12月に新教育基本法が公

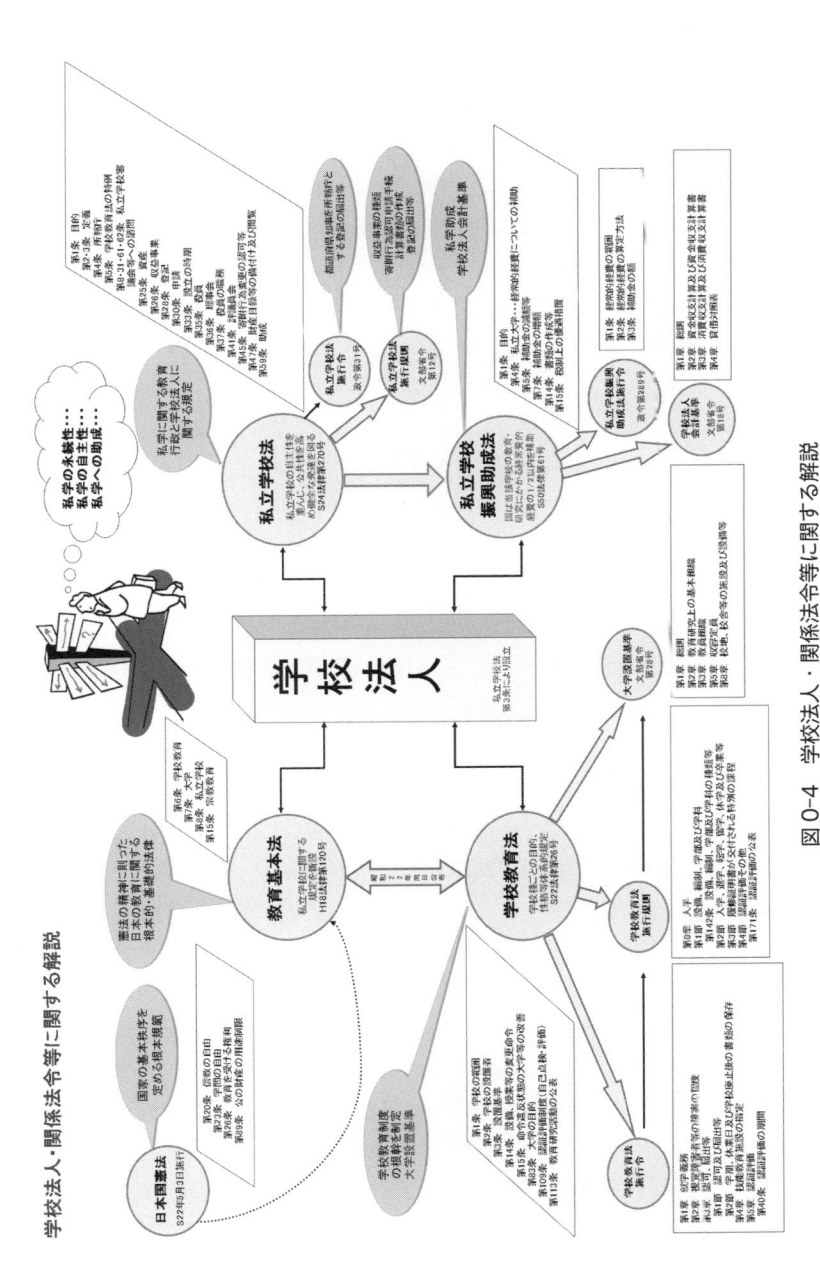

序章　我が国の私立大学の歴史と現況

図0-4　学校法人・関係法令等に関する解説

(出典) 日本私立大学協会、基本問題研究科委員会、これからの学校法人の在り方研究ワーキンググループ資料「これからの学校法人の在り方・報告」から引用。

布・施行された。新教育基本法は、それまでの教育基本法（昭和22年法律第25号）の全部を改正したものである。この新教育基本法で、大学及び私立学校に関する規定が新設され、また国・地方公共団体が教育施策を推進するための教育振興基本計画を定めることとされた（新教育基本法の主要条文、巻末【参考2】「私立大学、学校法人の関連法」参照）。

（2）学校教育法

教育基本法が平成18年12月に改正されたことに伴って、昭和22年施行の学校教育法についても翌平成19年6月に「学校教育法等の一部を改正する法律（平成19年法律第96号）」が公布された。

学校教育法で指定された学校の種類（学校種）は、戦後の6・3・3制、すなわち小学校6年、中学校3年、高等学校3年、大学4年、幼稚園、高等専門学校5年、中等教育学校、特別支援学校（以上1条校）のほか、専修学校や各種学校などについても定めている。また、これまで認可されていなかった専門学校については、同法により大学に指定された。

学校教育法に定める大学の定義は、①学術の中心として広く知識を授けるとともに、深く専門の学芸を教授研究し、知的、道徳的及び応用的能力を展開させることを目的とする、②高等学校または中等教育学校を卒業した者などが入学できる、③学部を置くことを常例とし、大学院、別科、専攻科を置くことができる、という内容となっている。この場合、修業年限は原則として4年であるが、「特別な専門事項にかかわる学部」や「夜間に授業を行う課程」については4年を超えるものとされ、医学部・歯学部・薬学部・獣医学部の修業年限については6年と明記されている。また、学位を授与する権限を持ち、学部を卒業した者には学士の学位が授与される。

次に大学院は大学に置かれるとされ、学術の理論及び応用を教授研究し、その深奥を究め、または高度の専門性が求められる職業を担うための深い学識及び卓越した能力を培い、文化の進展に寄与することを目的とすると記されている。大学院には研究科が置かれ、大学（短期大学を除く）を卒業した者、または文部科学大臣の定めるところにより、これと同等以上の学力があると認められた者（高等専門学校等の専攻科や省庁大学校の所定の課程を修了し大学評価・学位授与機構から学士の学位を授与された者など）が入学できる。修了し

た者には、課程の違いにより博士の学位、修士の学位、文部科学大臣が定める学位（専門職学位）が授与される。

短期大学については大学の一種であるとされ、深く専門の学芸を教授研究し、職業または実際生活に必要な能力を育成することを主な目的とする。修業年限は2年または3年であり、学科を置く。また大学院は設置できない。卒業すると短期大学士の学位が授与される（2005年に改正学校教育法が施行される前の卒業者には、短期大学士の学位ではなく準学士の称号が授与されたが、この称号は「短期大学士の学位」とみなされる）。

法律内容をみると、学校種類ごとの目的、性格等を規定した体系的な法律で、第1条に学校の範囲、第2条に学校の設置者、第3条に設置基準、第10条に設置校の校長の届け出、第15条に設備、授業等の命令違反状態の場合の大学等への改善、第9章第83条大学の目的、第85条に学部規定、第87条に修業年限規定、第93条に教授会の役割、第97条から第103条までは大学院に関する規定、などが掲載、また第109条、第110条に認証評価制度、第113条教育研究活動の公表等が規定されている（学校教育法主要条文は、巻末【参考2】「私立大学、学校法人の関連法」を参照）。

ア．学校教育法施行令

学校教育法の下には、同法（昭和22年法律第26号）第4条、第22条第2項、第40条、第83条第三項及び第88条の規定に基づき、学校教育法の趣旨を汲んで細かいルールを内閣で決定した学校教育法施行令（第1章　就学義務、第3章　認可、届け出、第5章　認証評価、同期間等が規定）が定められ、さらに本政令に基づき施行令の趣旨を汲んでさらに細かいルールを文部科学省で決めた学校教育法施行規則（第9章に大学に関する諸規則、第1節　設備、編制、学部及び学科の種類、第2節　入学、退学、転学、留学、休学及び卒業等が決められている）、大学設置基準（文部省令第28号、総則、教育研究上の基本組織、教員組織、収容定員、校地、校舎等の施設及び設備等）が、配置されている。このように学校教育施行規則は、学校教育の根幹について定めた学校教育法の中心的な施行省令・委任省令であるが、詳細な規定を別の省令・告示に譲っている部分も

あるため、条文中、多くの文部科学関係の省令や告示を示している。大学に関していえば、同法第3、8、63、88条に規定される大学設置基準がその例である（学校教育法施行令主要条文は巻末【参考2】「私立大学、学校法人の関連法」参照）。

イ．大学設置基準

　大学設置基準（文部省令第28号）は、学校教育法（昭和22年法律第26号）第3条、第8条、第63条及び第88条の規定に基づき、大学を設置するのに必要な最低の基準、例えば総則、教育研究上の基本組織、教員組織、収容定員、校地、校舎等の施設及び設備等を定めた文部省（現在の文部科学省）の省令である。同様の趣旨で大学院設置基準も同省令28号で決められている。以下各章の構成を掲げる。

第1章　総則（第1条―第2条の3）、第2章　教育研究上の基本組織（第3条―第6条）、第3章　教員組織（第7条―第13条）、第4章　教員の資格（第13条の2―第17条）、第5章　収容定員（第18条）、第6章　教育課程（第19条―第26条）、第7章　卒業の要件等（第27条―第33条）、第8章　校地、校舎等の施設及び設備等（第34条―第40条の4）、第9章　事務組織等（第41条・第42条の2）、第10章　共同教育課程に関する特例（第43条―第49条）、第11章　雑則（第50条―第53条）

　このように学校教育法、同施行令、同施行規則の関係は、学校教育法が国会で作られた法律、学校教育法施行令は内閣が作ったルール（政令）、学校教育法施行規則は文部科学省が作ったルール（省令）である。以上が学校教育法に係わる法体系である。

（3）私立学校法

　学校法人に係わる3つ目の法律は私立学校法であり、昭和24年、それまでの私立学校令（明治32年勅令第359号）が改正され、交付された法律である。その目的は「私立学校の特性にかんがみ、この自主性を重んじ、公共性を高めることによって、私立学校の健全な発達を図ること」（同法第1条）と定められている。この「私立学校の特性」とは国公立の学校と異なり、私立学校が私人の寄附財産等によって設立・運営されることを原則とするものであると規定

され、私立学校において、建学の精神や独自の校風が監督当局などから強制されないように、所轄庁による規制ができるだけ制限されているのもこの特性に根ざすものとされている（文部科学省、私立学校法の説明から抜粋）。

したがって、私学に関する教育行政と学校法人に関する規定が定められており、私立学校の自主性を重んじ、所轄庁の権限を国公立の学校の場合に比べ限定することとし（同法第5条）、所轄庁が権限を行使する場合も、大学設置・学校法人審議会又は私立学校審議会の意見を聴く必要があることを規定し、私立学校関係者の意見が反映されるような措置が講ぜられている（同法第8条、第9条、第31条、第61条、第62条）。また本法律は、私立学校の公共性を高め、健全な発展を図ることを目的に公布されており、私学の目的、定義、所轄庁、私立学校審議会等への諮問、資産、収益事業、登記、役員、理事会、役員の職務、評議員会、寄附行為変更の認可等、財産目録の備え付け及び閲覧、助成などが規定されている（私立学校法関係条文、巻末【参考2】「私立大学、学校法人の関連法」参照）。

この間、私立学校法は、平成16年に、当時開催された大学設置・学校法人審議会学校法人分科会「学校法人制度改善検討委員会」の意見を踏まえ、「学校法人の管理運営制度の改善」等を目指して、一部改正（私立学校法の一部改正、平成16年法律第42号）が行われている。その見直しのポイントは、①学校法人の管理運営制度の改善、②財務情報の公開、③私立学校審議会の構成の見直し、である。

1）管理運営制度の改善

学校法人の管理運営制度の改善については、さまざまな社会・経済情勢の変化に的確に対応しつつ、安定した学校運営を行っていくために、学校法人が自主的・自立的に管理運営機能を充実・強化していく観点から、法人の基本的な機関である理事会、評議員会、監事制度を整備し、この上で権限、役割分担を明確にするため、以下のとおりの対応が図られている。

　　ア．理事制度の改善
　　（ⅰ）学校法人の業務に関する決定機関として理事会を置く（第36条関係）。
　　（ⅱ）代表権は原則として理事長が有することとし、寄附行為の定めにより他の理事にも代表権を付与することができることとする（第37条

及び第40条関係)。
(iii) 理事の任期、選任・解任手続等について各学校法人の寄附行為により定めることとする(第30条関係)。
(iv) 理事のうち少なくとも1名は、選任の際、現に当該学校法人の役員又は職員でない者を選任することとする(※再任の際には外部理事とみなす)(第38条関係)。

イ．監事制度の改善
(i) 監事の職務に監査報告書の作成並びに理事会及び評議員会への提出を加える(第37条関係)。
(ii) 監事のうち少なくとも1名は、選任の際、現に当該学校法人の役員又は職員でない者を選任することとする(※再任の際には外部監事とみなす)(第38条関係)。
(iii) 監事は評議員会の同意を得て理事長が選任することとするとともに、解任手続、任期については各学校法人の寄附行為により定めることとする(第30条及び第38条関係)。
(iv) 監事は、評議員と兼職してはならないこととする(第39条関係)。

ウ．評議員会制度の改善
理事長は、毎年度、事業計画及び事業の実績を評議員会に報告することとする(第42条及び第46条関係)。

このように私学法の一部改正の背景は、少子化に伴う学生募集面での大学間競争の激化や、内外情勢の構造的変化等の状況下、経営・教育両面に改革を進めていくために、個々の学校法人の経営力の強化を促すものである。すなわち、まず経営執行機関である理事会の権限強化、理事長のリーダーシップの強化、大学運営に対する監事の業務監査権限の強化などの対応が盛り込まれている。また、評議員会のあり方についても、今回の改正により、次年度の事業計画の策定にあたり、評議員会の意見を聴取すること(同42条)、前年度の事業の実績については、評議員会に報告すること(同46条)と扱いが変わり、評議員会は理事長の諮問機関としての性格が強められた結果、予ねて問題になっていた理事会と評議員会との関係、すなわち、双方が議決権を保持している状況か

ら、案件の決定がなかなか進まないといった事態が是正されることになったことは、大きな進歩である。また監事選任の場合の評議員会の同意を得ること（同38条）についても、理事会が業務の決定を行うにあたり、評議員会の意志を確認する方法として同意の議決を必要としている性質のものであり、学校法人の運営についての最終責任は理事会が負うものとする点が明確になった。

学校法人の管理運営制度の改善に関しては、同法（平成16年法律第42号）中第三に留意事項が付記されている。この付記は、今回の一部改正の背景の主要ポイントであるので、注書きとして以下に記載しておく。

(注) 留意事項
（学校法人理事制度の改善）
ア．理事会については、すべての理事が学校法人の運営に責任を持って参画し、機動的な意思決定をできる体制を整備する観点から、学校法人の業務の決定を行う機関として法律上明確に位置付けたものであること。このような理事会に期待される役割にかんがみ、理事会運営の活性化を図る観点から、理事長についてはできる限り常勤化や兼職の制限を行うとともに、非常勤の理事に対しては学校法人の運営の状況について定期的な情報提供を行うことが期待されること。また、理事会の議事についてはいわゆる白紙委任は行うべきでなく、出席できない場合にはできる限り書面による意思表示を行うようにされたいこと。
イ．今回の改正により、原則として理事長のみが代表権を有することとなり、理事長以外の理事については、寄附行為の規定により代表権を付与された場合にのみ代表権を有することとなること。
ウ．外部理事については、学校法人の運営に多様な意見を取り入れ、経営機能の強化に資するよう導入したものであること。このため、1名に限るのではなく、各学校法人の規模や実情等に応じてできる限り積極的な登用が期待されること。また、選任の際だけでなく過去においても当該学校法人の役員又は職員でなかった者や、学校及び学校法人の運営に関し優れた識見を有する者を選任するよう努められたいこと。
エ．理事の定数、任期、選任及び解任の方法並びに理事会に関する規定に

ついては、各学校法人において寄附行為に適切に定めを設ける必要があること。なお、私立学校法における理事については、特段の定めがない場合には理事長を含むものであることに留意されたいこと。

(監事制度の改善)
ア．監事の作成する監査報告書については、各学校法人の規模や実情等に応じた適切な内容とされたいこと。その際、監事の監査は財務に関する部分に限られるものではなく、学校法人の運営全般が対象となることに留意されたいこと。

イ．監事の選任については、監査される側の者のみで選任することのないようにする観点から改正するものであり、評議員会の同意を得ること及び最終的な選任を理事長において行うことを担保した上で、それ以外の具体的な選出手続については各学校法人において改正の趣旨を踏まえ適切に定められたいこと。

ウ．外部監事の導入及び評議員との兼職禁止については、監事の専門性及び独立性を高める観点から行うこととしたものであること。このため外部監事については、選任の際だけでなく過去においても当該学校法人の役員又は職員でなかった者や、財務管理、事業の経営管理その他法人が行う業務の運営に優れた識見を有する者を選任するよう努められたいこと。

エ．監事の定数、任期、選任及び解任の方法については、各学校法人において寄附行為に適切に定めを設ける必要があること。

オ．監事が評議員を兼ねている場合は、平成17年4月1日以降は兼職できなくなるものであること。

カ．監査の結果、学校法人の業務又は財産に関し不正の行為又は法令若しくは寄附行為に違反する重大な事実があることを発見したときの所轄庁又は理事会及び評議員会への報告については、監事において当該内容や状況等に応じて適切に判断すべきであるが、仮に理事会及び評議員会に報告した場合に理事会又は評議員会において適切な対応がなされない場合には、所轄庁に報告されたいこと。

キ．監事の監査機能の充実を図る今回の改正の趣旨を踏まえ、各学校法人

においては法人の規模や実情等に応じ、監事の常勤化を進めることや理事長等から監事に対して定期的に学校法人の業務の状況等について報告すること、監事の監査を支援するための事務体制や内部監査組織の整備を行うこと等監査の充実を図るための取組が期待されること。
(評議員会制度の改善)
ア．今回の改正は、評議員会が、理事会の行う学校法人の業務の決定に際し、当該決定が適切なものであるか判断し的確な意見を述べるとともに、学校法人の公共性を高めるために必要なチェックができるようにするためのものであること。このため、理事長が毎年度、事業計画及び事業の実績を評議員会に報告し意見を求める際には、評議員が当該学校法人の業務全体の状況について十分に把握できるよう留意されたいこと。
イ．評議員会については、諮問機関としての位置付けを原則としつつ寄附行為の定めにより重要事項の決定について評議員会の議決を要することとできる現行制度について今回変更するものではないこと。ただし、議決を要することとしている場合についても、理事会が業務の決定を行うに当たり、評議員会の意思を確認する方法として同意の議決を必要としているという性質のものであり、学校法人の運営についての最終的な責任は理事会が負うものである点に留意されたいこと。
ウ．学校法人の運営に多様な意見を反映し、学校法人の公共性の高揚を図ることを目的とする評議員会制度の趣旨にかんがみ、評議員会の構成について、当該学校法人の役員及び職員が大多数を占めたり、特定の同族が多く選任されたりすることのないようにされたいこと。

2) 財務情報の公開

財務情報の公開については、国または都道府県から経常費補助を受けている学校法人は、私立学校振興助成法の規定により、補助金交付の観点から文部科学省または都道府県に対し、所定の財務計算書類の届け出が義務づけられている。また学校法人が公共性を有する法人として説明責任を果たし、関係者の理解と協力をより得られるようにしていく観点から、財産目録、貸借対照表、収支計算書、事業報告書及び監査報告書を各事務所に備えておき、学校関係者や

その他の利害関係者から請求があった場合は、これを開示する必要性について規定されている。
　具体的な内容としては、
① 　学校法人は、毎会計年度終了後二ヶ月以内に、財産目録、貸借対照表及び収支計算書のほか、事業報告書を作成しなければならないこととしたこと。（第47条第1項関係）
② 　学校法人は、上記①の書類及び監事の作成する監査報告書（以下「財産目録等」という。）を各事務所に備えて置き、在学者その他の利害関係人から請求があった場合には、正当な理由がある場合を除いて、これを閲覧に供しなければならないこととしたこと。（第47条第2項関係）
③ 　学校法人の理事等が、財産目録、貸借対照表及び収支計算書のほか、事業報告書及び監査報告書の備付けを怠り、又は記載すべき事項を記載せず、若しくは不実の記載をしたときは、20万円以下の過料に処することとしたこと。（第66条関係）
３）私立学校審議会
　私立学校審議会の構成の見直しについては、私立学校審議会の委員は、教育に関し学識経験を有する者のうちから都道府県知事が任命することとするほか、委員の資格、構成割合、推薦手続等は、都道府県知事の判断にゆだねることとした（第10条及び第11条関係）。
　最後に私立学校法については、現在一部改正があり、言及しておきたい。すなわち、文部科学省は、私立学校を運営する学校法人が資金繰りの悪化や法令違反などの問題を抱え、自主的な改善が望めない場合の立ち入り検査や改善命令ができるよう私立学校法を改正することを決定、法案は平成26年4月2日に公布され、同日から施行されることになった。概要は以下のとおりである。
　本改正の背景として、旧法では、問題のある学校法人への行政措置は解散命令に限られており、文部科学省が平成25年3月に解散命令を出した堀越学園（群馬県高崎市）のケースでは、数年前から経営悪化が表面化していたが、学園側が指導に従わずに改善が図られず、解散命令が出される事態となり、解散命令の発出が決定された後も学園側が学生募集を続けた。その結果、学園による在学生の転学先の確保がなされないことから、同学園在学生を周辺他大学へ

受け入れを要請するなどの混乱があったことが挙げられる。

したがって、改正法は学校法人の運営が混乱した際、文部科学省や都道府県が実態を把握するため、立ち入り検査ができると規定し、法令違反が明らかな場合は改善命令を出すほか、法人の財産を横領するなど不正行為をした役員を解職するよう勧告することもできるようにした。なお、私立学校に対する国や自治体の監視権限がこのように強まれば、私学の自主性を尊重する私立学校法の理念に抵触する可能性があることから、改善命令などの強制措置をとる場合は有識者からの意見聴取を義務づけることも、改正法に盛り込まれている。

（4）私立学校振興助成法

私立学校振興助成法（法律第61号、私学助成振興法、私学助成法ともいう）は昭和50年、私立学校の振興助成に関する法律として7月11日公布、昭和51年4月1日施行された。

本法律により、私立大学等経常費補助金や昭和50年度（1976年）に創設さ

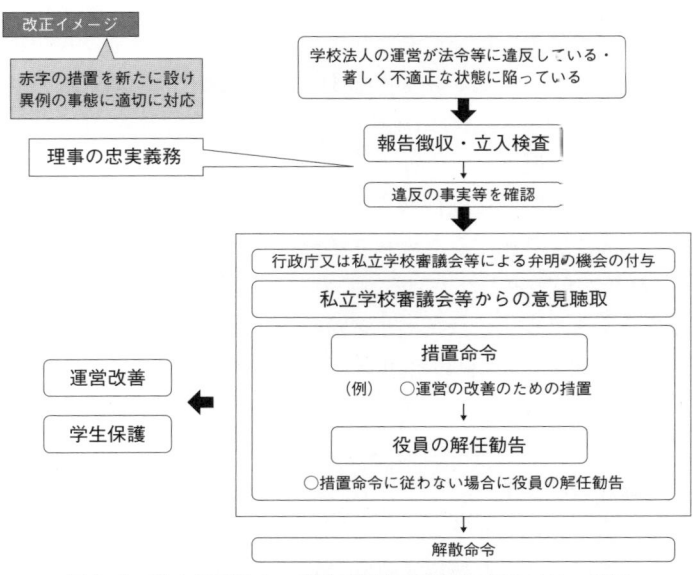

図0-5　私立学校法の一部を改正する法律に係るイメージ図
（出典）文部科学省

れた私立高等学校等経常費助成費補助金の法的根拠が整備され、また学校法人に対する税制上の優遇措置など私学振興施策の充実が図られた。もっとも、その補助率は、昭和50年（1975年）7月1日「私立学校振興助成法案」に対する付帯決議[2]（参議院文教委員会）で、私学経常経費の2分の1以下と定められていたが、昭和55年度（1980年）の29.5%をピークにして、順次低下し、平成24年度（2012年）では10%強の水準まで低下している。

助成対象は、私立学校振興助成法における「学校」とされ、学校教育法（昭和22年法律第26号）第1条に規定する学校を指す（第2条1項）。学校教育法第1条に規定する「学校」（いわゆる1条校）とは、小学校、中学校、高等学校、中等教育学校、大学、高等専門学校、特別支援学校、幼稚園である。

これらの「学校」を設置する「学校法人」（第2条2項・私立学校法第3条）に対しては、国又は地方公共団体が、私立学校振興助成法施行令（昭和51年政令第289号）の定める基準に従って、助成することができる。また、国又は地方公共団体は、学校法人に対し、国会の議決又は地方議会の議決を経て、助成することもできる（第10条）。ただし、助成を受ける学校法人は、「所轄庁」である文部科学大臣または都道府県知事（第2条4項、私立学校法第4条）に経営状況の報告を行うなど、所定の監督に服さなければならない（第12条以下）とされている（私学振興助成法主要条文、巻末【参考2】「私立大学、学校法人の関連法」参照）。

1）私立学校振興助成法施行令

私学振興助成法を実施するため私立学校振興助成法施行令（昭和51年11月9日政令289号）が制定されている。これには、同法第1条で補助対象である、経常的経費の範囲（専任教職員、非常勤職員、各種引当金の範囲、教育関連経費、消耗品の範囲等が規定）、同法第2条に経常的経費の計算方法（教職員の年間標準給与学、学生数の算定方法など）、同法3条には補助金の額等が規定されている。

2）学校法人会計基準

次に、私学振興助成法第14条第1項に規定する学校法人は、文部科学大臣が決定した学校法人会計基準による会計処理をする必要がある。この学校会計基準は、文部省令第18号として昭和46年4月1日に制定されている。基準の

内訳をみると、第1章総則の第1条に学校法人会計基準の目的が規定され、第2条は会計原則、第3条は私学法第26条に規定の収益事業の会計原則、企業会計に則って処理する義務を掲載、第4条は作成すべき計算書類の種類（資金収支内訳表、人件費支出内訳表、消費収支計算書、同内訳表、貸借対照表、固定資産明細表、借入金明細表、基本金明細表）、第2章（第6条～第14条）は、資金収支計算及び資金収支計算書の内容を規定、第3章（第15条～第24条）は、消費収支計算及び消費収支計算書の内容を規定、第4章（第25条～第36条）は、貸借対照表の記載方法等について規定している。また、別表第1には、資金収支計算書記載科目（第10条関係）、同第2には消費収支計算書の記載科目（第19条関係）、同第3には貸借対照表記載科目（第33条関係）と各計算書類の様式が掲載されている。

（注）
1）京都学習院：1877年東京で設立された皇族・華族学校の学習院と区別して「京都学習院」とも称する。
2）「私立学校振興助成法案」に対する付帯決議（1975〈昭和50〉年7月1日　参議院文教委員会）
　　政府は、本法の運用にあたり、私立学校教育の特質と重要性にかんがみ、次の事項について特段の配慮をすべきである。私立大学に対する国の補助は2分の1以内となっているが、できるだけ速やかに2分の1とするよう努めること。働きながら学ぶ定時制、通信制高等学校並びに大学の補助については、充分な助成が達成されるよう特段の配慮をなすこと。
　　大学及び学部の新設抑制にあたっては、技術者の養成その他新しい文化形成に必要な部門及び全国の適正配置を充分考慮して、一律規制にならないようにすること。新規の定員増加は特別の事情のある場合を除き、抑制することとするが、既に収容している実員については実情に即して可能な限り定員化を図ること。補助費減額等の措置を講ずる場合は、著しく公共性を阻害する場合等に行うこととし、私学の自主性は極力尊重すること。前5項の進捗状況について、政府は国会に対し、適時報告すること。
　　右決議する。
　　　昭和50年7月1日
　　　　　　　　　　　　　　　　　　　　　　　　　　　　参議院文教委員会

第 1 章

私立大学を巡る環境の激変と先行きの課題

1．私立大学の教育・経営を巡る構造調整圧力

（1）18歳人口の激減

　既述のごとく、18歳人口の激減や昨今の大学総数の増加など私立大学を巡る環境は、悪化の一途をたどっている。まず18歳人口はピークの249万人から今や123万人へと激減し、今後15年間は100万人台、2060年頃には60万人台へと急減する見通しである。このため、大学進学率が現状のままであると仮定すると、大学進学者は60万人から50万人、40万人へと急激に減少していき、勢い大学余剰の時代が到来するとの見通しができる。

（2）大学進学者層の変化

　大学進学率10％時代の大学進学者と同50％時代の進学者の内容をみると、従来、中学校・高等学校を卒業して就職していた層が大学に進学してきていること、偏差値教育の結果、偏差値で輪切りにされ、自分の能力に自ら限界線を引いて、それ以上努力しない層が進学してきていること、また大学進学者の7割は希望大学にいけない不本意入学生であることなどから、進学率10％時代のエリート教育時代と比べ、大学教育は手間が掛かる実情にあるが、反面手間を惜しまない教育の展開が望まれるところである。

（3）グローバル化と情報化の進展

　近年、我が国は急速にグローバル化、情報化に伴う知識基盤社会化が進み、環境の激変とともに、価値観が変化してきている。そのため、戦後培われた制度や考え方が崩壊しつつある。こうした中にあって、学生は主体的に新しいものを学びたいとのニーズを保持している。一方、採用する企業側も、企業が望む人材像と大学教育の結果できあがった人材像との間にギャップを感じており、かかる環境の激変や構造的な変化及び企業のニーズに対応できる人材を育成する必要性が急務になってきている。

（4）大学行政の規制緩和

　平成13年に当時の遠山文部大臣が、①国立大学の法人化（民間的発想の経営手法の導入）、②私立大学も含む大学の再編、③大学への第三者評価制度の導入などの3点を主眼とした大学行政の規制緩和を打ち出した。その後、平成16年4月に国公立大学が法人化[1]へ移行し、翌同17年に私立学校法（以下「私

学法」という）が改正された。私学法の改正により、学校法人の理事会体制の強化、理事長への代表権の付与の義務づけ、外部理事の就任の義務化、財務情報等の情報公開の義務化など数々の規制改革措置が講ぜられた。また、学校教育法の改正により大学の学部・学科の新設等についても、事前認可制から事後チェックへと規制が緩和され、いわゆる認証評価制度の重要度が増し、大学経営も自己責任時代へと突入した。

（5）国の財政悪化と補助金の頭打ち傾向

私学に対する補助は、昭和45年以降、私学補助金制度下で行われてきた。昭和45年には、経常的経費に占める補助割合は7.2％、その後物価の高騰や人件費の上昇など私学収入を上回る支出増加などから、私学財政は恒常的に支出増加の傾向がみられ始め、補助割合は上昇していき、昭和50年には議員立法の付帯決議で、できるだけ早期に私学経費の2分の1を助成するよう努めることとされ、翌同51年私学振興助成法が施行された。その後同法第4条に経常的経費の2分の1以内の助成が出来ると規定されたため、補助割合は年々上昇し、昭和55年には29.5％となったが、その後は、我が国の財政悪化を背景に下落の一途を辿り、昭和63年度16.0％、平成7年度12.1％、平成24年度10.4

表 1-1　私立大学の経常費に占める補助金比率の推移（文部科学省調査）

区分／年次		15	16	17	18	19	20	21	22	23	24	25	26
経常的経費 a（億円）		26,604	27,439	28,147	28,849	29,426	29,786	29,691	30,052	30,449	30,516	―	―
経常費補助金 b	総額 億円	3,217	3,262	3,292	3,312	3,280	3,248	3,217	3,221	3,209	3,187	3,175	3,184
	伸び率％	0.6	1.4	0.9	0.6	▲1.0	▲1.0	▲1.0	0.1	▲0.4	▲0.7	▲0.4	0.3
	増減額 億円	20	45	30	20	▲32	▲32	▲31	4	▲13	▲22	▲12	9
b/a（％）		12.1	11.9	11.7	11.5	11.1	10.9	10.8	10.7	10.5	10.4	10.3	10.3

（出典）文部科学省「私立大学等における経常的経費と経常費補助金額の推移」、日本私立学校振興・共済事業団「私立大学等経常費補助金交付状況の概要」

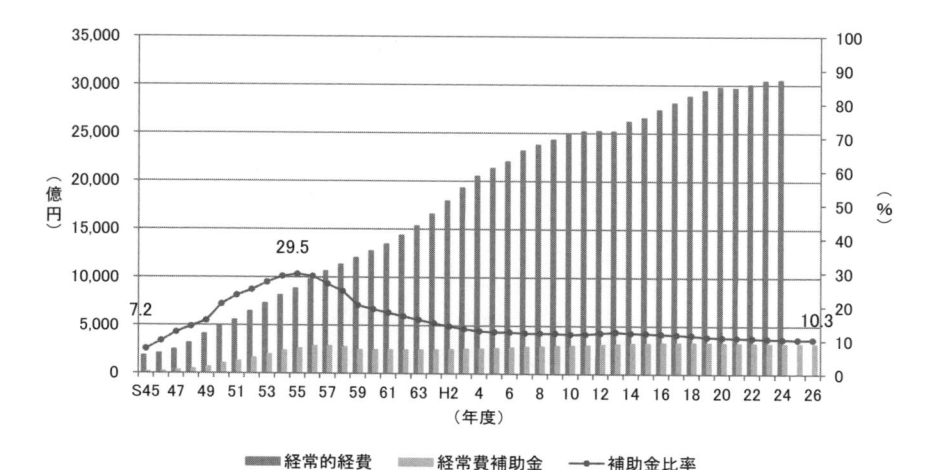

(出典) 文部科学省「私立大学における経常的経費と経常費補助金額の推移」、日本私立学校振興・共済事業団「私立大学経常費補助金交付状況の概要」

図1-1　私立大学の経常費に占める補助金比率の推移

％と年々減少（表1-1、図1-1）してきている。このように私学振興助成法4条の趣旨は、現状かなり希薄化しているのが実情であるといえる。

（6）財務内容の悪化

このような状況下、私立大学の定員割れは年々増加、既述のように平成25年度では、576大学中232大学が定員未充足で、その割合は40.3％となるなど、状況は厳しさを増している。地域別にみると、特に地方所在の大学の定員割れが多く、定員充足率は、北海道96％、東北（除く宮城）84％、甲信越97％、東海（除く愛知）98％、中国（除く広島）96％、四国91％、九州（除く福岡）97％となっている。平成20年度からの推移をみると、北海道、宮城のほか東京、京都、大阪等に定員充足率の低下傾向がみられる（表1-2）。

この背景として、北海道や宮城は、応募者、入学定員が両方減少、前者が後者を上回る減少をみせていることが要因となっている。一方、東京や京都、大阪は各大学の戦略的な入学者抑制策や、大学の都心・都会集中から入学定員自体が増加して、入学者も増加しているが、入学定員が応募者を上回っていることなどから、定員充足率は低下傾向となっている。このように都会部と地方部

第1章　私立大学を巡る環境の激変と先行きの課題

表1-2　地域別の入学定員充足率　　　　　　　　　　　　　　　　　（%）

地域・平成年度	20年度A	23年度	24年度	25年度B	B－A
北海道	96.44	96.55	94.82	95.61	△0.83
東北（除宮城）	79.87	82.22	75.03	83.66	3.79
宮城	114.27	110.55	102.44	105.75	△8.52
関東（除埼玉、千葉、東京、神奈川）	91.45	104.73	101.12	99.39	7.94
埼玉	110.07	107.95	105.24	109.40	△0.67
千葉	95.71	100.92	97.51	98.58	2.87
東京	116.25	112.02	110.85	110.44	△5.81
神奈川	102.51	105.01	104.90	105.07	2.56
甲信越	94.80	96.97	94.84	96.89	2.09
北陸	92.90	98.52	110.47	111.06	18.16
東海（除愛知）	88.38	97.29	94.70	98.05	9.67
愛知	106.51	107.04	104.49	107.18	0.67
近畿（除京都、大阪、兵庫）	95.93	98.51	93.74	92.18	△3.75
京都	110.28	106.77	104.48	105.95	△4.33
大阪	109.07	107.09	104.20	106.16	△2.91
兵庫	100.75	101.08	101.91	101.53	0.78
中国（除広島）	81.50	95.47	92.61	95.84	14.34
広島	95.24	97.71	93.18	97.01	1.77
四国	82.76	87.74	86.27	90.94	8.18
九州（除福岡）	92.84	96.69	91.50	96.98	4.14
福岡	105.46	107.00	100.09	105.42	△0.04

（出典）日本私立学校振興・共済事業団「私立大学・短期大学等入学志願動向」

表1-3　私立大学規模別の入学定員充足率　　　　　　　　　　　（％）

入学定員	平成20年度A	平成23年度	平成24年度	平成25年度B	B－A
100人未満	89.59	102.06	91.12	95.20	5.61
100～200人未満	81.94	88.11	88.81	88.85	6.91
200～300人未満	86.86	94.88	91.16	92.83	5.97
300～400人未満	91.39	95.58	95.37	96.57	5.18
400～500人未満	97.14	96.93	93.96	96.81	△0.33
500～600人未満	94.24	99.01	93.64	99.17	4.93
600～800人未満	94.24	101.14	95.99	98.50	4.26
800～1,000人未満	110.32	104.67	101.71	103.88	△6.44
1,000～1,500人未満	109.57	109.55	106.89	110.10	0.53
1,500～3,000人未満	115.50	112.77	110.55	111.42	△4.08
3,000人以上	113.97	110.41	109.62	108.78	△5.19

（出典）日本私立学校振興・共済事業団「私立大学・短期大学等入学志願動向」

では、その要因が異なっているといえる。

　一方これを表1-3に従って、大学規模別に概観すると、1学年入学定員800人未満とそれ以上とでは、はっきりした傾向がみられる。すなわち入学定員800人未満の大学は、並べて定員割れを起こしており、かつ入学定員が少なくなるに従い、定員充足率が低位になる傾向がみて取れる。すなわち、定員100人以上200人未満では、88.85％（前年88.81％）、200人以上300人未満では、92.83％（同91.16％）、400人以上500人未満は96.81％（同93.96％）と定員割れが常態化してきている。一方、定員800人以上では同1,000人未満が103.88％（同101.71％）、1,500人以上3,000人未満が111.42％（同110.55％）、3,000人以上は108.78％（同109.62％）と規模が大きい学校ほど充足率は高くなっている。

　こうした状況下、私学全体の財務状況も徐々に悪化をみている。例えば、年間の帰属収入で消費支出を賄えない学校法人数は、表1-4のごとく平成24年

第1章　私立大学を巡る環境の激変と先行きの課題

表1-4　帰属収入で消費支出を賄えない学校法人数推移　　　（校, %）

	総数 A	帰属収入で消費支出を賄えない法人数 B	割合　% B/A
平成 10 年度	409	31	7.6
同 11 年度	418	37	8.9
同 12 年度	435	69	15.9
同 13 年度	456	109	23.9
同 14 年度	469	124	26.4
同 15 年度	482	121	25.1
同 16 年度	495	123	24.8
同 17 年度	504	138	27.4
同 18 年度	516	167	32.4
同 19 年度	527	182	34.5
同 20 年度	531	235	44.3
同 21 年度	536	215	40.1
同 22 年度	532	203	38.2
同 23 年度	541	226	41.8
同 24 年度	539	188	34.9

（出典）日本私立学校振興・共済事業団「今日の私学財政」

度では539大学中34.9%、3分の1強、実に188大学が、いわゆる実質赤字に陥っている。この数字を平成10年度と比較すると、同年度は409大学中31大学、7.6%にすぎなかった数字が5倍弱の数字に膨らんでおり、財務悪化のスピードが速い状況がみて取れる。

（7）私大間格差拡大

　先ほどの定員充足状況の大学規模別比較でもみたように、規模の大きい大学ほど定員充足率が高く、規模が中規模、小規模になるに従い充足率が低くなっ

ている傾向がある。このため、規模の大きい私立大学、慶應、早稲田、明治、中央、日大等と中小規模大学との間で格差が生じ始めている。その背景は、一つには長い歴史と伝統を基に、厚い層の卒業生の存在や潤沢な資金力の下、広く宣伝が可能であり、そうしたブランド力が背景となって学生募集力が高いこと、またその結果として、補助金の規模、寄付金の規模等の差により、大規模大学が自立的に成長していく構図がみて取れる。この格差の進行について、アルカディア学報（平成24年、教育学術新聞掲載コラムから抜粋。私学高等教育研究所研究員　船戸高樹桜美林大学大学院教授）によると、以下のコメントが掲載されている。

　すなわち、都市部にある大規模大学に志願者が集中し、地方の中小規模大学の状況はますます厳しさを増している。つまり「地域間の格差」と「規模の格差」の面で二極化が一段と進行していることを示している。
　日本私立学校振興・共済事業団が昨年行った調査によると、調査対象の私立559大学のうち、入学定員1500人以上の大規模大学は全体の11％に当たる64大学。志願者の状況を見ると、この64大学が、総志願者302万人の67％に当たる204万人を集めている。規模別で上位約1割の大学に、志願者の約7割が集中していることになる。これに入学定員1000人以上の61大学、志願者数40万人を加えると、上位2割の大学に、8割の志願者が集まっている勘定だ。したがって、残りの約8割に当たる434大学が、58万人の志願者を奪い合う結果となっている。
　文部科学省が発表している大規模大学は、8学部以上の大学をさしているが、慶應、早稲田、上智など全国29大学（注参照）がそれに該当する。
　この傾向はさらに強まる気配である。「格差の進行」が顕著になるということは、地方の中小規模大学にとって死活問題だ。「志願者の減少―定員割れ―財政状況の悪化」という"負のスパイラル"に陥り、最悪の場合は閉鎖・廃校に追い込まれかねない。ところが、この影響は単に大学だけの問題に留まらない。大学を抱える地方自治体にも暗い影を落としている。
（注）　大規模私立大学一覧（8学部以上文部科学省調べ、平成23年5月1日）
　　　青山学院、慶應義塾、上智、大東文化、東海、東洋、日本、法政、明治、立教、立正、早稲田、帝京、武蔵野、愛知学院、中京、名城、愛知淑徳、京都産業、同志社、立命館、龍谷、大阪学院、関西、近畿、甲南、関西学院、徳島文理、福岡
　　　以上29大学
　　　うち偏差値65以上
　　　慶應義塾、早稲田、上智、同志社、立教、明治、日本（医）、東海（医）

また中小規模私立大学であっても、その教育の質や就職率等により、脚光を浴びてきている大学もある。大学通信社が毎年行っている「小規模だが評価できる大学」アンケート調査結果（平成24年調査）によると、地区別にみると、まず東京地区では武蔵大、国際基督教大、成蹊大、津田塾大など（26位に二松學舍大）、北海道・東北地区は、国際教養大など、関東甲信越地区では都留文科大、高崎経済大など、北陸・東海地区では金沢工業大、近畿地区では同志社女子大、中国・四国地区では高知工科大、九州地区では立命館アジア太平洋大、などが挙げられる。

　こうした大学の特徴は、英語等語学教育に力を入れ、リベラルアーツ系の教養教育を重視し、基礎・専門知識、学力のほかに課題解決力、創造力、社会的責任を担う社会的能力等の実社会で必要な社会適応力、人間力をも併せ持つ力を学部4年間で付けるなどの教育を行っており、就職率も高く、高校側からみて生徒を進学させたい大学となっている。

（8）倒産大学の出現

　大学は、戦後の混乱期を除けば、募集停止をしたケースは、平成16年度（2004年度）に閉学した立志舘大学（広島県坂町）と、平成19年度（2007年度）から募集停止をした東和大学（福岡市）の2大学のみであった。しかしながら、少子化の進展で（6）財務内容の悪化の項でみたように、財務状況が悪化する私学が増加してきている中で、平成22年には、LEC東京リーガルマインド、愛知新城大谷、神戸ファッション造形、聖トマス、三重中京の5大学が募集停止を決めた。これら募集停止5大学の学生募集停止の前年度である平成21年度（2009年度）の定員・入学者数・定員充足率をみると、いずれも定員充足率は低く、三重中京大を除く4大学では50％を切るきわめて危機的状況に追い込まれたことが検証される。さらに、同24年度には創造学園に対して解散命令が発せられる事態に到った。

　今後少子化がさらに進むにつれて、学校間の学生募集獲得競争が熾烈化していき、また国の補助金も財政悪化により経常補助金は減額されていき、競争的補助金のウエイトが高くなり、国公立大学の再編等大学改革が進んでいく中で、学生募集難から募集停止を余儀なくされる大学はますます増えてくることが予想される。このような情勢下、今後10年間で、私立大学の100校以上が学生

募集停止になったり合併・吸収されると予測する識者もいる。

2．行政の対応

(1) 文部科学省、私学事業団

　文部科学省は、平成17年5月に「経営困難な学校法人への対応方針について」を取りまとめた。また、同年10月に日本私立学校振興・共済事業団（以下「私学事業団」という）では「学校法人活性化・再生研究会」を設置、同研究会では、有識者の下に議論を重ね、私学活性化への一連の対応を、「私立学校の経営革新と経営困難への対応」として纏めた。
　その内容を同資料から引用すると、以下のとおりである。
《日本私立学校振興・共済事業団学校法人活性化・再生研究会最終報告》より抜粋
　　「経営環境の厳しい時代における学校法人の経営革新の課題」を提起するとともに、私学事業団、国、地方自治体、私学団体等の関係機関が、経営困難な学校法人への再生支援から破綻処理までの各段階において、どのような役割を果たすべきかについて提言を行うことを目的としている。すなわち、これまで私立大学は、その設立財源を国に依存することなく設立され、個々の建学の精神により多様な教育と研究を展開してきた。このような中で、私立大学が今後とも公教育を担い、個性豊かな優れた人材を育成・輩出することで、我が国の各地域のさまざまな分野での発展に貢献し、社会の基盤を支えていくことが一層重要としている。
　　一方、私立大学をめぐる経営環境は厳しい状況となっており、経営困難から破綻に陥る学校法人も現れてきている。このような状況下で、今後とも国民が安心して高等教育を受ける機会が確保されることが望まれる。そのためには、学校法人自身が経営改善に努めることが何よりも重要である。また、私学事業団、国、地方自治体、私学団体等の関係機関が、各私立大学の教育研究の活性化や経営改善への取り組みを積極的に支援する方策を進める必要がある。同時に、経営困難となった学校法人の再生を支援し、破綻が避けられない学校法人を円滑に整理して、学生の修学機会の確保を図る等の対応方針を作成することが必要である。

なお、少子化等の影響により、学校法人の厳しい経営状況は、大学・短期大学等の高等教育段階よりも高等学校・中学校・小学校・幼稚園等の初等中等教育段階が先行している。このため、すべての学校法人を対象にした諸方策を検討すべきであるが、この報告では、文部科学大臣が所轄する私立大学等を設置する学校法人を中心に対応策を取りまとめた。しかし、高等学校等を設置する学校法人に関しても基本的な考え方は共通する部分が多い。高等学校法人等の所轄庁として、設置認可や経常費助成等を行っているのは都道府県であり、都道府県の担当部局等においても、この最終報告を参考にして、学校法人の経営改善の取り組みを積極的に支援されることを期待したい。また、私学事業団は、貸付事業や相談事業等を通じて、大学・短期大学のみではなく、高等学校等を設置する学校法人を支援しており、所轄庁である都道府県の取り組みに積極的に協力することが可能である。

(2) 私学事業団の経営判断手法

私学事業団に設けられた「学校法人活性化・再生研究会」が纏めた経営判断手法の概要を述べると、私学事業団が定めた各私立学校（学校法人）の財務内容を定量的に判断する指標（図1-2参照）により、各法人が経営状態のモニタリングを行い、正常状態、イエローゾーン、レッドゾーンの3つに大きく分類し、こうした自己診断を踏まえて支援や指導・助言を、文部科学省と私学事業団が連携し行っていくという形を採っている。

1）財務状況判断指標

まずその財務状況判断の指標は、図1-2のとおりとなっている。

経営状態が良好であると考えられる方から順に14段階（A1、A2、A3、B0、B1、B2、B3、B4、C1、C2、C3、D1、D2、D3）に区分したものを、その経営状態に応じ、大きく3つ（正常状態・イエローゾーン・レッドゾーン）に分類するという方法である。その判断方法としては、一般的に経営破綻のきっかけは資金（キャッシュフロー、以下CF）が不足することであるとして、その判定方法として以下の観点から判断することとしている。

① 教育研究費のCF（資金収支ベースによる学納金、補助金等の収入から

定量的な経営判断指標に基づく経営状態の区分（法人全体）

この定量的な経営判断指標（法人単位）は、経営悪化の兆候をできるだけ早期に発見し、まだ回復の可能性がある一定の時点で警鐘を鳴らすことができれば、経営破綻防止に有効であるため、下記のように教育研究活動のキャッシュフロー（CF）を基礎に、外部負債と運用資産の状況により学校法人の経営状態を区分したものである。

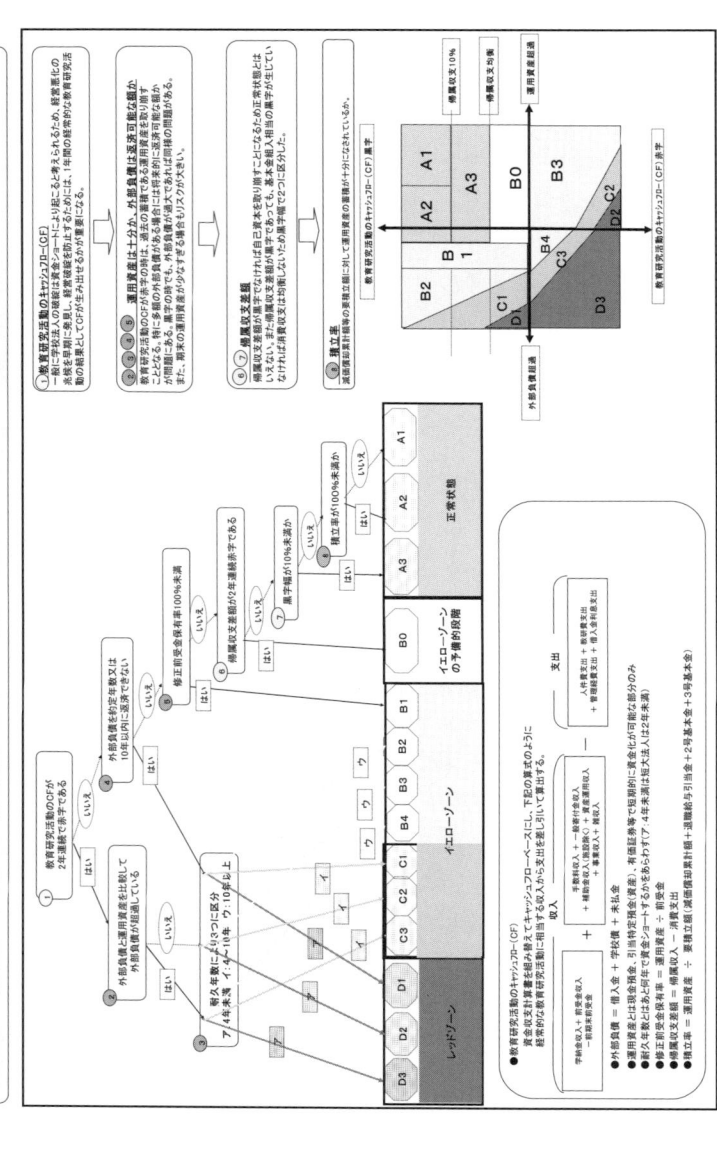

図 1-2 定量的な経営判断資料に基づく経営状態の区分（法人全体）

（出典）日本私立学校振興・共済事業団「私立学校運営の手引き―第1巻―」「私学の経営分析と改善計画」

人件費、教育研究、管理経費等各支出を差し引いた金額）が2年連続で赤字であるかないか（平成25年度版経営判断指標では、3カ年のうち2カ年以上赤字であるかないかに変更）、
② 外部負債と運用資産を比較して前者が超過していないかどうか、
③ 超過している場合、当該外部負債の超過額を補填する資金があと何年持つか、持たないか、何年で、資金ショートするかを勘案し、その年限を学部完成年度の4年未満、4年以上10年未満、10年以上（この10年は、財務状況が悪化していても、10年という中期計画で克服可能という場合を想定して規定）に分け、4年未満であれば、業況はD（D3〜D1）、4年から10年未満はC（C3〜C1）、10年以上はB（B3〜B1）としている。
④ 教育研究資金が黒字である学校法人で、外部負債を約定返済年数または10年以内に返済できるか、できないかで判断することになり、この場合も教育研究資金のCFが黒字であっても、この部分を全額返済に充てたと仮定して、約定年数で返済できないか10年以内に返済できない場合は、負債が過大と判断されるので、上記③の耐久年数区分を用いて、D1かC1かB2に分類することとなっている。
⑤ 次の判断基準は、修正前受金保有率が100％未満かどうかという基準である。すなわち、教育研究CFが黒字かつ外部負債が過大でないとしても、手持ちの運用資産がきわめて少額の場合には、短期的に資金ショートの可能性があるとして、B1のイエローゾーンとすることとしている。前受金は、次年度学生のための授業料等であり、運用資産が前受金より少ないということは、次年度に使うべき運用資産を先食いしていることになり、資金繰りが厳しいということになる。
⑥ 次の判断指標は、帰属収支差額が2年連続赤字であるかということである（平成25年度版経営判断指標では、3カ年のうち2カ年以上赤字であるかないかに変更）。教育研究CFが黒字であっても、帰属収支差額が黒字でなければ、減価償却分の資金が留保されておらず、結局は運用資産が取り崩される結果となるため、正常状態とは言い難く、この結果、2年連続赤字（平成25年度版では3カ年のうち2カ年以上赤字）であれば、B0と判定し、イエローゾーンの予備的段階となる。

⑦　次の基準は、黒字幅が10％未満かどうか、ということである。黒字であっても、基本金の必要とする組み入れ額相当の黒字が生じていなければ消費収支は均衡しないため、A2の判断はできないということになり、判定はA3となる。
⑧　A2の判断基準としては、帰属収支差額比率が10％以上でも、運用資産が決められた要積立額（減価償却累計額、退職給与引当金、2号、3号基本金）比少ない場合は、運用資産の積み立てが必要となるためA2とし、積立率が100％以上の場合はA1と最優良の業況と判断することとしている。
　この判断基準は指標順に一覧化して表1-5に掲載する。

　以上のごとく、この定量的な経営判断指標は、経営悪化の兆候をできるだけ早期に発見し、まだ回復の可能性がある一定の時点で警鐘を鳴らすことができれば、経営破綻防止に有効であるため、上記のように教育研究のCFを基礎に、外部負債と運用資産の状況により、学校法人の経営状態を区分したものである。これら判定過程を含めた全体の概観図は図1-3のとおりとなっている。
2）支援の方向性
　次に各法人の経営状況による支援方策の概略を述べる。
①　正常状態
　先ほどの経営判断指標において、「教育研究活動によるCF」が黒字であり、かつ外部負債も10年以内で返済が可能な状態であり、さらに帰属収入から消費支出を控除した帰属収支差額もプラスである学校法人を「正常状態」と判断する。こういう学校法人は、引き続き経営革新、教育改革を継続していくことが求められる。経営革新面では、理事長、学長のガバナンスの強化、各種教学改革、財務状況の健全性維持、ディスクロージャーを進め、健全経営の維持を図ることとする。この中で、最重要なことは、教学改革を進めていき、教育の質をいかに保っていくかである。また、法人内で、経営ができる人材をいかに育てていくかが、次のポイントである。これまでは、どうしても教学重視で、その道しか経験のない職員が溢れており、何人に1人かは経営ができる人材の育成を、中・長期的な観点から計画的に行っていくことが必要である。

第1章 私立大学を巡る環境の激変と先行きの課題

表1-5 定量的な経営判断指標を用いた指標と経営判断基準の定義

指標			定義	
			○フロー、●ストック	説明
D	D3		○キャッシュベースで**赤字** ●**外部負債 ＞ 運用資産** ●外部負債を約定の償還年度ごとに返済していくと**4年未満で資金ショートする**	本業で資金流出が生じており、かつ手持ちの運用資産で外部負債の返済ができず約定の返済期限では4年未満で資金ショートが予想されるため、一般に運転資金の新規融資が難しい状態
	D2		○キャッシュベースで**赤字** ●**外部負債 ＜ 運用資産** ●外部負債を約定の償還年度ごとに返済していくと**4年未満で資金ショートする**	手持ちの運用資産で外部負債が返済可能な状態だが、本業で資金流出が生じており、約定の返済期限で返済すると4年未満で資金ショートが予想される状態
	D1		○キャッシュベースで**黒字** ●**外部負債を約定年数で返済できないか、返済できても10年超かかる** ●外部負債を約定の償還年度ごとに返済していくと**4年未満で資金ショートする**	本業が黒字だが、黒字幅が小さく、本業の黒字を全て借入金返済に回したとしても外部負債の返済可能性が不確実な状態で、かつ約定の返済期限では4年未満で資金ショートが予想される状態
C	C3		○キャッシュベースで**赤字** ●**外部負債 ＞ 運用資産** ●外部負債を約定の償還年度ごとに返済していくと**10年未満（4年以上）で資金ショートする**	本業で資金流出が生じており、かつ手持ちの運用資産で外部負債の返済ができず約定の返済期限では10年未満（4年以上）で資金ショートが予想されるため、一般に運転資金の新規融資が難しい状態
	C2		○キャッシュベースで**赤字** ●**外部負債 ＜ 運用資産** ●外部負債を約定の償還年度ごとに返済していくと**10年未満（4年以上）で資金ショートする**	手持ちの運用資産で外部負債が返済可能な状態だが、本業で資金流出が生じており、約定の返済期限で返済すると10年未満（4年以上）で資金ショートが予想される状態
	C1		○キャッシュベースで**黒字** ●**外部負債を約定年数で返済できないか、返済できても10年超かかる** ●外部負債を約定の償還年度ごとに返済していくと**10年未満（4年以上）で資金ショートする**	本業が黒字だが、黒字幅が小さく、本業の黒字を全て借入金返済に回したとしても外部負債の返済可能性が不確実な状態で、かつ約定の返済期限では10年未満（4年以上）で資金ショートが予想される状態
B	B4		○キャッシュベースで**赤字** ●**外部負債 ＞ 運用資産** ●外部負債を約定の償還年度ごとに返済していくと**10年以上資金がもつ**	本業で資金流出が生じており、手持ちの運用資産で外部負債の返済ができない状態であるため一般に運転資金の新規融資は難しい状態だが、10年以上は資金がもつ状態
	B3		○キャッシュベースで**赤字** ●**外部負債 ＜ 運用資産** ●外部負債を約定の償還年度ごとに返済していくと**10年以上資金がもつ**	本業で資金流出が生じているが、手持ちの運用資産で外部負債が返済可能な状態であり、約定の返済期限では10年以上資金がもつ状態
	B2		○キャッシュベースで**黒字** ●**外部負債を約定年数で返済できないか、返済できても10年超かかる** ●外部負債を約定の償還年度ごとに返済していくと**10年以上資金がもつ**	本業が黒字だが、黒字幅が小さく、本業の黒字を全て借入金返済に回したとしても外部負債の返済可能性が不確実な状態で、かつ約定の返済期限では10年以上資金がもつ状態
	B1		○キャッシュベースで**黒字** ●**前受金＞運用資産**	次年度に使う前受金分の運用資産を先食いしており資金繰りに不安がある
	B0		○損益ベースで**赤字**	取得価額ベースでの取替更新が出来ない状態
A	A3		○損益ベースで**黒字＜10％**	黒字幅が薄く、施設設備の拡充や借入金返済の財源が十分に生み出せない状態
	A2		○損益ベースで**黒字≧10％** ●**積立率＜100％**	黒字幅は十分だが、過去の資金蓄積が不十分な状態
	A1		○損益ベースで**黒字≧10％** ●**積立率≧100％**	黒字幅も、過去の資金蓄積も十分な状態

（出典）日本私立学校振興・共済事業団「私学の経営分析と改善計画」24年3月の改定版から抜粋

② 経営困難状態（イエローゾーン）

経営判断指標（図1-2参照）において、「教育研究活動によるCF」が2年連続赤字（平成25年度版では、3カ年のうち2カ年以上赤字）か、または過大な外部負債を抱え10年以内の返済が不可能な状態であり、経営上看過できない兆候がみられるが、学校法人自ら経営改革努力を行うことにより経営改善が可能な状態にあるとされる。また、教育研究活動によるCFが黒字でも帰属収支差額が赤字の場合は、イエローゾーンの予備的段階とみなすものとする。

こうした学校法人については、まず法人本体においては、目標と期限を明確にした経営改善の中期計画を策定させ、それを実行していくことが求められる。経営改善計画の中身は、①学納金や寄附金等の収入増加策、人件費や教育研究経費など支出の抑制策などの策定と実施、②法人部門内の不採算部門の縮小ないしは廃止策の策定及び実施、③遊休資産の処分や債務整理策の策定及び実施などが含まれる。また私学事業団の仕事としては、文部科学省と連携して、当該法人の改善計画作成の支援、事業団融資と連動した指導・助言、他法人との合併や事業譲渡などの情報提供など橋渡しを行うこととなる。

加えて、私見であるが、まず私学事業団の当該法人の経営改善計画の作成と指導・助言、事業団融資と連動した効果的な指導・助言、文部科学省の補助金による経営改善への支援、また必要であれば、当該経営改善計画の妥当性などを検証する第三者委員会をつくり、審議することも必要になろう。その中で、当該法人の債権・債務問題等の整理、改善を進めていく人材の派遣や方向性の早期決断等の問題も含め、全体的な枠組みをどうするかが課題となる。

③ 自力再生が困難な状態（レッドゾーン）

経営判断指標によれば、2年以上教育研究経費のCFが赤字で、運用資産と外部負債の比較でみて外部負債が超過している状況の先は、いわゆる債務超過となる可能性もあることから、早急な対応が求められる。

企業の場合は、株主責任の観点から、私的整理や民事再生手続きを踏んだ再建が想定される。「学校法人活性化・再生研究会」でもその可能性に言及しているが、私的整理で解決しない場合は、債権・債務整理の観点から民事再生手続きへと向かう事例が多い。民事再生手続きは、当該手続きについて申請後の諸対応に時間がかかり、一方では学校は学生を教育していく必要があることや

第1章　私立大学を巡る環境の激変と先行きの課題

学校法人活性化・再生研究会　最終報告（概要）

Ⅰ　国民が安心して高等教育を受けられる体制の整備
Ⅱ　学校法人自身による経営上の問題点の早期発見、自主的な対応策の早期立案と実行
Ⅲ　定量的な経営判断指標を用いた各段階ごとの再生・整理のための徹底した改善指導
Ⅳ　破綻後の学生の修学機会の確保のための仕組みの構築

私立学校の現況
① 少子化の進展と大学間競争の激化　③ 高等教育に対する公財政支出の不足と基盤的経費への助成の重要性
② 規制緩和と質の確保　　　　　　　④ 定員割れの学校数と赤字法人数の増加

（学校法人・私学団体）　（私学事業団）　（文部科学省）

正常状態

経営革新
① ガバナンスの確立
② 教学改革
③ 財務状況の改善
④ 情報公開

（私学事業団）
① チェックリストの作成
② 経営人材等の育成、支援
③ 成功事例の紹介

（文部科学省）
① 事業報告書の公開項目の例示
② コンソーシアムによる連携の推進

指標により、経営上看過できない兆候が見られるが、改革努力により改善が可能な状態

私学団体
情報収集・相互連携の強化

目標と期限を明確にした経営改善計画の作成と実行
① 収入増加、人件費・経費削減
② 改組転換（不採算部門の見直し）
③ 遊休資産の処分、債務整理等
　計画未達成時の募集停止、経営者責任を明記

（私学事業団）
① 改善計画作成の支援
② 融資と連動した指導・助言
③ 再生人材の紹介、育成
④ 合併等の情報提供

① 私学助成の活用
② 運営調査制度の活用

（経営困難状態（イエローゾーン））

過大な債務を抱えて、自力での再生が極めて困難になった状態

私的整理による債務整理
① 債務整理を円滑に行う仕組みを検討
② 事業団と整理回収機構との連携を検討

民事再生による債務整理
① 不適切なスポンサーの排除

（自力再生困難状態（レッドゾーン））

原則として自主的な募集停止
資金的余裕があるうちに募集を停止

① 募集停止の指導、指導に従わない法人名の公表を検討
① 円滑に閉鎖するための支援の検討

募集停止が間に合わず、資金ショートを起こした場合（学生の修学機会の確保）

私学団体
転学支援・近隣校による教学面の支援

① 転学の斡旋
② 支援校への補助金上の配慮
③ 学籍簿の管理

① 学生の転学支援
② 近隣校の支援による卒業までの教育継続
③ 経営の責任

① 破産管財人の補佐
② 教職員の転職情報の提供

（破綻状態）

関連して取り組むべき課題
① 公的資金の増額と基盤的経費への助成の充実　② 私学団体の活動の充実強化　③ 私学事業団の財政基盤の強化

図1-3　学校法人の経営状態区分の概要
（出典）日本私立学校振興・共済事業団「私立学校の経営革新と経営困難への対応」

学生募集時期等を避ける必要性などから、解決まで時間がかかる懸念がある。また、他の支援先を探す場合も当該支援先の教育の使命を真に果たす点での妥当性などの審査など、難しい課題をクリアしていく必要がある。また、こうした形で再生を進めていっても、最終段階で再生計画が頓挫した場合、当該法人は破産することになり、学生の修学の維持が困難となる場合などが想定され、いずれの課題も難しい問題を含んでいる。

（3）認証評価機関の関わり方

　こうした各学校法人の経営状態の把握には、私学事業団の経営判断指標の他、その他の手段としては、大学基準協会や日本高等教育評価機構などの認証評価機関が、認証評価時に徴求している財務関連計表などが主に利用される。国公私立大学は7年に一度、文部科学省認定の認証評価機関の認証を受け、教育機関としての教育・研究の質が担保されているかどうか、その認定を受けることを義務づけられている。大学の認証評価機関は、主に国公立大学を評価する学位授与機構、公立大学と私立大学、短期大学を評価する大学基準協会、日本高等教育評価機構の3つがある。評価基準としては、建学の理念、教育、教員、学生、管理運営、財務、地域貢献など各機関が定めた項目に従って評価を進めていくが、各機関とも評価基準の一基準として、財務関連基準と管理運営基準を設けている。認証評価作業は、各法人が毎年、纏めている当該法人事業概況について、被認証評価大学が、認証評価の期間の7年間分を、現況、問題点と課題、その対応の形で取りまとめ、これを各認証評価機関へ提出後、書面調査と実地調査が合わせて行われるが、この時点で当該法人の財務状況や経営状態が摑める形となる。

　表1-6は、日本高等教育評価機構の認証評価作業のおおよその流れを示している。

　現在の認証評価機関による一般的な認証作業は7年に1回と決められているが、仮に被認証評価大学が7年に1回の認証評価を終えた翌年あたりから定員割れが生じ、これが常態化、財務状況が悪化し、7年後の次回認証評価時にはその対応等が手遅れとなることが予想されるケースも考えられる。この点、認証評価のインターバルに問題がないかという懸念がある。また、認証評価作業は、評価の実施に先立ち、被認証評価先に対し各校の教育・研究活動状況や財

表 1-6　認証評価作業の一連の流れ（日本高等教育評価機構の例）

① 評価機構の示す「大学機関別認証評価受審の手引き」に基づき「自己点検評価書」を作成、機構宛に提出（例年6月末頃）、機構側で当該大学評価チームにより、自己点検評価書に基づき書面調査の検討・分析を実施（7月〜）
② 書面調査の結果、疑問点や追加資料のやり取りを大学・機構間で実施（8月〜）
③ 被評価大学への評価チームの実地調査（9月末〜12月頃まで）
④ 評価チームによる「調査報告案」の取りまとめ（翌年1月下旬まで）
⑤ 調査報告案の被評価大学への提示、意見申し立て（2月上旬頃）
⑥ 意見申し立ての機構側回答について不服あれば、判定委員会で審議（2月下旬〜3月上旬頃）
⑦ 機構理事会による評価結果の承認（3月中旬頃）
⑧ 評価結果を大学へ通知、文部科学大臣へ報告及び社会への公表（3月末）

務状況等学校運営に関する活動報告を纏め、評価機関側に提出することを義務づけている。被認証評価先は、教育・研究の活動及び財務・管理運営状況の7年分を、自己点検報告書として纏めることになるが、この時点で特に財務状況等については初めてその状況が全法人内に判明することになる。報告書の取りまとめ前にその内容を知りえているのは法人財務担当とその部署のみである場合が多く、またその状況判断も各私学の独自の判断に委ねられており、客観的な評価がなされていない状況があるのが実情である。

したがって、今後の課題としては、現状、財務内容等については、私学事業団が毎年加盟校に対し、所要の様式で財務や管理運営状況の関連資料を徴求し、これを分析しているが、その結果について、課題がある学校法人の扱いをどうするか、私学事業団や文部科学省私学部などが、もう少し踏み込んだ対応をとることができるような法整備が望まれるところである。

本件に関しては文部科学省が私学経営等について、平成21年10月9日から平成22年3月19日まで有識者に対しインタビューを実施しており、業況悪化が続く私学経営について、私学事業団等に対し以下のとおり、経営相談機能の充実を訴える意見が出されている。

すなわち、①私学事業団は、私立学校の財務状況はもちろん教学面も含めた経営相談や情報センター機能を現状以上に充実する方向で強化を検討すべきである。また、合併の提案を行うことや学校法人に対するチェック機能の強化を

期待する、との意見があった。②学校法人運営調査委員[2)]の実地調査により新たに認識する事実もあり、今後一層積極的に活用すべきである、との意見があった。関連する意見は以下のとおり（大学関係者、有識者意見から抜粋）である。なお、本書執筆時点では、この中のいくつかの事項は、私学事業団、学校法人運営調査委員会において、既に対策済みの事項、検討中の事項が含まれている。

（4）大学の質保証の徹底推進

　大学の質保証の枠組みの推移をみると、文部科学省の大学等設置基準は、事前認可から事後審査と認証評価の受審の義務づけ等、これまで徐々に規制緩和

> ○学校法人が私学事業団へ身近に相談できる環境づくりが必要。大学の当事者が早い段階で経営状況について認識することができるような仕組みが必要。
> ○経営撤退のための指標など、経営に関する客観的でオフィシャルなメルクマールが必要である。
> ○内部からの経営改革には学内で抵抗があるので、外部の有識者を指導員として派遣させることも有効。外圧であたることも必要。
> ○成功例（特にお金をかけずに実施した取り組み）等のノウハウを教えてほしい。そうすれば、例えば、大学については募集停止したとしても、大学以外の他の設置する学校の運営に活用することもできる。
> ○私学事業団は学校法人の求めにより経営相談に応じているが、これまでの経営面や教学面の情報をデータ化し、情報センターの機能を充実させることが重要。また、法人合併の提案をすることも考えられる。
> ○私学事業団が中心となって情報収集を行えば、情報は集まるだろう。収集した情報から合併の相手としてどこがふさわしいかを検討することも考えられる。また、私学事業団が金融機関と法人理事長との橋渡し的な役割を担うことが望ましい。
> ○私学事業団による財務分析を効果的に教学面での改善に結びつけていくことが必要。
> ○私学事業団のポジションをさらに高めると、よりよい大学の相談役にはなれると思う。私学関係者の中には、改善策がわからない人もいるため、具体的な提案を積極的に行えるようにする必要がある。
> ○私学同士の合併は私学事業団が仲介すべきである。私学事業団は各学校法人の財務状況を把握しているので、チェック機能を強化すべきである。

第 1 章　私立大学を巡る環境の激変と先行きの課題

○私学事業団が最後まで責任を取れない以上、私学事業団の仲介には一定のところで限界がある。
○経営相談を充実するだけで課題が一挙に解決するわけではない。私学事業団のアドバイスだけで改革ができる大学であれば、経営困難に陥る前に問題を解決している。
○学校法人運営調査委員の実地調査により学校法人が初めて認識する事実は多い。文部科学省の指導・助言は貴重。できるだけ頻繁に学校を訪問し、気になる点を指導することにより、経営破綻等の予防につながる。
○早期撤退のインセンティヴを与えるのが、学校法人運営調査委員の役割ではないか。

(出典) 中央教育審議会 大学分科会 大学規模・大学経営部会配付資料「私学経営に関する有識者インタビュー(概要)」

されてきた。しかしながら、基準自体に不明確な規定が存在することや、設置審査も抽象的な規定の運用がなされてきたこと、さらに大学のアフターケアについても、原則最初の学生が卒業するまでの期間に限定され、当初申請時の設置計画の実施状況の確認にとどまっているなどの問題がある。また認証評価については、各認証評価機関の評価作業は、最低基準の確認にとどまっており、認証評価結果が非常に悪くても、それ以上の強制措置、法定措置を取ることはできない実情がある。仮に法的措置を取る必要があっても、非常に慎重な運用が為されていることなどが、課題の具体例として挙げられる。さらに経営支援が必要な先でも、当該先の任意の協力が前提であり、強制力のある措置を取ることのできない法律構成になっている。

　こうした状況を改善するため、文部科学省が公表した大学改革実行プランでは、①教学の質保証のトータルシステムの確立と、②早期の経営判断を促進するシステムの確立が必要であると提起している。すなわち、前者は設置基準の明確化による一貫したシステムにより大学の質保証を確実に保証する、具体的には、設置基準の明確化、設置審査の高度化、アフターケアの充実、認証評価の改善を図り、法令違反等教学上問題がある大学に対しては、改善勧告、改善命令・組織廃止命令等について、学校教育法を改正して入れ込み、権限強化を図ることが検討されている。次に後者については、経営上の問題を抱えた学校

法人について、実地調査等を経て早期の経営判断を促進する。具体的には、経営状況の詳細な分析の後、実地調査の機能を強化し、その結果必要な場合は、経営改善計画の策定等段階的な経営指導を行い、早期の経営判断を促す。さらに、経営改善の見込みがなく教育の継続に悪影響を及ぼす学校法人に対しては、役員解職勧告・解散命令をだせるように私立学校法を改正していく方向が検討されている。

　これらを通じて、大学を取り巻く一般社会や各ステークホルダーの信頼を得られる質の高い大学を保証するシステムを確立し、社会変化に対応できない大学を退場させることも必要である。もちろんこの間、私学助成についても、メリハリある形としていき、一面では経営指導・支援を積極的に行うことが併せて必要である。そして、大学として相応しい実質を有する先については、それぞれの特性を活かした機能別分化に応じた適切な支援をしていくことを通じて、教育水準が保証された多様な教育機会を国民に保証していくことが課題となる。

（注）
1) 国立大学の法人化：平成16年度（2004年度）に、大学の自立性を高め、教育や研究を活発化する狙いで、文部科学省の内部組織だった国立大学を個別に法人化して独立させた。大学ごとに6年間の目標や計画を決め、それがどの程度達成されているか評価する仕組みが導入された。
2) 学校法人運営調査委員制度
　学校法人の管理運営の組織及びその活動状況、財務状況等について、実態を調査するとともに、必要な指導、助言を行い、学校法人の健全な経営の確保に資することを目的とするため、昭和59年度設置。
　運営調査事項として、①学校法人の管理運営の組織及びその活動状況に関すること（役員、評議員の就任状況、理事会、評議員会の開催・審議状況等）、②学校法人の財務に関すること（経年的財務状況、会計処理状況、収益事業の実施状況等）、③その他学校法人の業務の執行状況等に関すること（業務の執行状況、経営方針、設置している大学等の教育等の状況等）。
　運営調査の方法は、①学校法人ごとに学校法人運営調査委員及び事務官をもって書類審査、実地調査等の方法により実施、②それら運営調査事項を踏まえ、学校法人運営調査委員会を開催し、必要に応じて指導、助言すべき事項を当該学校法人に対して通知。

第2章

中小規模私立大学の経営改革の必要性

1．企業経営4つの原則

　第1章でみたように私立大学が直面している数々の構造調整圧力は、ちょうど今から20年前に、バブル崩壊後の我が国主要企業が、バブル崩壊で生じた膨大な負債を抱えその処理に汲々としていた折に、一方では、東西両ドイツの統合などを契機とした冷戦構造の急激な解消等を背景とした世界的な労働需給の緩和、さらには、我が国の規制緩和の波などいわゆる構造調整圧力の波に戸惑いをみせ、その克服に手を拱いて、「ぬるま湯」に浸かっていた時代と酷似している。当時企業が浸っていた状況は、ゆで蛙（そのままぬるま湯に浸かっていると、湯温が上昇して死んでしまう）状態であり、結果的にそうした企業は淘汰され、一方これらの課題にチャレンジし、克服し、ぬるま湯を脱した企業が生き残っている。私立学校法人は、少子高齢化の進展、大学数の増加、文部科学行政の規制緩和、さらには我が国のグローバル化、情報化が進展するなかでの知識基盤社会化、ICT（Information and Communication Technologyの略称）化やネットワーク社会の構造的変化が進む中で、こうした構造調整圧力をどう認識し、これにどう立ち向かっていくか、ぬるま湯のゆで蛙になるのか、正に今が正念場であるといえる。

　このためには、第一に教育・経営両面で数々の改革を進めていく必要があり、その過程において、企業経営の視点も考慮に入れながら検討していくことは、国立大学の法人化が、正に企業経営思想を大学経営の中に導入していくとの考え方であり、有益であると考えられる。

　さて、バブル崩壊後、我が国企業が再生した企業経営原則は、①強いガバナンス、②マーケットインの考え方、③透明性と情報公開（ディスクロージャー）、④公共性と地域性の発揮、の4点が挙げられる。

（1）ガバナンス

　まず「ガバナンス」の意味するところは、文字どおり、「統治」という意味であり、企業の場合は企業統治であり、経営を牽引していく取締役会の下部機構への統治力、すなわち首脳部で決定された方策を現場でいかに実行させていくかという運営（マネジメント）能力であり、またその運営状況をいかに管理、監督するかという問題である。企業の場合、通常取締役会で決定した事項は、

代表取締役である社長が決定して各部署に下ろしていくことになるが、この際、各部署など下部組織において、この決定に従わないことは通常ないことである。これがガバナンスであり、企業統治である。

　ガバナンスがしっかりしているということは、決定機関である取締役会の意向に沿って、企業全体の経営が順弁に流れているということができる。この企業統治がしっかりしていなければ、企業経営もうまくいかないことになり、企業の存続も保証できなくなるといえる。大学経営においてに正に学長のガバナンス、法人における理事長のガバナンスのいかんによって、トップが考えていることが進むかどうかが決まるわけで、大学経営におけるガバナンスの強化は喫緊の課題である。

（２）マーケットインの考え方

　次に「マーケットイン」の考え方については、まず、マーケットイン（Market in、Market oriented）とは、顧客の要求、希望を第一義として、顧客視点で、販売すべき商品の企画・開発を行い、これを販売していく手法である。すなわち、「顧客が望むものを作る」「売れるものだけを作り、提供する」方法をいう。これに対する言葉としてプロダクトアウト（Product out、Product oriented）という言葉があるが、これは企業が商品開発や生産を行う上で、生産者側の考え方で生産することである。考え方の根底には、生産者側が市場動向を睨んで、絶対いいものを作るとの自負の下、生産していく方法で、マスプロダクションがこれに当たる。我が国では長い間、大量生産に甘んじてきており、高度成長期とともに作れば売れる時代が続いたが、こうした大量生産品の多くが一般に行き渡り、供給過剰となって、そうした商品が市場に受け入れられなくなってきた経緯がある。しかしながら、近年、グローバル化や情報化、知識基盤社会化、ICT化等が進み、戦後築き上げられた制度や慣習が崩壊し、社会の価値観も多様化してきている。また、個々人の価値観も急速に変化してきている状況下、マスプロダクションによる画一、均一の商品はもはや受け入れられなくなり、個々人のニーズを反映した商品づくりへ、マーケットを構成する個々人の要求を反映した商品づくりが、主流となってきている。したがって、ほとんどの業種において、企業はマーケットインの考え方で企業経営をする時代となった。そしてさらに時代は進んで、市場にまだ出ていない新しい商品、サービ

スを企業側から提案していく時代になりつつある。このようにマーケットインの経営の考え方は、企業がいかに顧客満足度（Customer Satisfaction）を高めていくかにかかってきている。この点では、現在の企業間の競争は顧客満足度をいかに上げていけるかの競争であるといってもよい。企業経営者たちは、さまざまな手段のマーケットリサーチを駆使して、さらに自己が生産する商品に工夫・改善を加え、正に日進月歩の工夫によって、顧客からのリピート購入を確保していき、これが結果として生産コストを引き下げ、企業収益の極大化をもたらすことにより企業を長期的に安定させていくことが必須であるということを身に染みて知っている。

　大学経営においてもマーケットインの考え方は非常に重要である。この場合のマーケットの主役はもちろん学生でありその保護者であり、加えて社会環境といえる。これからの大学教育、これまでの教育もそうであるが、学生・保護者の望む教育をしていくことが必要であるし、また国民・世論が望む大学教育をしていく必要がある。これまでの大学教育が、国民が期待する教育がなされてきたかというと、過去に某新聞社が実施した大学教育に対するアンケート調査において、6割を超える国民が「今の大学教育は、企業や国民が期待している教育がなされていない」と答えている。教育を施す側は真摯に、この意見に向き合い教育の視点を変えていく必要がある。すなわち、これまでの一方通行的教育を改め、大学4年間で、基礎専門知識のほか課題解決力や創造力・構想力など社会で生き抜く力をつける教育を展開していく必要がある。このためには、学生の視点に立って、社会環境の変化等を視野に入れて、教育方法を工夫していく必要があり、まさにマーケットの主役である学生主体の教育展開が何であるかを考えることは必要である。

（3）透明性と情報公開

　三番目は、「透明性、情報公開」というキーワードである。透明性とは文字どおり隠し事のないことであり、企業内部の情報をいつも公開していくということである。言い換えれば、企業における業務・研究活動の進捗状況や状態、経営の実績を見えるようにする仕組みであり、こうした情報を企業のホームページやIR（Investor Relations、投資家向け広報）、決算発表など折に触れ、ディスクローズしていくことである。すなわちディスクロージャー、情報公開と

同義語である。企業における情報公開とは、企業内部の関連部門の情報公開がその始まりである。すなわち生産部門と営業部門が、一つのプロジェクトを進めていく場合に、どういう戦略で各部門の活動を展開しているか、その結果はどうか、課題なり改善点はどうかなど相互に情報を共有していけば、両部門において良い意味で競争意識が醸成され、改善点や目標など業務上の価値観や判断基準の明確化、組織としてのあるべき姿への進化の継続性といった組織面での効果があるため、情報公開を始めたことが最初である。こうした内部情報公開を始めたところ、関連部門間の情報交流が緊密となり、有機的に結合して、その目的に合致した結果がでて、当該企業の全体の力が一層発揮できる結果となる。次に、こうした企業情報の得意分野の事項を外部に公開することにより、当該企業との競合企業との間で差別化が可能となり、企業競争上の有利な戦いができる結果となるため、情報公開が必要かつ主流となり、結果的に情報公開は企業株主への義務となっている。したがって、得意分野や同種企業との差別化ができる企業は積極的に情報公開して、株主やマーケットの信認を得てさらに発展していくことになる。一方、公開しない企業は競争に負け、淘汰されていくことが不可避となる。

　大学においても、まず内部の情報の共有化、例えば長期経営計画とその課題などを教職員が共有化して課題解決に向かっていく、その結果が大学のブランドアップに繋がっていき、これを外部に積極的に公開していくことにより、他大学との差別化を図り、学生募集力を引き上げる結果に繋がるという効果が期待できることになる。

（4）公共性

　次に企業における「公共性」とは何を意味するかであるが、一般的に公共性とは、広く社会一般の利害にかかわる性質をいい、その度合いをいう。したがって教育機関は、国民を等しく教育していくという意味合いで、きわめて公共性の高い事業体、組織ということができる。すべての営利企業は、マーケットを通じて、当該企業の利益をいかに極大化していくかのために貢献しており、その意味において営利企業は公共性を備えているといえる。また企業の公共性は、時として株主価値の極大化との間にトレードオフの立場に立たされることもある。その典型が、公共輸送機関であるバス、電車の類で、特に地方所在の

交通機関が、その例である。すなわちその路線が赤字で、儲からなくても公共のためにその事業を続けていく必要があるからである。すなわち、その赤字路線を廃止すれば、会社の損失は減少し収益改善に繋がるが、地域住民にとっては大きな不便を被らせる結果となり、問題が生じる。このように企業は、その経営を存続させていくためには、国民のため、住民のために何をするかを企業理念として掲げている。その意味で企業経営と公共性は裏表の関係にある。

大学経営においてもこの公共性は重要である。大学は国から財政手当てを受け、国家の使命のひとつである高等教育をしていくという極めて公共的な立場にあるわけであり、公共性の視点を欠いた大学運営は成り立たない。その意味でこの公共性は大学経営にとっても、非常に重要な事項の一つである。

したがって、企業経営の4つの原則は、大学経営にもこれを入れて考えていく必要がある。以下この点を大学経営と絡めてもう少し詳しく述べていきたい。

2．企業経営と大学経営の比較、大学経営改革の必要性

（1）企業経営と大学経営の比較

教育界に長く籍を置かれている方たちは、教育と経営の両立は難しいと考える人が比較的多いと思われるが、経営を堅固にしていかないと、教育という土台が守れず、今後の競争時代には生き残れないと考えられる。経営基盤が強固である上での教育・研究であるということを強調したい。したがって、大学経営と企業経営を比較して、どういうことがいえるか、企業経営の利点で大学経営の中に取り入れることができるものはどういうものがあるのかを検証してみる価値はあると考えられる。

表2-1は、企業経営と現状の大学経営（これよりも革新的な経営をしている大学はもちろん存在する）について、理念・目的、ガバナンス、ステークホルダー（利害関係者）、財務運営など主要項目別に比較したものである。また一番右端の欄、今後の大学経営の欄は、必要な企業経営手法を大学経営手法に取り入れた場合の考え方を記述している。以下、この表に沿って説明していく。

1）理念・目的

まず、理念・目的であるが、企業の場合は、各々の企業はそれなりの理念、

表2-1 企業経営、大学経営 経営項目別比較

	企業経営	大学経営〔現在〕	今後の大学経営
理念・目的	企業理念、営利追求	建学の精神、教育・研究	建学の精神、教育・研究
ガバナンス	強いトップ、取締役会	理事長と学長2トップ、理事会の経営力弱体	指導力ある理事長、学長、経営力のある理事会の存在
利害関係者	株主、取引先、外部評価	利害関係者の視点不足、外部評価も7年おき	利害関係者別のPR、情報開示、複数の外部評価
財務	高収益、総資産最大運用、多面調達手段	学納金は運用せず損益概念なし	資産運用、総資産の運用、独立採算制度の導入
人事管理	部門評価で報酬決定	強い平等主義、年功序列、個人事業主の集合	研究評価型制度導入 授業アンケートの利用
関連会社	再編、集中、切り捨て	法人一体意識は薄い 不採算部門切り捨て不可	法人全体の浮揚、資源のコアへの集中、スクラップアンドビルド
マーケットリサーチ	販売戦略等全てについてマーケットイン	プロダクトアウト志向、改善意識は薄い	マーケットイン（カリキュラム、シラバス、教育方法など）
公共性・地域性	企業の存続＝地域貢献	研究成果は学術界内部で蓄積	研究成果を公開・地域還元 公共性を見据えた社会的責任、USR

すなわち企業は何のために存在するのか、どういう目的なのか、その目的をどういう形で実現していくのかということを、明文化したものを持っている。この理念を、企業経営者は、株主、従業員や市場の顧客等利害関係者に対し伝え、その目標を達成しようとすることになる。内容は、当該企業が創始者の考え方や、業種によっては、企業の得意分野をその理念にするなど内容は種々であるが、一般的には、やはり公共性を謳っている先が多い。筆者が籍を置いた金融機関の場合は、企業理念としては「お客様第一主義、地域のために永続的な価値を与えられるように努力する経営造り」となっており、多分に公共性を謳っている。これは金融機関が一般顧客から広く資金を預金として預かり、資金を

必要とする顧客に融通することを仕事としていることから、そのような理念を持って経営していることによる。したがって、資金余剰者から資金不足者への資金仲介という公共性を持った機関でなければならないという理念があるわけである。また目的は、企業である以上、株主価値の極大化を目指すことになり、これは営利の追求、利益を極大化することが、それにあたる。

　一方、大学経営においてその理念は、当該大学が拠って立つところの建学の理念であり、その目的は教育・研究を使命とすることにあることは疑う余地もない。企業経営・大学経営の双方において当該組織の理念は必要不可欠であり、理念なくしては、存在意義そのものがないといえるほど重要な概念である。

２）*ガバナンス*

　ガバナンスについては、既述のとおり、企業の場合は、取締役会がそのトップたる社長を頂点として各部、各課、係など末端に至るまで、当該企業の理念・方針がきちんと浸透していて、そのとおり動くことが必要である。そのためにはトップが先見性や見識に優れており、かつ決断力やリーダーシップが能力として必要である。一方大学経営においては、私立大学の場合は、法人理事長が経営を掌り、大学の教育・研究分野は学長が掌るなど、分担して行われることが通常である。また経営の母体である法人理事会は、これまでは最終決定権限を持たず、弱体であることが多かった。したがって、この面を強化するため、平成17年の私学法の改正で、理事会の権限を強くし、企業の代表取締役と同じような役割を理事長に持たせ、理事長は代表権を登記させる扱いとなった。私学法の改正は、そのほか監事の独立性及び機能を重視し、監事には理事会執行を厳格に管理し、また大学運営、経営執行も監督する義務をも明記した。また並立する評議員会の権限を越えて、理事会に最終決定権限を持たせることになった。

　これまでの学校法人理事会は、当該学校法人や大学の卒業生や関連する者が名誉職的な立場で参加していたが、理事会の本来の機能発揮のためには、識見ある第三者を理事会の構成メンバーに加えることを義務づけている。したがって、進歩的な学校法人では、理事会構成員である理事について、識見等に優れた外部理事の構成比率を高くし、その中から理事長を選出するなど、当事者意識が高く実行能力のある理事会とするため、企業における取締役会と同様にガ

バナンスを強化する方向に動いている先が多い。

　一方、教育・研究を掌る学長の立場についても、現状、問題があるといえる。なぜなら、経営意識の高い学長、理事長が改革を叫んでも、教授会が反対を唱えるとその改革が進まない状況があり、この点において経営改革・教育改革等が進まない背景となっている。大方の大学にとって教授会の存在は、非常にデリケートな問題を含んでいる。教授会が学部の人事や役職者指定などを行っている背景は、学校教育法第93条の条文からきているといわれている。すなわち、同条には、「大学には重要な事項を審議するため教授会を置かなければならない」とあり、この重要な事項の解釈として教員人事や役職者指定等をもって行っている大学が多いということである。このように教学サイドの意思決定は教授会にあり、したがって、たとえ少子化の進展など学生募集が困難になるなど将来に対する危機感が強くても、それが教授陣にまで共有されなければ、課題の改革を実行することがなかなか困難であるケースは、多くの大学でみられることである。

　今後の大学運営にとって、少子化という大学のマーケットが縮小していくという客観情勢、グローバル化や情報化の進展による、社会の価値観の変化に対応した教育改革の必要性、最後に大学内部の教授会の存在、という問題があるなかで、大学や法人をどう動かしていくかは、経営力の問題であり、その意味で法人の要に経営力のある人材が必要になってくることは、自明である。なお、ガバナンスについては、経済同友会から以下の提言がなされている。

経済同友会提言から抜粋

　一般に、ガバナンスとは、組織における権限・責任の体制が構築され、それを監視・チェックする体制が有効に機能していることであり、この観点では、企業であれ学校法人・大学（学校）であれ、何ら変わることはない。大学ガバナンス改革では、教授会に大きく依存している現状のガバナンス構造を見直し、最高意思決定機関である理事会の経営・監督機能の強化、ならびに執行部門のトップである学長の権限強化が鍵となる。各大学においては、ガバナンス強化の目的を明確にし、大学全体の経営力の強化、経営資源の拡充などに取り組むことが重要である。

3）利害関係者（ステークホルダー）

　ステークホルダーとは、営利組織の利害関係者のことを指す。具体的には、企業活動が関わる株主、市場の顧客、採用する人材、資材調達市場、資金取引をする金融市場、また格付機関などの外部評価団体、その他、地域社会など直接間接に当該企業と係わる個人・団体を指す。したがって、当該企業の経営の意思決定にあたり、さまざまな分野のステークホルダーの利害を想定して経営判断していく必要がある。こうした利害関係者に対し、常に当該企業の活動状況について外部発信していく必要があり、これが情報公開ということになる。この利害関係者が誰になっているのか、きちんと照準を合わせた情報公開をするかしないかで、企業の命運が分かれるところといえる。

　一方、大学経営においては、少子化が進展し多くの大学が定員未充足の状態になり、漸く大学にとってのステークホルダーとは何かが問われ出し、ステークホルダー論が交わされるようになってきた。それまでは、利害関係者という概念を持って経営を進める大学は少なかったといえる。そのため、各大学のホームページを見ると、プルダウンタグが学生・保護者、企業、学校関係者等の分類となっている。すなわち、大学におけるステークホルダーには、受験生・保護者、在籍学生、卒業生、高等学校、教職員、寄附者、就職先企業、その他企業、外部認証評価機関、外部格付機関、メディア関連、当該所在地域、一般市民、国際社会、文部科学省、私学事業団などが考えられる。このため、大学経営を進める場合、上記の先に対して大学内部の情報をどう発信していくか、工夫の要するところである。効果的に発信していけば、その反響は期待できる結果となる。これまでは、こうした利害関係者対応として、受験生・保護者、受験生が在籍する高校などに重点を置き、学校訪問やオープンキャンパス、ホームページでの大学の学部紹介などを中心に展開してきている。

　今後の大学経営におけるステークホルダー対策は、想定される利害関係者のほぼすべてを視野に入れた対応が必要となる。まず受験生・保護者に対しては、保護者が子息を大学に進学させる場合、何を期待し、何に関心があるかを考慮して対応する必要がある。「リクルート進学総研」調査（表2-2）によると、保護者は、子息の個性がどのように伸ばせるか、大学進学した場合、その個性がどういう学問によって伸ばせるか、が関心事であろう。そういう意味で、多

表2-2 大学進学時に求める価値観（とてもそう思う＋まあそう思う人の割合）(%)

	個性や能力の向上	多様性	実学教育	就職	資格取得	安価な学費	専門学校以上の教育	経済的負担	地元の学校	奨学金制度
保護者（調査数852）	93.4	92.4	80.9	78.8	73.0	64.6	60.3	48.6	47.9	45.5
高校生（調査数1,434）	88.1	92.9	77.7	75.4	66.8	68.3	57.5	59.7	36.2	38.3

（出典）リクルート進学総研「高校生と保護者に関する調査 第5回高校生と保護者の進路に関する意識調査2011」

くの科目を開講している、バラエティに富んだ科目を開講している、などがポイントになる。また、法律や医学など専門的知識が身に付くなどが関心事である。次に学費負担の問題から奨学金制度が完備されているか、就職率が高いか、どういう企業に就職しているか、などが重要度の高い項目である。そうした情報をきちんと発信する必要がある。一方採用する企業側は、大学学部でどういう教育をしているのか、基礎・専門知識のほか課題解決力や創造力、社会的責任能力など人間力を身に付ける教育を行っているか、また卒業生等はどういった先に就職しているか、当該大学の世間の評価がどうなっているのか、認証評価機関は、当該大学の教育の質が担保されているか、格付機関は当該大学の財務能力が維持されているかどうかなど、関心を寄せる視点のフォーカスが各々異なっている。したがって、それら各利害関係者に対して、各々戦略的な情報公開を展開していく必要がある。その対応は企業経営のステークホルダー対策と異なっていない。また認証評価についても、現行の7年に1回では、その間隔が空きすぎである。少なくとも、大学の完成年度が4年間であるならば、4年に1回の頻度で質担保評価を行う、また同一の認証評価機関ではなく、異なる機関がたすき掛けで4年に1回行う必要がないかなど、検証する必要がある。

4）財務

次に財務に関していえば、企業経営においては、その目的は株式価値の極大

化であり、高収益体質の追求、保有資産の最大限の運用を通じて、できる限りの収益を上げることである。また、資金調達面でも、直接、間接問わず、常に低コストの資金を集めることに専心する。株式市場、社債市場、金融機関からの借り入れ等々マーケットの状況に応じて、臨機応変に低コスト資金を調達し、最大収益を求めて、生産、販売、余裕資金の運用収益を上げることが使命である。これに対し、私学経営の財務は大きく異なる。まず学納金については、私学にとって最大の収入であり、これまでの伝統的な考え方では、「尊い学納金であるためこれを運用することは以ての外」という概念が強かった。しかしながら、①少子化進展から定員割れが常態化する私学が増加、学納金以外の収入多様化の必要性があったこと、また②国の財政難から経常費補助金が減額傾向にあること、さらに③国立大学の法人化以降、国公立大学も資金運用を認められたこと、などから、私学における資金運用は常態化してきている。

次に私学の損益概念については、そもそも私学経営は利益追求が目的ではないので、多くの利益を出すというよりも、教育・研究経費を十全にして、その環境整備を充実するために使うべきであるという考え方である。つまり、教育環境整備目的のための基本金組み入れ（一種の設備投資資金積み立て）後の消費収支尻を均衡にすることが、望ましいとの考え方である。なお、消費収支や帰属収支差額ベースで収入超過状態が続き、累積の消費収支尻が収入超過状態になっている私学は、文科省からの経常費補助金が収入超過状態に応じて、減額される扱い[1]になっており、この点は留意すべき点である。それでは一方で支出超過状態がいいのかというと、支出超過状態が続き累積超過額が大きくなると、財務の恒常的悪化との評価を受け、補助金の減額対象になるほか資金調達面で問題ありとの認定を受けるなど問題視され、結果として学生募集環境の悪化等を招くため、財務の舵取りはそれなりに神経を使わざるを得ないということになる。

今後の私学財務運営については、平成27年度から新しい学校法人会計基準に基づく処理が求められている。改正の方向としては、企業会計への鞘寄せが大筋であるが、主な改正点は後述（【参考1】私学財政の特徴と仕組み第4節「学校法人会計基準の改定」）しているので参照願いたい。

今後の私学の財務戦略がどうあるべきかについては、まず少子化により学納

金が減少し、国の財政赤字を背景に私学への補助金の助成も増額されにくい中、収入が減少していく傾向がある。この中で、収入引き上げのため、寄附金獲得のためのパイプを広げるほか保有資産の運用、大学の教室や講堂等固定資産を貸し出すことによる施設貸出収入の確保や余裕資金の運用をさらに積極的に行い、またその他の資産、例えば、大学の研究成果等の知的資産を有形化して販売することなど総資産運用の必要性が増してくると考えられる。また、複数の学校を設置している学校法人については、各設置校の採算を独立してみていく必要があろう。各設置校が、各々採算があっているか、無理をしていないか、一部の設置校が常に赤字体質であり、その他の黒字設置校から、赤字補填が為されていないかなど、十全に管理していくことが必要である。そうしないと、赤字の原因もつかめないし、もちろんその対策を講じることもできない結果となるからである。

5）**人事管理**

企業の人事管理は、一般的に被雇用者の勤務態度や営業目的に対する営業成績結果、同業績等に応じて、各々人事考課を行い評価する。評価結果は、給与・賞与に密接にリンクしており、同じ資格の中にあって大きく差が生じることもある。人事考課結果により、給与面はもちろん昇進面にも大きく影響する形となっている。これは企業活動が、その結果として、個々人の達成目的とその結果が誰の眼にもはっきり見える形になっており、疑念をさしはさむ余地がないからである。

一方、私学経営においては、経営目的そのものが教育・研究を遂行することであり、教育・研究結果を公平かつ適正に評価することが難しく、これにより給与面や待遇面に差を設けることがなかなか困難なことになる。この点は特に教員についていえるわけで、この結果、私学の教員の間には強い平等主義の考え方があり、その給与面の処遇も同資格同一賃金、年功序列型賃金を求めてくる傾向が強い。これは大学教員が、これまで教育・研究に対して強い自治概念を保持し続け、これを守ろうとする意識がきわめて高いことに起因する。また大学教員は一旦教員に採用されると、大方の私学では、専任講師、准教授、教授と昇進するなど年功序列的な人事が行われている。この間、競争原理も働かず、また教員側もそうした環境を守ろうとする意識が強いといえる。この点、

知識基盤社会化の進展など環境変化に対する教育研究を進めるため、平成16年度国立大学の法人化施行以降、国立大学については、教員評価制度の導入が相次いでなされるなど、教員社会にも競争原理を入れる動きが出てきている。この結果、図2-1、表2-3のとおり、平成21年度に至っては、全国立大学全法人の8割強、72大学が、評価制度の導入に踏み切っており、評価結果を給与面へ反映させる先も増加してきている。このように、国立大学が教員評価制度を導入してきている背景は、法人化という流れから、大学の社会的責任を果たす、社会に開かれた大学を目指すためには、社会の一般常識に従う必要があることの意味合いが強いといえる。

　この間私学においては、文部科学省調査（図2-1、表2-3参照）によれば、平成19年度は218大学、同20年度は235大学、同21年度は243大学が教員評価制度の導入に踏みきっており、その実施率は私学全体の約4割を占めるに至っている。また評価結果が給与へ反映させる制度を採用している先は、国立大学と異なり、約半数の私学が同制度を導入済みである。いずれにしろ、大学教員への評価制度の導入の大きな課題は、大学の場合、企業のように株主価値の極大化、すなわち利益の追求という明確な目的がなく、目的は教育・研究を使命とすることになっているため、大学組織全体の目的に、個々人の評価結果をどう連動させ、整合させていくかをさらに検討していく必要がある、ということである。また、後述のとおり、学生を主体的に学ばせるためにも、教員側も教育に従来以上に時間を割いていく必要があり、授業評価アンケート結果の利用方法とも絡め、教員評価制度の果たす役割は、重要かつ明確になっていくことになるが、大学教員の教育力を評価するための手法として、各大学とも学生の授業アンケートを活用する形で利用している先が多い。これは、この結果を分析して、各教員へ還元し、教育内容や教育方法の質的引き上げを図り、教育力向上を通じて、学生に基礎・専門的知識・学力に加え、課題解決力、構想力、社会的能力など社会を生き抜く力を付けることを目的としている。

6）関連会社

　企業経営における関連会社とは、当該会社との関係で、人事、技術、取引、資本等によって、当該会社の意思決定に重大な影響力をもつ会社のことを指す。また、株式持合い比率が50％以上の場合は、持ち株会社（ホールディングス）

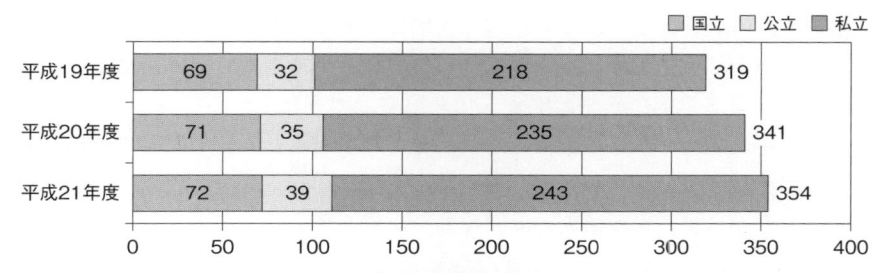

第2章　中小規模私立大学の経営改革の必要性

■国立　□公立　■私立

年度	国立	公立	私立	計
平成19年度	69	32	218	319
平成20年度	71	35	235	341
平成21年度	72	39	243	354

図 2-1　学部段階で教員の教育面の評価を実施している大学数
（出典）文部科学省、教育再生実行会議関連資料

表 2-3　教員評価制度実施例（文部科学省高等教育局資料から）

北見工業大学	評価項目は、授業負担（学部等区分、単位、受講学生数、授業開講数等）、授業評価（学生授業評価、自己評価）、学生指導（卒論等の学生指導、学生の学会発表指導）等。評価結果は、年度ごとに取りまとめ、学外に広く公表するとともに、教育研究費配分、賞与、昇給等に活用。
三重大学	評価項目は、担当科目数、指導学生数、授業外のゼミ等の学習・研究指導時間数、教育内容・方法面での取り組み、学生支援の取組、FD活動等。「特に優れた者」と「改善を促す必要のある者」を特定し、学長に報告。平成21年度より給与面でのインセンティブを付与。
秋田県立大学	評価項目は、「授業の目的や明確さ」「事前準備」「授業に対する熱意」「授業内容や進め方」等。外部評価者と委託契約を結び、すべての教授、准教授の授業評価を実施。
岩手医科大学（歯学部）	評価項目は、講義・実習・演習、チュートリアル、オフィスアワー、課外活動、各種試験出題、大学院・研究生に対する指導、FD参加等。それぞれの実総時間を調査し、評価点を算出し、学生による評価も実施。評価結果は、教員本人に通知。
芝浦工業大学（工学部）	答案の電子化で習熟度を数値化し、統計的に把握。教育賞を与えFD講演会でプレゼン実施。

という。いくつかの設置校を保有している学校法人は、商法上の規制を受けていないが、一種のホールディングスといえる。企業の場合、関連会社や子会社は、業況がよければ営業継続となるが、業況が悪化、不採算となった場合は、倒産や他企業への身売りとなるケースが多い。

学校法人の場合はどうかといえば、入学定員充足率が下がり定員割れが続いた場合、当該学科や学部が不採算部門になったという理由では、当然のこととしてすぐに当該学部、学科の廃止、切り捨てはできない。不採算が継続して、赤字が累積しても、学生募集停止を決めてから少なくとも4年間（当該年に入学した学生が卒業するまで）は、当該学部、学科の廃止措置に移れないことになる。したがって、学校法人の財務を健全に保っていくことの必要性はいうまでもなく重要なことである。

　また、法人内設置校の連携については、法人を株式会社のホールディング会社と考え、その傘下に各設置校がぶら下がっていると仮定すると、法人と各設置校間での連携、一体意識がきわめて重要である。少子化が進展し、学生募集競争の激化する中では、法人が法人内設置校の状況を十二分に把握しながら、経営を進めていく必要性がある。各設置校間において、建学の理念や財務状況、募集マーケット、広告宣伝等に係わる問題意識を共有化しつつ経営を進めていくことが必要となってきている。さらに必要に応じて、法人内設置校間において経営資源の選択と集中、連携など、企業経営と同様の手法を用いることも経営を進める上で考慮する余地がある。

　7）マーケットの考え方

　企業経営を歴史的にみれば、まず①企業の論理による商品を大量に生産し、これを消費者に売りつけた時代、いわゆるプロダクトアウトの時代を経て、その後社会環境の変化や経済構造の変化を背景とした価値観の多様化から消費者のニーズが多様化、諸商品へのニーズも個々人のニーズを反映したマーケットインの時代となっている。このため生産者側も常にマーケットをウオッチし、価値観が多様化している消費者が構成する各市場動向を分析、投資・生産・販売方針・販売計画を模索しつつ経営をする時代、すなわち、「マーケットインの指向での経営」に移ってきた経緯がある。このようにマーケットインの経営は「顧客が望むものを作る」「売れるものだけを作り、提供する」方法を指す。

　私学においては教育が使命であり、これまでは教員が専門知識を学生に一方通行で教えることが一般的であり、これは、企業経営でいえば、プロダクトアウト指向による教育といえる。しかしながら、我が国の状況は、グローバル化

によるボーダレス化、情報化進展による知識基盤社会化、ICT 化に加え、温暖化、食糧危機、大気汚染、原発問題など地球規模で解決を要する問題の増加、社会的・経済的格差の拡大、就業構造の変化などこれまで経験したことのない、また解決方法の見つからない問題がでてくるなどの構造的変化が起こり、またこの変化がスピードをもって進んでおり、戦後続いてきた制度や価値観が崩れていき、将来の予測がなかなか困難な時代の中に突入してきている。こうした構造変化の中での教育がどうあるべきかを、真摯に考える必要がある。また学生側もかかる構造の激変の中にあって、主体的にいろいろな新しいことを学びたいというニーズがあること、次に大学卒業後の就職の局面でも、履修科目の基礎・専門的知識のほか、解のない問題について批判的かつ創造的な思考による課題解決力、チームワークやリーダーシップを発揮しての社会的能力、持続的な学修を通じて得られる想像力や構想力などの社会を生き抜く力、社会適応力、人間力を身に付け、主体的に考え行動する能力を養っていく必要がある。このための教育として、教員・学生双方が協働して進める双方向型授業や、アクティブラーニング等マーケットインの指向に立った教育方法面での改善が望まれるところである。そのためには、カリキュラムやシラバスについても、マーケットインの考え方で整備・充実していく必要がある。この点については、後掲第 3 節「教育改革の必要性」で詳述する。

　以上述べた内容を整理し、一覧表にすると、既述の表 2-1 の右端の欄に表示した各項目の姿が今後の大学経営の方向づけとなる。

（2）大学の社会的責任について

　近年、大学の社会的責任（University Social Responsibility）ということがいわれ始め、その意義づけが行われている。経営上の原則として、これを取り入れる大学が増えてきている。すなわち、大学の社会的使命である教育・研究の遂行を、国家社会的見地から行っていくことに関して議論されている。これは、少子化による大学間競争の激化の中で、不正入試、学生の不祥事、教授の科学研究費補助金の不正使用など大学不祥事に対する社会の関心の高まりなどが背景となっている。したがって、教育・研究活動の充実とともに、大学が果たすべき社会的責任について、これに取り組むことが必要ということになる。例えば、大学が関連する受験生、父母、卒業生、行政などあらゆるステークホ

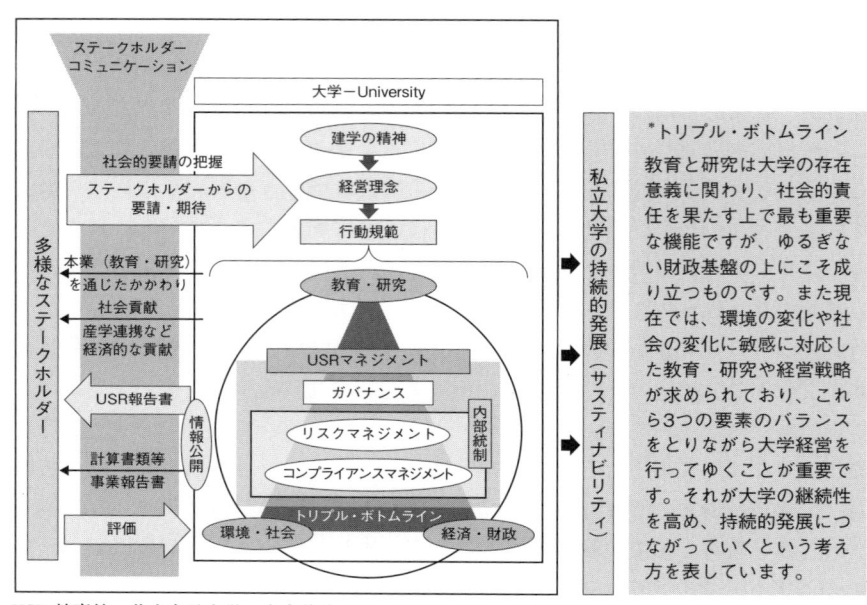

USR幹事校：共立女子大学、慶應義塾大学、國學院大學、芝浦工業大学、玉川大学、日本大学、早稲田大学

同会員校：青山学院大学、桜美林大学、神奈川大学、関東学院大学、北里大学、駒沢大学、相模女子大学、実践女子大学、女子美術大学、専修大学、創価大学、大正大学、千葉工業大学、中央大学、東京農業大学、東京薬科大学、東京理科大学、同志社大学、東洋大学、獨協大学、二松學舍大学、文化女子大学、明治大学、麗澤大学、和光大学（平成20年12月現在）

図2-2　USRの概念図
(出典) 私立大学社会的責任(USR)研究会「USR入門—社会的責任を果たす大学経営を目指して—」から抜粋

ルダーに対して、大学の経営管理運営面の透明性、説明責任、情報公開、教育・経営改革の推進などを行い、これを発信していく必要がある。そのためには、内部でその目的と理念を念頭においたマネジメント体制、コンプライアンス体制、情報公開等について、責任ある体制の構築が必要とされる。

大学の社会的責任については、平成16年3月に私立大学社会的責任研究会が創設されたが、所期の目的を達成したため、平成25年度をもって解散し、その理念、活動はNPO法人学校経理研究会に継承されている。

（3）マネジメント・マーケティングを巡るいくつかの問題点

　以上これまで、企業経営と学校経営の特徴点を比較してきた。そのうえで、両者の共通点も見て取れ、その進め方に大きな乖離がないことも理解できたと思う。したがって、私学経営について企業経営の利点を取り入れ、学校運営に経営という色彩をより濃くする形で、私学経営の充実を図っていく必要がある。ただこれを進めていく上では、以下のとおりの問題点があることも事実であり、この点は、企業経営と大学経営の使命、目的が異なる以上、当然のこといえる。以下この課題について、述べることとする。

　課題の第一点は、マネジメント手法であり、第二点はマーケティング手法である。企業経営は、財務、会計、組織行動、マネジメント、マーケティングの各手法が融合した形で行われる経営である。一方私学経営において、財務や会計は当然必要であるが、組織的な行動やマネジメントからマーケティングに至ると、私学経営にこれらを導入する意義がどこにあるかについて、なかなか理解が得られない状況がある。

　企業経営では経営体に取締役会が存在し、1名の代表取締役が経営全体の舵取り役を行い、取締役会の決議事項が会社の各部署・組織において実行されていくことになるが、私学経営では経営体に理事会があり、その代表者として理事長が存在し、また大学側運営者として学長が存在しているのが通例であり、この両者の考え方が合わないと、組織的な行動やマネジメントがスムーズに行われないことになる。まず、現状の学長を筆頭とする教学のマネジメント体制は以下に述べるような体制である。教学部門は学長を筆頭に、副学長、学務局長、学部長とピラミッド型の組織であり、学長が統率権を持っているとみられるが、必ずしもそうでない実情がある。また国立大学は、平成16年の法人化以降、学長がすべての権限を掌握し、学長判断で、カリキュラム策定、採用・昇格等人事案件、その他重要事項を決定できる仕組みとなったが、各学部・学科には旧帝大や国立大学時代の古い規定が存在し、これらが学長権限を超える規定として残っており、学長の思うままに経営が遂行できない点が未だ存在している。また、私立大学についても、国立大学から移った教員が国立大学と同様の教授会規定を作り、活動してきた経緯があり、学部教授会が採用、昇進等教員人事など重要事項の審議を行い、学長はこれらの決定事項の追認をすると

いう立場にあるところが多い。教授会が強い背景の一つには、既述の如く学校教育法第93条の存在があり、そこには「大学には、重要な事項を審議するため、教授会を置かなければならない。」という条項が入っており、この「重要な事項を審議する」という文言を基に、各大学では、学部教授会の審議事項として、教員人事まで実質的に決定しているのが現状である。したがって、学長は教授会決定事項を追認している現状があり、また理事会も人事などについては、同様に追認している状況にあるといえる。

したがって、学校経営におけるマネジメント強化については、まず学長のガバナンス強化、学長権限の強化が必要である。この点については、かねてから、教授会の権限や運営の見直しを図るべきとの意見があり、その方向としては、一例として、重要な事項の解釈を「教授会は大学（学校）における教育・研究上の重要な事項」という形にして、「教授会は、①学長、学部長が現場を担当する教授たちの意見を聴取する機会を提供する場とすること。また、②教授会は、理事会や学長、学部長会議等での決定事項を情報共有する場である」、という形で、その役割を再検討していく必要があるということである。そのような形にすれば、学長は、教授会で聴取したさまざまな意見を自らの判断で大学の運営に適切に反映させることができ、その点では、教授会は学長の諮問機関的な役割を担わせるという方向が考えられる。この点については、経済同友会の提言では、学校教育法第93条の法改正[2]を提言している。また教育再生実行会議でも、教授会のあり方については見直しの方向で提言をしており、これを受け中央教育審議会では、教授会の審議事項を、カリキュラム策定、学生の身分異動、名誉教授の選任等の事項に絞る方向で法改正を行う、という方向で検討している。

以上みてきたように、私学の教学におけるマネジメント体制の充実・強化については、現状教授会のあり方という面での課題があり、これを教職員が納得する形でどのように修正していくか、検討の余地がある。この点は教員の意識を変えていくことも含めて考えていく必要がある。すなわち大学も企業と同様に、組織において目標を達成するためには、各教職員が教職協働意識を持って働くことが必要であろう。そのためには、各私学において、冒頭から述べているように、少子高齢化が進展していく中で競争環境が激化し、またグローバル

化や知識基盤社会化の中で、かつてないほど劇的な構造変化が生じており、この中で勝ち残っていくための組織としての中長期の目標、ビジョンを作成し、大学が直面する危機感を共有し、意識改革を行いつつ課題克服を共通の目標として、実行・実現していく教職協働体制の構築が求められるところである。

次に第二番目の課題として、マーケティングという観点である。マーケティングの意味を辞書で引くと、「顧客ニーズを的確につかんで製品計画を立て、最も有利な販売経路を選ぶとともに、販売促進努力により、需要の増加と新たな市場開発を図る企業の諸活動」とある。競争が激しい企業経営のなかで、自社の商品を、多くの同種商品の中から、消費者に好んで選んでもらうにはどうしたらいいのか、を考える時に、結果的に消費者が自社商品を買ってよかったという商品をどうしたら作れるか、その方法を検討するということである。したがって、商品の差別化や消費者の商品に対するニーズや市場全体の動向をみつつ、その戦略を検討していき、最適の戦略を絞り出し、課題を抽出して、これを実行していくことになる。

仮に、教育を一種のサービス業として捉えれば、教育業界の顧客たる消費者は学生、受験生、その保護者であり、かかる顧客が子弟に当該教育を受けさせてよかった、授業料を払ってよかったと、思わせるような教育をしていく必要がある。この点で、教育を他校と差別化する、具体的には、基礎・専門知識のほか社会適応力・人間力を身に付けさせる教育をいかに実行していくかが鍵であり、これらを通じて、自校の応募学生数を増やしていくことが可能となる。また受験生や保護者は、当該私学の教育を受けて卒業し、堅実な企業に就職でき、自立した個人として生活できるとするならば、少々授業料が高くても、当該私学に進学してよかったと考えるであろう。このように学校、保護者と受験生双方が利点を得られるようにするため、どのような教育が必要かを検討することが、教育にマーケティングの考え方を導入する背景となる。

大学経営は、そうした観点で教育の差別化を考えていく必要があり、これにより受験生・保護者のニーズとも合致し、他大学との差別化という点での成功へつながる。この結果、当該私学には受験生が押しかけ、応募倍率は上昇していくことになるし、当該私学のブランドも引き上げられることになる。

教育にマーケティング手法を導入するということは、消費者である、教育を

受ける受験生からみて、どのような教育を受けたいのか、マーケットインの観点で、教育がどうあるべきかを検討することである。

3．教育改革の必要性

　ここで再び、教育改革がなぜ必要かを考えよう。これは以下の3点が背景といえる。すなわち、①少子化の進展により我が国の国力を支える中核を成す大卒者の枯渇化、労働力の減退を補う手段として、こうした層の量と質の引き上げが必要であり、これの養成は私学が主要な役割を果たしていること、②グローバル化や情報化の進展等知識基盤社会化が進む中での教育のあり方を変えていく必要があること、③進学率50％、毎年60万人が大学進学している状況で、進学率10％時代の大学進学者と比較すると、従来であれば、中学校、高等学校を卒業して就職していた学生が進学してきていることや、偏差値教育が進み偏差値でグループ分けされ、自らの能力に限界を引いて努力しない学生が多いこと、さらには大学進学者の7割は不本意入学生といわれており、このような層が進学してきていることなど、進学率10％時代の大学進学者と比較すると、はるかに教育に手間が掛かる状況になっていること、である。こうした学生をいかにして主体的に学ばせ、学修時間を引き延ばしていくか、その教育方法の検討の必要性などが、教育改革が必要な背景となってきている。

　また私学は、これに加え私学同士の学生募集競争に晒され、教育力を引き上げられなければ、淘汰される情勢が差し迫っている。

　次の大きな問題として、我が国の大学生が諸外国の大学生と比較して勉強時間が圧倒的に少ないという状況がある。図2-3のごとく、東京大学・大学経営政策研究センター（CRUMP）「全国大学調査」2007年版によると、1週間あたりの日米大学生1年生の学修時間を比較すると、1週間あたりの授業時間以外の学修時間（予習、復習や図書館での自習時間）は、日本の学生で1週間に11時間以上学修する層は、全体の14.8％であるのに対し米国の学生は58.4％、1時間以上5時間以内の層は、日本が57.1％を占めているのに対し米国は15.3％と低率になっているなど、米国の学生比日本の学生は、極端に勉強時間が少ない状況がみて取れる。

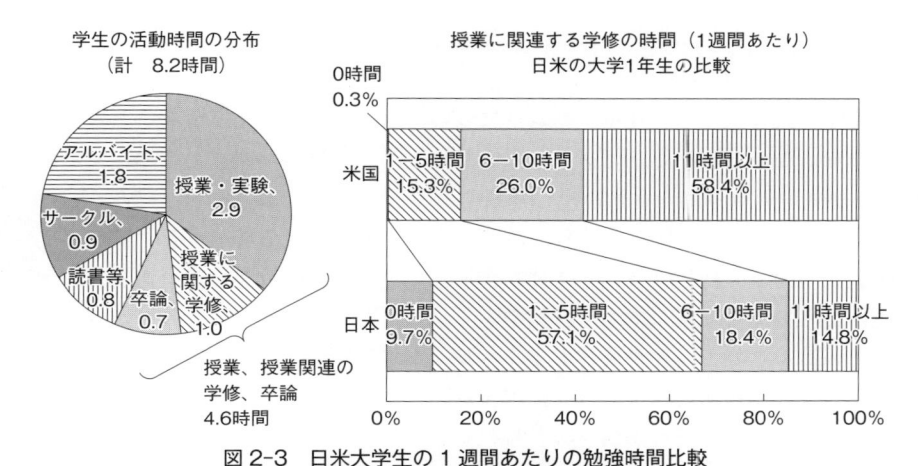

第2章　中小規模私立大学の経営改革の必要性

図2-3　日米大学生の1週間あたりの勉強時間比較
（出典）東京大学 大学経営政策研究センター（CRUMP）「全国大学調査」2007年、サンプル数44,905人
http://ump.p.u-tpkyo.ac.jp/crump
NSSE（The National Survey of Student Engagement）

　平成24年6月に公表された「大学改革実行プラン」によると、教育改革について、「学生が主体的に学び、考え、行動する力を鍛える大学教育の質的な転換」という表現で述べられている。その中ではまず、社会が求める人材像を規定、すなわち「主体的に学び考え、どんな状況にも対応できる人材」を育成するために、大学教育として求められることは、学生の主体的な学びの確立である。これは、学生の学修時間を実質的に増加・確保することにより、①答えのない問題を発見、最善解を導くために必要な専門知識及び汎用的能力を鍛えること、②実習や体験活動等の教育によって知的な基礎に裏づけられた技術や技能を身に付けること、を目的としており、このためにどういう教育を展開しなければいけないか、ということが大学教育の質的な転換のための取り組みということになる。具体的には、①教育課程（カリキュラム）改革、②シラバスの整備・充実、③教育方法の工夫・改善、④これらを含めた教員・職員間の連携による組織的な教育方法の改善に向けての行動を通じて、教学マネジメント体制の構築が不可欠である、と提言している。
　以下、文部科学省高等教育局高等教育政策室田中室長作成の講演資料（「新たな未来を築くための大学教育の質的転換に向けて」）の中から抜粋して、説

明していくこととする。
（1）教育課程の体系化
　まず、教育課程（カリキュラム）については、その体系化ということが課題となる。これをナンバリング、あるいはコース・ナンバリングと呼ぶ。すなわち、授業科目に適切な番号を付し分類することで、学修の段階や順序等を表し、教育課程の体系性を明示する仕組みで、①大学内における授業科目の分類、②複数大学間での授業科目の共通分類、③さらには、一番重要な点であるが、学生にとってより理解しやすく、見やすくすることを目的とする3つの意味を持っている。このように対象とするレベル（学年等）や開講科目の分類を示すことは、学生が適切な授業科目を選択する助けとなる。また、科目同士の整理・統合と連携により教員が個々の科目の充実に注力できるといった効果も期待できる。これまでのカリキュラムは、基礎、応用、専門各科目が並列して存在し、学生は各科目の難易度がわからないので、どの科目から受講すればいいのか判断できないという弊害があった。したがって、開講科目を初級レベルから卒論

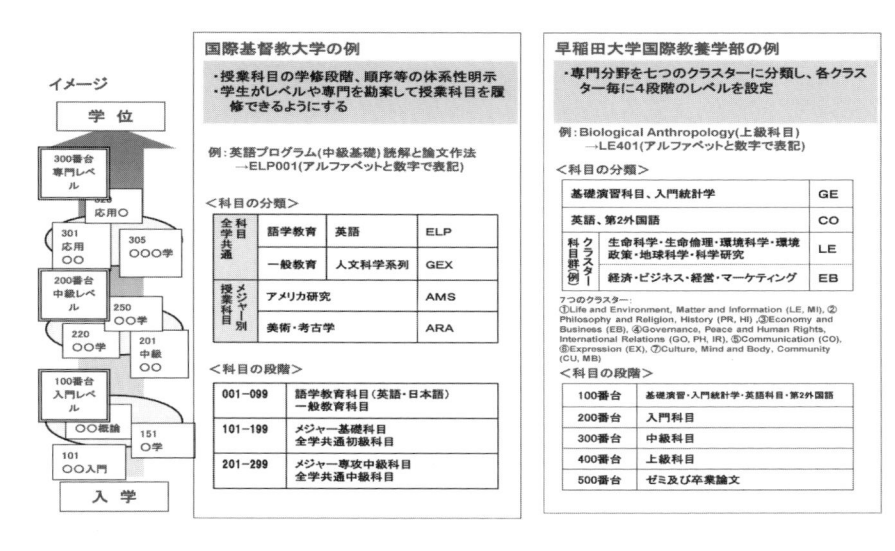

図2-4　ナンバリング—カリキュラムの体系化の事例
（出典）文部科学省「学士課程教育の質的転換資料」

等総仕上げレベルまで各々難易度別に分類していくことが必要である。次に難易度別の分類した各科目について、当該科目の学修成果として単位修得時に、どのような能力が身に付くのか、を明示していく必要がある。図 2-4 にいくつかの大学のナンバリングの実例を掲載する。

(2) シラバスの整備・充実

　シラバスとは、各授業科目の詳細な授業計画であり、大学の授業名、担当教員名、講義目的、各回の授業内容、成績評価方法・基準、準備学修等についての具体的な指示、教科書・参考文献、履修条件等が記されており、学生が各授業科目の準備学修等を進めるための基本となるものである。また、学生が講義の履修を決める際の資料になるとともに、教員相互の授業内容の調整、学生による授業評価等にも使われる。アメリカでは、教員と学生の契約書と理解されている例もある。いわゆる授業内容の概要を総覧する資料とは異なり、科目の到達目標や学生の学修内容、準備学修の内容、成績評価の方法・基準の明示が求められる。

　シラバスは文部科学省の「大学における教育内容等の改革状況調査」(図 2-5) によると、ほとんどの大学で導入されているが、具体的な準備学修内容を明示している先は 35.8%、また具体的な準備学修時間の目安を示している先はわずか 6.8% となっており、この点まで敷衍して明示することが重要である。

　このように、シラバスは、学生を主体的に学ばせるため、これを教育課程の体系化に合わせる形で、開講科目ごとの学修の準備と進捗状況を復習する形に、

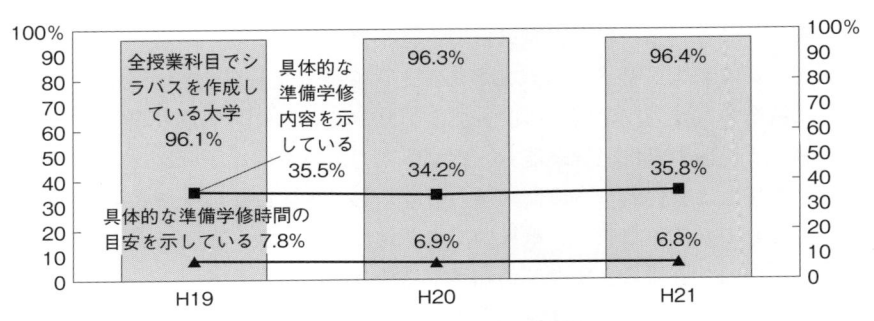

図 2-5　大学シラバス関連調査

(出典) 文部科学省「大学における教育内容等の改革状況について」

その内容を充実させることが必要である。また、学生が当該科目を受講するにあたり、1回の開講時限ごとに、どのくらいの予習、復習時間が必要かの目途を示すなどして、単位の実質化を図っていく必要がある。さらに、当該科目を受講するにあたりどのような能力が身に付くのかを明示することにより、知識・学力に加え想像力や課題解決力、社会的責任能力などが養われていく目安を示すことが必要となる。この点で、シラバスの内容の充実は、前出の教育課程の整理・体系化と密接にリンクして進めていかなければならない。シラバスは、当該学部全体のカリキュラムの部分構成要素の位置づけと考える必要がある。

　充実したシラバスの代表例として、よく挙げられる金沢工業大のシラバスの参考例（図2-6）を以下に紹介したい。

　同大のシラバスは「学習支援計画書（Syllabus）」とされ、それには、授業科目の学習教育目標や授業の概要及び学習上の助言、学生が達成すべき行動目標、総合評価割合と総合力指標などが明記されている。第一に、学生に対しては、「学習支援計画書を効果的に活用した積極的な学習への展開を図ってください。」と明記され、①科目の基本情報、②授業科目の学習教育目標、③授業の概要及び学習上の助言、④教科書、参考書、⑤履修に必要な予備知識や技能、⑥学生が達成すべき行動目標、⑦総合評価割合と総合力指標、⑧評価の要点、⑨具体的な達成の目安、⑩授業に関する補足情報、⑪各授業に対する学生の学習内容や授業形式、学習課題、などが掲載されており、科目の基本情報として、科目名、単位数、履修方法、担当教員名、講義室、オフィスアワーの有無等が設けられている。第二に、授業科目の学習教育目標、そのキーワード、教育の結果どういう学力・能力を育成できるのか、育成していくのかが記載されて、さらに授業の概要及び学習上の助言欄があり、ここには、文章表現力、コミュニケーション能力、自己管理能力、課題解決力、自主的な学習に対する意識・意欲の高揚など具体的な育成期待能力を明示し、学生にその学習効果を可視化する形としている。第三に、教科書や参考書などの記載、次に予習する学生にとっての情報、履修に必要な予備知識や技能欄が設けられている。また第四にはその結果として、学生が達成すべき行動目標や達成度評価、総合力指標知識を取り込む力、思考、推論、創造力、コミュニケーションとリーダーシップ、

第 2 章　中小規模私立大学の経営改革の必要性

図 2-6　学習支援計画書、金沢工業大学資料
（出典）文部科学省「シラバスについて補足資料 2．金沢工業大学の例」

発表・表現・伝達する力、学習に取り組む姿勢・意欲などを審査するための評価方法（試験・小テスト、レポート、成果発表：口頭・実技、作品、ポートフォリオ、出席回数や受講態度等その他）を明示し、学生自身が、どういう能力がどういう試験で身に付いていくかを判断できる形で可視化されている。最後には、開講回数ごとに授業明細表が付いており、ここには、学習内容、授業の運営方法、予習・復習時の学習課題、それに要する時間目安等が設けられている。

（3）カリキュラムマップ

　カリキュラムを体系化し、シラバスを充実させた上で、履修系統図（カリキュラムマップ）を作成することが必要である。履修系統図とは、学生に身に付けさせる知識・能力と授業科目との間の対応関係を示し、体系的な履修を促すものであり、カリキュラムマップ、カリキュラムチャート、カリキュラムフローなどとも呼ばれる。そのイメージとして、金沢工業大学機械工学科のカリキュラムフロー（マップ）の例を図2-7に例示する。この表は横に1年次から4年次の時系列が並び、縦には機械工学科の学生として、その形成が期待される能力が明示されている。そして、機械工学科の4年間で取得すべき履修科目が展開されており、1年次、2年次と年次進行に伴って、履修した科目ごとに形成された能力が、学生・教員のほか誰でもわかる形になっていることが特徴である。

　一例として、このカリキュラムマップの1年次の最初に履修するE001工学大意（機械）Iの説明をすると、この科目を履修することにより、学生は社会を支える「ものづくり」の三大技術である機械分野、電気・電子分野、情報分野の技術について、工学と社会とのつながり、歴史及び現在、未来の技術について学び、「自ら考えて行動する技術者」としての第一歩を歩み出す意識を明確にすることになる。また、各分野における学ぶ領域、学問の拡がりを学び、各自の将来の目標、夢を実現するためのキャリア形成を意識して、修学計画能力を身につけ、今後の学習姿勢を確立することになる。また併せて「覚える・暗記する」学習現象や物事の本質を論理的に考える力（科学力）、デザイン力の醸成を目標とすることになる。それらの到達基準として、目標は①現代社会における工学部の役割を理解し、自身の修学計画を立案することができる、②

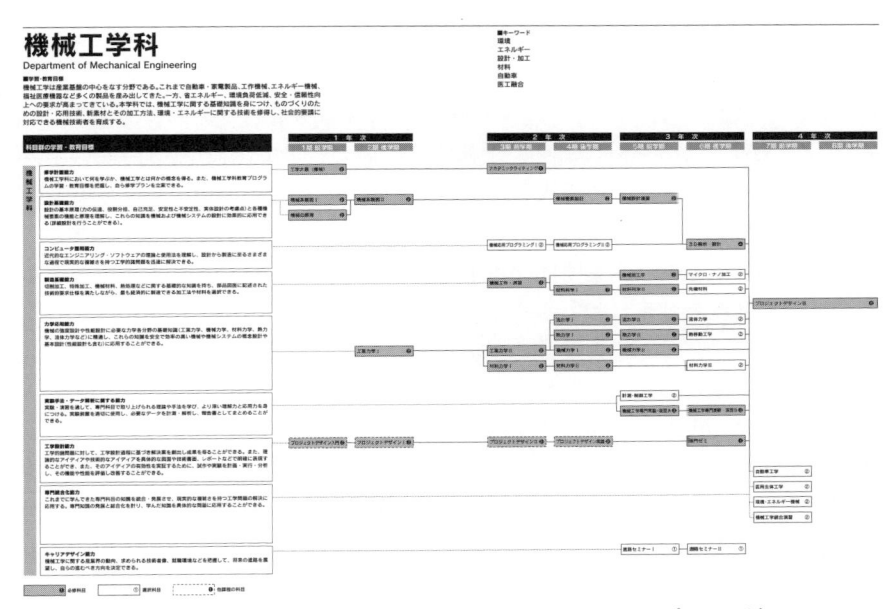

第 2 章　中小規模私立大学の経営改革の必要性

図 2-7　金沢工業大学機械工学科のカリキュラム・マップイメージ
(出典) 文部科学省「大学教育部会(第17回)配付資料」

機械工学科の「学ぶ領域」、研究分野を理解し、今後の勉学の方法、履修計画について主体的に考えることができる、③「設計」「機械加工」について概略を説明できる、④「機械材料」「塑性加工」について概略を説明できる、⑤「流体力学」「熱力学」について概略を説明できる、⑥自身のキャリア形成プロセスを自身の言葉で述べ、それを第三者に伝えることができる、ことを要請している。

(4) キャップ制度

このように、教育改革においては、カリキュラムのナンバリング化、シラバスの充実等を通して、学生に主体的な学びの習慣を築かせることが必要であるが、同時に単位修得時のキャップ制を敷いて、単位の実質化を図っていくことが必要である。

キャップ制とは、単位の過剰登録を防ぐため、1年間あるいは1学期間に履

77

修登録できる単位の上限を設ける制度である。かかるキャップ制が施行された背景と経緯について説明すると、我が国の大学制度は単位制度を基本としているが、大学設置基準上1単位は、教員が教室等で授業を行う時間に加え、学生が予習や復習など教室外において学修する時間の合計で、標準45時間の学修を要する教育内容をもって構成されている。また、これを基礎とし、授業期間は1学年間におよそ年30週、1学年間で約30単位を修得することが標準とされ、したがって大学の卒業要件は4年間にわたって124単位を修得することを基本として制度設計されている。

しかしながら、多くの大学では、学期末の試験結果のみで単位認定が行われるなどの理由から、学生が過剰な単位登録をして3年で安易に124近くの単位を修得し、結果として1単位あたり45時間相当に満たない学修量で単位が認定されているという現象が生じたことから、平成11年に、大学設置基準第27条の2第1項として、「大学は、学生が各年次にわたって適切に授業科目を履修するため、卒業の要件として学生が修得すべき単位数について、学生が1年間又は1学期に履修科目として登録することができる単位数の上限を定めるよう努めなければならない」と規定された。

したがって、単位の実質化とは、1単位に相当する実質的な教育を施すことであり、それは名実ともに学士課程の勉強成果が当該学生の身に付く形で行われる必要があるが、そのためには学生・教員が協働して、そのような学修環境を整えながら進めていく必要があることを示唆している。

図2-8は、平成21年度文部科学省の調査によるキャップ制を敷いている国公私立大学別の実施割合である。これをみると、私立大学は全体の71.4％がキャップ制を敷いている。設定されている上限単位は学部ベースでは、年間30単位までが48学部、31～40単位が129学部、41～50単位が1003学部、51単位以上が293学部と、年間、41～50単位の学部が大半を占めている。

以上、教育課程のナンバリング化、シラバスの充実、カリキュラムマップ作製の必要性と単位の実質化は、相互に密接に絡み合っている。すなわちカリキュラムマップは、科目間での横の連携に加え縦の連携が取れていること、開講科目の難易度と各科目の受講により、学生をして育成が期待できる思考・能力を体系的に整理された形であること、が要求される。またシラバスは、人材育

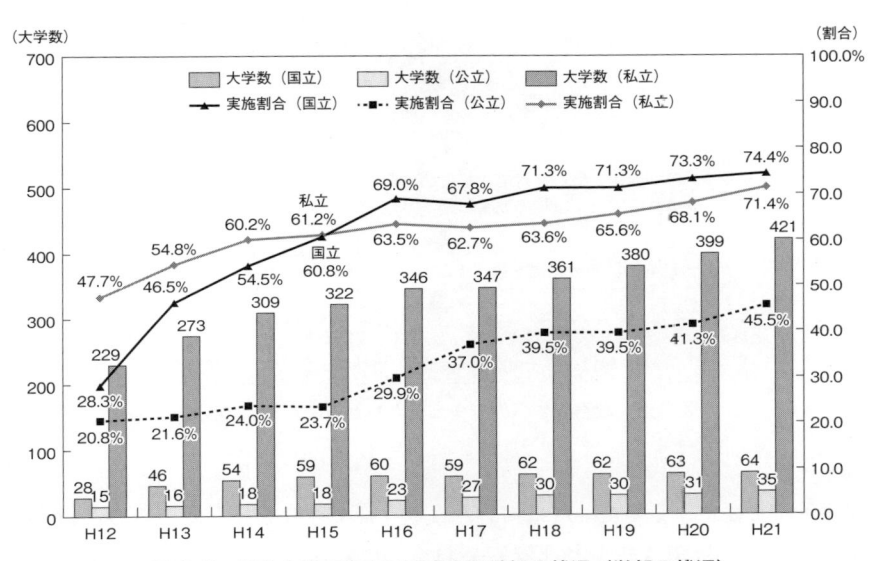

図 2-8 単位上限の設定に関する取り組み状況（学部の状況）
（出典）文部科学省「質保証に関する主な制度改正関連データ」

成に向けて、学生を主体的に学修させるために、更なる充実・強化が必要であること、単位のキャップ制については、単位の実質化に必要不可欠な事柄であり、三者の関係を示すと図2-9のとおりとなる。

　教育目標を反映し、履修の難易度や形成が期待される能力・学力別の体系化されたカリキュラムとその業務方法書であるシラバス、学修計画書が出来ると、それを実践していくのは教員である。すなわち、教育を進めていく教員が、当該大学の共通のビジョンに基づいた育成する人材像を実現するための教育目標、教育体系について、十分に理解をしておく必要がある。その上で、教育課程と密接にリンクしたシラバスに従って、教育を展開していくわけである。その場合、こうした教育を展開していく上で、当該大学を構成する全教員の間で、こうした教育を進めていくのだというコンセンサスが出来上がり、科目間の関連や連携を意識しながら、組織的に教育を進めていくことが必要で、いわば、教員全体の主体的な参画により、教員間の連携と協力により教育を実施していくことが求められる。その場合に留意すべきは、繰り返しになるが、今、なぜ教

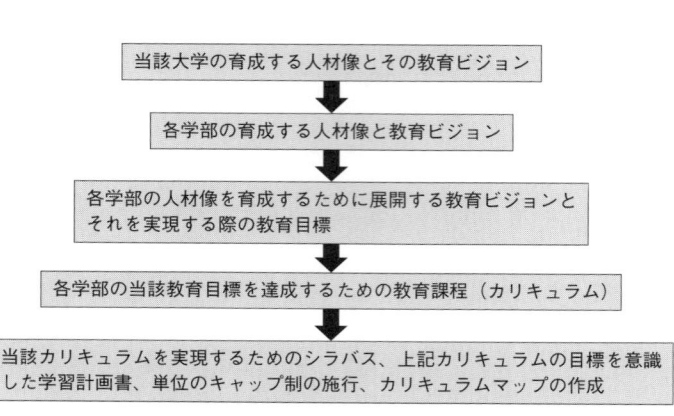

```
┌─────────────────────────────────────────┐
│ 当該大学の育成する人材像とその教育ビジョン │
└─────────────────────────────────────────┘
                    ↓
┌─────────────────────────────┐
│ 各学部の育成する人材像と教育ビジョン │
└─────────────────────────────┘
                    ↓
┌─────────────────────────────────────────┐
│ 各学部の人材像を育成するために展開する教育ビジョンと │
│ それを実現する際の教育目標                       │
└─────────────────────────────────────────┘
                    ↓
┌─────────────────────────────────────────┐
│ 各学部の当該教育目標を達成するための教育課程（カリキュラム） │
└─────────────────────────────────────────┘
                    ↓
┌─────────────────────────────────────────────────┐
│ 当該カリキュラムを実現するためのシラバス、上記カリキュラムの目標を意識 │
│ した学習計画書、単位のキャップ制の施行、カリキュラムマップの作成      │
└─────────────────────────────────────────────────┘
```

図2-9　教育課程（カリキュラム）とシラバスとの関係

育改革が必要か、そのためには何をどういう形で教育を行っていくのがいいのか、を教員全員がきちんと理解しておく必要があり、そのために教員のFD（ファカルティー・ディベロップメント）を通じて、こうした状況の共通認識・理解を進めていくことも併せて必要である。

（5）組織的な教育体制とFDの推進

　FDとは、教員が授業内容・方法を改善し向上させるための組織的な取り組みの総称で、取り組みの具体的な例としては、①教員相互の授業参観の実施、②授業方法についての研究会の開催、③新任教員のための研修会の開催などを挙げることができる。

　FDの実施状況を文部科学省調査資料（図2-10）によれば、教員相互の研修会の実施、教育方法の講演会の開催等が主な活動であるが、本来は教員の教育力向上が主目的であり、この観点から教員相互の授業参観、教育方法改善のための授業検討会の開催、教員相互の授業評価等前向きなFDの推進が、次に必要となってくる。

　FDについては、全国私立大学FD連携フォーラムという組織があり、実践的FDプログラムの開発・活用として、教員の4つの活動（教育、研究、社会貢献、管理運営）に対して、①教育学をはじめとした系統的な理論のオンデマンド講義、②授業技術やコミュニケーションスキルを育成するワークショップ、

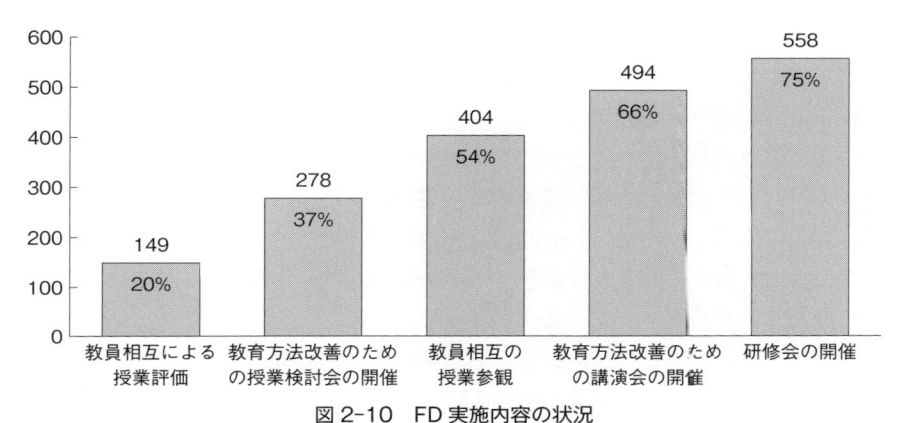

第2章　中小規模私立大学の経営改革の必要性

```
600                                                    558
                                              494      75%
500                                           66%
                                    404
400                                 54%
                         278
300                      37%
200
         149
100      20%
  0
      教員相互による  教育方法改善のため  教員相互の   教育方法改善のため  研修会の開催
       授業評価    の授業検討会の開催  授業参観   の講演会の開催
```

図2-10　FD実施内容の状況
（出典）平成21年度文部科学省資料「大学の教育内容等の改革状況について」から抜粋

③個々の教員ニーズに応える日常的な教育コンサルテーション、④ポートフォリオの作成支援を行っており、各大学は、①②の講義・講座を目的に応じて選択し、③④やその他独自の研修などを組み合わせてFDを実施しているほか、大学によっては、学長名の修了証を発行し、専門性の向上を証明できるようにしている。この私立大学FDフォーラムは規模の大きい私立大学を対象としているため、中小規模私大は加盟できない現状があり、これら大学対象のフォーラムの設立が望まれるところである。

 （6）教育方法の充実

次に教育方法にも、見直しを加えていく必要がある。すなわち、今の学生に対する教育目的が、基礎・応用・専門など知識・学力のほかに知識を取り込む力、思考・推論・創造する力、協働する力やリーダーシップ、発表、表現・伝達などのコミュニケーション能力、持続的な学修意欲などの社会適応力をも身に付けさせるために、どのような教育を施していったらよいのかなど、これまでの教育方法の見直しも必然的な課題となる。これまでは、大学教員は、自分の専門知識を半ば一方的に学生に教授する形で、講義を進めてきた。しかしながら、グローバル化、知識基盤社会化、ICT化など、内外ともに、劇的かつ構造的な変化が急激に展開し、戦後出来上がってきた制度や価値観が急速に崩れ変化している中、大学教育についてもこうした変化を織り込んだ形で進めて

いく必要がある。また就職面においても、大学での教育結果が、企業が求めている教育内容とズレが生じており、企業と大学の接続をいかに順弁にしていくかは、就職率を上げる課題と密接に関連すること、また、学生のほうでも、変化の激しいこの世の中を見ながら主体的に学びたいというニーズもあることなどから、教育方法において、双方向型授業や課題解決型のアクティブラーニング、PBL（Project Based Learning）などを導入して、社会的適応力、創造力、構想力などを付ける教育を展開していく必要がある。また、教員もこれまで以上に教育に時間を割いていく必要がある。

ここで、文部科学省調査による大学教員の職務活動調査（表2-4）をみると、教育に割く時間は徐々に増加してきているが、まだまだ不足している状況がある。全大学では約28.5％、私立大学は31.6％と国公私の間で一番多いが、学士課程で必要かつ十分な教育を施すためにはさらに教育に時間を割いていく必要

表2-4　大学教員の職務活動時間調査

教員の勤務時間における教育に関する時間の割合は増加。2002年と2008年の比較で、教育時間の割合の増加が5ポイント以上になっている。

職務活動時間	全大学		国立大学		公立大学		私立大学	
	2002	2008	2002	2008	2002	2008	2002	2008
研究	47.5%	36.1%	50.9%	40.1%	48.3%	36.9%	44.5%	33.2%
教育	23.0%	28.5%	20.2%	25.0%	21.8%	23.9%	25.4%	31.6%
社会サービス	10.5%	15.6%	10.5%	15.2%	11.4%	20.4%	10.4%	15.3%
研究関連	3.5%	6.4%	3.9%	7.2%	3.5%	7.8%	3.2%	5.6%
教育関連	2.8%	4.7%	2.8%	4.4%	3.2%	5.9%	2.7%	4.7%
その他	4.2%	4.6%	3.8%	3.6%	4.8%	6.7%	4.5%	4.9%
その他	19.0%	19.7%	18.4%	19.7%	18.6%	18.8%	19.6%	19.9%
合計	100.0%	100.0%	100.0%	100.0%	100.0%	100.0%	100.0%	100.0%

（注）大学の学部（大学院も含む）。2008年の値は母集団の学問分野別と国・公・私立大学別のバランスを考慮し、科学技術政策研究所が計算したもの
（出典）文部科学省「大学等におけるフルタイム換算データに関する調査」

第 2 章　中小規模私立大学の経営改革の必要性

がある。

　教育方法における、アクティブラーニング[3)]とは、教員による一方向的な講義形式の教育とは異なり、学修者の能動的な授業への参加を取り入れた教授・学修法の総称である。すなわち学修者が能動的に参加することによって、認知的、倫理的、社会的能力、教養、知識、経験を含めた汎用的能力の育成を図ることが期待できる。学修方法としては、発見学習、問題解決学習、体験学習、調査学習等が含まれるが、教室内でのグループ・ディスカッション、ディベート、グループ・ワーク等も有効なアクティブラーニングの方法である。

　アクティブラーニングの具体例として、図 2-11、図 2-12 に、立教大学経営学部ビジネスリーダーシッププログラム（BLP）、筑波大学アクティブラーニング資料の例を掲載する。

　こうした、教育改革の全体像を纏めると、図 2-13 のとおりになり、これらを通じて、マーケットインの考え方で学生への主体的な学びの環境を整え、教

図 2-11　立教大学経営学部　ビジネスリーダーシッププログラム・BLP
（出典）文部科学省高等教育局平成 20 年質の高い大学教育プログラム採択分資料

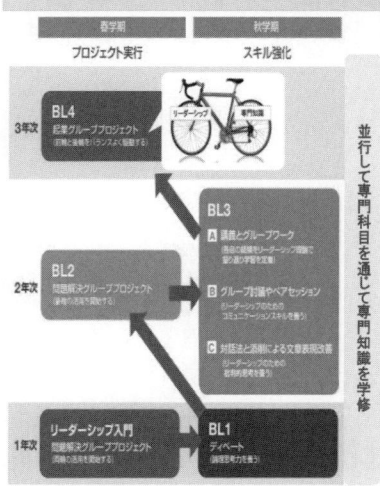

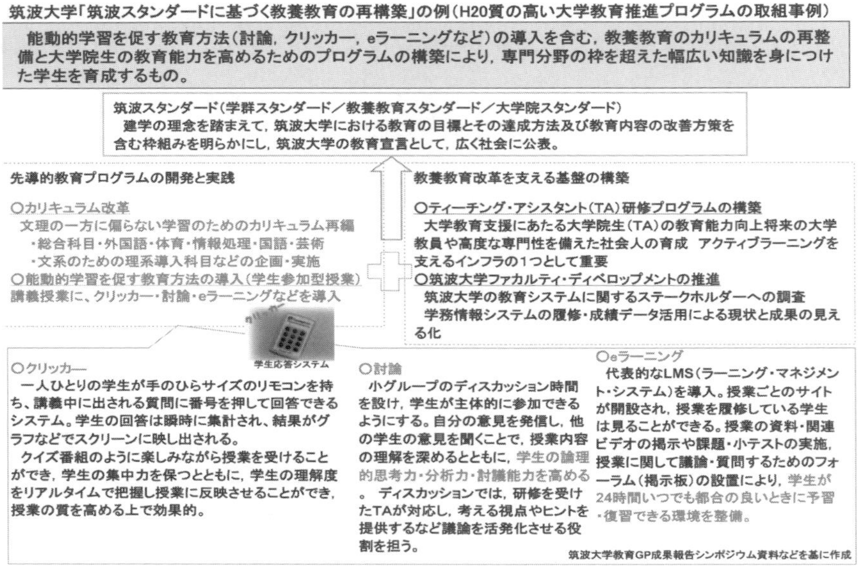

筑波大学「筑波スタンダードに基づく教養教育の再構築」の例（H20質の高い大学教育推進プログラムの取組事例）

能動的学習を促す教育方法（討論、クリッカー、eラーニングなど）の導入を含む、教養教育のカリキュラムの再整備と大学院生の教育能力を高めるためのプログラムの構築により、専門分野の枠を超えた幅広い知識を身につけた学生を育成するもの。

筑波スタンダード（学群スタンダード／教養教育スタンダード／大学院スタンダード）
建学の理念を踏まえて、筑波大学における教育の目標とその達成方法及び教育内容の改善方策を含む枠組みを明らかにし、筑波大学の教育宣言として、広く社会に公表。

先導的教育プログラムの開発と実践
○カリキュラム改革
　文理の一方に偏らない学習のためのカリキュラム再編
　・総合科目・外国語・体育・情報処理・国語・芸術
　・文系のための理系導入科目などの企画・実施
○能動的学習を促す教育方法の導入（学生参加型授業）
　講義授業に、クリッカー・討論・eラーニングなどを導入

教養教育改革を支える基盤の構築
○ティーチング・アシスタント（TA）研修プログラムの構築
　大学教育支援にあたる大学院生（TA）の教育能力向上来の大学教員や高度な専門性を備えた社会人の育成　アクティブラーニングを支えるインフラの1つとして重要
○筑波大学ファカルティ・ディベロップメントの推進
　筑波大学の教育システムに関するステークホルダーへの調査
　学務情報システムの履修・成績データ活用による現状と成果の見える化

学生応答システム

○クリッカー
一人ひとりの学生が手のひらサイズのリモコンを持ち、講義中に出される質問に番号を押して回答できるシステム。学生の回答は瞬時に集計され、結果がグラフなどでスクリーンに映し出される。
クイズ番組のように楽しみながら授業を受けることができ、学生の集中力を保つとともに、学生の理解度をリアルタイムで把握し授業に反映させることができ、授業の質を高める上で効果的。

○討論
小グループのディスカッション時間を設け、学生が主体的に参加できるようにする。自分の意見を発信し、他の学生の意見を聞くことで、授業内容の理解を深めるとともに、学生の論理的思考力・分析力・討議能力を高める。
・ディスカッションでは、研修を受けたTAが対応し、考える視点やヒントを提供するなど議論を活発化させる役割を担う。

○eラーニング
代表的なLMS（ラーニング・マネジメント・システム）を導入。授業ごとのサイトが開設され、授業を履修している学生は見ることができる。授業の資料・関連ビデオの掲示や課題・小テストの実施、授業に関して議論・質問するためのフォーラム（掲示板）の設置により、学生が24時間いつでも都合の良いときに予習・復習できる環境を整備。

筑波大学教育GP成果報告シンポジウム資料などを基に作成

図2-12　筑波大学　アクティブラーニング資料
（出典）文部科学省高等教育局資料、文部科学省高等教育局平成20年質の高い大学教育プログラム採択分資料

育を展開していく必要性は避けられぬ課題であり、各私学とも、姿勢の違いはありこそすれ、これに正面から取り組んでいく必要がある。

　こうした一連の教育の質的転換の推進に対して、教員側から、「そもそも大学教員の本分は研究であり、教育は、研究を究めてこそ初めて良い教育ができる」と主張する向きもある。もちろん大学教員にとっては、研究は教育と密接不可分であるが、一方では、私学は国公立大学とは違い、国や自治体からの公的財政援助がきわめて少なく、収入のほとんどを各学生の家計から徴収する授業料で賄っており、授業料に対する応分の対応として、私学は「研究をベースに教育により力を入れ、学生に専門知識や社会適応能力を教えていく義務がある」といえる。研究はできるだけ科研費（科学研究費補助金）を申請し、これを原資に行うことも必要である。また、受験生の争奪など市場競争面においても、提供する当該教育サービスの質が問題となり、他大学と差別化した教育サ

第2章　中小規模私立大学の経営改革の必要性

```
┌─────────────────┐     ┌──────────────────────────────────────────┐
│ 社会が求める人材像 │     │ 大学教育に求められること　～学生の主体的な学びの確立～ │
│                 │     │ 学修時間の実質的な増加・確保により、                │
│ 主体的に学び考え、 │     │ ① 「答えのない問題」を発見、最善解を導くために必要な専門的知識及び汎 │
│ どんな状況にも対応 │     │   用的能力を鍛えること                            │
│ できる多様な人材  │     │ ② 実習や体験活動などの教育によって知的な基礎に裏付けられた技術や │
│                 │     │   技能を身に付けること                            │
└─────────────────┘     └──────────────────────────────────────────┘
                                        ▼
┌────────────────────────────────────────────────────────────────┐
│ 大学教育の質的転換のための取組                                        │
│ ・教員と学生とが意思疎通を図りつつ、学生が相互に刺激を与えながら知的に成長する課題解決型の能動的学修を中心 │
│  とした教育へと転換することが必要                                    │
│ ・その際、以下の諸方策と連なってなされることが必要                          │
│ ┌──────────────┐┌──────────────┐┌──────────────────┐ │
│ │○教育課程の体系化  ││○組織的な教育の実施 ││○授業計画（シラバス）の充実│ │
│ │教育課程全体として、││教員全体の主体的な参画││事前の準備や事後の展開な │ │
│ │育成する能力、知識、││により、教員間の連携と││どの指針、他の授業科目と │ │
│ │技術、技能と個々の授││協力により教育を実施  ││の関連性等、授業の工程表 │ │
│ │業科目の関連性を明示││              ││として機能するよう作成   │ │
│ └──────────────┘└──────────────┘└──────────────────┘ │
│ ○教員の教育力向上、学生の学修環境の整備などを進めるための全学的な教学マネジメントの改善     │
│ ┌─────────────────────────┐┌─────────────────────────┐│
│ │平成24年度から直ちに実施                ││平成25年度から逐次実施                ││
│ │・文部科学省による、教育方法、学修環境等を把握するため"緊急調査"を実施││・学生の主体的学びを拡大する教育方法の革新││
│ │・大学教育改革に関する"フォーラム(対話集会)"を全国各地で実施││・教員の教育力向上への支援              ││
│ │・私立大学教育活性化のための環境支援       ││・国際的に信頼感の高い教育システムの整備　等││
│ │・基盤的経費の機動的配分によるガバナンス強化・教育改革加速　等││                                        ││
│ └─────────────────────────┘└─────────────────────────┘│
└────────────────────────────────────────────────────────────────┘
```

図2-13　大学教育の質的転換　学生・教員が協働して勉強する仕組みをつくる
（出典）文部科学省高等教育局資料

ービスを提供しないと、受験生が来なくなり、応募倍率が下がることになる。そして、こうした傾向が持続すると収入が減少し、財務状況が悪化するという負のスパイラルが生じていくということになる。

　教育サービスの差別化は、既述のとおり、大学教育において、学生が社会人になって求められる基本的な幅広い能力を付けていくことである。それが社会適応能力を身に付けた学士とするための教育を展開するということである。それが結果的に良い就職先や研究部門へ進むことのできる教育を展開するということになるため、私学は顧客である学生の将来にとって有用なサービスを常に模索し、提供していくことが求められる。

　したがって、私立大学教員は研究を十分に行い、さらに教育面でもこれを上回るエネルギーを割いていく必要があり、こうした面での意識改革を進めていく必要がある。

(注)
1) 私学の財務収入超過の幅が大きいほど、私学助成補助金の減額幅を年々大きくする措置。平成23年度から補助金支給対象制限の措置が取られ、当該私立大学等を設置する学校法人の前年度末の貸借対照表上の翌年度繰越消費収入超過額から翌年度以降において基本金への組入れを行うこととなる金額を控除した残額（収入超過額）の状況により、▲2.5～100％を限度に補助金減額措置となる
2) 経済同友会提言：教授会の役割・機能の明確化を図るための検討すべき法改正等
・学校教育法93条1項「大学には、重要な事項を審議するため、教授会を置かなければならない。」を削除し、「大学には、教授会を置く。教授会は、教育・研究に関する学長の諮問機関とする。」に変更する
・学校教育法施行規則144条「学生の入学、退学、転学、留学、休学及び卒業は、教授会の議を経て、学長が定める。」を削除し、「学生の入学、退学、転学、留学、休学及び卒業は、学長が定める教授会に諮問することができる。」に変更する
3) アクティブラーニングの具体例
① 授業の小テストや演習を盛り込み、知識の定着、応用力の涵養を図る
② 学生に課題を課し、その中から代表的なものを選定し、発表あるいは討議を行う
③ 授業週全体を、能動的学修プロセスに合わせ構成し、総合力の涵養を図る
④ 授業の中で随時、学生に質問をする対話型の授業を行う。特段の仕組みがなくとも常時学生との対話型の授業を行う
⑤ 新たな概念に対して、その内容の理解を確かめる小テストを行いながら、授業を進める
⑥ 講義と演習・実験・実習・発表・討議などを組み合わせた授業を行う（通常のPBL型事業等）
⑦ 代講時に、対象科目と他の専門分野との関係を授業で行い科目間の繋がりの理解を得る。この場合、討議を伴うことが望ましい

第3章

私立大学の戦略的経営と中長期計画

これまでみてきたように、私学は種々の構造的な変化や客観情勢の変化に囲まれており、その中でどういう経営を模索していくべきかを、以下に私見として展開していきたい。そのためには、経営を中長期的に眺め、その方針を具体的に決めていく必要がある。すなわち、中長期計画の意義は、当該私学の中長期的な諸課題を抽出して、各課題について役員・教職員がこれを共有して課題解決に努める形で、組織全体をレベルアップしていく点で効果がある。また、中長期計画は戦略的に進めていく必要がある。

1．私学の中長期経営計画について

　中長期計画・戦略的計画については、企業においては各業種にわたって策定することが一般的に行われている。また、同計画を策定する場合、同計画の実施計画が戦略計画と一般的に呼ばれる。

　中長期計画は当該組織の将来あるべき姿と現実の姿とのギャップを描き出し、それを埋めるためにどういう課題があるかを抽出し、当該課題をPDCA（Plan、Do、Check、Action）で解決しながら将来のあるべき姿に近づけていく手法である。中長期計画の期間は3～5年間、10年間は長期計画、1～2年は業務計画と呼ばれる場合が多い。ちなみに国立大学が平成16年の法人化以降、6年間の中期目標計画を策定し、実施してきている。

　中長期計画は、主に米国大学で注目され、採用される事例が多かった。多くの大学が中長期戦略計画を策定してきたが、特に2007年の米国サブプライム問題を契機とした2008年のリーマン倒産等米国金融危機への対応として、多くの大学が奨学金基金の大幅損失を目の当たりにして、①奨学金の維持・増額への対応、②基金の運用方針の対応、③これらに関しての学内コミュニケーションの推進、④本件から派生した大学の生き残りのための課題などを纏めた中長期計画（戦略的計画）が注目され、新たに策定ないしは見直しなどを行う大学が増加した。

　ここでいう戦略的計画の解釈について、野村証券法人企画部主任研究員片山英治氏の講演「大学の中長期計画〔戦略的計画〕に関する日米比較」から引用すれば、「戦略的計画は、組織体が自ら何か、何をするのか、なぜそれをする

のかを明確にして、すべき方向へ構成員を導くための基本的な意思決定と行動を生み出すための規律ある努力であり、それは、当該組織が将来を思い描き、その姿を達成するために必要な手続きと運営を決定するプロセスをいい（ジョン・ブライトン）、また組織と市場環境の変化の戦略的な適応を発展かつ維持させていく手段（フィリップ・コトラー、パトリック・マーフィー）、大学の役割とミッションを再確認し、手を加えるものであり、大学によって中身は異なり、常に長期、複数年にまたがり、全体像を取り上げ、総合的なもの（ルーシー・ラボフスキー）と規定できる」としている。片山氏の指摘中、大事なポイントは「組織体が自ら何か、何をするのか、なぜそれをするのかを明確にして、あるべき方向へ構成員を導くための基本的な意思決定と行動を生み出すための規律ある努力」という点であり、当該組織の構成員が達成目標を共有化し、一丸となって課題達成へ向けていく力について、気合を揃えていくことが重要であるといえる。

　また、米国大学の戦略的計画（中長期計画）は、常に戦略的な指標を基に作られている。具体的には、目標年の各項目、例えば州内高校卒業生数に占める進学者数とそのシェア、6年次の卒業率、学生満足度、スポンサープログラムの金額等々について、目標値を設けて進捗させているのが通例である。こうした中長期計画（戦略的計画）の日米比較を、片山氏の講演から引用すれば、①策定プロセスが米国は学内外のステークホルダーが多数関与しているが、日本の場合は、経営陣と企画財務部門が中心的役割を果たしていること、すなわちトップダウンであること、②策定には米国が時間をかけて検討しているのに対し、日本の大学は他の好事例を模して短時間で策定していること、③経営・財務戦略との関連では、米国大学は経営戦略を計画に反映し、目標年の到達目標指標を設定していること、日本の場合は、財務・教育環境整備計画が中心で、目標数値を設ける事例が少ないことなどが挙げられる。

　我が国私学の中長期計画の策定について、日本私立学校振興・共済事業団（以下「私学事業団」という）が平成20年7月にアンケート調査を行っており、その結果を見ると図3-1のとおり、506大学法人中、238法人（47％）がこれを策定しており、また201法人（39.8％）がこれを検討していると答えている。また策定を検討していないと答えた法人は66法人と全体のわずか13％にすぎ

	①	②	③	④	合計
大学法人	238	201	66	1	506
全体に占める比率　％	47.0	39.8	13.0	0.2	100

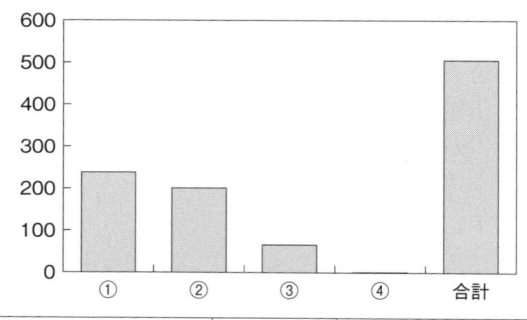

調査対象506法人内割合％
①中長期計画を策定 47
②同計画策定を検討 39.8
③未策定 13
④無回答 0.2

図 3-1　私立大学の中長期計画関連調査
（出典）日本私立学校振興・共済事業団資料

ず、大方の大学法人が中長期計画について関心を持っていることがわかる。

また、中長期計画の内容については、財政・財務計画が全体の76％、カリキュラムや教育改革が74％、施設・設備の拡充が71％、組織及び人事計画が63％、学生募集計画が57％となっている（図3-2）。このように、私学経営にとっては、財務、教育改革、教育環境整備の3つが重要課題となっていることがわかる。またこのアンケートでは、策定している中長期計画が、上述のすべての課題を網羅した計画であるかどうかは、判断できない。

また私学事業団調査（『私学経営情報』第26号）によれば、同調査において、経営状況と意識という質問項目があり、その中で経営状況は、5年前と比べてどうか、5年後はどうかという質問に対し、上向き傾向であると答えた法人は、前者が99法人／506法人、後者が117法人／506法人となっており（表3-1）、5年後の経営が上向きと答えた法人の理由は、①改組転換を検討中ないしは転換を実施し、完成年度を迎える、②学生確保策を検討中、③経費節減を図っている、④経営改善計画、中期計画を策定して実施中、という形になっており、いずれにしても、経営が上向きと答えた法人は、何らかの課題について、中長期経営計画を策定している法人が多いということがいえる。

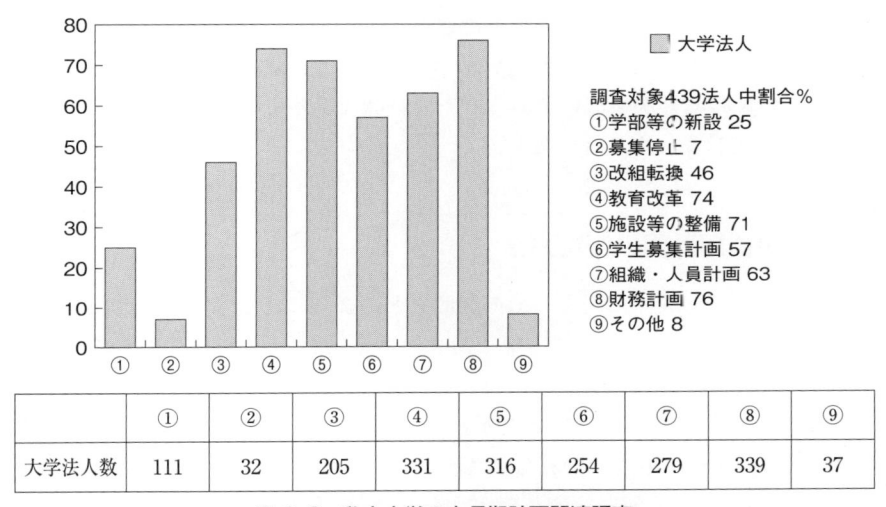

第3章　私立大学の戦略的経営と中長期計画

凡例：■大学法人

調査対象439法人中割合％
①学部等の新設 25
②募集停止 7
③改組転換 46
④教育改革 74
⑤施設等の整備 71
⑥学生募集計画 57
⑦組織・人員計画 63
⑧財務計画 76
⑨その他 8

	①	②	③	④	⑤	⑥	⑦	⑧	⑨
大学法人数	111	32	205	331	316	254	279	339	37

図3-2　私立大学の中長期計画関連調査
（出典）日本私立学校振興・共済事業団資料

表3-1　経営状況と意識　大学506法人調査

	経営は5年前と比較してどうか、上向き、下向き、横ばい？		経営の5年後の見通しはどうか、上向き、下向き、横ばい？	
	法人数	全体比割合％	法人数	全体比割合％
経営上向き	99	19.6	117	23.1
経営横ばい	138	27.2	254	50.2
経営下降	264	52.2	126	24.9
無回答	5	1.0	9	1.8
総計	506	100.0	506	100.0

（出典）日本私立学校振興・共済事業団『私学経営情報』第26号

　このように、私学にあっては、中長期計画の策定は、少子化やグローバル化、知識基盤社会化など内外情勢変化が激しく動いている時代にあって、先行きの経営を計画的に進める観点からきわめて重要な経営指針であり、実際にこれま

で中長期計画を導入して経営してきた私学は、その経営が順調に推移してきているのに対し、当該計画を持たない私学は、先行きの展望についても自信がもてず、5年後の経営が横ばいであるか下降気味であるという判断をしている傾向があるのではないだろうか。

2．中長期計画の策定方法

　中長期計画を策定する場合、その期間をどのように設定するかが最初の課題であろう。既述のごとく、通常中長期計画は5年から10年程度の期間で作成される場合が多いので、まずは自校のこれまでの歩み、特に大学の生命線である長期的な学生応募状況、また財務なくしては経営がなりたたないわけであるので、過去10～20年間の財務分析も必要になる。例えば、学生応募状況が、18歳人口の減少傾向値と比較してどうなるのか。傾向値を上回っているのか、下回っているのか。その結果、財務状況が傾向的に悪化しているか、好転してきているか、前者の場合その要因は何なのか、後者の場合、その要因は何なのかなど各々のケースの理由なり背景を分析することが必要である。特に財務状況が、傾向的に悪化している場合は、収入面、支出面のどこに原因があるのか、収入・支出両面なのか、収入面に問題があるとすれば、それは学生募集力や定員充足率または在籍率なのか、その他の要因なのか、また支出面であれば人件費比率や教育研究経費比率の推移など主要財務指標の傾向分析も併せて行い、その原因を見出すことが必要である。そのうえで、改善のための課題を抽出し、単年度、ないしは2～3年の期間で克服可能な課題と5～10年間の中長期で解決できる課題等に振り分け、財務改善中長期計画を策定していくことになる。財務分析は、当該経営体の経営のすべての結果が財務状況に反映されてくるため、綿密かつ詳細にその分析をすることが肝要である。また必要であれば、同規模他法人との主要な財務比率の比較分析（ベンチマーク）をすることも場合によって必要になろう。

　また、中長期計画の財務以外の課題抽出のためには、資料としては、直近の認証評価機関（大学基準協会、日本高等教育評価機構など）の評価結果から、各認証評価機関が設けている評価基準（理念、教員、学生、教育内容、管理運

第3章　私立大学の戦略的経営と中長期計画

営、財務等）の課題や改善事項、勧告事項等を参照していくことが重要である。こうして、教育面、管理運営面、財務面等の課題を抽出、中長期計画の課題を構築していくことが第一段階である。

次に、各々の課題について、当該課題をいつまでに解決するのか、そのタイムスケジュールを決定し、計画全体を固める。さらに、これを学内に周知徹底させるため、法人・教学・その他法人内設置校との間で、意見交換や説明を行い、調整の上、課題ごとに所管部署を定め、所要の会議体で承認し、理事会で中長期計画として、決定する手順となる（図3-3）。理事会での決定にあたっては、課題ごとに担当する理事を設けて、実施していくことが必要である。これは、改革推進のために法人理事会が率先してかかわっていく姿勢を示す意味

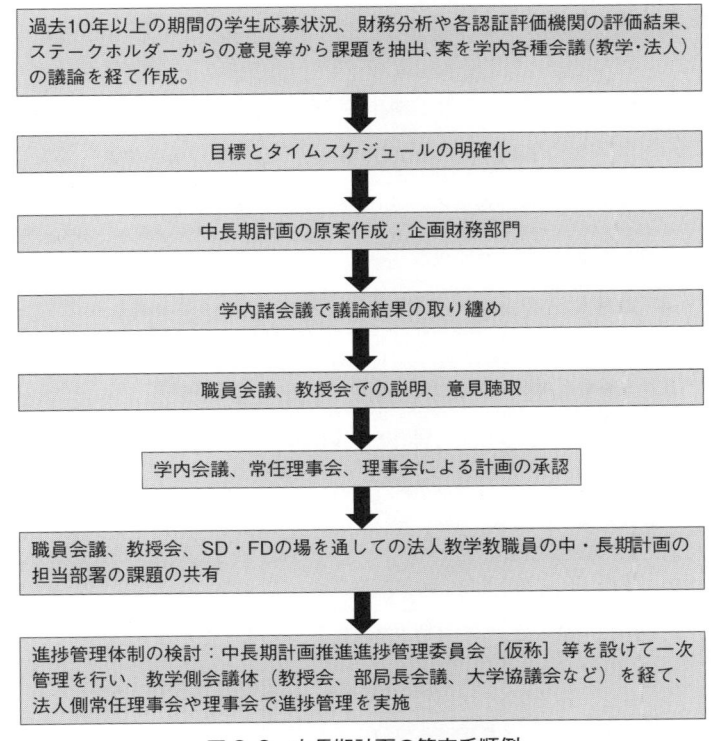

```
┌─────────────────────────────────────┐
│ 過去10年以上の期間の学生応募状況、財務分析や各認証評価機関の評価結果、 │
│ ステークホルダーからの意見等から課題を抽出、案を学内各種会議（教学・法人） │
│ の議論を経て作成。                                              │
└─────────────────────────────────────┘
                    ↓
┌─────────────────────────────────────┐
│ 目標とタイムスケジュールの明確化                                │
└─────────────────────────────────────┘
                    ↓
┌─────────────────────────────────────┐
│ 中長期計画の原案作成：企画財務部門                              │
└─────────────────────────────────────┘
                    ↓
┌─────────────────────────────────────┐
│ 学内諸会議で議論結果の取り纏め                                  │
└─────────────────────────────────────┘
                    ↓
┌─────────────────────────────────────┐
│ 職員会議、教授会での説明、意見聴取                              │
└─────────────────────────────────────┘
                    ↓
┌─────────────────────────────────────┐
│ 学内会議、常任理事会、理事会による計画の承認                    │
└─────────────────────────────────────┘
                    ↓
┌─────────────────────────────────────┐
│ 職員会議、教授会、SD・FDの場を通しての法人教学教職員の中・長期計画の │
│ 担当部署の課題の共有                                            │
└─────────────────────────────────────┘
                    ↓
┌─────────────────────────────────────┐
│ 進捗管理体制の検討：中長期計画推進進捗管理委員会［仮称］等を設けて一次 │
│ 管理を行い、教学側会議体（教授会、部局長会議、大学協議会など）を経て、 │
│ 法人側常任理事会や理事会で進捗管理を実施                        │
└─────────────────────────────────────┘
```

図3-3　中長期計画の策定手順例

でも必要である。担当割は、例えば、大学の教育改革は学長、高等学校の教育改革は高等学校長、財務は、財務担当理事、その他就職担当、キャンパス整備等についても、関連する理事に担当させることが必要である（表3-2）。

　最後に出来上がった中長期計画を実現するために、進捗管理体制の確立が必要となる。中長期計画の立案では、この進捗管理体制が実は非常に重要であり、この体制の構築如何、進め方如何で、その計画が絵に描いた餅に終わるかどうか決定される。したがって、進捗管理は、経営体を預かる理事長をトップとする法人と、大学運営を実質的に行っている学長をトップとする教学の主要メンバーが在籍する法人・教学合同会議体で、行っていくことが必要不可欠である。具体的には、まず職員は課長会議等内部の関連する会議体で担当部署ごとに進捗管理を行い、これを法人・教学合同の役職者による、進捗管理を行う。さらに、各担当理事が理事会に報告し、理事会で理事長の下、総合的な進捗管理を

表3-2　中長期計画　理事会担当割例

	担当理事	担当部署	備考
理事会総括・監査・人事全般	理事長	法人事務局	
法人総括・職員等人事	常任理事	同上	
大学教学総括・教員人事・同窓会	常任理事（学長）	学務局・国際交流C	
事務管理・経理・組合・集約	理事（事務局長）	法人事務局	
企画・財務・集約	理事（企画・財務部長）	同上	
就職・高大連携	理事（教員）	学務局・キャリアC	
情報・広報・集約	理事（教員）	学務局・情報C・図書館	
附属高校・高大連携・同窓会	理事（附属高校長）	附属高・法人事務局	
柏中学校・高等学校・同窓会	理事（柏中高校長）	柏中高・法人事務局	
官庁折衝・広報	理事（非常勤）	総務・人事・広報	
広報・寄付	理事（非常勤）	同上	

実施する形で進めていくことが妥当である。

3．中長期計画の主要課題

　これまで、中長期計画の策定手順を説明してきた。また、財務やそのほかの課題の抽出について述べてきたが、その他に大きな切り口、すなわち私学が拠って立つその歴史、伝統を、課題解決の基本に据えることが必要になる。ほとんどの私学は、創立時から受け継がれる建学の精神や理念があり、それを基にスタートしており、建学の精神を当該私学が使命とする教育方針の中枢に据えている。大方の私学では建学の精神やこれを請けた教育方針、教育の結果創り上げる人材像等について明文化しているが、この内容を学生・生徒や保護者へ周知することが徹底しておらず、また入学式や卒業式にこうした建学の精神を保護者や関係者に折に触れ伝えていないというケースが多い。さらには、創立後、時代が経過するにつれて、建学の精神にほど遠い教育を展開しているところもある。また建学の精神が、表現も含め現代の若者に理解できない、または馴染めないケースも出てきているなど、建学の精神の理解・浸透が図られていない。

　この点については、文部科学省が平成24年6月に公表した「大学改革実行プラン」において、今後、各私立大学が目指す改革の方向性として、①建学の精神を生かした学士課程教育の質向上（学修時間の確保、学業に専念できる環境整備等）、②地域再生の核となる大学づくり（COC　Center of Community構想、地域貢献、社会人受け入れ・生涯学習機能の強化）、③産業界などのステークホルダー、国内外の大学等との連携した教育研究（産業界等とのミスマッチ解消や世界で活躍する人材の育成のための取り組み等）の3分野が示された。また、私立大学については、建学の精神・私学の役割・特色による教育改革の新展開のための環境整備に対して、資金分配が行われることが示された。

　米国の場合は、各大学はその歴史や伝統、特性に応じて、その機能が定まっており、我が国においても、各私立大学自身がその機能を見極めていくつかの機能に絞り、限られた人、物、金を重点的に投入すべきであり、そういう意味で機能分化の考え方は必要ではないだろうか。

上記の考え方を念頭に入れながら、中長期計画の経営上の課題・切り口を考えていくと、まず、建学の精神の再確認、これに基づいた育成する人材像の策定、この人材像実現のための教育の方向づけが、三位一体として考えられる。

　したがって、経営モデルの切り口としては、第一に建学の精神の確認と実践及び建学の精神に基づいた人材像が具体的にどうであるか、次に、その人材像を実現するための教育ビジョンと具体的な教育課程の構築、三番目には、こうした包括的なビジョンを実現するための当該私学の全構成員の意識改革と推進への参画意識の醸成が、一連のものとして挙げられる。次に一般論としての当該経営体のガバナンスとコンプライアンスの遵守等の課題、さらに当該経営体の情報公開及び組織体の透明性の確保、私学の公共的性格としての社会的責任の問題、最後に内部判断に偏りがちな経営体制の公正な基準を加味するための認証評価機関や財務格付機関の利用などが、もう一つの切り口として挙げられる。それらを列挙すれば以下のとおりとなる。

① 建学の精神の確認と実践
② 人材像を実現するための教育ビジョンと具体的な教育課程の構築
③ 包括的なビジョンを実現するための当該私学の全構成員の意識改革と推進への参画意識の醸成
④ 当該経営体のガバナンスとコンプライアンスの遵守
⑤ 当該経営体の情報公開及び組織体の透明性の確保
⑥ 公共的性格としての社会的責任の担保
⑦ 経営体制に公正な判断を加味するための認証評価機関や財務格付機関の利用

　これらを踏まえて次節では、学校法人二松學舍（以下「本学」という）の中長期計画の作成プロセスを紹介していきたい。

4．二松學舍の中長期計画（マスタープラン）の作成

　本学は平成17年度を起点とした、5カ年計画である「21世紀を展望した二松學舍のマスタープラン」を作成した。これは、法人内設置校である大学、2つの附属高校の今後克服すべき主要課題を、上述の着目すべき経営の切り口に

従い6つの経営課題に区分して、各々の課題の下に中・小項目課題を設けて、理事会でのPDCAを通じて、課題解決に努めたものである。
　ここでいう6つの経営課題とは、
① 大学の教育・研究全体の質のレベルアップ
② 文学部・国際政治経済学部（大学院を含む）及び両附属高等学校の教育内容の更なる改革・レベルアップ
③ 大学の入学後の初年次教育等入口対応及び就職・教員免許などの出口対応、入試広報を含む広報全般の体制見直し
④ 大学、両附属高等学校のキャンパス整備の推進
⑤ 教職員の人員計画の推進と事務組織の見直し
⑥ 財務改革、創立130周年記念事業の推進

であり、部課長会議、全学政策会議、常任理事会、理事会各段階でPDCAによる進捗管理を行い、課題の解決に努めた。また平成21年度には、「第一次マスタープラン」が終了し、問題点等を検討した後、同22年度には同26年度までの5年計画とした「第二次マスタープラン」（図3-4）を定めた。

　「第一次マスタープラン」は、直近の認証評価、すなわち平成16年度の大学基準協会による認証評価結果報告書から経営課題を抽出して、法人部門の企画・財務部主導で作り上げて、これを法人・大学役職教職員が委員である全学政策会議、常任理事会、理事会で審議・決定し、そのスタートを切った。第一次マスタープラン終了後、第一次マスタープランの課題中、進捗をみていない大学教育改革、両附属高校教育改革、出口対策のうち就職部門の改革、法人広報の改革などの事項に加え、本学の建学の精神に立ち返った、各種見直し・改革事項を加味して、平成22年度から同26年度までの5カ年計画として、「第二次マスタープラン」を定めて実施してきた。

　しかしながら、第一次、同二次を通じて、進捗管理を行いつつ課題克服に努めていく形をとったが、課題によっては、すぐに終了するもの、なかなか終了しないものなど、進捗状況を横並びでみると、全体として整合性のとれていないプランとなっている結果となった。この原因は、①本計画が、法人の企画・事務部門がトップダウンで策定したものであり、個別教職員には、各課題が身近な課題と感じられず、各人の改革マインドが醸成されなかったこと、②本学

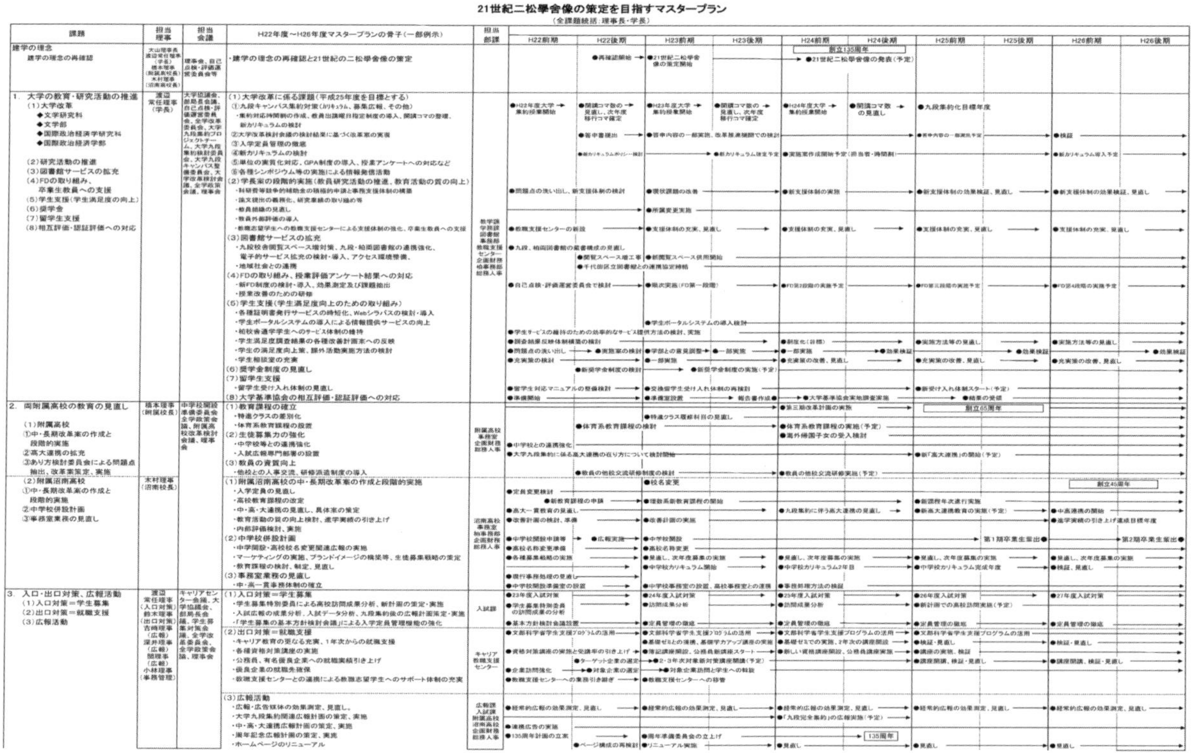

図3-4 第一次、第二次マスタープランイメージ

課題	担当理事	担当会議	H22年度～H26年度マスタープランの骨子（一部例示）	担当部課	H22前期／H22後期／H23前期／H23後期／H24前期／H24後期／H25前期／H25後期／H26前期／H26後期
4. キャンパス整備 （1）九段集約対策 （2）九段キャンパス利用方法再検討 （3）柏キャンパス利用方法再検討 （4）両附属高校の校舎設備改修	大山理事長 水戸 常任理事 渡辺 常任理事 小林理事 （事務管理） 野田理事 （企画財務） 吉崎理事 （情報広報） 橋本理事 木村理事	同上 大学九段キャンパス整備委員会、大学九段集約検討委員会、大学九段集約プロジェクトチーム、キャンパス整備委員会	（1）九段集約対策 ・図書館閲覧スペース、学生居所スペースの拡充 ・その他 （2）九段キャンパスの利用方法再検討－「都市型ｷｬﾝﾊﾟｽの構築」－ ・公開空地の有効活用策検討 ・九段2号館活用策の検討、用途見直し ・国際交流センターの九段移転 ・情報センターの九段移転 ・IT回線の見直し・拡張、サーバーリプレース計画の策定、無線LANの導入 （3）柏キャンパス利用方法再検討 ・九段集約後の施設整備・維持計画の策定、実施 ・柏キャンパス利用計画の策定、実施 （4）両附属高校の校舎設備改修 ・附属高校校舎の改修、整備、建替構想 ・附属沼南高校、中学校の施設整備 （5）キャンパスの整備・補修 ・主要建物・設備の長寿命化	総務人事 企画財務 教学課 柏事務部 附属高校 沼南高校	●改修計画の検討 → ●近隣ビルの賃借 → ●近隣ビル利用開始（図書閲覧室等） → ●B1F、7F、8Fに学生ラウンジスペース増設　●その他スペースの活用検討 → ●その他用地手当の検討 → ［都市型キャンパスへの転換］ ●活用策検討 → ●利用開始（予定） → ●利用方法の再検討 → ●新利用計画の策定（予定） → ●新利用計画の実施（予定） → ●九段移転計画検討開始 → ●九段移転（予定） ●九段移転計画検討開始 → ●一部移転 → ●サーバーシステムの更新（予定） → ●サーバーリプレース計画策定、無線LAN化検討 → ●回線増速工事、無線LAN導入（予定） → ●効果検証 → ●必要に応じた増速工事 → ●柏キャンパス有効利用計画案の検討 → ●利用計画案の策定 → ●計画の実施 → ●大学九段完全集約後の大学施設の有効利用検討開始 → ●大学施設の一部利用開始 → ●状況確認 → ●長期修繕計画の策定（予定） → ●長期計画に基づく修繕 →
5. 人員計画と適切な人事の推進、組織の効率化 （1）九段集約に伴う組織改革 （2）学内ｸﾞﾙｰﾌﾟｳｪｱの活用 （3）学内諸会議の整理統合 （4）事務職員のスキルアップ （5）内部監査の実施	大山 理事長 水戸 常任理事 渡辺 常任理事 小林理事 （事務管理） 笠原監事 千葉監事	同上、 情報システム会議、全学政策会議、 理事会	（1）九段集約に伴う組織改革 ・教職員定員制の設置と遵守、定員の逐次見直し ・開講コマの見直し・削減による非常勤教員数の見直し ・九段集約に伴う事務組織改革 ・新評価制度の確立 ・教職員の高齢化、教授構成比率の是正 ・任用・昇格制度の厳格な運用 （2）学内ｸﾞﾙｰﾌﾟｳｪｱの活用 ・ガルーンシステムによる事務効率化の推進 ・未使用教職員ゼロキャンペーンの推進（PCスキルの普及活動） （3）学内諸会議の整理統合 ・会議体の整理・統合、同時開催の推進 （4）事務職員のスキルアップ ・外部研修会・資格取得講習会参加者への助成制度創設 ・学内研修会の実施 （5）内部監査の実施 ・内部監査室（理事長直轄組織）による計画的な監査の実施	総務人事 学務課 情報ｾﾝﾀｰ その他	●新定員の設定（大学教員75名、高校教員72名、事務職員64名） → ●新定員制度の実施（目標） ●開講コマの見直し、削減の検討 → ●開講コマ見直しの開始 → ●見直し → ●九段完全集約対応の開講コマ制限設定 → ●集約対応事務組織の開始 → ●見直し → ●見直し → ●九段完全集約対応の事務組織開始 → ●作業部会の立ち上げ → ●制度設計開始 → ●新制度導入（予定） → ●検証、見直し → ●検証見直し → ●紙ベース事務文書の段階的廃止検討 → ●各種事務連絡の省資源化推進 → → ●研修、啓蒙活動の実施 → ●研修、啓蒙活動の実施 → ●研修、啓蒙活動の実施 → ●研修、啓蒙活動の実施 → ●利用率100%の達成（目標） ●整理統合の検討 → ●一部実施 → ●効果検証、見直し → ●効果検証、見直し → ●効果検証、見直し → ●検討、規程整備 → ●一部実施（予定） → ●検証 ●実施 → ●検証 ●実施 → ●検証・見直し → ●実施 → ●検証・見直し → ●実施 → ●検証・見直し → ●実施 → ●検証・見直し → ●実施 → ●検証・見直 → → ●監査実施 → ●監査実施 → ●監査実施 → ●監査実施 → ●監査実施 →
6. 財務改革、その他 （1）マスタープランの改善 （2）財務戦略 （3）経費予算管理 （4）経費削減・事務処理の効率化 （5）寄付金の戦略的募集 （6）事業会社の活用推進 （7）卒業生情報の把握 （8）社会貢献活動 （9）周年記念事業の策定と推進 （10）寄附行為の見直し （11）学長選考規程の見直し	野田理事 （財務担当） 水戸 常任理事 小林理事 西尾理事 深井理事 關理事	同上	（1）マスタープランの改善 ・課別目標設定・進捗管理と年度予算との結び付け ・定期的見直しの実施 ・評価制度へのリンク ・大学基準協会等外部機関の評価結果への積極的取り組み ・R&I格付けモニタリングの継続 （2）財務戦略 ・収入増、支出削減策の検討 （3）経費予算管理 ・部署別経費管理の推進 （4）経費削減・事務処理の効率化 ・補助金Web申請の推進、e-Taxの導入検討 ・電子決済システムの導入検討、実施 ・経費削減運動の組織的推進、常設監視体制の構築 （5）寄付金の戦略的募集 ・「二松學舍教育研究振興資金」と周年記念募金との連動 ・受け入れ方法の多様化検討（預金自動振替、クレジットカード引き落とし等） ・近隣企業等への寄付金募集の働き掛け （6）事業会社の活用推進 ・建物施設管理業者、自動販売機設置業者の定期的見直し ・新規事業（人材派遣業、施設貸出等）への取り組み （7）卒業生情報の把握 学生・生徒募集支援、就職支援のためのOB・OGとの連携、関係強化 ・実業界OB・OGとのネットワーク強化 ・卒業生情報更新体制の抜本的見直し （8）社会貢献活動 ・公開講座の実施 ・大学・高校、図書館等の地域への積極的開放 ・生涯学習講座の見直し （9）周年記念事業の策定と推進 （10）寄附行為の見直し （11）学長選考規程の見直し	学務課 柏事務部 企画財務 総務人事 経理課 広報課 二松ｻｰﾋﾞｽ その他	●年度目標の設定 → 進捗確認● ●年度目標の設定 → 進捗確認● ●年度目標の設定 → 進捗確認● ●年度目標の設定 → 進捗確認● ●年度目標の設定 → 進捗確認● → 見直し● → 見直し● → 見直し● → 見直し● → 見直し● ●職員ｱﾝｹｰﾄの実施（予定） → ●職員ｱﾝｹｰﾄの実施 → ●職員ｱﾝｹｰﾄの実施 → ●職員ｱﾝｹｰﾄの実施 ●認証評価後3年間の取り纏め → ●課題克服の方針・方法の検討 → ●大学基準協会実地調査実施（予定） → ●結果の受領 → → 格付け再評価● → 格付け再評価● → 格付け再評価● → 格付け再評価● → 格付け再評価● ●収入増対策の検討 → ●収入増対策の実施（予定） ●効果検証、追加対策の検討・実施 → ●効果検証、追加対策の検討・実施 → ●導入方法検討、実績把握 → ●部課別予算制度導入（予定） → ●新制度の検証・見直し → ●導入検討 → ●導入見込 → ●導入検討 → ●導入見込 → ●経費削減委員会（仮）の立ち上げ、経費削減活動の実施 ●効果検証、実施方法の見直し → ●効果検証、見直し → ●効果検証、見直し → ●効果検証、見直し ●H22寄付金募集実施（6月・12月） → ●周年記念募金実施（予定） → ●H25寄付金募集実施（6月・12月） → ●H26寄付金募集実施（6月・12月） → ●募金委員会の体制強化検討 ●検討開始 ●次年度仕様見直し → ●業者入札 → ●次年度仕様[illegible] → ●次年度仕様見直し → ●業者入札 → ●施設貸出開始 → ●人材派遣業許可申請 → ●[illegible] → → ●管理体制の見直し → ●管理体制の改革 → ●新管理体制の運用 → ●新管理体制の点検と課題抽出 → → ●公開講座実施 → ●公開講座の実施 → ●公開講座の実施 → ●公開講座の実施 → ●公開講座の実施 → ●生涯学習事業再開に向けた検討 → ●生涯学習事業再開（予定） → → ●周年準備委員会の設置 → 創立135周年 → ●寄附行為改正・新寄附行為施行 → → ●結論の取り纏め（予定） →

図 3-4　第一次、第二次マスタープランイメージ（続き）

を構成する教職員になぜ経営改革や教育改革を進めていかなければならないか、私学を取り巻く環境など客観醸成が浸透しておらず、意識改革ができていなかったこと、③各個別教職員が、改革を進めることと、各人の処待遇の改善との関連づけが理解できなかったこと、などが主たる背景と思われる。

　しかしながら、これまでの経験で、マスタープランという中長期計画のつくり方、同プランに基づく課題実現のための進捗管理体制の構築や実現、処理プロセス、マスタープランの限界その背景などの認知ができたことなど、相応の果実を得たことも事実である。したがって、これらの反省材料、経験を踏まえて、次章「私学の戦略的経営モデル」で述べるごとく、新たな長期ビジョンづくりを開始したわけである。

第4章

私立大学の戦略的経営モデル

これまで述べたとおり、学校法人二松學舍（以下「本学」という）では、第一次マスタープラン、第二次マスタープラン策定とこれを運営してきたが、この中で、数々の課題・問題点を見出したことも事実である。これらの課題・問題点を解決・改善していくために、私立大学経営について一つのモデルを構築し、これに従って経営を実施していくことの必要性を感じ、以下の「私立大学の戦略的経営モデル」を構築、平成23年度の文部科学省の「未来経営戦略推進経費」に採択されたところである。

　まず戦略的経営の「戦略的」の意味は、これまで述べたように、経営組織においてある目標を定めて、その目標をいかに有効かつ効率的に実現するかについての方策であり、施策であるといえる。このためには、現状の当該組織の中で、何を改善していき、またどういう長所を伸ばしていくかを分析することが必要である。その上で、課題・問題点・伸ばすべき箇所を定めていくことになる。また、当該分析を公平かつ大局的かつ客観性に富んだものとするために、当該組織のすべての関係者（ステークホルダー）、すなわち管理職クラスや中間管理職、担当者など内部の関係者に加えて、当該組織の顧客や外部見識層の意見も併せて聴取し、客観性と妥当性を担保することが必要である。

　この考え方で臨む場合、私学経営の切り口、構成項目をどういう形に分類するかであるが、本学の場合、次の6つに決定した。

① 大学教職員の意識改革――競争環境を直視した改革推進の必要性喚起。改革成果を待遇改善に直結。
② 大学経営のガバナンスの強化――理事長、学長などトップの強いリーダーシップ、理事会の機能・経営力強化。
③ 教育・研究の不断の改革――アドミッション、カリキュラム、ディプロマ各段階での改革・改善。学士課程4年間で最大限の付加価値。
④ 情報公開と社会的責任――大学ポートレートと情報公開、USRとステークホルダーへのアピール。
⑤ 財務改革・中期財務計画の策定――財務中期計画、収入・支出構造の見直し。
⑥ 外部評価の活用――認証評価機関の他、企業格付機関R&I（格付投資情報センター）の格付を受けている。毎年のレビュー更新により、財務状

況や学生募集力の維持・引き上げ策など数々の指摘がある。教職員の間に自律的な改革意欲が内生化されている。

以下各々の項目について説明していきたい。

1．大学教職員の意識改革

　意識改革は重要なテーマであり、これがなくては改革は進まない。企業活動においても、経営層が意識改革の重要性を常に説いているが、企業トップの思うように進まない状況がある。企業においてもなかなか進まない状況がある以上、保守的な教育の世界では、いうまでもないことである。したがって、これを進めていくためには、私学が囲まれている環境、例えば、①少子化に伴う学生募集難、継続的な入学者定員割れに伴う自校の財政悪化の認識など危機感を共有してもらうこと、②グローバル化や知識基盤社会化が急速に進んでいる中で、各教員の教育スタイルの改革や教育重視への姿勢の変化、教育方法の工夫など教育改革の必要性への認識を強めてもらうこと、③以上の改革の必要性を、経営トップの理事長、学長等が繰り返しあらゆる機会で話していくこと、などが第一に必要と考えられる。また、このような危機感を認識させても、教職員の意識改革が進まない場合も想定され、その場合、危機克服のための課題を抽出して、教職員の目に見える形で浮き彫りにしてこれを提示する必要がある。そして、この課題を解決していけば、自大学が今の危機を乗り越えて、こういう立派な大学になるのだというビジョンを示し、そのビジョンを実現すれば、教育・研究環境が改善され、自分たちの処遇も改善されるとの考え方を、経営側からはっきり示すことが重要である。この点が、教職員の改革を進めるための一つのポイントである。

2．大学経営のガバナンス強化

　企業経営も大学経営も経営体のガバナンス（統治能力）がしっかりしていないと、スムーズな運営は難しい。また大学経営の場合は、経営全般を掌る法人理事長と大学の教学部門を掌る学長の2人体制であり、双方の意思疎通が順便

にいかないと、大学経営全般は進まない。平成17年度に私学法が改正となり、理事会と評議員会の役目、切り分けがはっきりとした。すなわち評議員会は理事会の諮問機関であり、理事会が最終決定権限を有する会議体であることが明示された。したがって、理事会の長である理事長が最終決定権限者になったので、経営の進め方も順調に流れていくようになった。

　一方、教学部門については、まだ問題は残されたままである。教学のトップは、いうまでもなく学長である。しかしながら、多くの私立大学で、学長は大学教員の最終管理責任者でありながら、教員の採用や学部長、学科主任など教学役職者人事など重要案件については、権限を持っていない大学が多い。これらすべては、教授会が実質的に決めている先が多く、学長は追認するだけというケースが多い状況である。

　教授会がこのような実質的な事項を決定するその根拠は、既述のごとく、学校教育法第93条「大学には、重要な事項を審議するため、教授会を置かなければならない。」の条文である。この重要な事項の中身は特に施行細則に決められているわけではないが、教授会の自治権を盾として、教員採用、役職者人事などを、その重要事項に入れて審議している私学が多い。

　国立大学では、平成16年度からの法人化により、教授会中心の大学運営を改め、学長にすべての権限を与える形にして、すべての案件を学長のトップダウン方式にしたが、一方で伝統的に尊重されてきた大学の自治や学問の自由が侵されるとの批判に配慮し、トップダウンとボトムアップの折衷型が採用されており、学長による完全なる裁量権が担保されているわけでもない。

　私学は、国立に比べればまだまだ教授会の権限が強く、学長の教学側のガバナンスが弱体な場合が多い。今後の課題としては、学長の教学における権限をどういう形で強めていくか、という点があげられ、既述の経済同友会の提言の中から探れば、まず大元の学校教育法93条の第1項の文言を修正する形で、一部改正を行うことが提言されている。具体的には、現行の「大学には、重要な事項を審議するため、教授会を置かなければならない。」を削除し、「大学には、教授会を置く。教授会は、教育・研究に関する学長の諮問機関とする。」に変更する。また学校教育法施行規則144条「学生の入学、退学、転学、留学、休学及び卒業は、教授会の議を経て、学長が定める。」を削除し、「学生の入学、

退学、転学、留学、休学及び卒業は、学長が定める教授会に諮問することができる。」に変更する扱い等法改正が必要であるとしている。この点については、現在文部科学省高等教育局で、平成24年に発表された「大学改革実行プラン」のなかで、大学改革の方向性を示す2つの柱の1つとして、「大学の機能の再構築のための大学ガバナンスの充実・強化」が揚げられており、この具体的な措置が検討されている。

3．教育・研究の不断の改革

　大学の使命は、教育・研究である。既述したようにグローバル化や知識基盤社会化、ICTやSNS社会の広がり等構造的な変化がスピードをもって進んでいくこの世の中にあって、戦後の価値観・制度などは薄れ崩れていく中で、初等、中等、高等教育のあり方も変革せざるを得ない状況にあることは、誰しも否定しないであろう。大学教育は入学、在学中、卒業各時点でどういう教育をしていくか、すなわちアドミッション、カリキュラム、ディプロマの各ポリシーをどう構成し、運営し、中身を入れ替えながら教育をしていくかが、当該大学の質を左右する。そして、各ポリシーをいつも磨き上げて、学生の資質を在学中いかに引き上げて、言い換えれば、学生に学部4年間でいかに付加価値を付けて卒業させるか、これが本来大学のやることであり社会的責任である。この点を忘れて教育を行っていくと、その大学の卒業生は、社会に出た時、職業との接続、つまり就職先が確保される度合いが低くなっていく傾向が強いといえる。

　アドミッションポリシーとは、文部科学省用語集から引用すれば、入学者受け入れ方針であり、各大学・学部等が、その教育理念や特色等を踏まえ、どのような教育活動を行い、また、どのような能力や適性等を有する学生を求めているのかなどの考え方をまとめたものである。したがって入学者の選抜方法や入試問題の出題内容等にはこの方針が反映されていることになる。また、この方針は受験者が自らにふさわしい大学を主体的に選択する際の参考ともなる。アメリカにおいては、高等学校の成績（GPA）の点数、高等学校で履修しておくべき科目・内容、SAT（Scholastic Assessment Test、大学入試）等の標

準的な試験の点数などを具体的に示すことが一般的である。

　まず、大学の入り口、アドミッションポリシーについては、入学者選抜、初年次における教育上の配慮の2点がポイントとなる。まず入学者選抜については、当該ポリシーが当該大学の建学の精神等個性・特色などが客観的な基準として定められているか、当該大学で学修するために必要な基礎学力を的確に測る観点から当該ポリシーに基づく学力試験や、高等学校の履修科目指定等が適切に実施されているか、選抜方法の多様化、特に推薦入試・AO入試の普及拡大をどうするか、学力試験の内容について、知識の量を問うものから、総合的な学力、PISA型の学力[1]を評価する形に移行させることについてどう考えるかが、現在中央教育審議会で議論されている、大学入試改革の帰趨とも相俟って、検討しておくべき事項であろう。次にユニバーサル段階（大学進学率50％以上の状態をいう）における初年次教育について、学びの動機づけや学びの習慣形成などの導入教育の教育的意義や必要性、有効なプログラムのあり方、基礎教育としての教養教育の導入とその期間をどう設けているかなどが課題となる。

　したがって、アドミッションポリシーについての整備状況は、次の指標によって表れる。例えば、入学定員、合格者のうち実際に入学する学生数、定員充足率、収容定員、在籍者数、在籍率、推薦・一般入試比率、推薦・一般入試の各偏差値、AO入試の具体的な基準などである。

　次にカリキュラムポリシーとは、教育課程の質的な担保を図る見地から、教育課程の編成・実施方法、教育方法、教育評価方法についての体系的な考え方という意味になる。まず教育課程の編成と教育の実施については、①カリキュラム（教育課程）やシラバスを含む履修指導が、達成目的とする学修成果と比較して、難易度別の体系性、順次性が保たれていること、②語学をはじめ履修科目の基礎、応用、専門知識別の科目配分等に偏りがないか、バランスが取れているか、その結果学士課程教育の構築が整然となされていること、③また学部4年間の教育の幅をどこまで求めるか、その幅が明示されていること、具体的には、履修科目の基礎・応用・専門知識・学力のほかに語学力、表現力、コミュニケーション能力等を基礎とした課題解決力、構想力、創造力、社会的能力などの汎用的スキルを身に付けるなど、幅広い学修を確保する仕組みが整え

られていること、④キャリア教育が学部教育全般に埋め込まれていること、などから構成されている。

次に教育方法については、まず、①シラバスに履修ガイダンス的機能を持たせて各授業の予習、復習、疑問点対応など、事前・事後学修を指示し、授業時間外の学修時間を自主的に確保するような授業展開を行うこと、②教育の目的についても、どのような技能が身に付いたかを計る学修成果を重視する方向に知識観・学力観に対する考え方が変わってきており、教育方法の見直しが必要になってきている。

課題解決力、構想力などの力は、少人数教育の場で課題を与えて議論し、意見交換する形、双方向教育などで養われてくる。したがって、PBL（Project Based Learning、課題解決型授業）、アクティブラーニング（学生の主体的な学習を引き出す授業）、eラーニングなどの授業展開が必要となる。最後にどのような学修成果が出たか、を計るために教育評価が必要となる。この点では、国際通用性のある標準的なGPA制度[2]やGPAを機能させる基本条件の整備、また試験結果以外のレポートや小論文の評価を、これらにどう織り込んで総合評価を得ていくかが重要な問題である。またその学修成果を学生に対し、どのような形でフィードバックをし指導していくかの方法と指導体制のあり方、当該記録の保存方法、すなわち学生ポートフォリオ等データのシステム化と利用方法の確定、また卒業までに、履修科目の基礎・専門知識学力の他に社会を生き抜く技能である汎用能力がどのくらい付いたかを、学生自ら可視化でき評価できるポートフォリオ（履歴表）を作成して、それを示すことが必要である。

これらカリキュラムポリシーは、教員数（内教授数）、教員の持つ学位や業績、年間授業計画、シラバスの内容、授業方法の明示（少人数、全学生がゼミ対象）、PBL授業やアクティブラーニングの導入状況、GPAによる成績評価の有無、中途退学者比率、授業アンケート結果や学生アンケート結果の利用方法、例えばアンケート結果について、学生向けに内容を分析・開示しているか、結果について、当該教員に学部長等役職者からフィードバックを行い、これを通じて授業方法の改善等に役立てているか、また、学生から指摘された課題について改善すべき課題を、いつまでに改善するかしないかなど学生向けに掲示し、早急な改善努力を行っているかなどの学生アンケートの指標に代表されて

表れてくる。したがって、カリキュラムポリシーに謳っている事項とこれら対外的に公表している事項が一致する必要がある。

最後に学修の評価、学位の授与等の考え方、ディプロマポリシーについてである。ディプロマポリシーを確立するには、当該大学の学部・学科が教育を施した結果、どのような学修成果を学生に期待するか、身に付けさせるかについての目的をまずはっきりさせていかなければならない。言い換えれば、4年間の学士課程で基礎、専門の知識、学力の他、4年間の授業で得た汎用的技能（ジェネリック・スキル）を具体的に示す必要があること、さらに、各々の汎用的技能の到達目標と到達の判断をどう可視化していくかという問題がある。したがって、この汎用的技能については、具体的には、語学力、表現力、コミュニケーション能力を基礎とした課題解決力、創造力、構想力、社会的責任能力など、社会に出た時に通用する能力、社会を生き抜く技能、と規定することができる。

ディプロマポリシーの重要な点は、就職への出口とどう接続させるかである。この点については、中央教育審議会でもこれまで数々の意見が出てきているが、そのポイントは「大学教育の結果出来上がる人材像が、企業が求めている人材像と一致していない、言い換えれば、大学教育が一般社会の求めている教育と乖離がある」ということである。その原因は、多くの大学における教育は、教授による専門知識の一方通行的な教育が主流であり、学生が主体的に学び、疑問点を質疑応答する形、双方向で学ぶ環境がなく、学生個々人が自分で考え、判断し、結論を出し、行動する教育を受けていないことにある。そこが大学・企業のミスマッチの原因であるとすれば、先ほどのカリキュラムポリシーでみてきた、学修成果の概念を変えていく必要があり、その点の反省から汎用的能力論がでてきたとみられる。ディプロマポリシーを裏づける指標としては、当該大学の卒業・修了者数（卒業率）、就職者数、就職率、内定率、離職率、再就職支援状況・体制、企業規模別就職状況、教員・公務員就職状況などである。

上記各ポリシーは、大学の学部生活を送る上で、いずれも重要な施策であり、当該学生が在学中4年間で、いかに付加価値をつけて卒業し、適正に就職することができるかという上で、三位一体の形で構成されないと、教育を通じて付加価値をつけるという所期の目的を達成できないということになる。この点で、

入学して卒業するまでの当該学生の修学履歴が重要である。こうした考え方を背景に、学生ポートフォリオの重要性が関心を呼び、多くの先でこれの導入や実用化の検討が進んでいる。

　ここで、学生ポートフォリオとは何かを説明しておくと、まず「ポートフォリオ」は「紙挟み、折りたたみカバン＝記録用紙」の意味であり、学生教育指導上の評価記録であり、教員側の教育記録である。したがって、学生ポートフォリオは修学ポートフォリオと指導ポートフォリオからなる。前者は個々の学生の入学から卒業（または修了）までの学修記録（成績、資格取得、その他）を示し、後者は教員が個々の学生に実施した指導の記録を指す。そして、教員・学生の各々がこのポートフォリオを利用して、学修計画や自己評価に役立て、就職の自己分析や進路判断等に役立てることが目標である。最近では、これらのデータを学生個々人ごとに一元化し、LMS（Learning Management System：ラーニングマネージメントシステム）とよばれるネットワークシステムに組み込んで、eラーニングを行う教材の配信や学修者の履歴などを総合的に管理するシステムを構築する大学が出てきている。またポートフォリオシステムの内容も、①通常の成績結果に加え授業の内容と授業に則した予習・復習の計画に対してどのくらいできたか振り返り、学生の「気づき」の機会を増やして、学生自身がキャリアアップの意識を高めるようにできるもの、②学修の目標設定や規則正しい生活を継続する上での約束を書きとどめ、一定期間ごとに自己評価を行う形で以後の活動プランの作成ができるもの、③入学時の偏差値、取得資格、ボランティア経験、奨学金取得履歴、その他修学中の個別記録など正課外活動情報を入力、管理し、教職員が学生一人ひとりを多面的に把握し、目標や進路に則した指導やメンターを実施できる、など多面的な形となっている。

　したがって、大学側では、①授業評価や修学意識、就職活動の状況を把握して、学生支援策の施行や授業改善の指標にすることができること、②学生の目標設定や自己評価の記述の有無と学生カルテ（学生基本情報）から、学修意欲や単位取得状況を合わせて知ることができ、休退学の予兆を把握することなど、成績に加え学籍管理上にも有力なツールになってきている。

　いずれにしろ、教育の質の向上、教育内容の質の担保は、上述のように、学

生に対して、いかに学部4年間で、基礎、応用、専門の知識、学力の他に、課題解決力、構想力、創造力、社会的能力など、社会を生き抜く技能、豊かな人間力といった力を付けてやるかということであり、また、教員・学生・保護者など関係者に対して、当該学生にこのような能力がついていると目に見える形で可視化をしていくことが必要である。この点、学生ポートフォリオにはすべて記載されているわけであるので、この面ではその目的は達成されるということになる。

4．情報公開と社会的責任

　情報公開について一般的に企業では、証券取引法に定められる情報開示（毎年の有価証券報告書、決算など）など法律的な規制による開示と、IR（Investors Relations）と呼ばれる当該会社のPRも含む情報開示とがある。大学による情報の提供については、学校教育法（昭和22年法律第26号）の他、大学設置基準（昭和31年文部省令第28号）第2条において、「教育研究活動等の状況について、刊行物への掲載その他広く周知を図ることができる方法によって、積極的に情報を提供するものとする」と規定され、各大学に義務づけられ、これを踏まえて、さまざまな情報提供の取り組みが各大学で任意に進められてきた。その後、平成16年7月の私学法改正と同時に、高等教育局私学部長から「財務情報の公開について」との通知が発せられ、その第47条の規定により、公開すべき財務情報の種類（財産目録、貸借対照表、収支計算書、事業報告書、監事による監査報告書、収支計算書は資金収支計算書、消費収支計算書）様式が規定され、次に閲覧の対象者として、当該学校法人の設置する私立学校に在学する者、その他の利害関係人と定められた。これにより、私学は一律に財務関連情報の公開が義務づけられた。また、平成17年3月に高等教育局から「大学による情報の積極的な提供について」の通知が発せられている。これは、各大学においてホームページ等を活用し、教育研究活動等に関する情報として、例えば、大学の設置の趣旨や特色、開設科目のシラバス等の教育内容・方法、教員組織や施設・設備等の教育環境及び研究活動に関する情報、当該大学に係る各種の評価結果等に関する情報並びに学生の卒業後の進路や受

第4章 私立大学の戦略的経営モデル

験者数、合格者数、入学者数等の入学者選抜に関する情報等の積極的な提供を要請されたものである。その後、文部科学省では、毎年学校法人の財務情報の公開状況に関する調査、具体的な財務情報の公開場所（公式ホームページ、広報誌等の刊行物、学内掲示板等）の調査を実施しており、結果を同省ホームページで公表している。同省の平成24年度調査からみると、調査対象554大学法人のうち98.7％に当たる547法人が財務情報の一般公開を行っており、ほとんどの先が学校ホームページで公開している。また公開先の比率は、平成20年度が89.6％から9.1ポイント上昇しており、公開マインドが浸透してきている。このように情報公開（ディスクロージャー）の波は、避けて通れない状況になっている。平成24年6月公表された「大学改革実行プラン」の中では、大学情報の公表の徹底という項目で、今後の大学情報の公表のあり方、どういう指標を公表していくか、その目的と利用の仕方等について記述されている。この詳細については、後掲第10章「情報公開と私学IR」の項目で詳述することにしたい。

次に大学の社会的責任と情報公開との関連についてみていくと、社会的責任を果たす際の課題は、当該法人の経営体のガバナンス、コンプライアンス（法令遵守）、アカウンタビリティー（説明責任）、地域還元・公共性に関するものと想定されるが、その中で情報公開は、アカウンタビリティーを果たすという役割を担う。大学は社会的責任、教育を使命とすること、国から補助金を受けていることから起因する公共性、また地域に存在していることからくる地域性、等を持っており、情報公開はこれらの責任をどう適正に果たしていくかという問いに答えられるものでなければならない。言い換えれば、各々の大学はその責任に応えるような教育、研究、地域還元を行っていく必要があり、この結果を、関連するステークホルダーに公開していく義務があるといえる。したがって、法人経営の中にもこうした考え方が当然含まれている必要があり、経営を構成している理事会メンバーもこの意義を重くみて経営を進めていく必要がある。

学校法人にとってのステークホルダーとしては、学生、保護者、卒業生、教員、職員、企業、寄付者、マスメディア、格付機関、地域住民、市民社会、国際社会、文部科学省を含む政府、私学事業団、高等学校などが考えられる。こ

うしたステークホルダーとの良好な関係を保つには、常日頃からのコミュニケーションを欠かすことはできない。この手段として、情報公開が必要となる。それが大学ホームページによる公開であるか、オープンキャンパス時に情報提供するか、大学の入学時、卒業時に学生、保護者に向かってやるのか、さまざまなルートを使って、相手とするステークホルダーごとに、手段を変えていく必要がある。例えば、学生に対しては、授業アンケート結果の分析とその対応ぶりを学生にフィードバックすること、学生の満足度に関するアンケート結果についても、それを分析し、学生の大学に対する要望事項への回答をすることも一種の情報公開である。したがって、情報公開を狭い範囲に捉えることなく、教職員全員が情報公開マインドを持つことこそ、真の意味での情報公開といえる。

つまり大学にとっての情報公開とは、学生入学時から卒業後までの各種情報の公開が行われることから、受験生の大学選考時の資料となり、結果的には情報内容の良否によって優秀な大学が選ばれ、悪い大学への応募学生は減少していく筋合いのものである。競争力を維持していくためには、情報公開内容をよく保つように努力をしていく必要があり、この点を含め、教職員が共通理解・認識を持つことが肝要と思われる。

5．財務改革・中長期財務計画の策定

学校法人の財務は、学校法人のさまざまな経営活動のすべての結果が集成されたものである。法人内の設置校が複数の学校を擁している場合は、各設置校の経営活動の集積となる。このように、財務と教育・研究活動は正に表裏一体を為しており、財務が堅固、健全でなければ、教育・研究活動も順便には流れないといえる。

また中期財務計画と中期計画との違いは、財務計画は中期計画という経営全般の計画を進めていく場合に、このような財務状況を維持する、または財務目標を達成するというためのものになる。したがって、財務計画には必ず前提が置かれる。学校法人でいえば、設置校において、収入面では毎年の入学生数、中途退学者数、補助金の見通し（減額見通しか、競争的補助金の獲得を伸ばし

て増加見通しか)、寄付金、資産運用の各見通し、支出面では長期人員計画に基づく人件費の推移、教育研究費、管理経費、減価償却費など、さらに基本金の繰り入れ見通しを設けることになる。したがって、中期計画のシナリオとその収支が整合的である必要がある。そして、5年後なり10年後にどういう目標を立てるか、それは当該学校法人が現在置かれた立場で各々異なるであろう。収支が悪化傾向の先は、これを支出面の切り下げで収支好転を目標に置くし、改善傾向の先は、今後の競争激化を見通して教育・環境の整備のため投資を目論むなど対応は違ってくることになる。

　この場合、経営状況の判断は、既述した私学事業団の経営判断によることや代表的な財務比率（消費収支関連：人件費、教育研究費、管理経費、帰属収支差額、消費収支、学生生徒等納付金各比率、貸借対照表関連：固定資産構成、自己資金構成、固定、流動、総負債各比率）などの同規模大学法人の公表指標と比較してのものとなる。また、財務中期計画を策定する場合は、同規模の他学校法人の、主要財務指標を参考にすることも一つの考え方である。特に経営状況が好調である、学生募集力が強い、人気がある、といった学校法人を抽出して、当該ベンチマーク[3]校の経営指標を分析し、自法人の指標と比較して、どこに問題があるか、当該法人の各経営手法、指標とのギャップを考察することは有用である。そして、それを埋めていくためにどういうことをしたらよいか、そのプロセスや変革を進めていく過程などの検討は、中期計画の課題事項として挙げられる結果となる。

　今後少子化の波は、徐々に高くなり、初等・中等・高等各教育全般にわたって、学生募集難時代の到来が必至である。そうした時代に備え、どういうことをしておくべきか、例えば教育改革を行い、学生募集力を引き上げる、長期的な収入源を確保する、人件費等の固定費について長期人員計画を立てる、全般的なコスト削減を図る、など財務の中長期的計画を立案して、このシナリオに沿って財務運営を行っていくことは、これからの時代、大学法人経営上の必須事項となる。

　このように財務運営は、法人経営にとっては一番の要であり、健全かつ堅固に運営していく必要がある。また上述のように、優良法人との比較において、それを分析することは、自法人の短所がわかるわけで、ベンチマーキング作業

は、「ベストに学ぶ」という観点から、有効な手段になると考えられる。

6．外部評価の活用

　学校法人の外部評価としては、まず、毎年の財務状況について公認会計士監査を受けており、これが財務状況の外部評価になる。次に、学校教育法109条により2004年度から、大学は7年に1回、文部科学省の認証を受けた評価機関による評価を受けることを義務づけられている。大学の認証評価機関は、(財) 大学基準協会、(独) 大学評価・学位授与機構、(財) 日本高等教育評価機構の3機関があるが、これらの認証評価結果が、大学の教育の質の担保を含む総合的な外部評価である。これらの機関による評価の目的は、大学の質保証、評価結果の公表により大学が社会による評価を間接的に受けること、評価結果を踏まえて、大学等が自ら自己点検し改善を図ることにある。また評価内容は当該大学の総合的な状況（機関別認証評価）、大学等の教育研究、組織運営及び施設設備の総合的な状況についてのものである。評価内容、評価基準、評価の進め方は3機関はほぼ共通しているが、大学評価・学位授与機構は専ら国公立大学の評価を行い、大学基準協会は、加盟大学は国公私立大学となっているが、主に公立大学及び私立大学の評価を行っており、日本高等教育評価機構は、主に私立大学の評価を行っている。このため、私立大学の多くは、大学基準協会、日本高等教育評価機構の両方に加盟している。もっとも、評価受審についてはどちらか一つの評価を受審する先が大半であり、2つの評価機関の評価を3～4年おきに受けて、改善事項を前向きに処理する大学は少ない。

　しかしながら、7年間はかなり長く、この間、自己点検を毎年行い、その結果報告書を作成することになっているが、前回評価時に受けた勧告、改善事項、指摘事項について計画的に対処する大学は少ない。次回の認証評価が近づいた時点で、これら勧告や指摘事項についての改善方策等をあわてて再検討し、評価報告書を作成するといった例が多いのが事実である。したがって、経営改革・教育改革を着実に進めていくための最良の方策は、認証評価を2つ以上の機関から受審して3～4年ごとに外部の客観的な評価を受け、課題解決努力を進めることと考える。3～4年に一度の認証評価となると、事務的にも繁忙を

極めることになるが、そうした煩雑さを超えた効果が見いだされると思われる。

次に財務関係の外部評価として、信用格付業者の信用格付を得ることが考えられる。一見、学校が信用格付業者の格付を受ける意味は何があるか疑問に思う向きもあるかもしれないが、本格付取得は、財務状況を客観的に判断するという点において有効な方法である。なぜならば、当該格付業者が大学法人の財務状況をみる場合、一番注目する点は、学校財務の要である収入に占める学納金の動向をみており、したがって、学納金の背景にある学生募集力を常にウオッチするからである。学生募集力は、①当該大学のカリキュラムの多様性→子弟の個性・能力を伸ばす科目があるか、②就職状況（就職率、教員や公務員などの合格率、どのような企業に就職しているか）、③在籍学生の資格取得状況（TOEIC、TOEFL、BCT、HSK、国家資格など）、④奨学金制度の状況、⑤立地及び教育環境の整備状況などが、構成要素となっている。したがって、毎年の格付更新審査（レビュー）の際、学生募集力を構成する上記各要因の、前年指摘事項についての改善ぶりを質問され、回答を余儀なくされることで、各部署の担当者が聞かれる前に課題改善に努める型で、自主的な改善マインドが付き、改善が進みやすくなるといった副次的なメリットがある。ここであえて副次的と書いたが、この自主的に改革するというマインドを教職員の間に徐々に浸透させることができれば、当該私学の改革は大きく進むようになるわけである。内部者からの意見ではなく、外圧の利用でこれを進めていくことができることは極めて有効である。

（注）
1) PISA型学力（出典「生きるための知識と技能」国立教育政策研究所）：PISA調査（Program for International Student Assessment）とは、OECD（経済協力開発機構）が1988年より始めた事業で、調査項目は次の5項目である。
   ① 知識や技能を実生活の様々な場面で直面する課題にどの程度活用できるかどうかを評価。学校カリキュラムには関わらない。
   ② 図表、グラフ、地図などを含む文章（「非連続型テキスト」という）が重視され、出題の約4割を占める。
   ③ 「選択式」を中心にしながらも「自由記述形式」の出題が約4割を占める。
   ④ 記述式では、答えを出すための「方法や考え方を説明する」ことが求められる。
   ⑤ 読解力として、「情報の取り出し」、「解釈・理解」、「熟考・判断」、そして自分の「意見を表現する」ことが求められる。テキストの「内容」だけでなく「構成や形式」

についても問われる。

すなわちPISA調査は、学校のカリキュラムをどの程度習得しているかを評価するものではなく、「知識や経験をもとに、自らの将来の生活に関する課題を積極的に考え、知識や技能を活用する能力があるか」をみるもので、「学校の教科で扱われる知識の習得を超えた部分まで評価しようとする」ものである。この考え方は、文部科学省の「新しい学力」、「生きる力」的学力（課題を発見し、解決する力）に近いが、もっと具体的に「実生活の様々な場面で直面する課題にどの程度活用できるか」を評価するとしている。

2）GPA制度（文部科学省HP掲載資料より引用）：米国において一般的に行われている学生の成績評価方法の一種。

① 学生の評価方法として、授業科目ごとの成績評価を5段階（A、B、C、D、E）で評価し、それぞれに対して4、3、2、1、0のグレードポイントを付与し、この単位あたり平均（GPA、グレード・ポイント・アベレージ）を出す。

② 単位修得はDでも可能であるが、卒業のためには通算のGPAが2.0以上であることが必要とされる。

③ 3セメスター（1年半）連続してGPAが2.0未満の学生に対しては、退学勧告がなされる（ただし、これは突然勧告がなされるわけではなく、学部長等から学習指導・生活指導等を行い、それでも学力不振が続いた場合に退学勧告となる）。

なお、このような取り扱いは、1セメスター（半年）に最低12単位、最高18単位の標準的な履修を課した上で成績評価して行われるのが一般的である。

3）ベンチマーキング：ある学校法人が他法人の優良事例（ベストプラクティス）を分析し、それを学び、取り入れる手法を指す。ベンチマークに際しては、対象法人の優れた点が、どのような背景のもとに成り立っているかを十分認識する必要がある。

第 5 章

N'2020 Planの策定

これまで、中長期計画の策定手順について概論を述べてきた。策定の前提として、当該学校法人の経営の経緯、特徴、課題等をよく分析、理解する必要がある。このため、当該組織において中長期計画を作る必要性や背景が問題となり、それが理解されないままこれを作っても意味がないことになる。したがって、中長期計画が馴染むのか、実態と遊離していないか、などの点検がまず必要である。当該学校法人の経営状況が良くても悪くても、これまで述べたように、私学を取り巻く環境は確実に厳しくなっている状況を鑑みれば、多くの学校法人が中長期経営計画を組成して臨む必要があることは自明である。

　前章では、学校法人二松學舍（以下「本学」という）の中長期計画の策定の足取り、マスタープラン、私学の戦略的経営モデルの策定などを経験しつつ、その過程で出てきた問題点や課題を克服しながら進めてきた。本学が、「長期ビジョン」と称する中長期計画を策定する前提として、敢えて、学校経営を6つの切り口に分けた戦略的経営モデルを構築したのは、学校法人がその経営の方向性を定めるにあたり、的確に踏み行うべき局面を固めることを必要としたことがその背景である。本経営モデルを踏襲し、この上に中長期計画を策定することが大事なことである。そしてその場合に、中長期計画は、米国大学の実例に沿って、まず①ボトムアップで作成していくこと、②期間をかけて、各層の議論を尽くして作成すること、③財務のみならず、建学の精神や本学を取り巻く全般的な課題を網羅し、各課題の目標値をできる限り設けること、とした。そのためにまず、ビジョン作成の背景、意義などを決めるため、ビジョン策定の場合の基本理念を関係会議で議論し、統一テーマや目的を決定し、基本理念を以下の5点として、これを理事会で決定した。

1．N'2020 Plan（長期ビジョン）の基本理念

　まず、統一テーマは「二松學舍の未来を創造するプロジェクト」とし、その目的は本学の設置校である二松學舍大学、同附属高等学校、同附属柏中学・高等学校の各ブランド力を引き上げ、社会からさらに評価される学校になることとした。その5つの柱は以下のとおりである。

　①　建学の精神に基づく「二松學舍憲章」の制定

② 大学、高等学校、中学校における教育内容の質的向上の徹底
③ 全構成員が参加する「学舎創造」への意識改革、教育・研究の自治概念の尊重
④ ガバナンスとコンプライアンスの徹底
⑤ 情報公開と透明性の確保、USR（大学の社会的責任）の徹底

以下各項目について敷衍する。

1）建学の精神に基づく「二松學舍憲章」の制定

本学の建学の精神である「東洋の精神による人格の陶冶」及び漢学を教授して「己ヲ修メ人ヲ治メ一世ニ有用ナル人物ヲ養成スル」に立ち返り、この考え方に基づき育成する人材像を明確にした。また、教職員の働く意識もこの精神を反映するものにするために、教職員の行動規範である「二松學舍憲章」を制定し、SD（スタッフ・ディベロップメント）、FD（ファカルティ・ディベロップメント）の場でも啓蒙していくこととした。

2）大学、高等学校、中学校における教育内容の質的向上の徹底

大学の教育・研究の質の向上と時代の変化に対応する教育内容の充実等教育改革を進めていくこと、また両附属高校、中学校の教育内容についても同様に時代の変化に対応するため、不断の改革を行うことを徹底する。本学の学生・生徒が入学時に比較して高い学力と社会に適応できる汎用的スキル、例えば構想力、社会的能力、想像力などを身に付け、入学時に比べ総合的・人間的な付加価値を高めて卒業し、社会で活躍することを通じて、より良い社会の実現に貢献するような人材を育成することを目的とした。

3）全構成員が参加する「学舎創造」への意識改革、教育・研究の自治概念の尊重

3点目として、本学の全教職員が学校経営・教育改革などに関して問題意識を持ち改革を実行していく必要性を掲げた。これは、まず教育・研究分野においては、社会の情勢変化に常に目を配りつつ、組織的及び教員個々人のFD活動を通じた自律的な改革の実行により、教育力を高める努力をしていく。次に、職員についても、同様に社会情勢変化や学校経営に関心をもち、SD活動を通じて関連する専門的な知識を身に付け、学校全体の運営において教職協働体制をつくり上げ、本学の未来創造に全員参加で臨む体制を確立することである。

同時に教育・研究分野における自治概念を尊重していくことも基本であり、この点を明記することとした。

　4）ガバナンスとコンプライアンスの徹底

　全学的な改革を推進していくためには，理事長をはじめ学長、両附属高校長・中学校長のリーダーシップが発揮され、各設置校内における教育マネジメント体制が確立され、理事長、学長、高校長、中学校長をトップとするガバナンスが確立されていること、法人内の全関係者がコンプライアンス（法令順守）意識が徹底されていることが必要不可欠である。

　5）情報公開と透明性の確保、USR（大学の社会的責任）の徹底

　大学ディスクロージャー時代を迎え、大学ポートレート計画の実行が予定されているなど、情報公開の内容により大学選別の時代の到来が予測される。これに対応するため、学生募集力の維持・引き上げの観点から情報公開内容を検討していくなどの施策を講じていく必要がある。また、財務情報や教育改革を進める動き、その他の情報を学生・生徒をはじめとしたすべてのステークホルダーに逐次、公開することにより，本学の透明性を確保していくことが責務となる。こうした観点も含め USR（ユニバーシティ・ソーシャル・レスポンシビリティ、大学の社会的責任）を果たしていくこととした。

2．N' 2020 Plan（長期ビジョン）検討委員会

　その後、理事会の下部機構として、「長期ビジョン検討委員会」を設置、ボトムアップの形で作る場合の手順、方法等について検討した。その結果、まず学生・生徒、父母、卒業生、学校法人役員、評議員、教職員等本学の全ステークホルダーを対象に、①2020年の本学のあるべき姿、②本学の建学の理念である「東洋の精神による人格の陶冶」を体現した人材の具体的な姿、イメージ、③かかる人材を実現するために必要な教育や長期ビジョン全体を実現するための必要な改革・改善事項等について、意見提言、アンケート調査を実施することにした。

　その結果、現職教職員、学生・生徒、保護者、父母会、役員全員、評議員、本学取引業者から合計200件余りの意見提言が提出された。また、同時に、理

事長、学長、両高校長、その他理事等役員、教職員、学生・生徒、父母等代表者40人を対象に個別インタビューを実施し、これらの意見提言と個別インタビュー結果を、当初策定の5つの柱に各々取りまとめ、それに沿って、各ワーキンググループ（以下「WG」という）を設置した。

　すなわち、第1WGは、「基本フレームワーク策定、二松學舍憲章の制定」、第2WGは「2020年における大学、両附属高等学校、中学校の教育の方向性と充実策」、第3WGは「包括的学生支援策等」、第4WGは「キャンパス整備コンセプトの明確化」、第5WGは「財政、人事政策、組織、権限の見直し」を担当することとし、各WGで、意見交換・集約をすることとした。なお、ここでのポイントは、WGメンバーに主として30代〜40代の若手教職員を充てたこと、また教育改革を議論する第2グループ及び第3グループには、委員に学生代表（学生会代表）、大学父母会代表を加え、文字どおりマーケットインの考え方、学生が主役との考え方を尊重したことが特徴である。なぜ若手を主体としたメンバー選定にしたかというと、長期ビジョンは10、20年計画となるため、計画が実現されるのは20年後となるため、そのときに本学で中心になって働いている層が、自分自身で立案した計画を自分自身で実現していく形を採用した方が、トップダウンで決めるより、課題実現の当事者意識が働きやすく、実現可能性がより高まると判断したからである。

長期ビジョン検討委員会メンバー
　　委　員　長：水戸英則
　　副委員長：渡辺和則、野田恒雄
　　委　　　員：小林公雄、松葉幸男、木村誠次、吉崎一衛、五十嵐清、渡邊了好、
　　　　　　　　江藤茂博、菅原淳子、田端克至、大栁勇治、髙野和基、小町邦明、
　　　　　　　　井上和男

（敬称略）

各WGのメンバー一覧
① 第1WG（議長：五十嵐清）
　　委　　　員：町泉寿郎、中川桂、松本健太郎、佐藤晋、飯田幸裕、須藤和敬、
　　　　　　　　室井宏之、濱野学、吉田晶子、中嶋剛、野木繁、楯岡卓、青木英

　　　　　明、古子智美
② 第2WG（議長：渡邊了好）
　委　　員：原由来恵、五月女肇志、伊藤晋太郎、松浦史子、水本義彦、岩田幸訓、齋藤真一、大宮祐男、鈴木智之、岡部真理亜、三輪秀彰、山﨑修
③ 第3WG（議長：小林公雄）
　委　　員：野田恒雄、五十嵐清、髙野和基、小山聡子、白石まりも、大澤省吾、鈴木新、岩田秀生、井上和男、志村孝、馬淵裕之、饗庭貴子、神河秀春
④ 第4WG（議長：野田恒雄）
　委　　員：小林公雄、松葉幸男、木村誠次、吉崎一衛、五十嵐清、髙野和基、髙柳幸雄、西園隆士、志村孝、島田穂隆、越後屋かおり
⑤ 第5WG（議長：小林公雄）
　委　　員：野田恒雄、五十嵐清、髙野和基、小町邦明、横谷孝子、坂巻茂紀、山口朗、古賀三奈子

(敬称略)

3．N'2020 Plan（長期ビジョン）5つの柱

　各WGの議論は、通算開催回数30回近くに及び、次の5つの柱について、その内容を以下のとおり決定した。

（1）基本フレームワークと二松學舍憲章の制定

　長期ビジョンの基本フレームワークを、A.建学の精神の再確認、B.建学の精神の現代的解釈、C.育成する人材像の明確化と各設置学校の将来ビジョンへの反映と定め、まず本学の建学の精神を再確認し、これについて現代的解釈を行い、育成する人材像を明確化し各設置学校のビジョンを定め、その達成のためにどういう教育を展開すべきかを考えることにした。

　まず、本学の建学の精神は、明治10年、本学の前身である「漢学塾二松學舍」が、創立者三島中洲によって設立された時に謳われた、「東洋の精神による人格の陶冶」、漢学を教授することによって、「己ヲ修メ人ヲ治メ一世ニ有用ナル人物ヲ養成スル」である。当時は我が国が明治政府設立間もない時期で、

第5章　N'2020 Plan の策定

西洋に追い付け、追い越せと「富国強兵策」や「脱亜入欧政策」が取られた時代であり、教育界も英、仏の進んだ学術や知識を取り入れる、いわゆる西洋学華やかなりし頃であった。その風潮をみた三島中洲は、西洋学の本筋を理解するためには、まず東洋の精神・文化を理解することが先であると考えた。そのため、まず漢学を教えることにより、東洋の文化とその根底にある精神、すなわち、中国儒教の先人、孔子、孟子たちが唱えた「人として踏み行うべき正しい道」、道徳心を元に倫理観を醸成することが人格形成の基本であり、土台であると説いた。この考えを体得し、もって東洋文化を学び、それを理解した上で西洋学を学ばないと、西洋学の本質を把握できないと説いたのである。この

ステークホルダーへのアンケートとインタビュー調査の実施
・2020年の本学のあるべき姿
・建学の精神を体現した人材のイメージ
・ビジョン実現に必要な改善事項・課題等

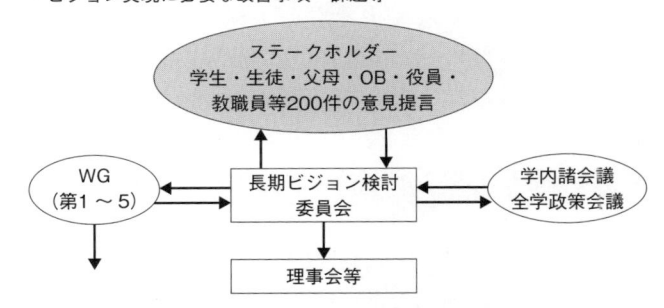

ステークホルダー
学生・生徒・父母・OB・役員・
教職員等200件の意見提言

WG（第1〜5）　　長期ビジョン検討委員会　　学内諸会議　全学政策会議

理事会等

WG	検討課題	活動状況
第1	将来計画の基本フレームワーク策定・二松學舍憲章の制定	2月24日〜5月16日間、計8回
第2	2020年における教育の方向性と充実策	3月9日〜4月23日間、計3回
第3	包括的学生支援策等	2月27日〜4月27日間、計5回
第4	キャンパスコンセプトの明確化等	2月24日〜5月18日間、計6回
第5	学舎の財政、人事政策、組織・権限の見直し	2月28日〜5月17日間、計6回

図5-1　「N'2020Plan」策定に向けた関係図

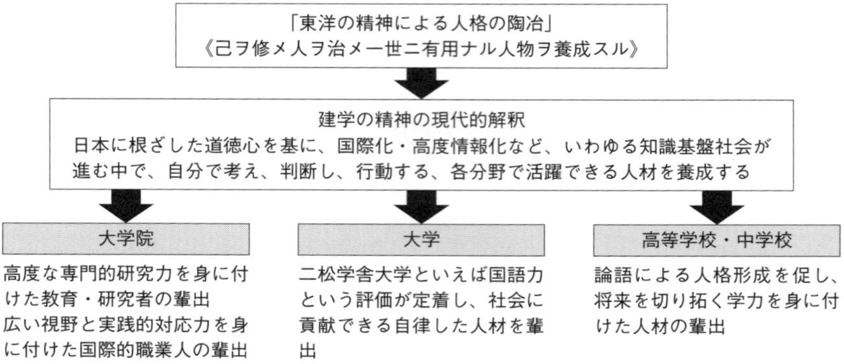

```
┌─────────────────────────────────────────────┐
│    「東洋の精神による人格の陶冶」              │
│  《己ヲ修メ人ヲ治メ一世ニ有用ナル人物ヲ養成スル》 │
└─────────────────────────────────────────────┘
                    ↓
┌─────────────────────────────────────────────┐
│           建学の精神の現代的解釈                │
│  日本に根ざした道徳心を基に、国際化・高度情報化など、いわゆる知識基盤社会が │
│  進む中で、自分で考え、判断し、行動する、各分野で活躍できる人材を養成する │
└─────────────────────────────────────────────┘
```

大学院	大学	高等学校・中学校
高度な専門的研究力を身に付けた教育・研究者の輩出 広い視野と実践的対応力を身に付けた国際的職業人の輩出	二松学舎大学といえば国語力という評価が定着し、社会に貢献できる自律した人材を輩出	論語による人格形成を促し、将来を切り拓く学力を身に付けた人材の輩出

図5-2　建学の精神と各設置校の育成する人材像

「東洋の精神による人格の陶冶」が本学の建学の精神であり、現在の二松學舍大学の建学の精神になっている。これを現代の学生・保護者に理解してもらう、または外部のステークホルダーに理解させることが必要であり、この建学の精神の現代的解釈を「自ら考え、判断し、行動できる能力を有し、社会のために貢献する人物を養成する」こととし、また国際的な知識を本当に理解するためには自国を正しく理解し、母国語である国語力を有した人物を養成することとした。

そして、この人材像実現のための、各設置校の教育ビジョンとしては、まず大学院は、「高度な専門的研究力を身に付けた教育・研究者を輩出する」（文学研究科）、「広い視野と実践的対応力を身に付けた国際的職業人を輩出する」（国際政治経済学研究科）こととした。また大学のビジョンは、「二松學舍大学といえば『国語力』という評価が定着し、社会に貢献できる自律した人材を輩出する」こととし、さらに附属高等学校及び附属柏中学・高等学校は「論語による人格形成を促し、将来を切り拓く『学力』を身に付けた人材を輩出する」こととした。これまでの考え方を示した概念図は図5-2のとおりである。

本学の長期ビジョンを実現化させるためには、教職員一人ひとりが学舎創造という目的意識を共有し、ビジョン実現のための諸課題を確実に達成していくことが必要になる。

そのため、全教職員の目標達成に向けた行動規範として、「二松學舍憲章」を次のとおり定めた。
　【二松學舍憲章】
　（建学の精神の発揚）
　・教職員は、建学の精神「東洋の精神による人格の陶冶」、「己ヲ修メ人ヲ治メ一世ニ有用ナル人物ヲ養成スル」の発揚に努めます。
　（教育・研究の目標達成）
　・人材養成のため、自らその体現者となるべく、自己研鑽に努めます。
　・法令及び学則を遵守し、道徳心と倫理観を持ち、職務に当たります。
　・現状を把握し、自ら課題を見つけ、教育・研究の質の向上に努めます。
　（学生・生徒支援）
　・教職員一人ひとりが、学生・生徒の人格と人権を尊重します。
　・教育・研究の充実に常に努め、教育・研究環境の整備を行い、学生・生徒の満足度向上を目指します。
　（社会貢献）
　・教育・研究活動を通じて、地域社会への貢献に努めます。
　・社会情勢に常に目を向け、国際社会と世界平和に寄与します。

（２）2020年における教育の方向性と充実策

　本テーマについては、二松學舍大学、両附属高等学校、中学校の教育について、2020年に向けて教育内容をどう質的に充実させるかといった点を検討した。
　まず二松學舍大学については、教育のビジョンを「日本に根ざした道徳心を基に、国際化・情報化・知識基盤社会化が進む社会において、自分で考え、判断し、行動する各分野で活躍できる人材を養成する」とした。これは、これまで二松學舍大学が国漢の二松學舍といわれて国語科教員を輩出してきた経緯を踏まえ、本学の建学の精神「東洋の精神による人格の陶冶」及び「己ヲ修メ人ヲ治メ一世ニ有用ナル人物ヲ養成スル」を現代的に解釈したものである。
　この解釈から導かれる二松學舍大学の教育のビジョンは、上のように「二松學舍大学といえば『国語力』という評価が定着し、社会に貢献できる自律した人材を輩出する」ことであると考えた。「国語力」とは、すなわち表現の力であり、それは日本人の教養の基礎であった漢学では「文」と呼ばれた。「文」

とは、何を表すかということと同時に、いかに表すかを問うものといえる。深い精神は的確な表現に載って初めて効果をもち、そしていかに表現するかを追うことによってさらに精神性は深まり、内容と同時に表現を追うことは、東洋の精神による人格の陶冶に繋がる。そして、的確で美しく、人の知性と感性に浸透する力を持った表現の力を「国語力」と呼び、二松學舍大学における教育の根幹にこの「国語力」の養成を据え、「私塾」の伝統に基づく濃密な少人数教育により人材を育てていくと規定した。

1）二松學舍大学の教育改革
(a) 教育のビジョン

〈二松學舍大学の教育のビジョン〉
「二松學舍大学と言えば『国語力』」という評価が定着し、社会に貢献できる自律した人材を輩出する。

(b) 教育の目標

　上の「教育のビジョン」を受け、二松學舍大学の「教育の目標」を次のように定めた。

　まず、二松學舍大学で学ぶすべての教育の基礎として、「愛校心を育て、高める」。次に、さまざまな教育を充実させ、「学力の向上を図る」。「国際化に関する教育に力を入れ、キャリア教育を充実、教員養成を維持・強化する」。さらに「中学校から大学・大学院までの二松學舍内部の教育の連携を強化」し、「地域との連携を深める」。

　ここでは、単に2020年のあるべき教育の姿だけを考えるだけでなく、さらに50年先を見据えた教育の礎を築くための教育の改革を検討していく。

〈二松學舍大学の教育の目標〉
① 愛校心の高揚
② 多様なニーズ、時代の変化に対応できる教育の充実・学力の向上
③ 国際化に対応する教育の充実
④ キャリア教育の充実
⑤ 教員養成の強化
⑥ 学園内の教育の連携と中高大一貫校化の体制整備
⑦ 地域との連携強化

① 愛校心の高揚

漢学塾として建学した二松學舍の歴史と伝統・精神を学生に教授し、本学への愛校心・帰属意識を涵養する。

建学の精神にあるように、東洋固有の道徳に基づき人格を陶冶し、社会に貢献し得る優れた人材を輩出するには、まず、漢学塾の開塾にあたっての三島中洲の考えを理解し、当時からの教えを学ぶことが重要である。また、著名な本学関係者や卒業生について知ることも重要である。「己ヲ修メ人ヲ治メ一世ニ有用ナル人物ヲ養成スル」との建学の精神をすべての教育の基礎として、本学への愛校心を高めていく。

② 多様なニーズに対応できる教育の充実・学力の向上

情報化、グローバル化、知識基盤社会化の進展など社会は大きく変化しており、教育に対するニーズは多様化しつつある。社会の変化や教育ニーズの多様化に対応する教育が求められる。

カリキュラムの改革などを通して、学生の基礎学力の向上、高い専門性や論理的思考力の養成、豊かな教養や人間性を高める教育を行う。同時に、総合的コミュニケーションスキルの強化や課外活動の充実など、学生一人ひとりが着実にレベルアップする体制をつくり、各種資格の取得などを通じて、付加価値をより高めた学生を養成し、社会が要請する人材を育成する。

このため、公正な学力測定や成績優秀者へのインセンティブについても検討する。また学生による授業アンケートを分析・活用し、その結果を授業改善、教育方法の改善に結び付けるなど、学生ニーズを授業や学校運営にフィードバックする仕組みを構築していく。

③ 国際化に対応する教育の充実

国際化した世界、特に東アジアを基盤に広く世界で活躍できる人材を育成するための教育体制を整える。

東アジアやその他の地域の大学との提携、留学生の受け入れと送り出し、双方向交流のための環境を整備し、留学支援を強化する。

また、語学クラスの少人数化などを行い、英語や中国語・韓国語など日本近隣国言語などの外国語教育を強化し、語学検定試験などの受験必修化を検討していく。

さらに、国際人として持つべき日本や中国などの文学・歴史・思想・文化についての知識や、政治、経済等の知識を教授し、東洋の精神に基づく道徳心を身に付けさせることにも重点を置く。
　10、20年後、東アジアの国際環境は大きく変化し、日中韓の間でのフリートレードゾーンなど、マーケットの開放などが予想され、中国のGDPは日本の2倍になり、日本、韓国は人口が減少、東アジアの国家間の力のバランスは確実に変化する。私たちは、これまでとは異なる国際環境の中で生きていくことになり、この地域に生き、国際社会に積極的に関与しようとする若い人たちには、単に国際感覚を養うといった国際化教育だけにとどまらず、国際的環境変化に対応できる知識、情報等を提供する必要がある。そこまで踏み込んで、今後の国際化教育を検討していく。
　④　キャリア教育の充実
　多様な分野で活躍できる人材を養成する、就職率100％の大学を目指す。キャリア教育は、学生に大学での学びを社会でどう実践するかを考えさせるものであるため、ゼミナール等における課題解決型教育の導入などを通じて、コミュニケーション能力や表現力の向上を図っていくほか、インターンシップの活用や職場実習などの機会を増やすなどの対応をしていく。さらにキャリアカウンセラーの増員を行うなどの対策も講じる。語学教育の充実強化により、日本だけでなく、中国、韓国などでも活躍する人材を輩出することも可能になる。また、各種資格試験合格者を増加させる。特に地方公務員試験の合格者増を目標に、国家公務員試験（上級、中級）の合格者輩出、さらに司書・学芸員試験合格者数増も目指していく。メディア関係などへの就職にも力を入れ、これらにより就職先の拡大、就職率の飛躍的向上を目指していく。
　⑤　教員養成の強化
　二松學舍大学は国語科、書道科教員輩出校としての実績と伝統があり、この地位をさらに確実なものにするため、教員養成も一層充実・強化していく。本学の特性を生かして、古文や漢文の素養がある教員を輩出し、教員採用者数の大幅増を目指していく。
　⑥　学園内の教育の連携と一貫校化の体制整備
　本学内の設置学校間の連携を強化、高大連携の実質化をはじめ中高大一貫教

育を進めていく。また両附属高校からの優秀な生徒を受け入れることにより、大学・高校双方のレベルアップに資するような施策を講じ、一貫校として体制を整えていく。両附属高校の連携も緊密化していく。

また、中学・高校を大学生の教員養成の実践の場とし、教員を目指す学生が授業サポート等で日常的に中学・高校の教育にかかわることも検討していく。

⑦ 地域との連携強化

地域に根ざした大学として、千代田区や柏市との連携のもと、地域振興のための教育を行っていくほか、両キャンパスにおける生涯学習講座等の実施で、年齢・国籍を超えて開かれた大学となる道を実践していく。

(c) 大学の規模拡大

〈大学の規模についての考え方〉
・社会に貢献するため、在籍学生5,000人規模の総合大学を目指す。

建学の精神の現代的解釈は「日本に根ざした道徳心を基に、国際化・情報化・知識基盤社会化が進む社会において、自分で考え、判断し、行動する各分野で活躍できる人材を養成する」ことである。

本学の教育によって社会へ貢献するには、この「各分野」の幅を広げ、拡大する必要があると考えている。このため、新たな学部または学科の設置を含め、在籍学生5,000人規模の総合大学を目指していく。具体的な学部・学科等については今後検討していくが、ただ拡大するのではなく、本学の歴史と伝統を大切にしつつ、これまでに蓄積された知的資産を有効に活用するなど、既存学部を活かした拡大を検討していく。

2) 二松學舍大学大学院の教育改革

(a) 教育のビジョン・教育の目標

〈二松學舍大学大学院の教育のビジョン〉
(文学研究科)
　高度な専門的研究力を身につけた教育・研究者を輩出する。
(国際政治経済学研究科)
　広い視野と実践的対応力を身につけた専門的職業人を輩出する。

① 教育のビジョン

前述のように、二松學舍大学（学部）の教育のビジョンは、社会に貢献できる自律した人材の輩出であるが、大学院の教育のビジョンを上記のように定める。

② 教育の目標

大学院においても、「己ヲ修メ人ヲ治メ一世ニ有用ナル人物ヲ養成スル」との建学の精神を教育・研究の基礎として、本学への愛校心を育てていく。

文学研究科では、特に東アジア学術総合研究所と連携し、日本漢文学や中国学、国文学の日本における拠点としての地位を維持・向上させていく。

国際政治経済学研究科では、教育研究の更なる発展とともに、産学協同の推進を図り、より専門性を高め、博士課程の創設を目指していく。

3）附属高等学校及び附属柏中学校・高等学校の教育改革

(a) 教育のビジョン

〈附属高等学校、附属柏中学校・高等学校の教育のビジョン〉
論語による人格形成を促し、未来を切り拓く「学力」を身につけた人材を輩出する。

中学生や高校生の時期は、倫理観や思いやりの心などを育てる「人間（ひと）づくり」の大切な時期であり、中学・高校では、論語教育を通じ、人間としての生徒各自の精神的支柱を確立していく。また「人間（ひと）づくり」には、学力を向上させることも大切なことであり、自主性を伸ばした教育を進め、学力を向上させる。また、勉強や部活などを通じて、生徒自身で問題を解決する方法を身につけ、困難にも前向きに取り組めるように教育をしていく。

(b) 教育の目標、教育の実践

〈附属高等学校、附属柏中学校・高等学校の教育の目標〉
①愛校心の高揚
②教育の充実、進学校化への取り組み
③国際化への対応
④地域との連携強化

① 教育の目標

中学・高校においても、「己ヲ修メ人ヲ治メ一世ニ有用ナル人物ヲ養成スル」との建学の精神をすべての教育の基礎として、本学への愛校心を育てる。

中学・高校では、論語を生かした人格教育を行い、東洋固有の道徳に基づいて人格を陶冶し、豊かな人間性を備えた、社会に貢献できる青少年を育成していく。

また、学力の向上を図り、より高いレベルの大学への進学実績の向上を目指し、同時に二松學舍大学との連携を強化し、優秀な生徒の内部進学を進めていく。

国際化への対応として、英語をはじめ中国語、韓国語の教育を強化、レベルアップする。

地域との連携では、特に柏中高では、保護者、卒業生、地域住民、地域企業の人々等と接し、学校の活性化を図っていく。

② 教育の実践

両附属高校とも有名大学への進学者数増大を図り、毎年度、国公私立難関大学合格者輩出を目指す。また、優秀な生徒の内部進学も同時に進めていき、両附属高校、二松學舍大学双方のレベルアップに繋げ、一貫校への体制整備を行っていく。

(c) 附属高等学校、附属柏中学校・高等学校の規模

附属高等学校では、施設の制約もあり規模の拡大はせず、少人数教育を行いつつ現状維持とする。

附属柏高校では、柏地区等での人口増加を展望し規模拡大を目指す。また中学校においても、人口増加に伴う生徒受け入れ要請に応えるため、入試難易度を維持しながら規模拡大を目指していく。

（3）包括的学生・生徒支援体制の整備

1）二松學舍大学・大学院の包括的学生支援体制の構築

① 学生支援の取り組み

〈学生支援の基本的な考え方〉
① 入学から卒業までの一貫した学生支援体制、例えば学生支援センターの設置

等を検討する。
② 学生の立場に立った、総合的な学生支援策を策定し、実施する。

　充実した学生生活を送るには、学生の立場に立った支援が重要になる。「学生支援センター」を設立し、キャリアセンター・教務課・学生支援課・国際交流センターなどの機能を一元的に集約、学生のさまざまなニーズに総合的かつワンストップで対応できる体制を構築していく。
　学生支援として、まず、多様な資質をもって入学した学生が自然に学生生活に入れるような支援が必要である。自信のない学生や問題意識を持ち合わせていない学生に、いかにして勉学意欲や問題意識を喚起させるかも重要である。このため、学生が主体的に学べる学習環境を充実させる。心身の健康保持・増進及び安全衛生への教育的配慮を適切に行うこと、家計支持者の収入に問題が起きた場合の経済的支援、学園祭などの学校行事に一般学生の積極的な参加を促し学園生活を満喫できるようにすること、課外活動（部活動、サークル活動）への加入率を増加させることも重要である。また、厳しい就職環境を背景とした入学時からの体系的なキャリア教育や、キャリア・カウンセラーによる個別指導などの進路支援も重要である。
　このため、修学支援、生活支援、課外活動支援、進路支援、その他の支援を行い、これらをあわせた総合的な学生支援策を検討、さらに、奨学金制度の充実を図っていく。
　その他、地域との交流、内外他大学との交流を盛んにしていき、大学の知名度アップ、学生の母校に対する愛校心を高めるため、特定部活の強化育成が必要であるとの意見も踏まえ、検討していくこととする。これらの学生支援を支えるため、施設・設備面での改修・改善を図っていく。
② 　進路支援
　学生や保護者にとって、就職はきわめて大きな関心の一つである。このため、数々の施策を講じて就職率の引き上げを行い、就職率100％を目指す。すなわち全学的な進路支援に取り組み、キャリア教育を充実させ、資格取得などの受講者数を引き上げていく。また、キャリア・カウンセラーの増員、インターンシップ先の開拓・充実、実習機会の増大を図っていく。

一方で、学生が真の実力を付けることが就職対策には重要であり、学生の進路等を視野に入れた基礎学力養成のための対策を取り、実用的な語学検定や各種資格取得を含む実践的な知識・技能を習得する方策を検討していく。

　二松學舍大学の特色である教員養成については、教職支援のための対策を行い、質の引き上げを図りつつ教員採用試験合格者を大幅に増加させることを目指していく。

　また、教員以外にも、必要とされる能力が教員と共通する別分野、例えば公務員等への人材輩出・就職先開拓の対策を行っていく。

③　学生や父母のニーズへの対応、父母会・松苓会（大学同窓会）等との連携強化

　学生支援と並んで、学生や父母のニーズへ適切に対応することも重要である。学生による授業アンケートを分析・活用し、その結果を授業改善、教育方法の改善に結び付けるなど学生ニーズを授業や学校運営にフィードバックする仕組みを構築する。

　同時に、父母等の意見を組織として聴取、検討し、学校運営に反映する仕組みを検討・構築する。このためには、父母会との連携強化を図り、さらに、卒業生とのネットワーク、松苓会（大学同窓会）との連携を強化する。

④　クラブ・サークル活動支援

　学生生活の充実には、勉学だけではなく部活動やサークル活動を通じた学生間ネットワークの充実が不可欠である。近年は、こうした部活動やサークルへの加入率が低下してきており、その原因を調査し、課外活動活性化のための時間割の見直しや、柏キャンパスの運動用地整備等により、クラブ・サークル活動の活性化を支援する。

２）附属高等学校及び附属柏中学校・高等学校の包括的生徒支援体制の構築

①　生徒支援

　附属高等学校、附属柏中学校・高等学校では、生徒の入学から卒業までのさまざまな状況に対応できるような支援体制の構築を行っていくため、父母会や卒業生の会との連携を強化し、父母等の意見を学校運営に生かしていく。また、奨学金の拡充についても検討する。

（4）キャンパス整備
1）二松學舍大学のキャンパス整備

> キャンパス整備の考え方
> 〈九段キャンパス〉
> ・交通の便が良く、緑あふれる北の丸公園・千鳥ヶ淵・靖国神社に近い立地の良さを生かし、二松學舍の施設を九段に集積し、キャンパスらしい街づくりを目指す。
> ・新校舎の建設、既存校舎の改修を図り、学生の教育環境を整備する。
> 〈柏キャンパス〉
> ・大学の規模拡大に伴う新学部・新学科等設立の拠点とする。
> ・運動施設等として使用、グラウンドの整備を図る。
> ・地域社会へ施設の一部を開放する。

　学生にとってキャンパスは、単に学問の場であるだけでなく、友人との交流を通じて意見交換するなど、有意義な学生生活を送り、人生を歩んでいくためのいろいろな知識を習得する、きわめて大切な場所である。九段は交通の便が良く、緑あふれる北の丸公園や千鳥ヶ淵、靖国神社に近く、環境の良いキャンパスである。この恵まれた立地を生かし、さらに教育環境を引き上げていくため、九段に新校舎（「九段4号館」）の建設と既存校舎の改修を計画していく。新校舎の外観や内装は、既存校舎と統一感のあるデザインとし、将来を見据えたキャンパスとする。これらによって、狭隘さを解消し、九段全体で学生の集う場所を整備し、課外活動の拠点としても利用可能とする。一部の施設は、附属高校と共同での利用を検討する。

　九段一帯（九段下駅から九段1・2号館までの間）に施設を集積することで、この一帯を二松學舍大学のキャンパスらしい雰囲気のある街にすることを目指し、学生にとっては「自分の学校」として愛着が湧くような街にしていく。

　柏キャンパスは、運動施設、課外活動拠点、図書館蔵書施設などとして使用しつつ、大学の規模拡大に伴う新学部・新学科等設置の拠点として活用する。

　このため、大学グラウンドは全天候型（総人工芝）に改修、また、教室・グラウンド等の一部を地域社会へ積極的に開放し、生涯学習の拠点として活用、地域社会に貢献する。

　柏キャンパスの大学の教室・施設は、大学の授業等に支障のない範囲で、附

属高校や附属柏中学校・高等学校での授業や運動でも利用する。

2）附属高等学校及び附属柏中学校・高等学校のキャンパス整備

〈附属高等学校の施設設備整備の考え方〉
・交通の便が良く、緑あふれる北の丸公園・千鳥ヶ淵・靖国神社に近い立地の良さを生かし、将来を見据えた現校舎の建て替えを検討する。
・柏の施設設備等をスポーツ用キャンパスとして活用する。
〈附属柏中学校・高等学校の施設設備整備の考え方〉
・豊かな自然環境を生かした整備計画の作成を行っていく。

① 附属高等学校

附属高校は交通の便が良い九段にあり、生徒募集上有利な立地であるが、校地・校舎が狭隘という問題点がある。東京都心という現在の立地の良さと容積率、公開空地等諸法の規制緩和を展望しながら、現在地で将来の建て替えを視野に検討していく。運動施設については、柏の施設を積極的に利用することで、九段校舎の運動用地・施設の不足解消を図っていく。

② 附属柏中学校・高等学校

附属柏中学校・高等学校は、湖や田園及び里山に囲まれるなど自然に恵まれた立地である。こうした自然環境を十分に生かした教育を行っていく。また、中学校については隣接する大学の1号館等の施設の活用も検討していく。

（5）財政、人材教育、評価制度、組織、広報体制の在り方

〈10年後のあるべき姿〉
① 財政
・学生数増等による学納金の増収に向けた積極的な取り組み
・収入源の多様化と収入の充実の実現
・コスト意識の定着による支出管理の達成
② 人材育成、評価制度、組織
・「教職協働」体制の定着化
・活力に満ちた職場の実現
・長期的視野に立った人事計画と採用計画の策定

・効果的な研修制度導入による将来を担う人材の育成
　　・権限の明確化による迅速な意思決定の実行
　　・組織の再編等による効率的な業務の遂行
　③　広報体制の在り方
　　・戦略的な広報体制の充実・強化

1）財政

　本学が名実ともに発展していくには、健全な財政運営に留意し、内部留保の蓄積など堅固な財政基盤を維持することが必要である。

　今後、少子化を背景にして学生数が減少していく中で、学納金収入の増加が期待できず、また消費税率引き上げによる負担増、設備投資による負担増も予想される。このような環境下、いかにして健全な財務を維持していくかが大きな課題である。したがって、収入面では競争的補助金を積極的に獲得し、寄附金についても大学・両附属高等学校・中学校の愛校心を高めて戦略的な獲得を行い、恒常的な収入として定着させる。また本学出資の事業会社（二松学舎サービス株式会社）の業務内容をさらに拡充し、収益向上を図っていくことが重要である。

　一般的に、規模の小さな大学は、学生募集や収支状況が苦しいといわれる。安定した学校経営・学校運営のためには、規模の拡大が有効な対策の一つとなる。

　規模の拡大・学生数の増加は帰属収入の増大になるが、同時に支出増にも繋がる。九段地区の施設・設備が不足する懼れがあるため、重複する授業の整理・カリキュラムの効率化を行い、収支バランスも十分に検討し、柏キャンパスの利用をも視野に入れ、拡大施策を検討していく。

　また、規模拡大の検討とは別に、学生生徒等納付金の増収に取り組む。そのためには、既存学部・学科で安定的に入学者を確保し続ける必要がある。このため、受験生が入学しやすい学納金体系を戦略的に考え実施していくほか、入学試験時や在学時の成績優秀者等への奨学金支給の拡充も検討していく。

　支出面では、コスト意識の浸透を通じて経費管理の徹底を図って無駄を省き、経営の更なる合理化を進展させ、また、投資と効果の考え方を浸透させ、効率

的な財政運営を図っていく。これらの地道な取り組みによって、本学の財政基盤を強化し、健全で安定した財務体質の継続を目指す。

2）教職員人材の育成

建学の精神に基づいた人材を育成していくには、教育研究力の一層の向上が求められる。また、長期ビジョンの諸課題を解決するには、本学の未来の姿を、学生生徒・父母・卒業生・教職員等に伝え、これを共有化し、一丸となって推進することが重要となる。建学の精神を教職員に対してより浸透させ、カリキュラムや授業への導入、学生指導へ生かしていくことが求められる。学校を支え発展させていくには、教職員の力が必要であり、教職員の人材育成に努めていく。

教職員の人材育成で重要なことは、まず「教職協働」の考え方を定着化させることである。教員と職員がお互いに同等の立場で切磋琢磨かつ協力しながら、諸課題の解決にあたる必要がある。

教育の充実には教員のFDが必要となるが、教員個人の自己の啓発から組織的なFD活動へ変えるよう検討していく。また、学校の円滑な運営には「職員力」（事務処理及び企画立案能力）を高めることが求められる。職員に対しては、SD活動において、学生を念頭にサービス意識を育て、これらにより、お互いに教育研究力・職員力を上げていく。

3）人事制度と公正な評価制度

専任教員の定員管理、大学専任事務職員の定員管理、非常勤や任期制の教職員の定員管理を行い、教職員の年齢構成の適正化に向けた方策をとり、平均年齢の上昇を抑制していく。また、開講科目数の適正化、抜本的な業務の見直し等を合わせて行い、人件費比率を抑制する。

教職員の積極性を引き出し、個々人の能力を開発し、教育及び業務の質の向上に寄与するよう評価制度を見直し、この評価制度が適正に機能するよう、評価者研修を行う。

また、給与制度の諸改革により、安定した給与水準を維持し、さらに各種プロジェクトにより学生募集力等の改善等を通して、教育環境の改善やその他諸待遇の改善を実現していく。

4）能力開発、研修制度

既存の各種研修制度を見直し、教職員の能力開発、資質向上に役立てる。社会環境の変化に対応した政策実現のための企画・立案能力を備えた教職員の人材育成を行っていく。

5）組織・権限

法人と各学校との権限と責任をより明確にし、意思決定の効率化・迅速化を図る。また、効率的に学生サービス・教育研究支援を行うため、効率的で弾力的な事務組織への再編を図る。大学では組織の一元化を図る。

6）戦略的な広報体制、広報活動

本学のブランドを高め、広く知らしめるため、戦略的な広報を検討する。法人、入試、キャリア関連広報の一元化、広報運営委員会のあり方などの再検討を含め、戦略的広報体制の確立を通じて、「確固たる二松學舍ブランド」を構築し、広く知名度を上げていくこととする。

第6章

アクションプランと進捗管理体制

1．アクションプラン

　長期ビジョン「N' 2020 Plan」は2020年までの10年計画であり、それを5年ごとの戦略行動計画として作成したのが「アクションプラン」である。アクションプランは、「N' 2020 Plan」に掲げた課題を大分類、中分類、小分類と分類して構成した。
　この章では、中長期計画策定後の行動計画の作成とその実現に向けた取り組みの実例について述べていく。
　学校法人二松學舍（以下「本学」という）では、長期ビジョン「N' 2020 Plan」策定後、掲げられた課題を解決し、描かれた姿を実現するため、平成25年度（2013年度）に「アクションプラン」と名付けた5カ年間の行動計画を作成することにした。
　長期ビジョンの策定では30代～40代の若手教職員が計画をとりまとめるためのワーキンググループに参画し、本学の2020年度のあるべき姿の骨格を形づくった。「アクションプラン」作成においても教職員、特に事務職員の課長が計画立案に参画した。事務職員の持つ知識や経験を計画に組み込み、事務職員自身が計画を作り上げていくことで課題の共有化が図れ、現場の末端まで計画が明確になり、課題解決の方向性が浸透することになる。このことは、さらに課題解決に向けた行動をとるうえで有用なことであると考える。
　計画はまず、学校法人全体のアクションプランを作成し、それを課別にブレークダウン、さらに課別課題を事務職員個人ごとの所掌業務と関係づけ、行動目標を設定することにした。また、進捗の管理を行い、具体的には、次の順で取り組みを行った。
　① 全学アクションプランの作成
　② 課別アクションプランの作成
　③ アクションプランの進捗管理、成果検証
　④ 評価制度の変更

（1）全学アクションプランの課題と目標の設定
　本学では長期ビジョン「N' 2020 Plan」を小冊子にまとめ、関係者へ配布したが、その小冊子には、長期ビジョンの実現に向けた「アクションプラン」（5

カ年行動計画）を作成し、具体的な目標設定、達成スケジュール作成、進捗のチェック等を長期ビジョン策定後に行うことを明記しており、初めから長期ビジョンの策定は、行動計画の作成とPDCAサイクルの確立とがセットであるとの考え方を持っていた。

この考え方に沿って、学内にアクションプランの作成と進捗管理のため、「アクションプラン推進管理委員会」（以下「AP推進管理委員会」という）を設置した。委員は法人理事長をはじめとする理事、大学の学長・副学長・学部長、高校・中学の校長、関連する主要な事務職員等で構成した。

アクションプランは、次のとおり、①「全学アクションプラン（案）」の作成→②「課別アクションプラン」の作成→③「全学アクションプラン」の確定の順で行い、「全学アクションプラン（案）」は、法人事務局で作成しAP推進管理委員会での検討に付した。

「全学アクションプラン（案）」作成にあたっては、まず課題の抽出を始めた。「N'2020 Plan」の中に織り込まれた課題をすべて抜き出し、既述の「マスタープラン」の積み残し（未解決）案件、理事やAP推進管理委員会委員等の意見・提言を加え、全学アクションプランの課題とした。取りまとめた課題は数が多く、大分類・中分類・小分類と階層別に分類、整理した。

次に、それらを具体的に推進し実現するため、各課題に、推進責任者である「担当理事等」、実施にあたる「推進部課」、細目や実施方策等を検討する「関係会議等」を設定することにした。最後に、各課題には「最終目標」として

N'2020 Planの課題			アクションプラン			
大分類	中分類	小分類	担当理事等	担当部課	関係会議等	↙左下へつづく

	アクションプラン					
	最終目標		5ヶ年の年次推進計画				
↳右上から	2020年度の姿	目標数値	H25年度	H26年度	H27年度	H28年度	H29年度

図6-1　全学アクションプラン（案）の様式

「2020年度のあるべき姿」と数値で表す「目標値」を設定し、そのうえで、2013年度から2017年度までの5カ年間の「年次推進計画」を定め、これらを一覧してわかる表（図6-1）に取りまとめた。

表の内容は、例えば大分類課題には「大学の教育改革」などの大枠を記載し、中分類課題はそのなかの「国際化への対応」などの特定分野を記載、小分類課題が「留学生の受け入れと送り出し、双方向交流のため環境整備」などといった、中分類の構成要素となる個々の課題を記載した。

担当理事等、推進部課、関係会議等の欄は、個別の小分類課題ごとに設定したものと、いくつかの小分類課題を一括りにまとめて設定したものとがある。また、最終目標には、それぞれの課題についての「2020年度のあるべき姿」と到達すべき「数値目標」を記載している。前述の例でいうと、中分類課題である「国際化への対応」の各小分類課題を一括してまとめて最終目標を定め、あるべき姿を「日本に根ざした道徳心とそれによる人間力や知性を基礎として、英語、中国語、韓国語などの外国語の実用的スキルを身に付けた学生が、海外留学や学内での留学生との交流を通じて、国際的視野と異文化理解力を涵養している」とした。この目標を達成するには、単に学生に外国語の力を付けさせればよいのではなく、本学らしく、東洋の精神や文化など幅広い教養・知識を理解させ、人間力を磨く必要があるので、外国語教員の努力だけではなく、他の専門分野の教員の教育も併せて全学を挙げての取り組みが必要であり、アクションプランの他の課題を調整し、関連させる必要があった。

このように作成した「全学アクションプラン（案）」は、AP推進管理委員会の了解を得て理事会に諮り、承認を得た。

（2）課別アクションプランの作成

「全学アクションプラン（案）」の成案後、次に「課別アクションプラン」を作成することとした。実効性ある行動計画にするには、現場で実際に課題解決に携わる人たちが自ら行動計画作成に関与することが重要である。なぜなら、作成したプランの達成に向けた取り組みが当該課の事務職員個々人の目標になり、行動計画になってくるからである。

上記の「全学アクションプラン（案）」で課題ごとに掲げた「推進部課」が、「全学アクションプラン（案）」を参考に「課別アクションプラン」を作成した。

第 6 章　アクションプランと進捗管理体制

　この「課別アクションプラン」の作成過程では、法人の常任理事・理事等と各課の課長等とのミーティングを開き、担当課が複数にまたがる課題で課ごとに考え方の異なる場合や、事務局と担当課とで考え方の異なる部分について、さらに設定する数値目標についてなど、意見調整をし決定していったが、このミーティングは、法人と各課との意思の疎通、課題の共有化を図る上で大変有効で、実現方法に向けた議論の場にもなった。このように「課別アクションプラン」を調整、決定した後に、「全学アクションプラン（案）」に「課別アクションプラン」の内容を加筆、一部修正した上で、「全学アクションプラン」として確定させた。

（３）個人評価とのリンクづけ

　「アクションプラン」の推進管理上重要なポイントは、アクションプランに対する教職員個々人の成果が業績評価に反映されるよう、個人ごとの目標設定と評価を行うようにしたことである。アクションプラン導入初年度の平成 25 年度は、事務職員のみ評価制度を変更したが、今後、教員についても導入を検討することとしている。

　具体的には、個々の事務職員は、「課別アクションプラン」を理解し、各年度初に当該年度の行動目標を設定し、年度終了後に行動結果を評価する制度をつくり、従来の人事評価制度に加えた。新たに加えた評価制度では、当面プラス面のみ評価することとし、従来の評価に加点され、賞与の支給額に反映することにした。

（４）進捗管理

　「アクションプラン」の進捗は定期的に管理していく必要があることはいうまでもない。このため、管理職事務職員間の連絡・報告のための毎月開催する会議、「部課長会議」で、アクションプランの主要課題について議論や進捗報告をすることにした。また、AP 推進管理委員会を毎月開催し、アクションプランの進捗を確認しており、AP 推進管理委員会に上程した内容及び同委員会で議論の内容は、毎月の理事会にも報告している。加えて、アクションプランの進捗状況については、学内で使用しているグループウェアの画面に掲載し、アクションプランの進捗状況が、一目（進捗が計画どおり進んでいる項目は黒表示、計画比半分進んでいる場合はグリーン表示、進んでいない場合は赤表示）

でわかるよう、システムの改変を行った。さらに、平成26年1月からは、担当理事が直接理事会に進捗状況を報告する形を採っている。

進捗管理上の別の留意点としては、一度決めたアクションプランを長期間そのままにしていては、状況の変化についていけないということがある。アクションプランの効果を毎月検証し、必要があれば、検証結果を基に、社会情勢や教育を巡る状況等を織り込んで見直しを図ることが必要である。

アクションプランに掲げた課題は、全学に共通するものと各設置学校独自のものとがある。

巻末の【参考4】「学校法人二松學舍　アクションプランの課題」に法人・全学共通の課題と各設置校の課題を掲示したので参照されたい。

これを見てわかるように、教学面での課題が当然多くなる。これは学校法人は、教育・研究を使命としているからであり、本アクションプラン作成の過程においても、経営（法人）と教学との一体化、設置学校相互の連携・協力関係の強化を意識して作成したことはいうまでもない。

2．アクションプラン推進管理上の留意点

本学では試行錯誤しながら「アクションプラン」（行動計画）を導入し稼働させたが、この過程で、アクションプランを効果的に推進するには、次の事項が重要であり、これらを徹底できるかどうかが計画の成否に係ることになるので紹介することとしたい。

（1）関係者への浸透

中長期計画やアクションプランの考え方を学校の関係者、特に専任教職員へ深く浸透させることがきわめて重要である。計画は経営層や一部の部門が知っていればよいのではなく、広く卒業生、企業、取引先などを含む関係者に知っておいてもらう必要がある。

既述のように、本学では、長期ビジョン（中長期計画）策定に際し本学の全ステークホルダーへアンケート調査を実施、ワーキンググループには若手教職員が参画、課別アクションプラン作成においては事務職課長が積極的に参加している。また、学部の教授会や高校・中学の職員会議で説明し、職員研修会で

も説明してきている。

　今後も、課別アクションプラン見直し時などに、法人理事等と現場課長等とのミーティングを行い、アクションプランの進捗状況や毎年度の検証・見直し結果などを本学ホームページや学内広報誌等へ掲載していくが、これらにより、長期ビジョンやアクションプランの考え方を内外に一層浸透させていかなければならない、と考えている。

（2）教職員の育成、意識改革

　実際に中長期計画やアクションプランを推進するのは教職員である。しかし、現状の仕事を変えたくない、余分な仕事をしたくないと思っている教職員も多い。教職員の意識を変え、実行計画を立案し粘り強く着々と実行できる力量を身につけさせることが決定的に重要になってくる。教職員が変わらないと学校は変わらない。そのため、理事長、学長、常任理事等が大学改革を巡る客観情勢や、改革の必要性を大学協議会、部課長会議、両学部教授会、教務委員会等で繰り返し説明・講話をするなどの機会をもっている。

（3）計画の実効性確保、他計画等との整合性確保

　中長期計画やアクションプランは予算や他の計画などと切り離したものではなく、整合性を図らなければならない。これらに織り込んだ理念や目標を、事業計画や予算編成、設置学校の教育計画等に織り込み、教職員の日々の行動に落とし込んでいくことが、計画の実効性確保にとって重要なことである。

（4）継続すること

　最も大切なことは継続することである。長く続けることで初めてPDCAサイクルが学内に確立・定着化し、改革が進展し、大きな成果が得られる。また、長期間続けることは改革をリードし推進する人材の育成にもなり、改革が学校の風土として根づくことが期待できる。

　本学でも、アクションプラン活動が長く展開できるよう、学内研修会や日常のSD、FD活動などを通じての働きかけを続けるほか、事務職員の負荷が減り、効果が上がるようアクションプランの形式や内容の工夫、例えば課題の統合・整理などを検討、実施していきたい。

第7章

私立大学の財務について

これまで述べたとおり、大学に対する社会のニーズが変容してきており、多くの私立大学では教育面やガバナンス面などで多面的な改革を推進している。大学を維持・管理し改革を支えるのは財務であり、財務面での改革、財政基盤の充実・強化も重要なテーマである。
　この章では、まず私学財政の仕組みや特徴を理解し、そのうえで財政基盤強化について検討する。

1．私立大学の収支構造

　学校法人の収支の多くはほぼ固定化しており、年度によって大きく増減する例は少ない。大学を設置する学校法人では、表7-1のとおり附属病院を併設しているなどの医歯系を除くと、帰属収入のうち学生生徒等納付金が70〜80%を占め、補助金や寄附金その他が合せて20〜30%である。消費支出は、人件費が50〜60%、教育研究経費が概ね30%、その他が概ね10%である。しかも支出の多くは学生生徒の数に関係なく固定的なものである。つまり、学生生徒数が減少すると収入は直ちに減少するが、支出はなかなか減少しない収支構造になっている。
　このため、財務の安定化を図るには、学生生徒の数を確保することが極めて重要になる。一定数の入学者を確保すると、大学では4年間収入が安定的に確保される。しかし、中退者が多いとその分収入が減額になるので、まずは入学者の確保、次に中退者や除籍者を減らすことが重要である。
　また、補助金や寄附金は貴重な収入であり、いかに多く獲得できるかが知恵の出しどころである。
　一方、支出はほとんどが「固定費」的なものであり、学生生徒数が減ったからといって簡単に減らせるものではないが、不断の減らす取り組み、努力は非常に大切である。

第 7 章 私立大学の財務について

表 7-1 大学法人の消費収支構成比率（医歯系法人を除く）

		平成 21 年度	平成 22 年度	平成 23 年度	平成 24 年度
	対象法人数	496 法人	492 法人	501 法人	500 法人
消費収入の部	学生生徒等納付金	72.7%	73.4%	72.7%	73.4%
	手数料	2.6%	2.5%	2.4%	2.5%
	寄附金	2.5%	2.6%	2.3%	2.0%
	補助金	12.9%	12.4%	12.4%	12.6%
	資産運用収入	2.3%	2.1%	2.0%	2.1%
	資産売却差額	0.3%	0.5%	1.9%	0.8%
	事業収入	3.3%	3.4%	3.4%	3.4%
	雑収入	3.4%	3.0%	3.0%	3.1%
	帰属収入合計	100.0%	100.0%	100.0%	100.0%
	基本金組入額合計	△ 13.1%	△ 13.4%	△ 11.6%	△ 11.7%
	消費収入の部合計	86.9%	86.6%	88.4%	88.3%
消費支出の部	人件費	52.6%	52.9%	54.0%	52.8%
	教育研究経費	30.9%	30.9%	30.9%	31.2%
	管理経費	10.3%	8.8%	8.7%	9.2%
	借入金等利息	0.4%	0.4%	0.4%	0.3%
	資産処分差額	2.0%	2.6%	2.5%	1.6%
	徴収不能額等	0.1%	0.1%	0.1%	0.1%
	消費支出の部合計	96.3%	95.6%	96.6%	95.2%

(注) 各年度の帰属収入合計を 100.0％とした構成比率
(出典) 日本私立学校共済・振興事業団「今日の私学財政」

2．学納金（学費）

（1）私立大学の学費の状況

学生生徒等納付金（学納金、学費）は大学法人の帰属収入の 70～80％を占め、私学の財政を支える重要な収入である。

学納金は、単純化すると（学生生徒数）×（学費単価）であり、学納金収入を確保するには、まずは入学者の数を確保することが極めて重要で、次に休学・

表 7-2　全国私立大学・学部（昼間部）の年間納付金平均額　　　（単位：円）

	平成 22 年度 ①	平成 23 年度	平成 24 年度	平成 25 年度 ②	比率 ②／① (%)
初年度納付金平均額					
文科系	1,213,090	1,213,595	1,213,122	1,212,071	△ 0.08
理工科系	1,586,300	1,588,964	1,591,083	1,595,240	0.56
医歯科系	8,228,898	7,559,469	6,700,037	6,102,710	△ 25.84
薬科系	2,222,839	2,209,383	2,202,728	2,174,866	△ 2.16
その他系	1,439,622	1,436,208	1,434,110	1,427,923	△ 0.81
全平均	1,446,744	1,442,763	1,428,726	1,419,684	△ 1.87
在学期間納付金平均額					
文科系	4,121,478	4,124,960	4,138,222	4,147,966	0.64
理工科系	5,673,374	5,695,404	5,714,030	5,739,397	1.16
医歯科系	30,802,323	30,081,997	29,706,962	28,445,778	△ 7.65
薬科系	11,563,752	11,555,761	11,585,456	11,589,444	0.22
その他系	5,010,100	4,993,749	5,012,395	5,013,236	0.06
全平均	5,197,177	5,207,860	5,189,301	5,183,592	△ 0.26

（注）数値は各年度に入学した学生1人あたりの金額
（出典）日本私立大学団体連合会「学生納付金等調査」

第7章　私立大学の財務について

退学・除籍者をいかに減少させるかが重要になる。

学費単価は、一般家計の所得が伸びない状況下での安易な改定は難しいが、社会情勢の変化や他大学での学費改定の動きに対応し、検討していく必要がある。

私立大学の学費は、文科系・理工科系・医歯科系・薬科系・その他系といった系統によってかなり違うが、例えば、平成25年度の全国私立大学昼間部の初年度納付金平均は、文科系が121万円、理工科系160万円、医歯科系610万円、薬科系217万円であり、在学期間通算では、文科系が415万円、理工科系574万円、医歯科系2,845万円、薬科系1,159万円などとなっている。全体的にはここ数年理工科系を除き逓減傾向にある。

（2）学費の決定要因

日本私立大学協会主催の財務関係の研修会での発表から、学費の決定要因や傾向について述べると次のようになる。

① 偏差値が高く魅力ある大学には学生が集まるので、学費を高く設定する傾向が高い。

② 一定数の学生を確保すると、それ以上学生が増えてもコスト増加割合は少なくなるので、大規模大学は学費を低く設定できる。

③ 同一学部であっても学費には地域間格差があり、都市部で高く、地方で安い。また、近隣の同じ偏差値帯に属する大学の学費を参考にする傾向がある。

④ 教員1人あたり学生数の少ない大学ほど人件費がかさむので、学費を高く設定する傾向にある。

⑤ 設立年が新しい大学は、施設などの減価償却が進んでいないので、学費を高くする傾向にある。

⑥ 最近の学費改定では次のような傾向がある。

a. 初年度納付金を抑え2年次以降の授業料に転嫁、4年間合計では増額にする。

b. 学費項目を集約する。（例＝入学金と授業料のみ）

c. 医歯科系学部では、値下げする大学が増えている。

この分析に従えば、自らが所属する大学を魅力ある学校にすることは財務面からも重要なことであり、一定規模以上の大学にすることで学費を抑え、財務

151

面の安定を図ることができる。これらを中長期視点で計画を立て、段階的に進めていくことが必要である。

(3) 学費のあり方

学費については、今後、その扱い方が以下の方向になることが考えられ、その対応を検討することが必要となる。

① 授業料等の情報公開

授業料・施設費・維持費等の金額の根拠や使途についての開示を求められる可能性があり、納得のいく説明を検討しておくことが必要である。

② 単位従量制

現在ほとんどの大学の学費は「固定制」で、全学生が原則として同じ金額の学費を納入しているが、固定制は履修単位数が少ない学生、特に留年した学生にとっては不利な学費体系である。このため履修登録単位分だけの学費を納入する「単位従量制」を採用する大学も出てきており、不採用大学においても単位従量制の検討をしておく必要がある。

単位従量制は学生にとっては分かりやすく、学校側も学生や父母に説明しやすいが、学納金の管理が大変になり、減収になる可能性すらある。一方で、学生が不必要な授業の履修を抑え、結果として開講コマ数の減、非常勤講師数の減につながる利点もある。

③ 消費税増税対策

平成26年4月から消費税率が8％に増税され、平成27年10月からはさらに10％への増税が計画されており学校の支出は増えるが、学費は「非課税」で本来最終消費者であるはずの学生等に転嫁することができないので学校の収支は悪化する。この消費税増税による負担増は財政補助等の対応が必要であるが、補助金の即時増額が難しいようなら、学納金改定を検討する必要がある[1]。

④ 納入方法

銀行窓口での振り込みだけでなく、コンビニやネットバンキング等を利用した納入しやすい方法の導入は、学生サービスの充実にもなるので、検討する必要がある。

(4) その他学費に対する考え方

二松學舍大学（以下「本学」という）では、従来、休学者から授業料等は一

切徴収していなかったが、休学者は図書館やパソコン教室等学内施設の利用、証明書発行、就活行事への参加などのメリットを受けることができ、学校側では在籍管理等のコストがかかるので、平成25年度より休学者から「在籍料」を徴収することにした。一方で、休学者からの在籍料徴収には安易な休学を減らし、その結果、休学期間満了後に復学せずに退学してしまう学生を減らすという効果もある。

3．寄附金

寄附金は学校法人にとって重要な収入であるが、わが国では寄附文化が浸透しておらず、各学校法人とも募集に苦慮している。学校法人に寄附をする者が個人であっても、会社などの法人であっても、国は税制上の優遇措置を講じており、学校側が努力して税制上のメリットを関係者に知ってもらい、さらに寄附したくなるような仕組みを積極的につくっていくことが大切である。

ここでは、まず学校法人への寄附、特に税制上の優遇措置について触れ、次に学校法人側で個人や会社などが寄附しやすい環境をどう作っていくかなど、本学での取り組み事例を紹介しながら考えていく。

（1）全国の大学法人が集めている寄附金の額

はじめに、日本の大学ではどのくらいの寄附金を集めているのか確認しておく。日本私立学校振興・共済事業団（以下「私学事業団」という）の資料（表7-3）によると、全国の539大学法人（大学を設置する学校法人）は、平成24年度に1,141億円の寄附金を集めている。

このうちから医歯科系法人を除くと、500大学法人が714億円の寄附金を集めている。1大学法人あたりでは1億4千万円、学生1人あたりでは2万9千円の寄附金になる。現物寄附を除く、現預金からの寄附金である特別寄附・一般寄附は、1大学法人あたり1億2千万円、学生生徒1人あたりにすると2万5千円であった。

（2）学校法人への寄附金に対する優遇措置

次に、税制上の優遇措置について触れたい。

学校法人への寄附に対しては、寄附者が個人であっても、会社などの法人で

表 7-3　全国大学法人の寄付金の額（消費収支計算書の集計）

		平成 21 年度	平成 22 年度	平成 23 年度	平成 24 年度
対象大学法人数		536 法人	532 法人	541 法人	539 法人
学生生徒等数		2,873 千人	2,853 千人	2,907 千人	2,887 千人
寄付金額		128,745 百万円	131,105 百万円	129,565 百万円	114,075 百万円
内訳	特別寄付金・一般寄付金	89,245 百万円	118,562 百万円	110,779 百万円	101,346 百万円
	現物寄付金	39,499 百万円	12,542 百万円	18,787 百万円	12,729 百万円
医歯系除く対象大学法人数		496 法人	492 法人	501 法人	500 法人
学生生徒等数		2,482 千人	2,456 千人	2,510 千人	2,494 千人
寄付金額		86,504 百万円	88,456 百万円	81,852 百万円	71,413 百万円
内訳	特別寄付金・一般寄付金	50,260 百万円	79,334 百万円	70,488 百万円	62,424 百万円
	現物寄付金	36,243 百万円	9,121 百万円	11,364 百万円	8,989 百万円

（出典）日本私立学校振興・共済事業団「今日の私学財政」

あっても、税制上の優遇措置が講じられている。この優遇措置を受けるには、学校法人側で所轄庁への申請や、寄附者へ証明書を交付するなどの手続き等が必要になり、既に多くの学校法人がこれらを活用し寄附金募集活動を行っているが、大別すると次のとおりとなる。

1) **特定公益増進法人制度**

国や地方公共団体、公益法人等への寄附を促進するため、寄附者に対して、税制上の優遇措置が講じられている。学校法人は公益性の高い法人の一つであり、所轄庁から「特定公益増進法人」の証明を受けた学校法人への寄附者に対しては、通常より広く優遇措置が認められている。

所轄庁とは、大学法人にあっては文部科学大臣、高等学校法人（大学は設置していないが高等学校は設置している学校法人）等では都道府県知事がこれに

あたる。

　企業等や個人から学校法人への寄附に対し、法人税や所得税の優遇措置を受けるには、寄附をした学校法人が「特定公益増進法人であることの証明書の写し」を用意する必要がある。この証明書は学校法人から所轄庁へ申請することによって交付される。

　当証明書の交付を受けるには、2カ月前までに申請することが求められており、申請書に、寄附金募集要綱、寄附行為、設置する学校の学生・生徒等募集要項、寄附金支出計画書などの添付が必要になる。

　証明書には有効期限があり、有効期限が満了した場合には、募集した寄附金の額及び使途について実績報告書の提出が必要になる。

(a) 企業等が学校法人へ寄附した場合の法人税の損金算入

　企業等が学校法人へ寄附をした場合、法人税において、通常、次の金額を損金に算入することができる。

$$（当該企業の資本金 \times 0.375\% + 当該事業年度所得 \times 6.25\%）\times 1/2$$

(b) 企業等から特定公益増進法人の証明を受けた学校法人への寄附の損金算入

　上記 (a) に加え、企業等から特定公益増進法人の証明を受けた学校法人への寄附については、上記 (a) と同じ額だけ損金に算入することができる。つまり、特定公益増進法人の証明を受けた学校法人への寄附については、企業等の損金算入限度額が通常の2倍になり、税制上のメリットが大きくなる。

(c) 個人が学校法人へ寄附をした場合の所得控除（寄附金控除）

　特定公益増進法人の証明を受けた学校法人への個人の寄附の場合、確定申告で次の金額を所得控除でき、納税する所得税額を減らすことができる。

$$寄附金額（個人の所得の40\%相当額まで）- 2,000 円$$

2）個人からの寄附に係る所得税の税額控除制度

(a) 税額控除制度の導入

　学校法人に対する個人からの寄附については、平成23年度税制改正により所得税の「税額控除制度」が導入された。個人の寄附者は、前記の所得控除と、この税額控除のどちらか一方を選択し活用することができる。税額控除は、所得控除に比べ、特に小口の寄附金支出者への減税効果が高いといわれている。

　減税効果が高まることによって、これまで以上に多額の寄附をする人や、新

たに寄附をする人が増えることが見込まれ、各学校法人での取り組みが待たれる。
(b) 控除される税額
　個人が支出した寄附金について、確定申告時に税額控除の適用を選択した場合は、次の算式で算出された額が、所得税額から控除される。なお、控除される額は、所得税額の25％が限度となる。

$$（所得税控除対象寄附金 - 2,000円）\times 40\%$$

　この税額控除対象寄附金は税額控除対象法人への寄附金であって、この寄附金が総所得金額等の40％を超える場合には、40％に相当する金額が該当する。
(c) 税額控除対象法人認定の要件
　個人からの寄附に係る所得税の税額控除対象法人となるためには、①寄附金に関する要件、②情報公開に関する要件、③寄附者名簿に関する要件の3つの要件に適合しなければならないが、特に①の要件は小規模学校法人においては達成するのが難しいといわれている。
　その要件は、3千円以上の寄附を行った寄附者の数が過去5年間の平均で100人以上であることで、日常的に寄附を集めていない学校法人にとってはその達成が難しいと言える。
　この要件は、導入された当初の平成23年から25年度までの条件は、過去2年間の平均で良かったため、平成23年から認可を受ける法人が続き、平成25年5月までに282法人が認可を受けている。
(d) 認定の要件を満たす取り組み
　いまだ認可を受けていない学校法人が本要件を満たすには、特に年間3千円以上の寄附者の数を増やす取り組みが必要になる。例えば、周年事業等を利用し卒業生や在籍学生生徒の父母などへキャンペーンを実施、教職員からの絶大な協力を仰ぐこと等によって、寄附者の数を増やすことなどが考えられる。

3）受配者指定寄附金
　この制度は、私立学校の教育研究の発展に寄与するため、私学事業団を通じて、寄附者（企業等）が指定した学校法人へ寄附する制度であり、寄附した企業等に対して税制上の優遇措置を行うものである。
　寄附者が法人の場合は、寄附金の全額を損金として算入することが認められ、

大きなメリットがある。寄附者が個人の場合、所得税法上の特定寄附金として寄附金控除の適用を受けることができるが、特定公益増進法人への寄附金と同じ措置になるので、私学事業団では原則として取り扱っていない。

(3) 本学の取り組み

最後に、本学の寄附金募集に係る取り組みについて、説明する。

1) 本学の寄附金制度

本学では以前から特定公益増進法人の認定を受けており、既に税額控除対象法人の認定も受け、寄附者が税制上のメリットを受けられるような体制を整えてきている。また、毎年、受配者指定寄附金制度を利用し本学へ寄附をしていただいている会社がある。

かつて本学では、周年記念事業募金による寄附金と新入生からの寄附、卒業記念の現物寄附が中心であった。これでは多くの寄附が集まらないので、平成19年度後半に新たに「二松學舍教育研究振興資金」と銘打った新たな募金制度を作った。

制度を作る際に幾つかの工夫をした。まず対象者は卒業生・在学在校生・新入生の別に関係なく、また学外の企業や個人、更に理事・監事・教職員も含めることにし、一年を通じ募集することにした。

以前「学校に寄附しても何に使われるか分からない」との声が聞こえたので、寄附者の不満をできるだけ少なくするよう制度を設計し、寄附者が寄附する資金の「使途」を選択できるようにした。

寄附者が選択できる使途は、大学・高校など設置学校ごとの「教育環境整備」、「奨学金の基金」、「使途を指定しない」であり、東日本大震災の後に「被災学生・経済的困窮学生への支援」を追加した。

なお、この制度で集まった寄附金は、年に1回、学内の委員会で具体的な用途を決め、ホームページや学内新聞で公表している。

2) 高額寄附者への顕彰制度

また本学では、各設置学校の目立つところに、教育研究振興資金の累計額が多額の寄附者の名前を刻した銘板を設置している。このうち、一定の寄附金額を超える寄附者については、寄附の累計金額に応じ、「栄誉賛助員」「賛助員」の称号を贈ることにし、表彰式を行い、銘板にも「賛助員」等として記載する

扱いにしている。

3）最近の取り組み

加えて最近では、創立135周年記念募金を行う際に、インターネット募金サイトを立ち上げ、寄附金の拡大を目指した。

従来は、寄附者が振込用紙に必要事項を記載し、平日に、金融機関窓口に行かなければ本学への寄附をすることができなかった。これでは、卒業生が母校に寄附しようとしても面倒になり、取りやめてしまうこともある。このため、24時間どこからでも寄附ができるよう、インターネット募金サイトを設け、クレジットカード決済、コンビニ決済、インターネット・バンキングによる直接振り込みを可能にし、寄附者の利便性と募金機会の引き上げを図った。

これはまた、学校側にとっては、事務処理の簡素化、スピードアップにもなっている。

4．補助金

まず、私立学校に対する補助金制度の概要について確認したい。

学校法人にとって補助金は収入の大きな部分を占める重要な財源である。ここでは「私立大学等経常費補助金」（以下「経常費補助金」という）を中心に述べていく。

（1）私学への経常費補助金制度

まず、私立学校に対する補助金制度の概要について確認したい。

私立学校法では「国または地方公共団体は、学校法人に対し、私立学校教育に関し必要な助成をすることができる」旨定めている。また、私立学校振興助成法では、私立学校への補助の目的を①教育条件の維持・向上、②学生等の修学上の経済的負担の軽減（学費の抑制）、③経営の健全性を高めるとし、「教育または研究に係る経常的経費について、その1/2以内を補助することができる」と定めており、「補助金の交付を受ける学校法人は文部科学大臣の定める学校法人会計基準に従い会計処理を行い、財務計算書類を作成する」ことが求められている。また、補助金を受けた学校法人の責務として、補助金が税金等の貴重な財源で賄われていることに留意し、法令及び公布目的に従って誠実に補助

事業を行うように努めることが求められている。

経常費補助金は、国または地方公共団体が私立大学等を設置する学校法人に対し交付するものであって、個々の教職員や学生等を対象として交付するものではない。大学に対する補助金は、私学事業団が国から補助金の交付を受け、私立大学等の経常的経費について補助する。補助対象となる経常的経費の範囲・額の算定方法、補助金申請や交付等の取り扱いの細目は、私学事業団が定める。

次に経常費補助金の内訳について確認するが、経常費補助金には「一般補助」と「特別補助」がある。一般補助の配分基準は適宜改正され、また特別補助の内容は毎年度見直しがあるため、一般補助と特別補助の割合は毎年度異なる。文部科学省や私学事業団は、ここ数年、私学への助成を一律同じように配分するのではなく、教育研究や財務状況に応じメリハリある配分を行っており、その傾向は年々強化されている。

(2) 一般補助

一般補助は大学等の運営に不可欠な教育研究に係る経常的経費についての支援を受けるもので、私立大学等各校の規模に応じて配分され、人数や支出の実数及び教育条件等によって額が算定される。教職員給与や教育・研究の経常的経費が対象になり、専任教員等給与費・専任職員給与費・非常勤教員給与費・教職員福利厚生費・教育研究経常費・厚生補導費・研究旅費が経常的経費の範囲となる。

1) 一般補助の計算

一般補助は次のように算出する（図7-1）。補助金の額は教育条件や財務状況、情報公開実施状況、さらには高額給与支給などによって減額調整されるの

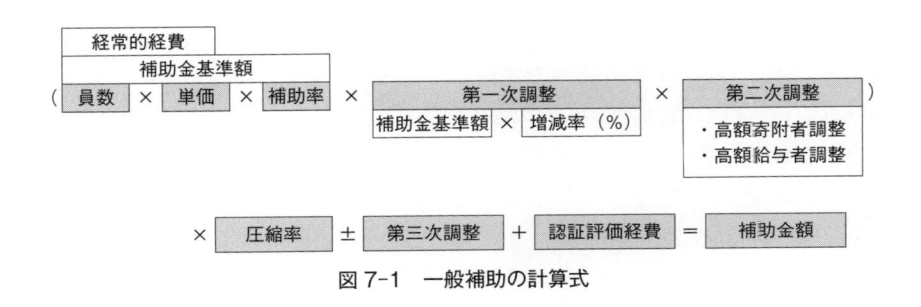

図7-1　一般補助の計算式

で、できるだけ減額幅が小さくなるようにしたい。

　一般補助は、補助費目の区分ごとに「補助金基準額」を算出し、それを教育条件・財務状況・情報公開の状況、高額寄附金や高額給与の状況で調整し、予算に合わせるためにさらに調整して、補助金の額を算出する。

　補助金基準額は「員数×単価×補助率」である。例えば「専任教員等給与費」についての員数は5月1日現在の専任教員等数、単価は年間標準給与額と大学等ごとの専任教員等1人あたり年間給与平均額のいずれか低い額、補助率は5/10となる。

　他の補助費目等で用いる「員数」は専任職員数・非常勤教員授業時間数・学生数など、「単価」は平均給与額や経費の額などで、配分基準で定める「標準額」と大学等ごと平均のいずれか低い方を用いる。「補助率」は5/10が基本だが、非常勤教員や福利厚生費に関しては4/10になる。

　次に、①教育条件、②財務状況、③情報公開実施状況に応じ、補助金基準額に対し増減率を乗じた金額を増減額し第一次調整を行う。教育条件とは、a.学部等ごとの収容定員に対する在籍学生数の割合、b.学部等ごとの専任教員等の数に対する在籍学生数であり、財務状況はc.学校ごとの学生生徒等納付金収入に対する教育研究経費支出及び設備関係支出の割合、d.教職員給与指数、e.収入超過状況、f.高額給与支給である。

　増減率は、例えば医歯科系学部を除く収容定員8千人未満の学部等で、収容定員に対する在籍学生数の割合が144％超の場合には減額率50％になるなど、学生の教育環境が悪くなるとかなりきつい減額率が適用になる。

（3）特別補助

1）特別補助の概要

　特別補助は経常費補助金の一部で、一般補助の教育研究経常費の増額分で、特色ある教育・研究の取り組みを実施している大学等を支援するもので、補助項目毎の趣旨や性格に合わせ、要件や算定方法等を定めている。補助項目は、特色ある教育・研究として大学等に求められる役割に応じて定められる他、中央教育審議会の答申や大学を取り巻く情勢や社会から大学等への要請等を反映して設定される。

　特別補助の項目は毎年変わるが、平成25年度は次の各項目である。

第7章　私立大学の財務について

① 成長力強化に貢献する質の高い教育

就職支援・就業力育成の充実に向けた取り組み、医学部入学定員増、被災地復興支援に向けた取り組み、大学教育の質転換の取り組み等

② 社会人の組織的な受け入れへの支援

正規学生としての受入れ支援、多様な形態による受け入れに対する支援、社会人の受け入れ環境整備への支援

③ 大学等の国際交流の基盤整備への支援

海外からの学生の受け入れ・教員の招聘、学生・教員の海外派遣、教育研究環境の国際化に向けた取り組み、学生の視野を広げ国際感覚を養う教育改革の取り組み等

④ 大学院等の機能の高度化への支援

大学院における研究の充実、研究施設運営支援、戦略的研究基盤形成支援、大学間連携等による共同研究、専門職大学院等支援等

⑤ 未来経営戦略推進経費

未来経営戦略推進、持続的な大学改革を支える職員育成に係る取り組み

⑥ 授業料等減免及び学生の経済的支援体制の充実

授業料減免事業等支援経費、学生の経済的支援体制等の充実、卓越した学生に対する授業料減免等事業、特色ある経済的支援方策

⑦ 東日本大震災に係る支援

授業料減免等、被災私立大学等復興特別補助

（4）補助金の減額・不交付

1）定員超過または未充足等による減額・不交付

経常費補助金で注意すべきは、「減額」や「不交付」の規定が存在することである。

新たに設置した大学や学部は、原則として、4年間補助金が交付されず、卒業生が出た翌年度から補助の対象になる。ただし既設の学部・学科等の定員を減らし、その減員分で新設する場合には、設置年度から補助の対象になる。学生募集を停止した場合は、停止した年度から補助金の全額が不交付になる。

また、著しい学生の定員超過または定員未充足の場合も補助金が減額または不交付になる。著しい定員超過とは次のいずれかの場合であり、いずれも補助

表 7-4 定員超過率と学部等への補助金の不交付

	収容定員超過率 (在籍学生数／収容定員)		入学定員超過率 (入学者数／入学定員)	
	収容定員 8,000 人未満	収容定員 8,000 人以上	収容定員 8,000 人未満	収容定員 8,000 人以上
超過率	1.5 倍以上	1.4 倍以上	1.3 倍以上	1.2 倍以上

※1 医歯系学部では、入学定員超過率が 1.1 倍以上の場合、不交付となる。
※2 入学者数・在籍者数はいずれも 5 月 1 日現在の人数を適用する。
※3 平成 23 年度・24 年度は、収容定員 8000 人以上の大規模校において入学定員超過率の経過措置が講じられている。
　　(平成 23 年度＝1.3 倍以上、平成 24 年度＝1.25 倍以上)
(出典) 旺文社 教育情報センター「25 年度私立大等経常費補助金交付状況」

金全額が不交付になる。平成 25 年度の場合、①入学者数が定員の 1.3 倍以上 (収容定員 8 千人以上の大きな大学では 1.2 倍以上、医歯科系学部では 1.1 倍以上)、②在籍学生数が収容定員の 1.5 倍以上 (収容定員 8 千人以上の大きな大学では 1.4 倍以上)。入学者数・在籍学生数はいずれも 5 月 1 日現在の人数を適用する。

　大学全体で上記に該当する場合は大学全体の補助金が不交付になる。特定の

表 7-5 大規模校 (収容定員 8,000 人以上) に対する補助金不交付の経過措置

大学の 設置学部数	該当学部における 過去 3 年の各年度の 入学定員超過率 〈条件 A〉			(該当学部における平成 23〜25 年度の入学者数 の合計) ／ (該当学部に おける平成 23〜25 年度 の入学定員の合計) 〈条件 B〉	補助金 交付 〈C〉
	平成 23 年度	平成 24 年度	平成 25 年度		
1 学部	1.3 倍未満	1.25 倍未満	1.2 倍未満	1.2 倍以内	交付
2 学部以上	1.3 倍未満	1.25 倍未満	1.2 倍未満	1.2 倍以内	減額

※1 入学者数は該当年度の 5 月 1 日現在の人数を適用する。
※2 C は条件 A・B 両方を満たした場合の結果である。
※3 医歯科系学部は上記の条件によらない。
(出典) 旺文社 教育情報センター「25 年度私立大等経常費補助金交付状況」

第7章 私立大学の財務について

学部等のみが上記に該当する場合はその学部等に係る補助金が不交付になる。入学定員超過については経過措置があり、その学部等において過去3年間の各年度で不交付となる入学定員超過率未満で、かつ過去3年間の入学者数の合計を過去3年間の入学定員の合計で割った値が1.3倍（収容定員8千人以上の大きな大学では1.2倍）以内の場合は、その学部のみの補助金不交付から除かれる（医歯科学部は別）。ただし、学部等が1つしかない大学の入学定員超過については、過去3年間の各年度で不交付になる入学定員超過率未満で、かつ過去3年間の入学者数の合計を過去3年間の入学定員の合計で割った値が1.3倍（収容定員8千以上の大学等では1.2倍）以内であれば、補助金は交付される。

一方、定員を大きく割り込んだ場合も補助金は不交付になる。在籍学生数が収容定員の50％以下の学部等に対しては、全額不交付になる。ただし、その学部等が災害を受けた地域にあるなど特殊な事情のあるものや、学校全体の収容定員充足率が50％以上の場合、小規模学部等で翌年度の入学定員減を含む経営改善計画について学校法人としての意思決定がなされている場合などは、補助金全額不交付対象から除かれる。

2）不適切な学校運営等による減額・不交付

次に、不祥事を起こすなど不適切な学校運営が認められる場合にも、補助金が減額または不交付になる。減額または不交付の要件は「私立大学等経常費補助金取扱要領」に細かく定められているが、補助金の目的外使用や不正受給、学校財産の不正使用、収支計算書・貸借対照表・事業報告書などの未記載や虚偽記載、入学者選抜の公平性阻害、学校経営に係る刑事事件で役員・教職員の逮捕起訴、役員・教職員間での訴訟紛争による学校運営の休止、理事会・評議員会の長期間不開催による学校運営の休止、教職員の争議行為や学生の学校施設占拠等正常でない行為によって学校運営が阻害・機能の休止などの場合である。これらに該当すると、その状況に応じ、「一般補助」の10％、25％、50％、75％相当額の削減、もしくは全額不交付になる。さらに、場合によっては「特別補助」の減額または全額不交付もある。また、50％相当額あるいはそれ以上の減額または全額不交付措置を受けると、翌年度以降の補助金にも影響がある。具体的には、50％相当額の減額措置を受けた場合は翌年度の補助金が25％減額、75％の減額措置を受けると翌年度は50％減額、翌々年度は25％減額、3

年後にようやく全額交付に戻れる。全額不交付になった場合は、5年後にようやく全額交付に戻れる。このため、学校法人にとって不適切な運営や不祥事は、くれぐれも避けなければならない。

3）財政状況による減額または不交付

また、学校法人の財政状況によって減額、または不交付の措置を受ける場合もある。例えば、私学事業団からの借入金や税金の滞納、破産手続開始の決定、債務超過、銀行取引停止の処分を受けた場合には、状況に応じ、補助金の一部または全額が不交付になる。

（5）他の補助金

学校法人が交付対象となる補助金は、文部科学省からの補助金だけでなく、他省庁や地方公共団体からの補助金もあるので、アンテナを広くしておく必要がある。

本学では、防衛省の航空基地周辺騒音防止対策事業の補助金を受け、附属柏高等学校の校舎を改修した例がある。

（6）補助金を利用した学校改革

補助金のなかでも、特に経常費補助金（特別補助）のような、競争的補助金の制度は毎年変わる。私学事業団主催の補助金説明会が毎年開催されるので、本学では毎年、関係部署の担当者が複数名必ず出席し、内容を把握し、補助金申請に役立て、出席した担当者の意識改革にもつなげている。

この数年、大学への補助金については、いわゆる「メリハリのある配分」が謳われている。これは、大学側にとっても、学校運営をメリハリのあるものにするチャンスでもあり、前向きに取り組んでいきたい。

具体例として、本学では平成23年度に新設された特別補助「未来経営戦略推進経費（経営基盤強化に貢献する先進的な取組み）」に、「中小規模大学法人における戦略的な経営モデルと長期ビジョンの策定について」が採択され、1千万円の補助金を受けている。

この補助金は、他大学においてもモデルとなる先進的なガバナンス改革等を実施し、学生募集や財務状況が堅調に推移している大学等が対象になり、平成23年度は全国32大学が申請し、本学を含む12大学が採択になった。

また、平成25年度には、「未来経営戦略推進経費（持続的な大学改革を支え

る職員育成に係る取組み)」が採択され、3年後の中間審査を経て、平成29年度まで補助対象となることが内定している。

5．資金運用

(1) 資金運用についての考え方

　学校にとって収入源を多様化し、増収策を講じることは重要な課題であり、資金運用はそのための有効な手段である。通常、大学では、収入の過半を占める学納金は春と秋に集中して入金され、一方、人件費や経費などは年間を通じて支出される。つまり、入金が先にあって後から出金する構造になっていることに加えて、前年度からの繰越金もあるため、ほとんどの学校では資金運用の原資を保有している傾向にある。

　資金運用は、一般的にはリスクを伴い、利益を上げるつもりで取り組んでも、金融環境の変化によって損失を被ることもある。このため資金運用にあたっては、運用する金融商品のリスクをよく見極め、どの程度までのリスクが許容されるかを考え、仮に損を出した場合の対応まで検討しておくことが必要である。また学校の資金は、学生生徒からの授業料や税金を原資とする補助金、善意の寄附金など極めて公共性の高い資金であり、大きなリスクにさらし損失を出すことは極力避けなければならない。

　加えて、資金運用にあたり手掛けるべき重要なことは、学内の体制作りであり、具体的には、資金運用規程の整備、資金運用委員会の設置と定期的な開催、各年度の資金運用計画の策定と理事会での承認、運用結果の理事会報告などが必須事項である。それぞれの学校の実情にあったやり方があると思うが、以下で本学の実例を説明する。

(2) 本学の取り組み

1) 資金運用の基本方針

　本学では、従来から資金運用に関する規程を設けていたが、平成24年度に見直した。見直し後の規程は、結果責任よりプロセス重視を明確にし、資金運用を担う者の責務として、金利・為替などの動向に常に注意を払う「善管注意義務」と、学校の利益のためにだけ行動する「忠実義務」、さらには決められ

た規程に従い段階を追って決裁権限者の承認等を得て資金運用を行うことを掲げた。また、リスク軽減のため高格付の有価証券にバランス良く分散投資することを基本としている。

　2）運用体制・社内手続き

　本学では、年度初に運用担当部署がその年度の資金運用計画を作成し、理事会で了承を取っている。また、資金運用会議を毎月（緊急時には臨時で）開催、運用担当部署から保有有価証券の状況（時価、簿価と時価の乖離など）や既購入債券発行企業の信用度（格付、株価など）を報告し、専門家の意見も参考にして資金運用環境を分析、新規有価証券の購入や売却の是非を議論している。実際に購入・売却する場合は、資金運用会議の議を経て、約定前の「伺」、約定後の「報告」の2種類の稟議書について、理事長までの決裁を得て実行している。また、資金運用結果は理事会に適宜報告している。

　3）基本ポートフォリオ

　本学では金融資産全体の30％以上を預貯金で、70％未満を有価証券で運用することを基本方針としている。

　有価証券の内訳は、国内外の債券を「コア資産」とし、株式・REIT・投資信託等を「サテライト資産」とし、コア資産を有価証券全体の75％以上、サテライト資産を同25％未満、許容乖離率±5％とすることを原則としているが、現実には乖離率が5％を超えており、短期間に補正すると損失が生じるおそれがあるので、数年かけて補正することにしている。

　目標とするポートフォリオは、預貯金が金融資産全体の30％、国内外債券が同50％、株式・REIT・投資信託15％、金銭信託5％の配分としている。

　4）本学の資金運用規程のポイント

　既述のように、本学では平成24年度に資金運用規程を見直したが、そのポイントは次のようになる。

　①　資金運用の目的

　資金運用は、本学の中長期的な財政基盤の強化を図るとともに、将来の教育研究の発展に資することを目的として行う。

　②　有価証券運用の対象資金

　有価証券での運用対象資金を次に限定する。

- 退職給与引当特定資金
- 第三号基本金引当資金（奨学金基金）
- 経常及び経常外活動に伴い生じたその他の資金
（第二号基本金特定資産、教育研究振興特定資産は有価証券での運用対象から除外する）
- ただし、預金での運用には制限を加えない。

③　運用の原則
- 安全かつ確実な運用を行い、投機的な運用はしない。
購入する債券は、公共性の高い事業関連で、複数の格付機関の格付が「AA」格以上。短期保有目的債券は「a-1」、「J-1」以上。
- 有価証券は、満期保有を原則とする。
- 流動性を十分に確保する。
- 分散投資を図る。（新規購入有価証券は1銘柄1億円以内）
- 購入有価証券の期間は、国債は10年以内、他は5年以内とする。

④　資金配分
金融資産の概ね30％以上を預貯金で、70％以下を有価証券で運用することを目標とする。

⑤　運用目標
ノルマ的な収益目標は掲げない。

⑥　運用体制
- 財務担当理事の統括のもと　事務局長、企画・財務部長、企画・財務課長が運用を担当する。
- 資金会議を原則として毎月1回開催する。ただし、資金運用状況に大きな変化が生じた場合、またはその懸念がある場合には臨時に開催する。
- 年度初に「年度資金運用計画」を策定、常任理事会の議を経て、理事会の承認を受ける。
- 「資金運用計画」に基づいて、実行前に理事長の決裁を得て有価証券等の購入・売却等を行う。

⑦　資金会議での検討事項
- 年度資金運用計画の検討

・資金運用計画の推進方策（具体的な有価証券購入・売却などの検討）
・資金運用環境の分析と対策検討
・預金先銀行・保有債券発行会社の健全性チェック、その他

⑧　資金会議の構成員
・資金会議の構成員は理事長指名の者とし、学内者だけでなく、外部の識者を加える。
・また、資金会議構成員に限らず、外部の識者から適宜アドバイスを貰うことができる。

⑨　緊急時の対応
・資金運用環境が大きく変化した場合や、既購入債券の格付が大幅に低下した場合には、年度資金運用計画とは異なる対応ができる。
・その場合には、常任理事会に報告し指示を仰ぎ、資金運用計画とは異なる債券の購入・売却等ができることとし、理事会には事後的に報告する。
・切迫した場合には、臨時に常任理事会を開催し、同様の措置を行う。

⑩　運用に係る責任
・運用に係るプロセス責任を重視する。結果責任には触れない。

⑪　資金運用を担う者の責務
・資金運用に係る財務担当理事、事務局長、企画・財務部長、企画・財務課長は「善管注意義務」と「忠実義務」を負う。

⑫　資金運用状況の報告内容・頻度
・運用担当者は、適宜あるいは必要に応じ、運用状況を理事会へ報告する。
・報告内容は、預金の種類ごと預入金額、有価証券の種類毎の簿価と時価、金融派生商品の評価額、当期の収益見込み額、その他とする。

なお、資金運用と関連して、その他資産の運用も検討してみる必要がある。学校が保有している資産をできる限り運用していくことで収益の積み上げが図れる。例えば、休日の教室や講堂、体育館の外部への貸し出し等を行い、貸出収入を得ることである。本学ではこれらの業務は、第8章に述べる本学出資事業会社の業務の一環として行っているので、その項で述べたい。

6．私立大学における収益事業

（1）私立大学で行う収益事業の形態

　私立大学が行う収益事業には、学校法人本体が直接行う形と、収益事業会社を設立して行う形とがあり、その目的や所轄庁の認可、法人税率、寄附金など、その扱いが異なってくる。表7-6はその一覧表であり、どちらの形態をとるか

表7-6　学校法人での収益事業と事業会社設立との比較

	学校法人本体での収益事業	事業会社設立による収益事業
収益事業を行う目的	設置する私立学校の教育に支障のない限り、その収益を私立学校の経営に充てるため収益を目的とする事業を行うことができる。（私立学校法第26条）	収益を上げて、学校法人に寄附または配当を行うことで、学校法人の経営に資する。
事業の種類	文部科学大臣所轄の学校法人は、投機的なもの・風俗営業・規模が不適切なもの等を除き、18種類に限定。（平成20年文部科学省告示第141号）	左に準じて行う。
文部科学省の認可	寄附行為の変更認可が必要。	認可は必要ないが、文部科学省に相談。
出資金	元入金（出資金）が必要。	株式取得のための資金が必要。
経理処理	学校会計とは区分して特別の会計とし、一般に公正妥当と認められる企業会計の原則によって会計処理を行う。	企業としての会計処理。学校法人が1/2以上出資の場合、学校法人の決算書類に出資状況、経営状況等を脚注表示。
法人税	所得年800万円以下の部分15％、800万円超の部分19％。 （平成24・25年度）	中小法人は、所得年800万円以下の部分15％、800万円超の部分25.5％。 （平成24年4月1日から平成27年3月31日までの間に開始する事業年度）
非収益部門への寄附、学校法人への寄附金	寄附前の所得の1/2または200万円のいずれか大きい金額まで、非収益事業への寄附金とみなされる。	学校法人への寄附を限度額まで損金算入。特定公益法人への寄附として損金算入限度額と同額損金算入、または受配者指定寄附金として全額損金算入。

は各学校の判断によることになる。

（２）学校法人本体での収益事業

　私立学校法の規定により、学校法人は、設置する私立学校の教育に支障のない限り、その収益を私立学校の経営に充てるため、収益を目的とした事業を行うことができる。学校法人の行うことのできる事業は一定の事業に限られ、文部科学大臣所轄の学校法人は文部省告示で 18 種類が認められている。

　学校法人が収益事業を行う場合、「寄附行為」に掲げるとともに、学校会計とは区分し特別の会計として経理しなければならず、その部分については学校法人会計基準を適用せず、一般に公正妥当と認められる企業会計の原則にしたがって会計処理を行う。

　私立学校法上の収益事業と法人税法上の収益事業とは同一ではない。学校法人会計の中に組み込まれている補助活動収入や雑収入の中であっても法人税の課税対象となるものがある。

　法人税の対象となる収益事業は 34 種類に限定されているが、学校法人が収益事業として行う可能性のあるものはほとんどが含まれている。重要なのは、これらに該当しても、法人税の課税対象からは除かれるものがあることである。

　法人税の課税対象となるのは、34 業種のいずれかを、「事業場を設けて」、「継続して営んでいる」場合である。「事業場を設けて」とはかなり広い意味で、固定的な施設で事業を行う場合だけでなく、事業を行う上での拠点としての機能があれば事業場を設けていることになり、これに該当しない例はまれである。学校法人が学校内に売店を設けている場合は当然この要件に該当するが、例えば学校法人所有の体育館を、教育の目的で利用しない時に、興業等のために随時利用させる場合も、この要件に該当する。

　「継続して」とは、年間を通じて行う場合や、たびたび反復して行う場合も含まれるが、例えば学校法人が年 1～2 回程度行うバザー等は該当しない。

1）収益事業の付随行為

　収益事業に付随する行為も課税される。例えば、学校法人が収益事業として出版業を営んでいる場合、出版物についての講演会を開催すると、その収入は課税対象になる。

2）固定資産の処分

収益事業に使用するものとして区分経理されている固定資産の売却、除却に伴って発生する損益は、原則として収益事業の付随行為とみなされる。ただし、土地等を相当期間（おおむね10年以上）保有したことに係る売却益は、事業活動そのものの成果として獲得されたものではなく、課税されない。

3）税金

収益事業には法人税が課税される。税率は、所得のうち800万円以下の部分は15％、800万円超の部分は19％である（平成24～25年度）。

ただし「みなし寄附制度」があり、その分、課税額が少なくなる。収益部門から教育事業である非収益部門へ資金移動（預金の付け替え等）をすると、移動した金額は、収益事業の損益や所得の計算上、寄附金とみなされ、次の①、②のいずれか大きい方の金額までが損金に算入される。

① （所得金額＋損金処理した内部寄附金）× 50／100 ＝（寄附する前の所得の半分）

② 200万円

つまり、収益部門の所得が200万円までであれば、法人税は課税されないことになる。

なお収益事業には、法人税以外に、都道府県民税、市区町村民税、事業税、地方法人特別税も課税される。

（3）事業会社設立による収益事業

収益事業は、学校法人が直接行う場合だけでなく、事業会社を設立して行う場合がある。

本学では、事業会社を設立し収益事業を展開しているが、その状況は第8章に記載しているので、参照されたい。

7．経理・財務の仕事、担当する者の心構え

経理課や財務グループなど学校法人において経理・財務を担当する部署は、通常、授業料・入学金等の学納金や補助金、寄附金などの収受、人件費や経費の支払いをするほか、法令で定められた財務計算書類、決算に関し関係官庁へ

届ける書類、税務申告書等の作成、予算書の取り纏めなどを担当している。これらは経理・財務にとって最低限の仕事であるが、さらに前向きに考えると、経理・財務には「お金の動き」という形で全学の情報がナマのまま集まってきており、これらを分析し、問題点があれば学内に説明・説得し、学校経営を改善していくことなど、戦略的に経理・財務の仕事のあり方を検討していく必要がある。

　それにはまず、経理・財務の職員の意識を変える必要がある。経理・財務に関わる職員を外部の諸会議や講習会・シンポジウムなどに出席させ見識を広めさせ、分析や提言のできる職員を大切に育て、それらの分析や提言を通じて、学校法人全体の財務健全かつ戦略的な財務の実現を図っていくことが、将来の学校の浮沈を決めることになると考えている。

（注）
1) 消費税増税による学校の収支悪化への対応としては、消費税増税分を経常費補助金に上乗せする、学校教育に関わる教育機関の支出に関する適用税率を軽減する、学費を「課税」にし学費負担者が確定申告で税の還付を申告する等を、政府へ要望することが考えられる。

第 **8** 章

私学における収益事業会社設立の意義

学校法人二松學舍（以下「本学」という）は、平成18年2月に100％出資の、いわゆる「収益事業」を行う会社、「二松学舎サービス株式会社」を設立した。収益事業会社（以下「事業会社」という）は順調に業容を拡大し、安定的な経営を続けている。この章ではまず、私学における収益事業会社設立の意義を考察し、次いで本学での事業会社設立による収益事業の取り組みについて、会社設立の経緯や会社運営のポイント、今後の展開等を紹介したい。

1．学校法人で行う収益事業の考え方

　学校法人が収益事業を展開するにあたり、私立学校法で定める収益事業として行う場合と、事業会社を設立して別組織として行う場合があり、まずこの両者を比較してみたい。
　学校法人は、設置する学校の教育に支障のない限り、その収益を学校の経営に充てるため、私立学校法上の収益事業を営むことができ、しかも税制上優遇されている。
　一般企業では所得金額に法人税が課税され、中小企業の場合800万円以下の部分に15％、800万円超の部分に25.5％の税率が適用になる。一方、学校法人では教育などの非収益部門には課税されず、収益部門であっても非収益部門への寄附金についての損金算入限度額は、所得金額と損金処理した内部寄附金の合計の50％または200万円のいずれか大きい方の金額である。つまり図8-1のとおり、学校法人の収益部門では、非収益部門へ寄附をしたこととして資金移動をすれば、資金移動前の収益部門の所得が200万円以下ならば法人税は課税されず、所得が多く課税されても税率は800万円以下の部分が15％、800万超の部分が19％と、一般の中小企業よりも低い。
　また、学校法人の行うことのできる収益事業の種類は、文部科学省告知で定められているが、収益事業を行うには、届出をして認可を受け、寄附行為を変更して、収益事業にかかわる計算書（損益計算書・貸借対照表）を作成して監督官庁に提出する必要がある。
　一方、事業会社を設立する場合には、その所得金額に法人税が適用される。しかしながら、事業会社の収益の一部は、学校法人へ寄附金の形で還元するこ

第8章　私学における収益事業会社設立の意義

例1. 学校法人の収益部門（資金移動前時点）が200万円の場合

収益部門　200万円　非収益部門へ資金移動（200万円）→　収益部門

法人税課税対象

非収益部門　　非収益部門　200万円

法人税非課税

課税対象額：0円

例2. 学校法人の収益部門（資金移動前時点）が2000万円の場合

収益部門　2,000万円　非収益部門へ資金移動（収益部門の50%）→　収益部門　1,000万円

法人税課税対象

非収益部門　　非収益部門　1,000万円

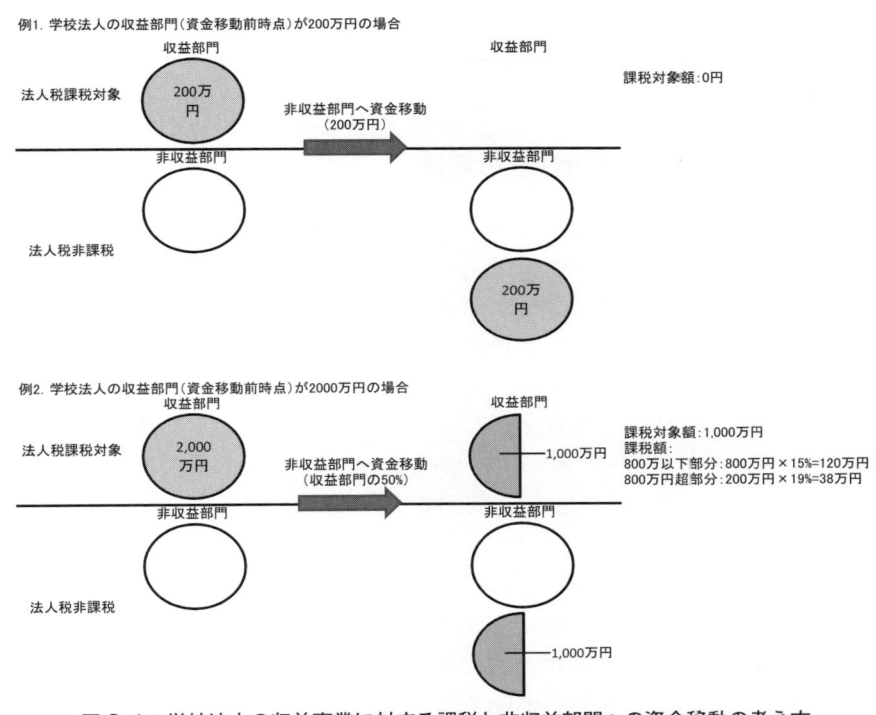

法人税非課税

課税対象額：1,000万円
課税額：
800万円以下部分：800万円×15%＝120万円
800万円超部分：200万円×19%＝38万円

図8-1　学校法人の収益事業に対する課税と非収益部門への資金移動の考え方

とが可能で、法人税は寄附後の所得金額に対して課税されるため、税務上のデメリットは案外少ないといえる。

また、①事業会社へ学校の業務を移管することで、法人全体の業務削減が可能となり人員増加を抑制することが可能であること、②株式会社組織にしておけば、万一業況が悪化しても学校法人の被る損失は、出資した資本金の範囲内に限られ影響は限定的になること、③学校法人の寄附行為に縛られず自由に事業展開ができ、迅速な意思決定が可能であることなど、私立学校法に定められる収益事業として行う場合に比べ、簡単で自由度が高いというメリットもある。

したがって、学校法人が収益事業を展開する場合は、学校法人本体が行うか、事業会社を設立して行うかはそれぞれの学校の判断によるが、本学の場合は、「事業会社設立」を選択した。その理由は、上記のメリットに加えて、学校法

人が収益事業を行う場合に必要となる、学校会計との区分経理管理に対応するための経理・財務の陣容拡充が、本学では困難であったことなどである。

2．本学での事業会社設立の経緯

　本学では平成17年に事業会社を設立することを計画した。
　二松學舍大学（以下「大学」という）が東京都心の九段で大学の校舎を高層に建て替え稼働した平成16年度以降は、経費が大きく増加した。そのため、平成17年当時、収入の増加・多様化、支出の削減策を模索しており、何らかの対策を取ろうとしていた。
　その対策の一つが「事業会社設立による収益事業の取り組み」であった。この契機は、あるセミナーに参加した者から学内会議で、学校法人でできる収益事業の種類、他大学での収益事業の取り組み事例、事業会社設立のメリット・デメリット、本学で収益事業に取り組む場合の可能性等について報告があり、後日、理事会に「財務改革の一方策としての事業会社設立」について報告し、了承を得たことである。その後、事前調査として事業会社設立の場合の損益シミュレーションを行い、本学の規模でも事業会社の黒字経営は十分可能であることを確認した。また、他大学が設立した事業会社をいくつか訪問し、会社運営の実態などの話を伺った。学校の置かれた環境はそれぞれ違うが、本学で検討を行うにあたって大いに参考になった。
　事業会社設立に向けた具体的な準備作業は、次のとおりである。
　まず、学内に「事業会社設立準備委員会」（以下「準備委員会」という）を設置し、会社の概要を検討し、会社設立に向けた諸準備を進めることにした。
　また、学校が取り扱っている業務のいくつかを事業会社へ移管することにし、移管する業務については、契約期間満了日に学校と外部業者との契約を打ち切り、事業会社と外部業者との契約に切り替える方針で、学校が締結している外部業者との契約を総点検した。学内の関連部署に依頼し、建物施設の管理（清掃・保守・警備）、自動販売機設置・管理、物品購入、学用品販売など事業会社への移管を計画している業務をはじめ、将来移管する可能性のある業務も含めて、外部業者との契約について、契約内容、契約先業者名、契約開始日、契

約期間、契約満了日、解約条項の有無、更新条項の有無、解約する場合の通告期限などを調査してもらった。

次に、教職員向け説明会を開催し、事業会社設立の目的、事業会社の概要、事業会社の役割等を説明し、合わせて事業会社へ移管する契約について、各担当部署で契約内容を再度確認することと各担当部署から業者へ解約の申し入れを行うことを依頼した。

その際、解約の申し入れにあたっては、準備委員会が取引先への対応マニュアルを作成し各担当部署に配布したが、対応マニュアルには業者への契約打ち切り通告方法等を記載し、「新たに事業会社を設立すること」「今後取引をお願いする業者は入札をして選定をすること」などを文書にし、窓口部署が直接会って丁寧に説明するよう要請した。

また準備委員会では、設立する会社の定款、事務所の場所なども検討し、自動販売機設置業者や校舎の清掃・保守業者との交渉も開始した。

事業会社の社名は教職員から募集した。多くの案が寄せられたが、理事会で「二松学舎サービス株式会社」とすることを決定した。平成18年1月の理事会で会社設立の最終了解を得て2月に設立登記を行ったが、本格的な営業開始は新学年の始まる4月とした。

3．事業会社設立の目的・役割

本学の事業会社設立の目的は、学校での経費削減・事務処理の軽減、外部流出資金の内生化と抑制により、それまで以上に効率的な学校運営を行うことであった。その目的を言い換えると、外部への資金の払い出し部署を1カ所に集約して、業務の重複を避け、トータルコストを削減することである。

事業会社は、設立後1年以内には建物施設の管理、自動販売機の設置・管理、制服・学用品販売を主な取り扱い業務とし、その後準備ができ次第、段階的に学校運営に関わるあらゆる分野に事業を拡大するとの方針を立てた。

事業会社は、それ自身が建物の警備や清掃、物品の製造等をするのではなく、いわば「代理店」的な役割を担う。物品調達や外部委託業務でも、従来は学内の多くの部署が窓口となって発注していたが、窓口を事業会社へ一本化するこ

とでスケールメリットを生み、コスト削減と各部署の担当者の業務軽減を図ることにした。

　また、制服や学用品販売などでは、中間業者へのマージンが省けるので、最終消費者である学生生徒や父母に対し、品質を落とさず、より安価な価格で提供できる利点もあった。

　さらに、事業会社で得た収益の一部は学校法人へ寄附金として還元することとし、事業会社は、本学にとっての大口寄附先として位置づけられている。

　事業会社の概要は次のとおりである。事務所は大学の九段キャンパス内に置いた。資本金は1千万円とし本学が全額を払い込んだ。社長には当時の理事長が就任し、他の取締役の大部分と監査役は法人・大学・高校の幹部が兼任、役員報酬は当分の間「無報酬」とした。[1] 決算時期は学校の繁忙期を避けるため「9月決算」とした。平成18年4月には事業会社で実際に業務を行う人材を外部から受け入れた（取締役に就任）。

　平成18年9月の設立以降、事業会社は平成25年9月の第8期まで既に8回決算を行ったが、売上高は、実質半年間の営業であった第1期は9,200万円、第2期は2億200万円、その後順調に伸ばし、第8期は3億4,400万円になり、業容を拡大してきている。

　設立直後の第1期を除き、事業会社は毎期本学へ寄附を行い利益の一部を還元している。事業会社は人件費や経費を自己負担し、さらに本学に寄附をした後で毎期黒字を計上している。寄附の累計額は既に9,800万円に達し、本学にとって第1位の寄附金先企業になっている。

　社員は取締役部長と女子社員1人の2人体制でスタートし、その後、柏キャンパスの売店要員が1人増え、さらに専任の社長と男性社員1人、女性社員1人が加わり、現状6人である。このほか、柏キャンパス売店のアルバイト店員が数人いる。

4．本学での事業会社運営のポイント

　本学のような小規模な学校法人が事業会社を設立して業容を拡大し、今日まで順調に経営できているのは、以下の要因が大きいと考えている。
　①　学校内の収益源
　一番大きな要因は、本学のなかに事業会社を支えるだけの収益の基となる事業があったことである。本学には生活協同組合などがなかったので、学校が今まで何気なく取り組んできた自動販売機の管理や制服の斡旋販売などが事業会社の収益源となった。それらについて、それまで業者が得ていた利益の一部を事業会社で取り込む仕組みをつくることができ、事業会社の利益を押し上げることができた。
　②　万全な事前準備
　準備委員会では、事業会社設立前に本学が事業会社を設置した場合の収益シミュレーションを行い、他大学の事例を研究し、成功する確信を持った。また、本学と外部業者との契約の総点検を行うなど事前準備を十分に行うと同時に、検討状況は理事会や学内会議に逐次報告してきたため、大きな反対もなく推進することができた。
　③　学内の協力
　学内から多くの協力が得られたことも成功の大きな要因であり、特に事務職員の多大な協力を得ることができた。事業会社の損益シミュレーションや外部業者との契約の総点検、外部業者との折衝などは学内の協力がなければできなかった。既存取引業者への解約申し入れにあたっては、準備委員会で考えた趣旨に沿って、各窓口部署が取引業者に直接会って丁寧に説明した。このため、大きなトラブルはなく、その後の展開が容易であった。本学は小規模法人であるが故に、事務職員は互いをよく知っており、協力を得やすい環境であった。
　④　必要十分な資本金
　会社の運営には運転資金が必要となるが、会社設立直後には利益の積み上げはなく、通常は使える資金が少ない。当面の運転資金として資本金が使えるので、シミュレーションの結果から必要資金量を試算し、必要にして十分な額の資本金を出資することにした。

⑤　理事会主導で推進

　理事会主導で事業会社設立を図ったことも成功の要因であった。会社設立は法人すべての設置学校に係る問題であったため、教授会への説明は会社設立後であった。

⑥　人材の確保

　利益を上げる仕組みをつくるだけでは事業会社はうまく機能しない。実際に会社を運営する人材が重要である。このため、本学の場合は会社運営の中心になる人材を学外から受け入れ、その人の持つノウハウとネットワークを十分に活かすこととした。

⑦　手堅い運営

　手堅い事業展開を心がけ、学生食堂の営業など利益の見込めない事業には手を出していないが、これも今まで順調に推移してきた要因である。

　ただ、将来、事業会社の規模が大きくなった段階では、ある程度の損失を覚悟してでも、学生生徒や教職員の役に立つ事業を手掛けることを検討する必要がある。

5．設立後の状況と今後の展開・課題

　事業会社の設立以来の業容を改めて確認すると、現在、学内で必要な物品の調達などでは、事業会社が複数社から見積もりを取り、本学の経済的な負担軽減と職員の事務処理軽減を図っている。また、重要な契約については一度契約したものを単純に延長せず、数年ごとに見直している。例えば、建物施設管理の契約は2～3年を目途に見直しており、契約の期限が近づくと複数社から見積もりを取って管理料等の見直しを図っている。自動販売機設置契約についても、3年ごとの契約更改時に、複数社の入札を実施して、サービスの質を高め、学校の経済的負担軽減を図っている。

　事業会社設立当初は、建物施設の管理、自動販売機の設置及び管理、制服・学用品販売が収益を支える3つの大きな柱であったが、その後、大学柏キャンパスの売店の運営を他業者から引き継ぎ、学校施設の外部への貸出業務を受託、さらに物品販売、コンピュータ保守契約、学生へのマンションや自動車教習所、

第 8 章　私学における収益事業会社設立の意義

表 8-1　二松學舍サービス株式会社の取扱事業と内容　（平成 25 年 4 月現在）

建物管理	・総合管理業者の管理と連携 ・業者からの修理等見積入手	レンタル貸衣装斡旋	・2009 年から開始
自販機管理	・故障時などのトラブル対応 ・売切れなどの在庫管理	下宿家具斡旋	・新入生対象に DM にて取扱
制服等販売	・入学前の制服・体育着等一斉販売 ・月 1～2 回のアフターフォロー（昼休み）	コピー機設置	・コインベンダー機による学生向けサービス
物品販売	・コピー機、パソコン、プリンター、家具、紙管球類、トナー、文具、書籍、菓子、焼酎、グッズ	柏売店経営	・販売・仕入れ・在庫等管理 ・販売員の人事管理
保守	・コピー機、パソコン（事務系）	テキスト（一部）販売	・『書道要説』『基礎漢文』
印刷	・募金趣意書、二松塾折り込みちらし	施設貸出	・外部団体向け
二松塾運営	・年 2 回開催時の申込受付・入金管理、各講座受付業務、テキスト販売	図書新刊書購入	・2011 年 4 月から開始
公開学術講座受付	・FAX での申込書受付、当日受付	一般人材派遣業	・認可取得済み
保険	・大学・両附属高校・中学校の学生保険、柏中高校の自転車保険、スクールバスの自動車保険、自賠責保険、建物火災保険、建物賠償責任保険、職員の個人保険	名刺作成販売	・教職員の名刺。2012 年 7 月開始
マンション斡旋	・2 年生から 3 年生に上がる学生向け住替え斡旋、新入生向け斡旋	その他	・物品販売における商品のリース手配

181

貸衣装レンタルの斡旋などの業務を拡大してきた。また、大学新校舎建設や附属柏高校体育館建設にあたっては、設置する機器・什器・備品等の本学への販売を行ってきた。

　最近では、本学の名称・ロゴの入った包装紙に包んだ和洋焼き菓子やブランデーケーキ、本学ブランドのワインや焼酎、本学オリジナルのネクタイやランチバックの販売が加わり、卒業生や教職員から好評を得ている。従来、本学にはオリジナルのグッズがなかったため、卒業式・入学式やホームカミングデーなどで販売すると、喜んで買っていく人が多い。また、本学の特色でもある「論語」にちなんで、平成24年から「論語カレンダー」を作成・販売し、完売した。

　以上、本学の事業会社設立による収益事業展開について説明してきたが、学校法人の設立した事業会社は単に収益を上げればよいというものではない。本学の活動を補完し、事業会社の活動を通じて学校本体に寄与することが肝心である。本学職員の事務負担軽減や経済的な寄与はもちろんであるが、それに留まらず、学校の強みを活かし、学校の存在感を高める取り組みが求められる。例えば、本学の強みである「書道」や「漢文」、「論語」などをベースとする講演会や生涯学習などの事業、東京・九段の立地を活かした事業等への取り組みが今後求められると考えられる。

(注)
1) 理事長の社長就任には利益相反の懸念があったため、その後、理事長は「特別顧問」になり、専任者が社長に就任した。

第9章

私学の信用格付取得の意義と留意点

1．信用格付とその定義

「信用格付」とは、『金融商品又は法人（これに類するものとして内閣府令で定めるものを含む。）の信用状態に関する評価（以下この項において「信用評価」という。）の結果について、記号又は数字（これらに類するものとして内閣府令で定めるものを含む。）を用いて表示した等級（主として信用評価以外の事項を勘案して定められる等級として内閣府令で定めるものを除く。）をいう。』（金融商品取引法、以下「金商法」という、第2条34項）のことで、一般的には、国・地方公共団体・事業会社などの資金の借り手の財務状況を、第三者である信用格付業者が客観的に評価した符号を示し、資金の貸し手（投資家）によって、投資先のリスクを判断するための一基準として利用されている。

この「信用格付」（発行体格付、財務格付などともいわれる）は、格付会社が付与するもので、格付会社は、金融庁に登録され日本国内法の適用を受ける「登録業者」と、金融庁に登録されていない「無登録業者」（米国法人のS&P、Moody'sなど）に分かれており、平成24年1月31日現在、金融庁の登録を受けた「登録業者」は、表9-1の7社が存在している。

表9-1　信用格付業者登録一覧　　（平成24年1月31日現在）

登録番号	登録年月日	業者名
金融庁長官（格付）第1号	平成22年9月30日	株式会社日本格付研究所
金融庁長官（格付）第2号	平成22年9月30日	ムーディーズ・ジャパン株式会社
金融庁長官（格付）第3号	平成22年9月30日	ムーディーズSFジャパン株式会社
金融庁長官（格付）第5号	平成22年9月30日	スタンダード＆プアーズ・レーティング・ジャパン株式会社
金融庁長官（格付）第6号	平成22年9月30日	株式会社格付投資情報センター
金融庁長官（格付）第7号	平成22年12月17日	フィッチ・レーティングス・ジャパン株式会社
金融庁長官（格付）第8号	平成24年1月31日	日本スタンダード＆プアーズ株式会社

（出典）金融庁ホームページ

また、「信用格付」には、一般的に「発行体格付」（債券等の発行体が負うすべての金融債務についての総合的な債務履行能力に対するもの）と、個別の債務等（債券やローンなど）が約定どおりに履行される確実性、及び債務不履行時の損失の可能性について表した、「長期個別債務格付」「短期格付」のようなものがある。

次に格付符号の定義をみていくと、「発行体格付」の符号は、最上位格がAAA、Aaaなどと表され、下位に行くに従って、AA、A、BBB、BBとなるが、株式会社格付投資情報センター（R&I）では、格付符号の定義は表9-2のように規定している。

さらに、AA格からCCC格については、上位格に近いものにプラス、下位格に近いものにマイナスの表示がされることがある。

表9-2　格付符号の定義（R&I社の場合）

符　号	内　　容
AAA	信用力は最も高く、多くの優れた要素がある。
AA	信用力はきわめて高く、優れた要素がある。
A	信用力は高く、部分的に優れた要素がある。
BBB	信用力は十分であるが、将来環境が大きく変化する場合、注意すべき要素がある。
BB	信用力は当面問題ないが、将来環境が変化する場合、十分注意すべき要素がある。
B	信用力に問題があり、絶えず注意すべき要素がある。
CCC	信用力に重大な問題があり、金融債務が不履行に陥る懸念が強い。
CC	発行体のすべての金融債務が不履行に陥る懸念が強い。
D	発行体のすべての金融債務が不履行に陥っているとR&Iが判断する格付。

（出典）格付投資情報センター

２．私立学校における格付取得の意義

　先に紹介したように「信用格付」とは、もともと国・地方公共団体・事業会社などが、妥当な条件で金融機関や投資家から直接的及び間接的に資金を調達するため、自己の財務健全性を示すことを目的に取得してきたものだが、私立大学においては、単に資金を調達することを目的とした格付取得を行っているわけではなく、むしろ資金調達以外の目的を主眼として格付取得が行われている場合が多い。

　私立学校における格付取得の意義は、概ね次のように大別することができる。

（１）資金調達手段の多様化

　学校法人が自己努力により運営資金を調達する手段として、従来から「学校債」と呼ばれる債券を発行して、在学生の父母など学校関係者から資金調達を行う手段があったが、平成18年の証券取引法の改正及び金融商品取引法の制定、平成19年の金融商品取引法施行令の施行により「学校債」と呼ばれるものは次の３種類に分けられることとなった。

　第一は、金商法第２条１項に該当する「有価証券としての学校債」（株式等と同等の流通性がある等、公益又は投資者保護の観点から、有価証券として指定する必要があるもの、指名債券でないもの）であり、第二は、金商法第２条２項に該当する「みなし有価証券としての学校債」（経済的性質を有すること等、有価証券とみなすことにより公益又は投資者保護をすることが必要かつ適当なもの）である。

　「みなし有価証券としての学校債」は、有利子で卒業生等を含む学校関係者以外の一般投資家にも発行または譲渡可能なもので、このうち募集人数500名以上、総額１億円以上の学校債については、有価証券届出書等の各種書類を作成し、内閣総理大臣に提出するとともに公衆の縦覧に供することが必要とされている。ただし、平成19年の文部科学省調査によれば、全学校法人数7,884のうち、「みなし有価証券としての学校債」を発行する学校法人は26、このうち開示義務が生じる募集人数500名以上、総額１億円以上の学校債を募集している学校法人はゼロである。

　第三は、「その他の学校債」に該当し、多くの学校法人が在学生の父母に対

して無利子で募集しているものがこれにあたる。

　したがって、法的に財務状況等の公開が求められる「学校債」は金商法第2条1項の「有価証券としての学校債」と第2条2項の「みなし有価証券としての学校債」であり、これらの学校債の募集・発行に際しては「格付」の取得が実質的に必要な要素となっているが、第三に分類される従来型の「学校債」の募集に際しても、「格付」を取得することによって、卒業生や在学生の父母の理解を得られ、応募数が高まる効果がある。

　また、金融機関からの「借入」を通じた資金調達手段についても、「格付」を取得することによって、銀行等からの借り入れに際して通常の貸出金利よりも低利な提案を受けたり、生命保険会社などからの資金借入が可能となったりするなど、資金調達方法が多様化するなどの効果がある。

（2）財務状況の健全性アピール、イメージ向上、
　　　IR（Institutional Research）の一環

　近年、私立大学の経営問題について、経営破綻や合併、学生募集停止などのニュースがマスメディアに取り上げられることが多くなり、受験生やその父母、卒業生などの不安を効果的に解消するツールを学校側が持つことが必要となっている。

　学校教育法及び同施行令に定める「認証評価制度」による評価は7年に1回、学校教育法施行規則に定める「教育情報の公表」は、毎年度公表することが義務づけられているものの、私立学校法で定める利害関係人以外に「財務情報」の公開を義務づける法令は存在しないため、「財務情報の公開」については、必ずしも一般向けに積極的な公開姿勢を示さなくとも罰則などは適用されない（私立大学等経常費補助金の減額要因としてはカウントされる）。このため、各学校法人によって財務情報の公開については、その取り組み姿勢に温度差があるのが実情である。

　こうした中、「格付」を取得し、かつ毎年度更新作業を行うことによって、財務状況をわかりやすい形で一般に公開することは、「情報公開に積極的な学校である」というイメージアップに繋がるとともに、受験生、父母、卒業生などからの強固な信頼を獲得することに繋がり、他大学との差別化、ブランド力のアップというメリットをもたらすことになる。

（3）FD（Faculty Development）と SD（Staff Development）の ツールとしての取得

「格付」の新規取得と更新作業には、認証評価制度による認証評価を受ける際と同程度の労力が必要となる。特に格付の「新規取得時」には、格付会社に提出する各種データ、中期的な収支見通し等を作成する必要があり、その作成と取り纏め作業は、一担当部署だけではとても対応することができない。

総務・管財部門、教務・学生部門、入試部門、就職、経営企画・経理部門など、大学組織におけるほぼすべての部門の協力を得なければならず、格付取得に際しては、役員・教職員のコンセンサスと協力体制が欠かせない。

一般的に格付取得及び更新時に求められるデータ資料等は、表9-3のようなものがある。

前述のとおり、提出データの取り纏めには多大な労力が必要となるが、毎年度のデータ更新作業等を通じて過去1年間の学校事業の成果を振り返ることにより、PDCAサイクルの「C」（チェック）を行うことができる。

また、格付取得後に格付会社からの詳細な格付付与理由の説明を受けることによって、改めて学校経営上の課題を確認することが可能となり、次年度以降に向けての改善計画の策定に繋げていくことができる。

さらに、具体的なデータ取り纏め作業は事務職員が中心となるが、格付結果の分析、講評等を教員にも説明・公開することによって、FD及びSD活動の活性化に繋げることができる。

3．私学の格付取得状況

学校法人における格付取得は、2003年に法政大学がR&I社から初めて発行体格付を取得して以降、早稲田大学、慶応義塾などの大規模大学法人、また一橋大学、九州大学や東京大学などの国立大学法人での格付取得が続いたが、近年では本学（二松學舍大学）を含めた中小規模大学法人での取得も現れる一方で、学校法人における格付取得の潮流の初期から格付を取得していた学校法人の取り下げがあるなど入れ替わりがあり、表9-4のとおり2014年4月現在、公表ベースでは、23の学校法人が格付を取得している。

第9章　私学の信用格付取得の意義と留意点

表9-3　格付取得時に必要な主なデータ・資料等一覧

	資料名	概　要
1	財務諸表	貸借対照表、資金収支、消費収支計算書
2	事業概要	前年度及び当年度分
3	収支実績・見通し	過去5年間の実績、今後5年間の見通し
4	設置学校一覧	設置学校名、設立年月日等
5	進路状況一覧	学生の就職・進学実績
6	資格試験等合格率	公務員試験等合格者数など
7	公開講座開設状況	公開講座受講者数等
8	入試難易度の推移	偏差値推移（5年間）
9	志願者・合格者・入学者	直近10年間の各人数
10	定員数・在籍学生数	直近5年間
11	入試別入学者構成	一般入試、推薦入試等入学者比率
12	退学・除籍・休学者数	直近5年間
13	教職員数	直近5年間
14	教職員年齢構成表	年齢別専任教職員人数
15	教職員給与状況	平均給与額
16	特許等取得状況	直近5年間
17	産学官連携実績	直近5年間
18	科研費採択状況	直近5年間
19	奨学金状況	支給人数、支給額等一覧
20	年金制度情報	独自年金制度の有無
21	設備投資の実績と計画	過去10年間、今後5年間の設備投資計画
22	保有有価証券の一覧等	保有銘柄名、時価等一覧
23	学校案内	学校案内パンフレット等

表9-4　学校法人による格付取得の状況　　　（2014年4月現在）

No.	学校法人名	符号	格付機関	No.	学校法人名	符号	格付機関
1	追手門学院	A（安定的）	R&I	13	千葉工業大学	AA-（安定的）	R&I
2	桜美林学園	A（安定的）	JCR	14	東京経済大学	A+（安定的）	R&I
3	大阪経済大学	A+（安定的）	R&I	15	同志社	AA+（安定的）	R&I
4	神奈川大学	AA（安定的）	JCR	16	東洋大学	AA（安定的）	JCR
5	京都薬科大学	AA-（安定的）	R&I	17	二松學舍	A-（安定的）	R&I
6	共立女子学園	A+（安定的）	JCR	18	福岡工業大学	A（安定的）	R&I
7	近畿大学	AA-（安定的）	R&I			A+（安定的）	JCR
8	國學院大學	AA（安定的）	JCR	19	福岡大学	AA-（安定的）	R&I
		AA-（安定的）	R&I	20	文教大学学園	A（安定的）	R&I
9	国士舘	AA-（安定的）	JCR	21	法政大学	AA-（安定的）	R&I
10	芝浦工業大学	AA-（安定的）	R&I	22	龍谷大学	AA-（安定的）	R&I
11	順天堂	AA（安定的）	R&I	23	早稲田大学	AA+（安定的）	R&I
12	昭和大学	AA（安定的）	JCR				

（注）R&I：株式会社格付投資情報センター
　　　JCR：株式会社日本格付研究所

4．本学における格付取得の目的と位置づけ

（1）格付取得の目的

　二松學舍大学（以下「本学」という）では、2006年11月に株式会社格付投資情報センター（R&I）から発行体格付「A-／安定的」（シングルエーマイナス／格付の方向性＝安定的）を取得して以来、2014年3月まで8回連続で当該格付を維持してきた（表9-5）。

　2006年当時は、前述のとおり大規模私立大学での格付取得が一時的にブームとなっていたが、本学のような「在籍学生数5,000人未満の文系大学」では、

第 9 章　私学の信用格付取得の意義と留意点

表 9-5　本学の格付取得の状況

年月日	種別	格付符号	方向性
2006.11.20	新規取得	A−	安定的
2008.04.22	更新	A−	安定的
2009.05.11	更新	A−	安定的
2010.04.05	更新	A−	安定的
2011.03.07	更新	A−	安定的
2012.03.06	更新	A−	安定的
2013.03.18	更新	A−	安定的
2014.03.06	更新	A−	安定的

格付取得を行っている大学はいまだ存在しない状態であった。

　こうした環境下で本学が格付取得に向けて、全学体制で臨んだことには、次のような背景があった。

　一つ目の理由は、本学が初めて格付を取得した 2006 年当時は、いわゆる「大学全入時代」の到来が叫ばれ、各大学が大学淘汰に備えた対応策を打ち始めた頃と重なるが、本学では格付の取得を契機として、当時策定されていた「マスタープラン」(教育改革や財務政策を盛り込んだ中長期計画) の諸改革事項について、第三者機関から客観的な評価を受け、その結果を諸改革活動の一つの推進装置として活用したいとの考えを持っていたことが挙げられる。

　もう一つの理由は、学生・生徒、教職員、保護者、卒業生、受験生、地域社会、企業等のステークホルダーに対して、教育研究活動や財務・経営の健全性に関わる格付機関からの評価内容を積極的に情報公開することによって、本学に対する社会からの評価・信頼を高め、本学全体の「ブランド力」を高めていくための一つの手段として活用しようとしたことにある。

　すでに、第 1 回目の格付取得から 8 年間が経過したが、本学が期待していた効果は確実に表れており、今後も継続していくことによって、学校改革に向けての学内におけるコンセンサスの更なる醸成と、改革活動のスピードアップが

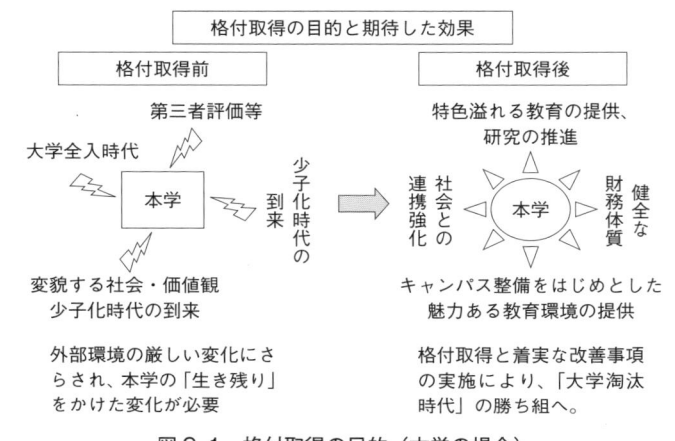

```
                    格付取得の目的と期待した効果
        格付取得前                      格付取得後
         第三者評価等              特色溢れる教育の提供、
                                        研究の推進
大学全入時代            少                            財
                        子      社          健        務
                        化      会          全        体
            本学        時 ⇒    と   本学    な        質
                        代      の
                        の      連
                        到      携
                        来      強
                                化
変貌する社会・価値観        キャンパス整備をはじめとした
少子化時代の到来            魅力ある教育環境の提供

外部環境の厳しい変化にさ    格付取得と着実な改善事項
らされ、本学の「生き残り」  の実施により、「大学淘汰
をかけた変化が必要          時代」の勝ち組へ。
```

図9-1　格付取得の目的（本学の場合）

図られることは間違いないと考えている。

（2）学内での位置づけ

　現在、本学では一連の格付更新作業に係る会議・事務作業等を「第二の大学評価」として位置づけ、理事長、学長をトップとした、全学体制で取り組んでいる。

　具体的には、理事長を議長とする全学政策会議（構成員は、理事長、常任理事等の役員と学長、副学長、学部長、高等学校長等の役職教員、事務局長、総務・人事部長等の管理職事務職員）で当該年度の格付更新について全体計画を検討し、組織的に事務職員のトップに位置する事務局長名で各部署へのデータ提出依頼が行われる。

　全体計画の策定から事前提出データの取り纏め、格付会社からの質疑応答に対応するためのプレゼンテーション資料の作成、格付結果の学内外へのフィードバックに至るまで、企画・財務部企画・財務課が主管部署として計画を推進し、学内各部署からの協力を得ながら、概ね3～4カ月程度の期間を要するプロジェクトとなっている。

　本学においては、この一連の格付更新作業が、前述のとおり、中長期計画推進のためのPDCAサイクルのうち、「C」に当たる重要な役割を担っている。

5．格付更新作業の概要とスケジュール

他の大学関係者の参考に資するため、本学での業務フローを紹介する。
1）基本計画の策定
毎年10月の「全学政策会議」において、当該年度の格付更新に向けた実施計画案を検討している。

「全学政策会議」は、理事会に上程する各種計画案の意見調整機関としての機能を有しており、本学における学内理事すべてと、大学部門の主要な役職教員及び事務担当部署の長が構成員として参加しているため、全学的な事業取り組みへの理解と協力が得られ、計画案の円滑な周知徹底が図られるための重要な要素となっている。

その構成は表9-6のとおりである。
2）各事務担当部署への周知、協力依頼
全学政策会議で当該年度の格付更新実施計画が了承され次第、企画・財務課が各部署への格付更新作業協力に係る依頼文書、データ取り纏め様式等を準備し、事務局長を通じて各課へ協力・作業依頼を行っている。

格付更新作業に必要なデータ及びデータ提出依頼先は、表9-7のように定めている。

表9-6　全学政策会議の構成

所　属	役　　職
法人	理事長、常任理事（総務・人事担当）、常任理事（企画・財務担当）
大学	学長（教学担当常任理事）、副学長（理事）、教授（理事）、大学院研究科長、学部長、学務局長
中学校・高等学校	中学校長、高等学校長（理事）
職員	事務局長（理事）、総務・人事部長（陪席）、教学事務部長（陪席）、企画・財務課長（事務）

表9-7　格付更新作業担当部署一覧

部署名	取り纏めデータ
総務・人事課	①設置学校一覧、②教職員数、③教職員年齢構成表、④教職員給与状況、⑤年金制度情報
広報課	①公開講座開設状況
企画・財務課	①収支実績・見通し、②設備投資の計画、③保有有価証券一覧等
経理課	①財務諸表、②事業概要、③設備投資の実績
学務課	①特許等取得状況、②産学官連携実績、③科研費採択状況
入試課	①入試難易度推移、②入試別入学者情報、③学校案内、④志願者・合格者・入学者
学生支援課	①定員数・在籍学生数、②退学・除籍・休学者数、③奨学金状況
就職支援課	①進路状況一覧、②資格試験等合格率
附属高校事務室	①学校案内、②志願者・合格者・入学者等
附属柏中高事務室	①学校案内、②志願者・合格者・入学者等

3）格付取得・更新の申し込み

本学では、格付更新結果の公表予定時期から、概ね3カ月前に格付会社に格付取得・更新の申し込みを行っている。

新規格付取得時は、資料の作成等に時間が必要となる場合があるため、半年前程度の時期には申し込みを行ったほうがよいが、更新作業では4カ月程度の時間があれば、データ取り纏め、ヒアリング、公表までを完了させることが可能である。

4）提出データ取り纏め作業

関係各部署へのデータ取り纏め依頼から、概ね1カ月後に資料提出期限を設定し、主担当部署（企画・財務課）においてデータ及び関連資料の取り纏め作業を実施している。

主担当部署での資料等取り纏め作業には、約2週間程度の期間を要し、文章校正、データチェック等を行った上で、格付会社へ資料を送付することとして

いる。

5）質疑応答

格付会社への資料送付後、提出したデータに基づき格付会社の担当アナリストから、追加資料の提出依頼や、学校経営者及び担当部局長等への質問事項が寄せられ、格付会社担当アナリストによる理事長・学長へのインタビューや、各担当部局長等との質疑応答の機会を設けることとなる。

本学では、概ね格付結果公表希望時期の1カ月半前程度にこうした機会を設け、事前提出資料分や質問事項に係るプレゼンテーション資料を用意し、格付会社担当アナリストとのコミュニケーションを図っている。

理事長、学長をはじめとする役員へのインタビューに半日、各担当部局長へのヒアリング、ディスカッションに半日程度の時間を割き、1～2日の期間で格付会社担当アナリストとの質疑応答を行っている。

6）格付結果の公表

本学への格付会社担当アナリストのヒアリング調査が完了してから、概ね1カ月程度後に格付会社から格付符号とその理由についての内示が行われる。

本学が格付結果の内容及び公表に同意する旨を格付会社に連絡してから、概ね1週間以内に格付会社のホームページ等によって格付結果が公表されることになる。

本学では、格付会社の公式ホームページでの公表に加えて、格付会社の許諾を得て、格付結果の概要を格付会社のニュースリリース記事を直接本学公式ホームページ内にPDFファイルで掲載しているほか、さらにわかりやすい解説ページを付して学生・生徒、父母、卒業生、教職員等へ公開している。

また、役員・教職員等には格付結果の公表だけでなく、格付会社担当アナリストからの格付符号の決定理由・講評を報告し、次年度作業に向けた改善課題を提示するなどの説明会を開催し、問題意識の共有を図ることとしている。

以上、本学での格付更新作業に伴う業務フローについて述べてきたが、一連の作業を時系列でまとめると、表9-8のようなスケジュールに沿って、作業を進めていることがわかる。

表 9-8　格付更新作業の流れ

時　期	会議体・担当部署等	内　　容
4カ月前	主担当部署	・格付更新に係る実施計画案の策定
	全学政策会議	・格付更新実施計画案の検討、承認
	主担当部署、事務局長	・当該年度格付更新作業に係る業務依頼の実施
3カ月前	主担当部署	・格付更新に係る申し込みの実施
	各部署	・データ取り纏め作業実施、提出
	主担当部署	・送付資料、データ内容確認
	理事長、常任理事	・事前提出資料、データ内容の最終確認
	主担当部署	・格付会社に資料送付
2カ月前	格付会社	・資料、データ内容確認、質問事項送付
	主担当部署	・プレゼンテーション資料作成、インタビュー・ヒアリング日時調整
1カ月前	格付会社	・インタビュー・ヒアリング実施、社内協議等
1週間前	格付会社	・格付結果の連絡
	本学	・結果内容の同意
結果公表	格付会社	・公式ホームページ等での公表
	主担当部署	・公式ホームページ等での公表、格付結果学内説明会等の実施

6．取得上の留意点

　今後、信用格付の取得について検討を行う方々のため、本学での経験を踏まえた上で、信用格付取得上の留意点として、次のような事項が挙げられる。
（1）コンセンサスの形成
　信用格付を取得する上で、最も注意を払わなければならないのは、学内にお

けるコンセンサスを形成するための仕掛け、PDCA サイクルの仕組みを構築することにあるといえる。

すでに述べてきたように、信用格付の取得及び更新作業、とりわけ新規取得時には、関係事務部署に大きな業務負担が生じることになるため、関係各部署の共通理解と協力体制が生まれていることが必要不可欠である。

格付取得に向けた意思決定は、理事会等の指示によるトップダウンで行われることが想定されるが、実際に資料作成等を担当する末端の事務職員のレベルにまで共通理解が浸透していなければ、毎年の評価作業を継続していくことは難しい。

それぞれの大学によって、格付取得の目的は異なるものの、格付取得を契機に学校改革を進めていくための成功の鍵は、トップからボトムまで一貫した共通認識を持ち、PDCA サイクルを回していくことだといえる。

（２）収益基盤の維持・発展
１）学納金収入の安定化

格付符号の下落を招くことなく、安定した評価を得るために最も重要な点は、収入の大半を占める学納金収入の基盤をいかに強固に維持していくかに尽きる。

つまり、学生・生徒の入学定員確保に向けた取り組みがポイントになる。

学校法人の場合は、在籍学生からの授業料等学納金収入が収入の主要な部分を占めるため、一度定員割れ等の事象が発生すると、そのマイナス効果は収支バランスに４年間連続して現れることになる。

一般企業と異なり、学校法人の場合は劇的なＶ字回復を遂げることができない収益構造であることから、一定数の入学者を確保し在籍学生数を維持していくことは、最も注意を払わなければならないポイントである。

安定した入学者数を確保していくためには、強固な学生募集力が必要であり、教育サービスの根幹を成す授業内容・カリキュラムの善し悪しは言うに及ばず、近年では、低迷を続ける就職環境から、就職率や就職先企業実績にも目を向けなくてはならない。

教学部門のトップである学長のリーダーシップによる全学的かつ継続的なカリキュラム改革と、学生の就職先拡充に向けた具体策を打ち出して成果に繋げていくことが、「学生確保＝格付維持・向上」のポイントである。

2）多様な収益機会獲得への取り組み

　授業料等学納金収入が学校法人の収益の柱であることは、大学入学定員、並びに在籍学生数の定員制度が今後も維持されていく限り変更はないものと考えられるが、他の収入源を確保し収入機会の多様化を図っていくことは、避けて通れない課題であるといえる。

　学校法人の収入としては、学納金収入以外に補助金収入、寄附金収入、受取利息・配当金収入などの資金運用収入、収益事業による事業収入などが挙げられるが、いずれの収入についても増収策について検討する必要がある。

　補助金収入については、国の教育予算削減の影響もあり、将来的に増額される見込みは厳しいものがあるため、その他の寄附金収入、事業収入、受取利息・配当金収入など、学校法人の自主努力によって収入の増加が可能となる分野については、リスクコントロールを十分に図りながら、積極的な対応を行っていくことが必要である。

3）改善課題への真摯な取り組み

　信用格付取得を「学校改革」に結び付け、一度取得した格付符号を維持・上昇させていくためには、学校法人全体が一丸となり改革・改善に向けた不断の努力を行っていくこと、その取組姿勢を維持していくことが重要と考える。

　そのためには、組織全体が同じベクトルに力を向けていくための評価制度や、教職員のやる気に働きかける給与制度改定等も視野に入れた対応が必要となるであろう。

　本学では、毎年の格付更新作業に伴って浮かび上がる課題について、その改善に向けた対策を真摯に行っていくことを繰り返すことにより、教職員の意識改革が行われ、学生満足度の向上、社会的評価の上昇に繋がっていくと考えており、この活動を継続していくための教職員のモチベーションの維持・向上が重要だと認識している。

4）格付会社担当アナリストとのコミュニケーション

　信用格付の新規取得・更新の際には、担当アナリストへの説明内容が重要なポイントとなる。

　あらかじめ求められるデータについては、いかにわかりやすく資料を取りまとめることができるか、説明を受ける側の視点に立った資料作りがポイントと

なり、精緻なデータ収集だけでなく、プレゼンテーションソフトを用いた視覚的効果に配慮した資料作成が必要だと感じている。

　また、インタビュー等を通じて発せられる新規の質問等に対しても、曖昧で根拠のない回答をインタビューの席上で行うより、事後に丁寧な補足説明を行ったほうが、担当アナリストの理解を得られるものと考えている。

　格付取得・更新作業において、担当アナリストとのコミュニケーションを十分に確保することが重要であることの理由は、格付符号の決定は、担当アナリスト個人が行うものではなく、格付会社内に設定された会議体で決定されるためである。

　担当アナリストは、格付会社内の会議における学校法人側の主張の一番の理解者であるとともに、代弁者のような働きを担っており、担当アナリストとのコミュニケーションを十分に取ることがフェアな評価を受けることの最大のポイントであるといえる。

第 10 章

情報公開と私学IR

1．私学の情報公開のこれまでの流れ

　第2章や第4章で述べたように、私学経営を進めるにあたっての原則の一つは、大学の社会的責任や経営の透明性を高めるための徹底した情報公開である。以下、情報公開の議論の流れについて、文部科学省高等教育局田中政策室長作成の資料（新たな未来を築くための大学教育の質的転換に向けて）の中から抜粋して、説明していくこととする。

　大学の情報公開については、平成10年10月26日開催の大学審議会の答申で「21世紀の大学像と今後の改革方策について」が決められ、その中で「大学入学希望者などの直接の利用者や一般の国民が必要とする大学情報をわかりやすく提供することは、公共的な機関としての大学の社会的な責務である」との方針が示された。

　このため、大学が、その教育研究目標・計画（例えば、将来計画など）、大学への入学や学習機会に関する情報、学生の知識・能力の修得水準に関する情報（成績評価方針・基準等）、卒業生の進路状況に関する情報、大学での研究課題に関する情報を広く国民に対して提供することとし、それを制度上位置づけることが必要であり、また、大学の財務状況に関する情報についても公表を促進することが必要であるとされた。

　近年、大学の教育研究活動について正確な情報を知りたいという社会的な関心は急速に高まっており、その関心の内容は、自分が入学を希望している大学の教育研究活動が活発に行われているかどうかといった個別的なものから、我が国の大学が国際的に通用する教育研究水準にあるか、公財政が支出される組織として効果的に運営されているかといった一般的なものまで、幅広いものがある。したがって、各大学は、国民の適切な理解を得るために、教育研究活動の状況やその成果、教育研究活動の改革・充実に向けた取り組みの状況を広く社会に対して積極的に公表していくことが必要となってきている。

　ここで、大学情報公開に関するこれまでの制度改正論議を振り返ってみると、平成11年大学設置基準の改正（大学における教育研究活動等の状況について積極的に提供する義務を規定〈第2条〉）に始まり、同16年の国立大学法人法において財務情報等の公開義務を規定、同23年の学校教育法施行規則に

第 10 章　情報公開と私学 IR

表 10-1　大学の情報公開に関する制度改正経緯

平成 11 年　大学設置基準の改正 　大学における教育研究活動等の状況について積極的に提供する義務を規定（第 2 条）
平成 16 年　国立大学法人法 　財務情報等の公開義務を規定（独立行政法人通則法第 38 条を準用）
平成 16 年　地方独立行政法人法 　公立大学法人を含む地方独立行政法人の財務情報等の公開義務を規定（第 34 条）
平成 16 年　学校教育法の改正 　自己点検・評価の公表を義務化（第 109 条）
平成 17 年　私立学校法の改正 　財務情報等の公開義務を規定（第 47 条）
平成 19 年　大学院設置基準の改正（平成 20 年に大学設置基準でも同様の内容を規定） 　人材養成目的の公表、シラバス・成績評価基準の明示を規定（第 2 条の 2、第 25 条の 2）
平成 19 年　学校教育法の改正 　教育研究活動の状況の公表に関する義務について法律レベルで規定（第 3 条）
平成 23 年　学校教育法施行規則の改正 　各大学が公表すべき教育情報を明確化。（第 172 条の 2）

（出典）文部科学省「大学の情報公開に関する参考資料」

おける各大学が公表すべき教育情報の明確化措置（第 172 条の 2）が行われた。大学の情報公表に関する制度改正の経緯は表 10-1 のとおりである。

（1）大学ポートレート準備委員会の設置

　平成 23 年 4 月、学校教育法の施行規則の改正により、各大学が公表すべき教育情報を明確化することとなり、同年 8 月文部科学省において「大学における教育情報の活用支援と公表の促進に関する協力者会議」が開催され、「大学における教育情報の活用・公表に関する中間まとめ」があり、データベース等を用いた教育情報の活用・公表のための共通的な仕組みの構築について提言があった。また、中央教育審議会大学分科会「これまでの主な論点について」の中でも、大学教育の情報発信の仕組み（大学ポートレート（仮称））の整備について提言が行われ、平成 24 年 2 月に大学ポートレート（仮称）準備委員会

が立ち上げられ検討を開始、5月より、ワーキンググループ（大学における教育情報の活用支援と公表の促進に関する協力者会議）を設置して専門的事項の検討を開始、同8月には中間取りまとめが提言された。

その基本的な考え方は、① 各大学が、自主的・自律的に教育情報の活用・公表に取り組むことが基本、② その上で、大学の取り組みを支援する大学団体の活動が重要、③そのため、データベースを用いて教育情報の活用・公表のための共通的な仕組みを構築することが求められる、としている。

その趣旨は、大学が教育情報を自らの活動状況を把握・分析することに活用すること、大学の多様な教育活動の状況を、大学教育に関係・関心を持つ国内外のさまざまな者にわかりやすく発信すること、基礎的な情報について共通的な公表の仕組みを構築し大学の業務負担軽減を図ることである。また、「大学ポートレート」運営は、大学と大学団体の参画により大学コミュニティが自主・自律的に運営することとしている。情報公表内容は、公表が義務化された教育情報、学校基本調査の基礎的な情報のほか、小規模大学や地方大学を含む各大学の特色・強みを表すこととされており、大学間での画一的なランキングを助長しないようにしながら、分野などに着目し一定の範囲で比較可能なものにし、またグローバルな教育活動を重視する大学の海外発信に活用、大学関係者による教育情報の活用・公表の共通基盤の構築の検討を提言している。

上記提言を受け、国公私立の大学団体、認証評価機関及び日本私立学校振興・共済事業団（以下「私学事業団」という）の関係者、その他有識者からなる「大学ポートレート（仮称）準備委員会」（委員等表10-2参照）が平成24年2月に発足した。

（2）ポートレート計画の概要

同委員会の運営方針は、設置形態ごとの大学団体、評価団体、私学事業団など、関係する事業を行う団体、有識者からなる「運営委員会」が決定することとし、運営委員会が決定した方針に基づく執行業務は、「大学教育の質保証のための新法人」に附置する「大学ポートレート（仮称）センター」が担うこととなった（図10-1）。これに伴い国公立大学のポートレート業務は、「国立財務・経営センター」を廃止し、「大学評価・学位授与機構」と「大学入試センター」を統合した新組織が担当することになった。また私立大学については、

第10章　情報公開と私学IR

表10-2　大学ポートレート（仮称）準備委員会委員一覧　　○印：委員長（五十音順）

浅田　尚紀	広島市立大学理事長・学長	
安達　　淳	国立情報学研究所教授・学術基盤推進部長	
岡本　和夫	独立行政法人大学評価・学位授与機構理事	
小田　一幸	東京造形大学理事長	
金子　元久	筑波大学ビジネスサイエンス系教授	
小林　　浩	リクルート「カレッジマネジメント」編集長	
小林　雅之	東京大学　大学総合教育研究センター教授	
小林　洋司	桜修館中等教育学校長	
佐久間勝彦	千葉経済大学短期大学部理事長・学長	
○鈴木典比古	公益財団法人大学基準協会専務理事	
関根　秀和	大阪女学院短期大学理事長・学長	
高倉　　翔	日本高等教育評価機構副理事長	
西尾章治郎	大阪大学大学院情報科学研究科教授	
松本　亮三	東海大学観光学部長	
牟田　博光	東京工業大学名誉教授	
村上　哲也	大月短期大学長	
山田　信博	筑波大学長	
山田　礼子	同志社大学社会学部教授	
山本　雅淑	日本私立学校振興・共済事業団私学経営情報センター長	

（出典）文部科学省「大学レポート（仮称）準備委員会の検討経過（概要）」

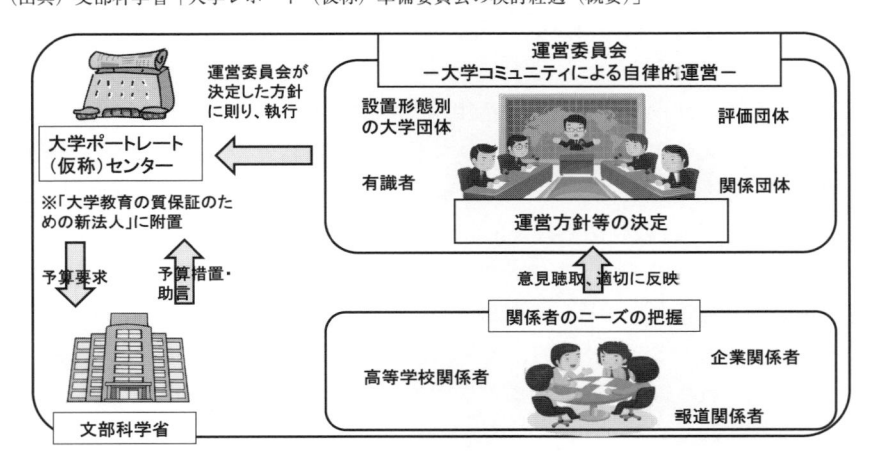

図10-1　運営体制概念図

（出典）文部科学省高等教育局資料

私学事業団で実施している情報収集と連携することにより、各大学の追加負担を回避することとした。

同準備委員会のこれまでの検討経緯を概略みると、まず基本的な考え方は、①参加・不参加は各大学の任意、②公表・活用の主眼は教育情報とする、③情報収集にあたり大学の作業負担を増加させない工夫を行う、④平成26年度に予定されている本格稼働後も継続して改善・改良を加えることとなっている。また、大学教育を取り巻くステークホルダー、中でも大学進学希望者とその保護者等にわかりやすいものとなるよう構築することが適当とし、公表の情報としては、①学校教育法施行規則等で公表が義務づけられた情報、②外部評価の結果（認証評価、国立大学法人評価等）、③大学進学希望者や保護者等の関心の高い情報、④大学等の特色がわかる情報としている。また公表形式としては、①数値に加えて文字・図・グラフ等を活用、②画一的なランキングにならないようペーパービュー形式が適当、③キャンパスの所在地や学問分野などの共通枠組の中で国公私立を通じた検索を可能とする、④大学の作業負担への配慮と公表情報の充実の観点から、各大学ホームページへのリンクを活用することとした。

本計画は平成24年度から国公立大学の学校基本調査の情報を発信するなど準備に入り、平成26年度から、「大学ポートレート（仮称）」の本格稼働となっており、当面は、大学ポートレート（仮称）の改善・充実に向けて準備委員会等で、大学における教育情報の活用、大学ポートレート（仮称）の運営体制のあり方、各大学向けのガイドラインの作成、多言語での公表の方策等を検討していくこととなっている。平成25年度末の段階では、国公私を通じて発信する情報は、「学校教育法施行規則等で公表が義務づけられた情報」、「外部評価の結果」に加えて「大学進学希望者や保護者の関心の高い情報」や「大学の特色が分かる情報」を含め、項目例として、大学の基本情報（大学の種類、所在地など）、教育研究上の目的、大学、学部、研究科等の特色等、教育課程、入学者選抜、教員、学生、キャンパスの概要、学生支援、卒業・修了後の状況などが挙げられている。

次に情報管理体制については、概略図10-2のとおりであるが、大学教育の質的保証のための新法人「大学ポートレートセンター」を新たに造り、国公私

第 10 章　情報公開と私学 IR

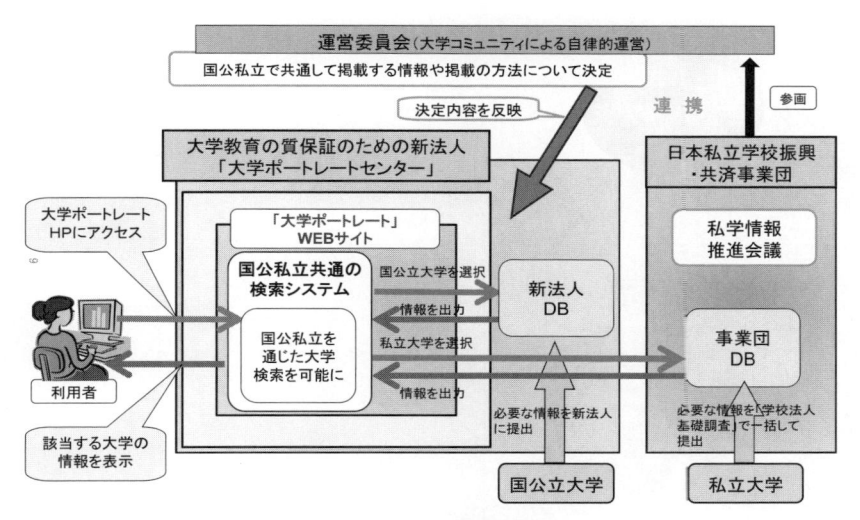

図 10-2　情報管理体制概念図

（出典）文部科学省高等教育局資料

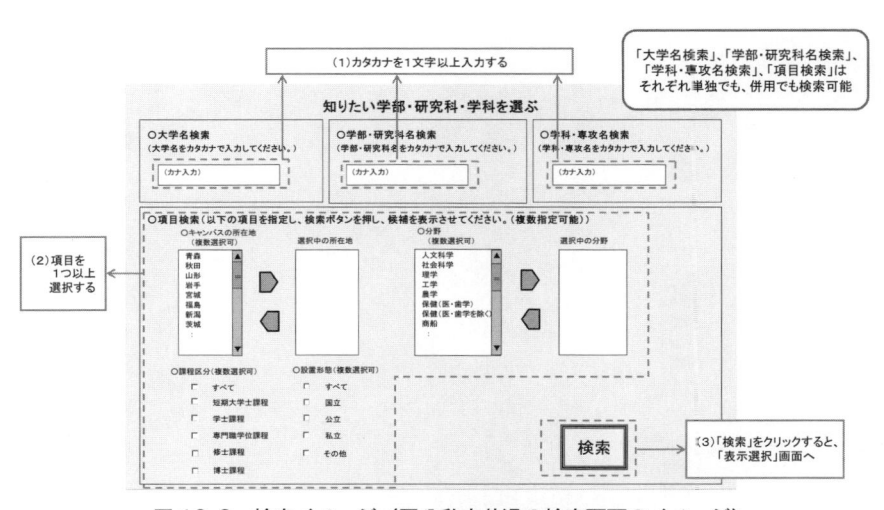

図 10-3　検索イメージ（国公私立共通の検索画面のイメージ）

（出典）文部科学省高等教育局資料

共通のデータベースを配置、共通の検索システム（図10-3）を通じて、検索

〈大学全体〉

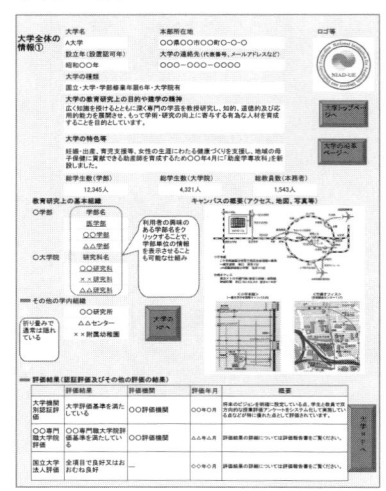

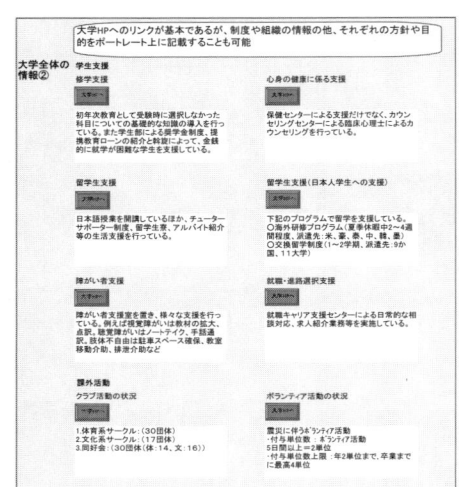

〈学部・研究科等〉

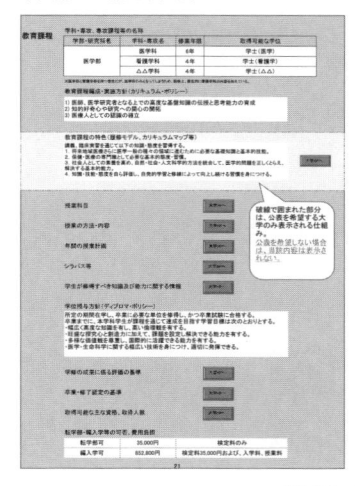

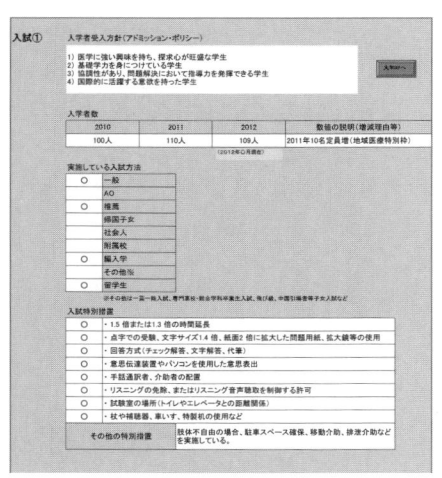

図10-4　表示イメージと情報項目

（出典）文部科学省高等教育局資料

可能とする方向で検討が進んでいる。また、私立大学は私学事業団のなかに私学情報推進会議を設け事業団データベースを構築、私学の必要な情報を蓄積する形で、大学ポートレートウェブサイトにリンクする形となっている。
表示イメージ（大学全体、学部単位）は図10-4のとおりとなっている。
（3）米国、英国の情報公開の状況
　こうした大学の情報公開は米国、英国が進んでいる。まず米国の場合は、2つの団体① College Portraits と② College Navigator が運営しており、その概要を見ていくこととする。
　まず College Portraits は州立大学の大学団体が共通フォーマットで大学情報を提供、運営している。開始年は2007年、参加大学は米国州立大学協議会、

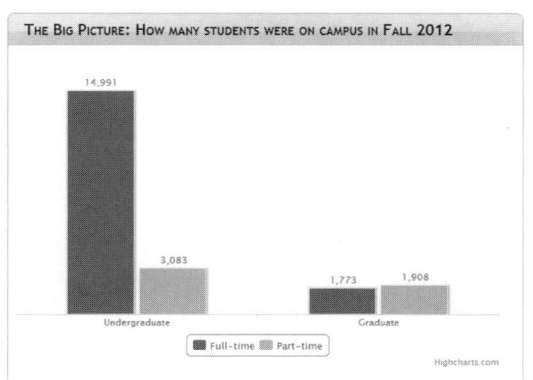

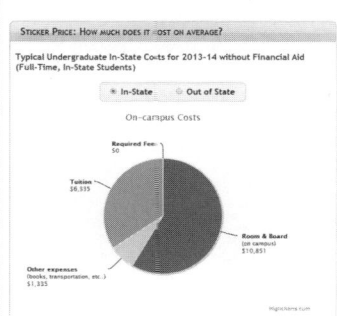

　　　　（注）学生の特徴（上左）、経費と経済的支援（上右）、学修成果（下）
　　　　　　図10-5　College　Portraits 表示イメージ
（出典）文部科学省高等教育局資料

米国州立大学・土地贈与大学協議会 に加盟する 297 の公立大学となっており、両協議会が運営している。公表項目の選定は 70 機関から、学長、学部長、学生関係職員、IR 関係職員、教員など 80 名を超える委員が参加し、8 カ月をかけて項目を整理する。情報の入力は各大学で実施することとなっている。具体的な項目内容は、①学生・家庭の情報、②学生の特徴、③学士課程における就学状況、④経費と経済的支援、⑤キャンパスライフ、⑥入学に関する状況、⑦取得学位、学問分野、卒業後のプラン、⑧在学中の経験、⑨学生の学習成果となっている。表示イメージは、図 10-5 のとおりとなっている。

次に College Navigator は、大学名、所在州、学位課程などから検索するシステムで 12 の共通項目、一般的な情報、学費・生活費等、経済的支援、入学状況、中退・卒業率、分野ごとの学位取得状況、運動部活動、第三者評価の結果、キャンパスの安全、学費の支払状況などが参照可能となっている（図10-6 参照）。

次に英国では、大学への公財政の配分を担う HEFCE（Higher Education

図 10-6　College Navigator（UCLA）のイメージ
（出典）文部科学省高等教育局資料

第 10 章　情報公開と私学 IR

Funding Council for England）と大学入試手続きを担う UCAS（Universities and Colleges Admissions Service、大学入学選考センター）が、各大学が提供する教育コース（学士課程と大学院）ごとの情報を一元的に提供する"Unistats"を構築、運営している（図 10-7）。これも米国 College Portoraits

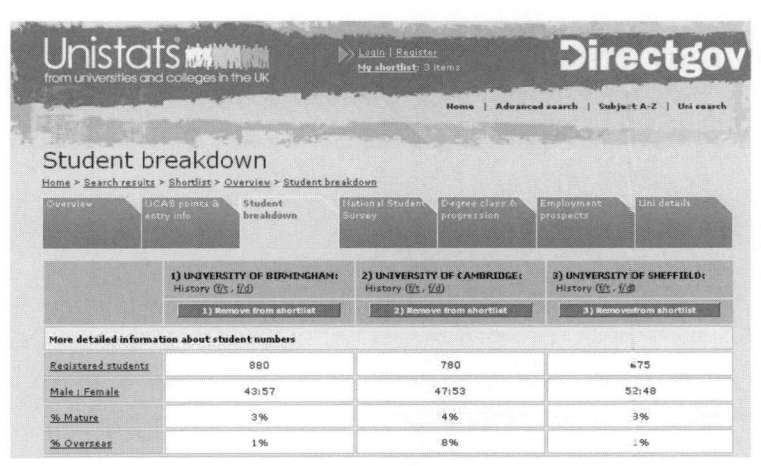

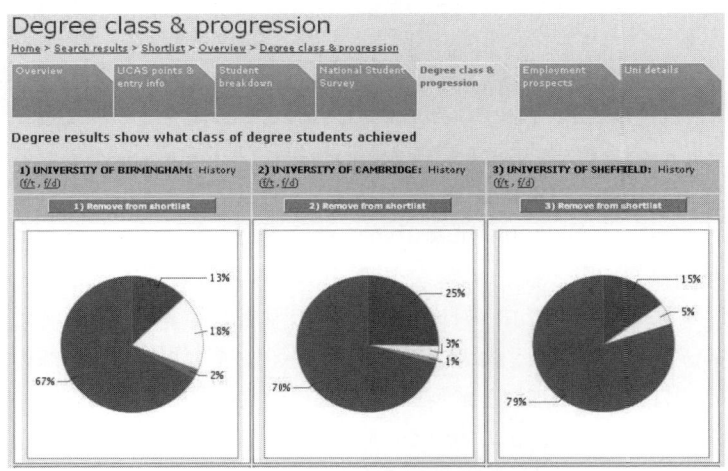

図 10-7　Unistats の表示イメージ
（出典）文部科学省高等教育局資料

と同様2007年に開始され、英国の全大学が参加、運営は、HEFCEとUCASが行っている。また情報入力は高等教育統計局（The Higher Education Statistics Agency（HESA）、統計情報の提供を担う団体（The FE data service）、HEFCEの各大学関係の機関・団体と各大学で実施。入力項目は①学生の入学時の情報（入学時のスコア分布／入学前に保有する学位等）、②学生の内訳（学生数／学生の男女比／成人学生の割合、パートタイム学生の割合／留学生の割合）、③学生の満足度、④学位取得と進級（学位取得者の状況：ファースト、セカンドほか）、⑤卒業後の就職状況（卒業6カ月後の就職状況／進学・就職等の割合）、⑥その他QAA（The Quality Assurance Agency for Higher Education、英国高等教育質保証機構）による機関評価結果へのリンク等となっている。

2．IRの実例

「IR」とは、一般的には、企業等において「Investor Relations（投資家向け広報）」とされているが、大学IRの「IR」は「Institutional Research」とされ、「機関や制度の調査・研究」という意味である。

　IRの定義については、米国のVolkwein Thorpe[1]など多くの研究者がさまざまな定義を提唱してきている。その一例として、Volkweinの定義をみると、①情報管理、②最良の事例を示す（情報発信）、③情報の分析・政策立案、④（大学の）有効性についての公平な証拠とされている。さらにVolkweinはIRを以下の4つに分類しており、①学内用の情報管理で、IRの基盤となる部分、②大学概要に代表される外向けの情報発信、③さまざまなデータを分析して、学内の課題解決に活かす取り組み、④自己評価の取り組みや、学生の教育成果や満足度を測るものとしている。その他の学者のIRの定義や我が国の研究家の説明を前提とすれば、IRの目的は、①機関内部の位置づけと役割により多様な解釈が存在すること、②大学活動の実態把握とそれに必要な情報の収集・分析と活用についての理解と定義することができる。

　この各領域のなかで、どの領域で活動を行うかは、大学によって異なることとなる。このようにIRの意味合いは多数、諸説あるが、これを一言でいえば「学内のデータを横断的に集計・分析し、大学教学部門の各種方針や大学経営

方針決定のため有効的に使用する取り組み」といえる。

以下国内大学のIRの取り組みについて、説明していくこととする（詳細は私立大学協会・大学事務研究会編の「戦略的な組織・業務改革に向けて」を参照）。

（1）国立大学——九州大学のIR

国内大学がIRに注目している背景として、九州大学の例（九州大学ホームページから抜粋）をみると、IRは大学経営支援の観点から必要としている。すなわち、18歳人口の減少や国際化、グローバル化、知識基盤社会化の進展など大学を巡る市場動向の変化や大学行政の規制緩和、行・財政改革等急速な環境変化に適切に対応するためには、①自己分析に基づいた意思決定と大学経営のPDCAサイクルの構築が必要であるという認識を大学構成員が共有すること、②従来の管理運営業務とは別の専門的人材・ノウハウが大学内に不足しているため、大学経営支援を充実する必要があるというものである。

しかしながら、「その方法論や専門的人材育成等は模索中の先が多く、今のところ次の2つの範疇に分けられている」、としている。まず大学教育センター等の活動が挙げられるが、教育支援への係わりが強く、経営支援機能はほとんど有していない。また次の範疇としては、学修アセスメントとしての意味合いでIR機能強化を提言している。ここで、同大学のホームページに掲載されているIR機能の充実状況を概略でみると、同大では、平成11、12年に大学設置基準の改正により自己点検・評価が義務づけられた。また大学評価学位授与機構が発足、大学評価が導入されたことを契機として、同13年に評価情報開発室を設置、本格的な自己点検・評価体制整備のため、教員の教育研究活動に対する情報の収集・管理システムの設計・運用、基礎データの調査・分析を目的とした。その後平成16年の国立大学法人化に伴い、同開発室を、大学評価への対応に加えて、大学経営に資する情報分析・提供を機能的に行うため、大学評価情報室へと改変した。同室は組織上の大学改革担当理事の下に位置づけられており、専任教員を3名配置、また業務内容は評価支援と大学経営支援を行うこととしている。また経営支援との関係で、同大事務局企画室との協働体制をとる形としている。以下、同大の研究者情報データベースと経営支援（マネジメント情報）情報別に同大ホームページから引用しつつ、みていくこ

ととする。
　1）研究者情報データ
　この情報収集は、①大学運営・将来計画の基礎資料（計画資料）、②教員の自己点検・評価のため（自己点検資料）、③「教員」単位の研究・教育情報収集のため（評価対策）、④「研究者情報」ウェブデータベース（説明責任）、⑤個々の教員による「年度活動報告書」への活用（効率化）を目的として、その構成は「大学評価情報システム」（入力専用データベース）と「研究者情報」（ウェブデータベース）としている。具体的には、学術情報リポジトリとの連携（研究業績と論文データベースの相互リンク、6万件のリンクを自動生成）、学内ウェブデータベースへのアクセス協力（学内サイトへのアクセス誘導）、各担当部課での学内調査の需要（人事情報内容は、「アジア研究」の研究者の全学横断的な調査〔アジア総合政策センター〕、知的財産情報及び特許の調査《知的財産本部》）となっている。自己点検・評価の義務化によりさまざまなデータを収集することが義務化され、これを蓄積する形で基礎的なデータベースが出来たとしている。これに加え毎年の自己点検・評価によるデータ更新はその入力責任を各部局組織ごとに連帯責任としたこと、さらに「教員の業績評価」にも利用可能となり、その有効性が確認されている。最も重大な問題点としては、やはり多岐にわたる入力項目（62個）の煩雑さ、入力すべき情報が多い教員ほど、入力する時間と余裕がない、及び教員個人にとっての入力することのメリットが大きくないなどユーザー側の負担感も出ていることが挙げられている。
　2）経営支援情報（マネジメント情報）
　経営支援目的としては、①教育・研究に関する各種データを収集・分析し、同大の特徴や課題を抽出すること、②これまでの事務的な単発のデータの提示ではなく、常に要求されたデータを提供できる体制が可能となる。この結果、学内公開による情報の共有化、学外公開による説明責任、データに基づいた議論の促進が可能となり、教育研究活動の改善を促す基盤形成が可能となるとしている。
　経営支援データは、平成16年度法人化後、以下のとおり蓄積されてきた。すなわち、毎年度発行される『九州大学概要』に掲載されているデータの電子

化、集計データをウェブ上で学内公開しており、平成17年度は、大学経営上必要とされるデータ項目の検討、それらの学内でのデータ源の同定、学内データの収集、まとめたものをウェブ上で学内外に公開、分析レポートの作成及び執行部への提示を行った。平成18年度は、学校基本調査のデータを電子化、教育関連項目のデータ収集・分析、分析レポートの作成及び執行部への提示、平成19年度は、認証評価及び法人評価においてマネジメント情報の利用、マネジメント情報としてのデータベースの一部開発を実施した。平成20年度は、データベースを利用して、分析レポート及びファクトブックを作成、執行部へ提示などを行っている。収集項目の選定にあたっては、大学経営において必要と捉えたデータを主軸とし、その収集は、事前に本部事務各課及び各部局事務部に対して情報源の確認を行い、その後電子ファイルにて依頼した。学校基本調査のデータに関しては、紙ベースのデータをエクセルに入力した。その他の収集したデータは、部局ごとにデータを整理したとされている。

次にデータの公開と利用については、学校基本調査のデータ及び収集したデータは、学外に対してはPDFで、学内に対してはより詳細なものをエクセルで公開し、活用に関しては①認証評価及び法人評価へのデータの活用（評価作業の効率化）、②分析レポートの作成（大学院の入学定員充足率に関するレポート、学部の卒業状況に関するレポートなど）、③学校基本調査のデータを基に、ファクトブック（Q-Fact）を作成（過去5年間の経年分析）し公開に資した、としている。

これらの課題としては、①管理業務以外でデータを活用することへの理解、特に一次データを有している事務各課及び各部局との連携の構築、データ収集の効率化（重複するような調査を避ける）、②大学経営に必要なデータ項目の明確化、すなわち大学の計画や抱えている課題を議論する際のデータや「大学評価」において必要となるデータ項目の見直しが必要であること、③各部局のニーズへの対応、どういうニーズがあるかの検討、部局単位での情報活用の可能性の検討などを挙げている。

これらの結果、同大ホームページでは、IRの基本的な目的が情報流通と共有・活用の組織化にあるとすれば、IR組織としての課題として、①「管理者」としては、情報収集・管理の方法がどうあるべきかの検討、すなわち一元化か

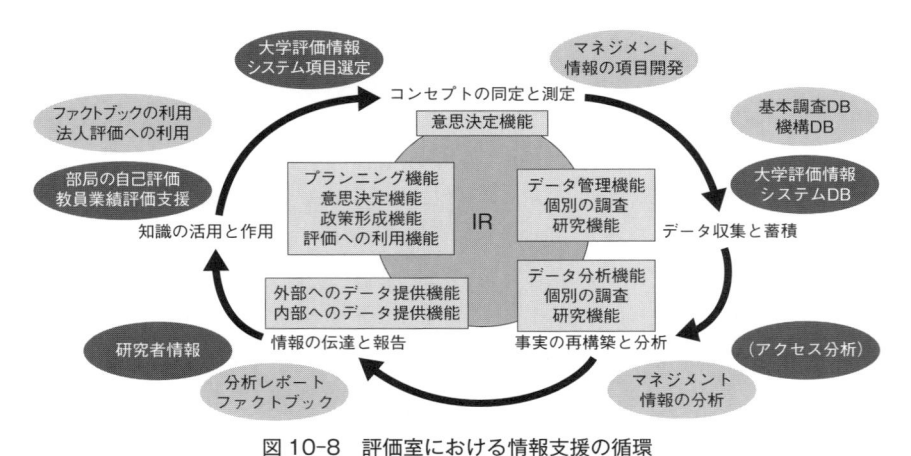

図 10-8 評価室における情報支援の循環
(出典) 九州大学ホームページより

分割統治かという問題があり、②「仲介者」の役割を果たす上では、事実の再構築と分析、人材育成、スキルの継承の課題、情報収集分析の機能を担う他部署との関係性、情報の伝達と報告、執行部や部局に効果的に情報を伝達できる人材の必要性、IR組織としての位置づけの不明確さによる情報の軽さなどが挙げられる。また、③「経営者」の役割を果たす上ではIR組織として、全学・部局のマネジメントにどこまで関わるのかという問題が横たわっているとしており、「これらをよく理解したうえで、IRを開発していくことが肝要といえる」、と結んでいる。

(2) 私立大学のIR

次に私立大学のIRに関する動きを、文部科学省高等教育局資料からみると、IRを教育情報の開発に資するという目的で、同志社大学、北海道大学、大阪府立大学、甲南大学の4つの大学が連携してIR活動を実施している例がある(図10-9)。この活動は大きく分けて、①個別大学内での改善のための調査・分析と、②IR先進国ですでに行われているベンチマーキングのための複数機関間比較や全国調査による自機関の相対的な位置づけのための調査・分析という、2つのIR機能に注目している。連携事業で行ってきた「IRを通じての相互評価」の主要な課題は、この②「ベンチマーキングのための複数機関間比

第10章　情報公開と私学IR

```
4大学連携による教学IR
目　　的：大学の教育成果の把握
実施機関：同志社大学、北海道大学、大阪府立大学、甲南大学
内　　容：学修状況（学修経験、能力に関する自己認識）、英語運用能力、
　　　　　教育環境・大学生活
実施方法：Web等を用いたアンケート調査
　　　　　第1学年の学生を対象
実施規模：4大学で約5,000人
```

【分析の例】
・英語運用能力の評価
　各大学の学生の英語能力を共通指標を用いて評価することで、学年進行による変化や、学生の経験の影響等を探る取組を行っている。

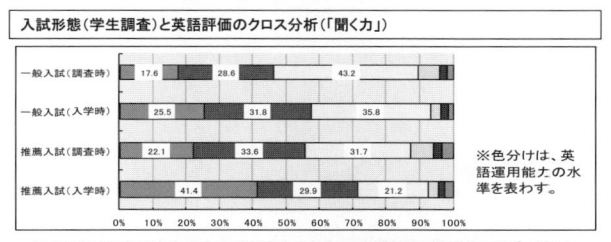

入試形態（学生調査）と英語評価のクロス分析（「聞く力」）

一般入試（調査時）	17.6	28.6	43.2	
一般入試（入学時）	25.5	31.8	35.8	
推薦入試（調査時）	22.1	33.6	31.7	※色分けは、英語運用能力の水準を表わす。
推薦入試（入学時）	41.4	29.9	21.2	

平成21年度採択文部科学省大学教育充実のための戦略的大学連携支援プログラム「一年生調査2010年」調査報告書（同志社大学、北海道大学、大阪府立大学、甲南大学）から作成。

図10-9　大学連携による教学IR

較」を通じて、教育課程の充実へと結びつけていく質保証の枠組みの整備である。具体的には、4大学共通の学生調査を活用して、学生の自己評価による間接アセスメントを実施し、3年間にわたる、学生の単位取得状況や学修行動、学修成果、教育の効果等に関する基礎データ（ベースライン・データ）の蓄積と、分析である。さらに、大学データ、大学内にある直接評価指標となる学生データとベースライン・データの3つのデータを、4大学連携事業により開発したシステムにより統合し、これを用いた個別の大学での学生の教育効果の測定及び連携大学間での相互評価を可能にしている。具体的には、ウェブ等を用いたアンケート調査（対象は第1学年の学生で4大学、約5,000人に対して、各大学の学生の英語能力について共通指標を用いて評価する）で、学年進行による変化や、学生の経験の影響等を探る等の取り組みを行っている。

　なお、上述のようなベンチマーキング校と、自大学とを比較して、経営上・教学上の課題や特徴点を把握して、教学運営や経営面で役立てていくことにつ

いては、第4章第5節「財務改革・中長期財務計画の策定」で、その効果について言及しており、参照していただきたい。
　このように「IR」は、その目的や効果・使い方については各大学の判断により、いろいろな活用方法が期待できることになる。

（注）
  1）IR についての Thorpe（1999）の 9 類型分類
　　計画策定支援（planning support）、意思決定支援（decision making support）、政策形成支援（policy formation support）、評価活動支援（assessment support）、個別テーマの調査研究（conducting research studies）、データ管理（data management）、データ分析（data analysis）、外部レポート（external reporting）、内部レポート（internal reporting）

第11章

教育再生実行会議の提言からみた大学全般の諸課題とその中における私学の諸課題

大学改革にかかわる論点は、これまでは、文部科学省の中央教育審議会で識者が議論し、一定期間議論した結果を公表するという形で進められてきた経緯があり、平成24年6月に過去5年間の改革論議について、「大学改革実行プラン」という形で、文部科学省から公表されたものがその例である。その後第二次安倍内閣は、大学改革担当部署である「教育再生実行会議」を、図11-1のとおり、内閣官房に置き、同じく内閣官房に設置した日本経済再生本部の中の産業競争力会議と連携しつつ、我が国の成長戦略と絡めて、大学改革の論議を始めているのが特徴である。

　以下では、文部科学省高等教育局資料を交えながら、教育再生実行会議の提言を、私見を含め説明していくとしたい。

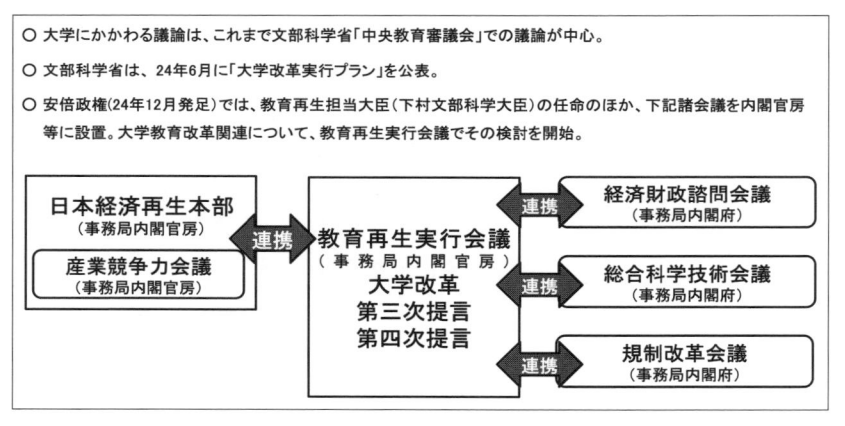

○ 大学にかかわる議論は、これまで文部科学省「中央教育審議会」での議論が中心。
○ 文部科学省は、24年6月に「大学改革実行プラン」を公表。
○ 安倍政権(24年12月発足)では、教育再生担当大臣(下村文部科学大臣)の任命のほか、下記諸会議を内閣官房等に設置。大学教育改革関連について、教育再生実行会議でその検討を開始。

図11-1　教育再生実行会議の位置づけ

1．大学改革論議の背景

　これまで、大学改革の必要性を、縷々説明してきたが、ここで今一度、大学改革論議の背景をマクロ的に整理してみることとする。まず、図11-2で昭和30年から平成40年まで、73年間の我が国の人口構造についてみると、18歳人口（棒グラフ下部）は、昭和41年、第一次ベビーブームの249万人、平成4年、第二次ベビーブームの205万人、平成25年は123万人となっており、

第 11 章　教育再生実行会議の提言からみた大学全般の諸課題とその中における私学の諸課題

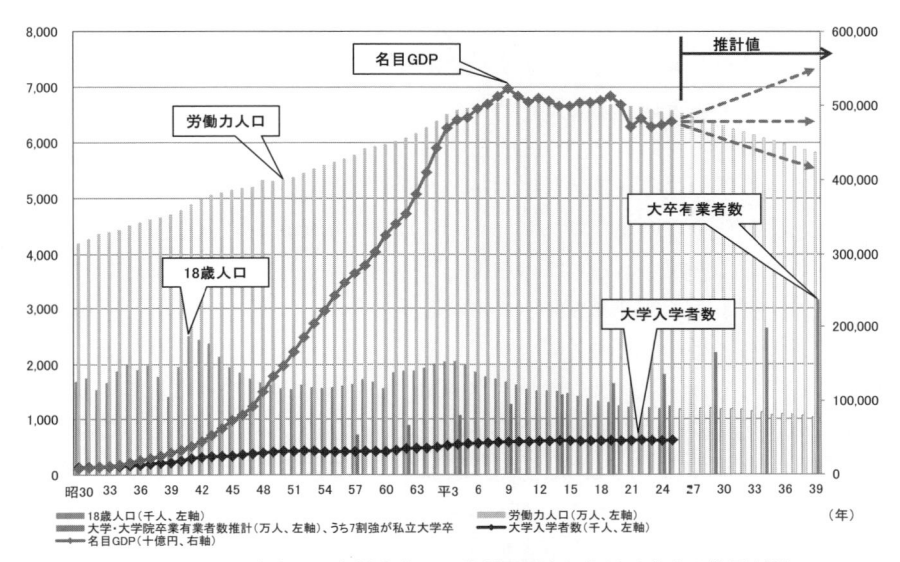

図 11-2　18 歳人口、労働力人口、我が国国力における大卒の位置付け

(注)　18 歳人口及び大学入学者数は「学校基本調査」、労働力人口実績は「労働力調査」より、年平均ベース。
　　　労働力人口とは、15 歳以上の人口のうち、就業者と失業者の合計。
　　　将来の労働力人口は厚生労働省データを参考に予想し、大学・大学院卒業有業者は 5 年毎の
　　　「就業構造基本調査」を基に推計した。
(出所)　文部科学省「学校基本調査」、厚生労働省「労働力調査」、「就業構造基本調査」、総務省統計局

この 40 年間あまりで半減している。次に 15 歳以上の人口のうち、就業者と失業者の合計である労働力人口の推移（棒グラフ上部）をみると、第二次ベビーブーム世代の 18 歳人口がピークアウトした平成 10 年頃、約 6,800 万人がピークで、平成 25 年は 6,580 万人と 200 万人以上減少している。この労働力人口は 15 年後には 5,800 万人へとピークから 1,000 万人減少するとみられる。折れ線グラフは我が国の GDP（名目国内総生産 Gross Domestic Product）で、一国の経済力を表すものである。例えば、平成 25 年の我が国の GDP は約 480 兆円であったが、この GDP の推移をみると、労働力人口のピークである平成 10 年頃から、GDP が横這いないし下降気味になっていることが見て取れる。すなわち、このまま労働力人口が減少するにしたがい、将来、我が国の成長力の象徴である GDP が下がり、つれて国力が減衰していく恐れがあり、これを、

食い止めるないしは引き上げていくためにどうするかということが、課題となっている。すなわち、今後労働力人口の大層を占める、大卒層の量と質を引き上げる必要があるということで、我が国の国力、成長力との兼ね合いで大学改革論議が酣(たけなわ)となっているということである。

次の大学改革論議の背景は、グローバル化によるボーダレス化と新興国の台頭による国際競争力の激化であり、我が国は今、新興国から国際競争面でも相当押されている状況がある。この状況をどう打開するかということが課題である。3番目の背景は、知識基盤社会化の進展である。知識と技術と情報が日進月歩で生まれ、それが速いスピードで伝播し、価値観や制度の見直しが頻繁に行われ、戦後培われた制度や価値観が崩壊、ないしは大きく変化している。その中にあって、大学教育も変化させていく必要がないかという問題意識である。

4番目は、国民が大学教育について満足していない事実である。某新聞社のアンケート調査の中で「大学が国際的に通用する人材や、企業や社会が必要とする人材を提供しているのか」という問いに対して、6割の国民が否定的な回答を寄せている事実があり、さらに、我が国の大学教育の質・量両面が先進諸外国比に劣後してきている。例えば、大学の進学率や、博士、修士の学位取得者数等がそれである。最後の背景は、地方の過疎化と都市の過密化進行による社会的・経済的格差の拡大をどう解決していくか、地方大学の役割を活性化していく必要はないかということである。

したがって、この考え方の結論は、「大学力は国力そのもの」、これの量・質両面を引き上げていく必要があるということであり、大学は、知の蓄積を基としつつ新たな知を創造し、社会を変革し牽引していくエンジンとして、中核となることが期待されているといえる。また同時に学生に対しては、「知識、学力に加え、豊かな創造力、課題解決力、構想力などを身に付け、社会を牽引する人材、社会を引っ張っていく人材」になることが期待され、こうした点を踏まえ、大学の抜本的な機能強化が叫ばれているといえる。これらを纏めると、図11-3のとおりとなる。

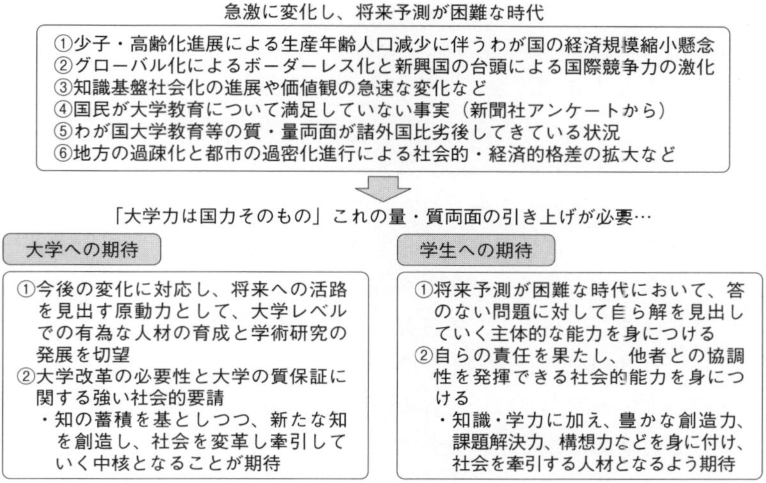

第11章　教育再生実行会議の提言からみた大学全般の諸課題とその中における私学の諸課題

急激に変化し、将来予測が困難な時代
①少子・高齢化進展による生産年齢人口減少に伴うわが国の経済規模縮小懸念
②グローバル化によるボーダーレス化と新興国の台頭による国際競争力の激化
③知識基盤社会化の進展や価値観の急速な変化など
④国民が大学教育について満足していない事実（新聞社アンケートから）
⑤わが国大学教育等の質・量両面が諸外国比劣後してきている状況
⑥地方の過疎化と都市の過密化進行による社会的・経済的格差の拡大など

「大学力は国力そのもの」これの量・質両面の引き上げが必要…

大学への期待
①今後の変化に対応し、将来への活路を見出す原動力として、大学レベルでの有為な人材の育成と学術研究の発展を切望
②大学改革の必要性と大学の質保証に関する強い社会的要請
・知の蓄積を基としつつ、新たな知を創造し、社会を変革し牽引していく中核となることが期待

学生への期待
①将来予測が困難な時代において、答のない問題に対して自ら解を見出していく主体的な能力を身につける
②自らの責任を果たし、他者との協調性を発揮できる社会的能力を身につける
・知識・学力に加え、豊かな創造力、課題解決力、構想力などを身に付け、社会を牽引する人材となるよう期待

図11-3　社会の変化と高まる大学改革への期待
（出典）文部科学省高等教育局資料

２．教育再生実行会議の提言の概略（第三次提言）

　こうした中、既述の教育再生実行会議は、早稲田大学総長、鎌田座長の下、平成25年初から精力的な議論を展開し、同年5月28日に第三次提言として、大学改革6つの論点を公表、各々の論点の現状の課題、問題、その対応策について言及されている。以下、各論点をホームページや文部科学省高等教育局作成の資料（文中出典を明示）を交え、整理し、今後の大学改革の背景及びその展望とその中における私学の将来像も含め説明することとする。
　論点の第1には、これからの我が国の社会における大学の役割として、天然資源に乏しく少子化が進行している日本では、グローバル・イノベーション人材の育成が急務であること、知識基盤社会化の進展に伴い、大学・大学院の役割が重要であることについて言及されている。進学率、修士・博士号取得者数や社会人の学び直しの機会も国際比較では相当な見劣りが生じていること、さらに大きな問題として、高等教育に対する公的財政支出が、国際的にみて非常に低い水準となっていることについて言及している。公的財政支出は、国公私

大間格差がきわめて大きく、例えば、学生1人あたりの公的財政支出は国立が年間250万円、私立は15万円と大きな格差が生じている。また、大学数は国公私合わせて782大学あるが、今後各大学は各々の特徴と多様性を尊重しつつ、質・量両面での飛躍的な強化・充実を図ることが課題として挙げられており、この大学の多様性というのは、東大、京大など世界の著名大学と伍する大学、次に我が国の労働力の中枢となる企業の幹部層を占める一流私立大学、その他の国公立大学、次に我が国の国力を支える中核となる人材を育てるその他私立大学の役割があるという意味である。

　論点の第2はグローバル化、同教育強化のための方策についてである。グローバル化はここ30年来言われ続けてきているが、なかなか実現されていないとし、国内の大学の教育環境や内容の国際化等の対応を講じつつ、本腰を入れて取り組む必要があることを示唆している。

　論点の第3は、イノベーション力、イノベーション創出人材の育成強化のための方策として、技術と経営を俯瞰できる人材育成の強化について言及し、大学の研究助成の拡充と成果の活用促進が挙げられている。これまで大学の研究成果が我が国の新産業の創出に結びついていない。この背景を分析し、新産業を創出させようという試みが課題となっている。また、地域社会と産業界との連携についても言及している。特に地方にある国公私立大学は、その地方の行政、産業を結びつけた中核としての大学機能を果たすために、どうしたらいいのかという問題意識であり、この対応としては、COC（Center of Community）構想を打ち出している。

　論点の第4は、勉強をしない我が国の学生を鍛え上げ、社会に送り出す大学機能の強化についてである。まず学びの質的転換を図り、勉強しない学生をいかに能動的に勉強させ、基礎、専門的な知識以外に、課題解決力や社会的責任能力などの人間力をどのように付けさせるかという問題を提起している。また、大学教員も教育力をつけていく、教育に割く時間を引き上げる必要があるとしている。さらに、大学教育と社会との接続を意識した教育を展開する必要性や、大学の教育が産業界で役に立たない、大学でどういう教育をしているのかという点について、産業界のニーズを酌み取った教育展開が必要であるということなどが指摘されている。

第 11 章　教育再生実行会議の提言からみた大学全般の諸課題とその中における私学の諸課題

　論点の第 5 は、社会人の学び直し機能の強化についてである。我が国では「大学入学生は 18 歳」という固定観念を打破する必要がある。国際的にみても、大学入学者の 25 歳以上の比率がわずか 2％ と、OECD 加盟国平均である 20％ を大きく下回っている実情であり、我が国では学び直しの機会が非常に少なく、結果的に大卒の学歴の厚みが違ってくるわけであり、大学・産業界が連携して学び直しプログラムを充実させていくことの必要性等の問題提起がなされている。

　最後の論点は「教育研究の基盤となる大学の機能強化」ということで、一つは世界水準の教育研究の展開で、東大、京大、東北大、阪大等の大学が世界トップ 100 大学の中に、今後 10 年以内に 10 校ランクインすることを目標にすべきであること、第二点がこれらの諸改革を進めていく場合、大学の学長のガバナンスの強化、法人理事長のリーダーシップの強化をどう確保していくか、充実していくかという問題が提起されている。

　以上の 6 点をまとめると表 11-1 のとおりとなる。

　次に、教育再生実行会議の 6 つの提言について、現状の問題点とその対応策の順番で、説明していくこととする。

（1）高等教育の国際比較

　我が国の大学進学率の動きを P.4「序章」の図 0-1 についてみると、このところ 10 年間は 40％ から 50％ 強で推移しており、安定した動きとなっている。この進学率を OECD 加盟国（2010 年調査）と比較してみると、日本は 51％、OECD 平均が 62％ となっており、我が国の大学進学率は加盟国中 22 番目という、非常に低い数字となっている（図 11-4）。我が国は高学歴社会だと思っていたのが、気がついてみると、低学歴社会になっていたということが言える。

　低進学率の大きな背景の 1 つが、我が国の高等教育に対する公的財政支出が、他の OECD 加盟国に比べて低いということである。図 11-5 は OECD 加盟国の高等教育に対する公的財政支出の各国の GDP（国内総生産）に占める比率を示しており、日本は 0.5％ と加盟国では最下位となっている。平成 23 年の我が国の GDP は約 470 兆円であり、その 0.5％ は 2 兆 3,500 億円、これは国公私合わせての数字であり、その内訳をみると、私立は 3,200 億円で、残りが国公立となっている。同比率は OECD 加盟国平均の数字が 1.1％ であり、我が

国の高等教育に対しての財政支出が低い結果が、大学進学率の低さに現れているということが言える。

なお、図11-6に示されている我が国の高等教育の教育費に対する公費負担率は国公私合算のものであり、私立においては10％くらいになると推計され、私学に対する国の公的財政支援の引き上げが必要となる状況にある。

また、我が国の大学進学率が長年、先進諸国に比べて低位な理由は、高等教育に対する公的財政支出が低位に固定され、かつ、その伸びがほとんどみられ

表11-1　教育再生実行会議「大学全体に係わる論点と提言」（平成25年5月、鎌田座長）

（第三次提言）

1. これからの我が国社会における大学の役割
   〇天然資源に乏しく少子化が進行している日本において、グローバル・イノベーション人材の育成が急務
   ・知識基盤社会化が進展、大学・大学院の役割が重要。進学率、修士・博士号取得者数は低く、社会人の学び直しの機会も限定
   ・高等教育に対する公財政支出も国際的に低い水準にあり、国公私立間格差も大きい
   →大学の多様性を尊重しつつ、質・量両面での飛躍的な強化・充実を図ることが課題
2. グローバル化・同教育強化のための方策
   〇教育環境の国際化
   〇教育内容の国際化
3. イノベーション力・イノベーション創出人材の育成強化のための方策
   〇技術と経営を俯瞰できる人材育成の強化
   〇大学の研究助成の拡充と成果の活用促進
   〇地域社会と産業界との連携強化
4. 学生を鍛え上げ社会に送り出す機能の強化
   〇学びの質的転換
   〇地域ニーズに貢献できる人材育成
   〇社会との接続を意識した教育
   〇就職活動時期のあり方
5. 社会人の学び直し機能の強化
   〇大学＝18歳という固定観念の打破
   〇学び直しプログラムの充実（大学・産業界との対話）
6. 教育・研究の基盤となる大学の機能強化
   〇世界水準の教育研究の展開、全国的な教育・研究拠点
   〇大学のガバナンスの強化

第 11 章　教育再生実行会議の提言からみた大学全般の諸課題とその中における私学の諸課題

ないということからも説明できる。図 11-7 は過去 10 年間の高等教育に対する公的財政支出の伸びを示した図であり、これでみると、韓国は 1.8 倍、米国が 1.4 倍、OECD 加盟国平均で 1.4 倍、仏が 1.2 倍各増などと大きく伸びていることがわかる。韓国は政府一体となって、大学教育の強化充実を政策の重点に掲

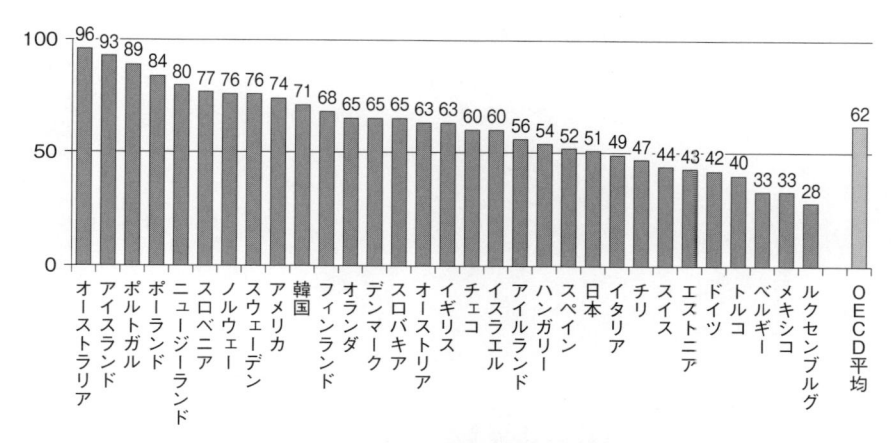

図 11-4　OECD 加盟国大学進学率比較
(出典) OECD 調査「図表でみる教育」2012 版

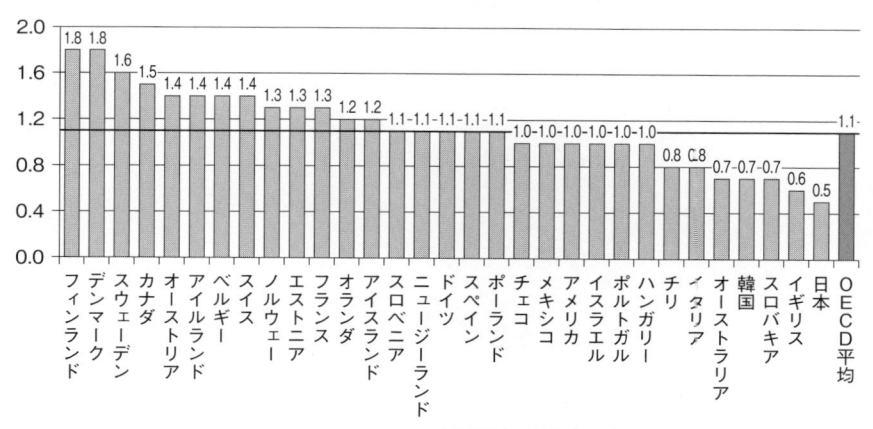

図 11-5　OECD 加盟国の高等教育への公財政支出（教育機関への支出）対 GDP 比率比較
(出典)「図表でみる教育 (2012)」(OECD)、OECD Statistics に基づき作成

げ、予算を教育に重点的に配分してきているほか、米国もオバマ大統領が、高等教育をさらに充実させるため、教育再生と銘打って、高等教育に対する予算配分を重点化してきていることなどがこの背景となっている。これに対して、我が国は財政の大幅赤字から、教育再生の必要性は議論されているが、予算の重点配分にまで至っておらず、この結果高等教育面で家計負担が引き続き大きいことなどから、大学進学率も低位で推移している実情がある。さらに大学生の70％強を育成、教育している私立大学に対する財政援助も、高等教育予算全体のわずか10％強であり、この点も大きな見直しが必要といえる。

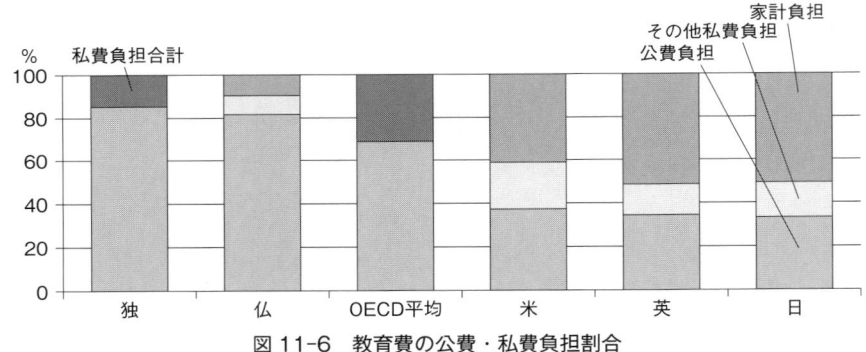

図11-6　教育費の公費・私費負担割合
(出典)「図表でみる教育（2012）」（OECD）、OECD Statistics に基づき作成

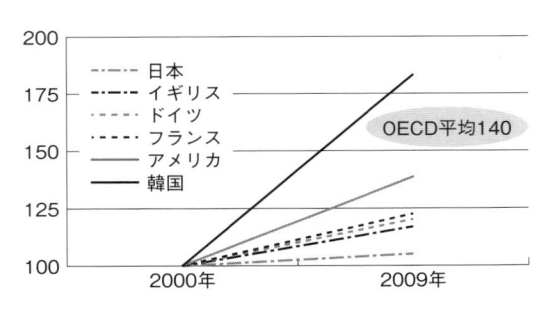

図11-7　高等教育機関への公財政支出の推移
(注) 2000年を100
(出典)「図表でみる教育（2012）」（OECD）、OECD Statistics に基づき作成、文部科学省資料

第 11 章　教育再生実行会議の提言からみた大学全般の諸課題とその中における私学の諸課題

　次に高等教育の結果としてのレベルを先進国と比較する意味で、人口 100 万人あたりの修士号、博士号の取得者数の国際比較を図 11-8 でみると、我が国の修士号取得者は人口 100 万人あたり 586 人で 5 番目、博士号取得者は人口 100 万人あたり 131 人と 6 番目となっている。韓国は同数字が 1,557 人と非常に高く、この面でも我が国は劣後している。また自然科学系の博士号取得者数の年毎の増加率をみても、日本は横ばいからマイナスであるのに対し、中国、米国は大きく伸びている。その結果、企業の研究者に占める博士号の取得者数の割合（2009 年調査）は、日本ではわずか 4％であり、我が国で産業的イノベーションがなかなか生まれない背景の一因となっている。

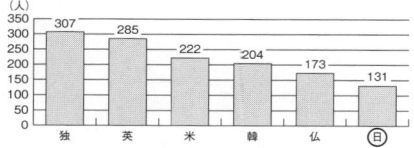

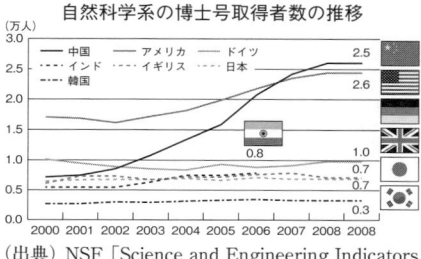

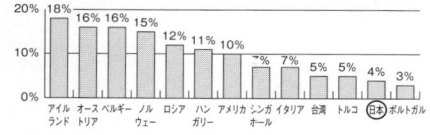

(2) グローバル人材の育成

　教育再生実行会議第三次提言の 2 番目の論点であるグローバル人材の育成については、現状の問題点として、日本人の海外留学生数が激減してきているということがある。図 11-9 の我が国の学生の海外留学生数の推移をみると、2004 年に 8 万 3 千人であったものが現状 6 万人を切っており、うち米国への留学生数は、2001 年に 4 万 6 千人であったものが現状 2 万人を割るなど激減

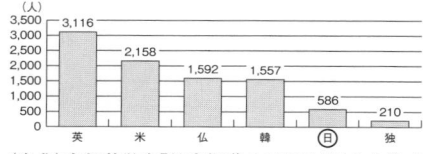

図 11-8　修士号、博士号取得者数と自然科学系博士号取得者数の伸びなど

の状況となっている。一方成長著しい韓国、中国、インドなどは、海外への留学生が大きく増加している。我が国の学生の海外留学生数が減少した結果、海外体験がない学生が多くなり、企業では、若手社員が海外勤務を忌避する傾向が顕著となっており、産業能率大学が実施した調査によると、2004年には海外勤務を希望しない社員の割合が29％であったのに対し、2010年調査では、約半数（49％）が希望しない状況となるなど、グローバル化が掛け声倒れになっている状況が判明している。

日本人の海外留学は2004年をピークに減少。

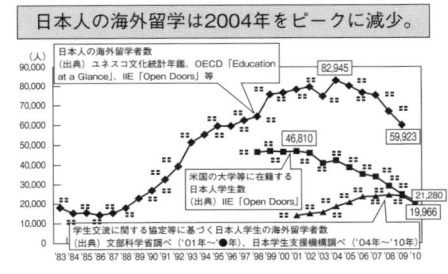

（出典）ユネスコ文化統計年鑑、OECD「Education at a Glance」、IIE「Open Doors」等

一方、経済成長の著しい中国・インドや韓国等は、海外留学者数を増加させている。

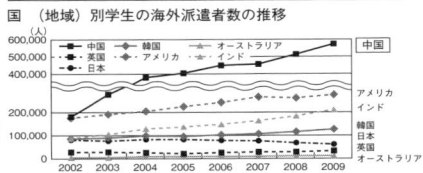

（出典）OECD「Education at a Glance」、IIE「Open Doors」等

新入社員で海外での勤務を希望する者としない者が二極化。

（新入社員の海外勤務希望）

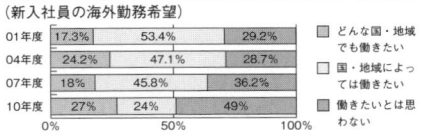

01年度	17.3%	53.4%	29.2%
04年度	24.2%	47.1%	28.7%
07年度	18%	45.8%	36.2%
10年度	27%	24%	49%

□ どんな国・地域でも働きたい
□ 国・地域によっては働きたい
■ 働きたいとは思わない

対象：全国の2010年度入社の新入社員400人（男性185人、女性215人）。
なお、2010年度と2007年度以前では調査対象が異なる。

（出典）学校法人産業能率大学「第4回新入社員のグローバル意識調査」

日本の高等教育への民間投資はアメリカの1／7。

高等教育への投資の対GDP比

	日本	アメリカ
公費負担	0.5%	1.0%
私費負担	1.0%	1.7%
うち家計	0.76%	1.12%
民間	0.24%	0.58%
合計	1.5%	2.7%

※GDP 日本：アメリカ＝1：3

（出典）IIE「Education at a Glance」

人口減少と超高齢化が進む中、日本経済の新たな成長には、イノベーティブな若者の育成が急務。

日本の経済成長率と人口増加率の推移

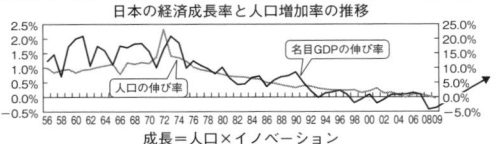

成長＝人口×イノベーション
人口：総務省「人口推計」、名目GDP：平成21年度「年次経済財政報告書」

（出典）文部科学省高等教育局資料

図11-9　わが国学生の海外留学生数推移、他国の学生の海外留学生数推移、企業の海外勤務希望調査等

第11章　教育再生実行会議の提言からみた大学全般の諸課題とその中における私学の諸課題

　したがって、今後どういう形でグローバル化を進めるかについては、再生会議では、「スピード感を持ってグローバル化を行い世界と競う大学へ」と標榜し、世界レベルの大学、グローバル化対応に実績を誇る大学を予め指定し、10年間にわたり財政面での重点支援を行うことと方向づけしている。そこでは、①大学の教育環境の徹底した国際化、②国際的に通用する学修を行わせることを挙げており、前者は、海外で学位取得した若手、外国人教員の積極採用、大学一般入試における TOEFL 等の組み込みや教育指標への活用、いつでも入学可能な柔軟なアカデミック・カレンダーの導入、内外の学生交流を質量両面で増やすこと、日本の大学の海外キャンパスの展開、設置を通じて日本の大学の教育プログラムを展開、海外研究機関との教育研究連携を具体化するなどの対応を求めてグローバル化を推進していくことを提言している。また後者は、国際通用性ある学修・同環境の実現として TOEFL を単位化し、これを卒業要件化すること、日本人教員の語学力向上を図る制度を導入すること、指定されたスーパーグローバル大学においては全開講科目の3割を5年以内に、5割を10年以内に英語授業化することを義務づける、さらに日本人学生の海外留学生数を5万人から12万人へ倍増、外国人留学生の受入数13万7千人を30万人へ引き上げることなどの目標を掲げている。

　またグローバル化については、世界トップレベルの大学ということで、「TIMES、World University Rankings」の世界大学ランキングトップ100位以内に、今後10年間で日本の大学を10校入れることを目標に挙げて進めることとしている。同ランキングには、2010年調査では5校ランクインしていたが、直近の2013年調査では、東大、京大2校しか入っておらず、我が国の大学の国際面での凋落ぶりは大きいと指摘している。その理由として再生会議では、①国際的にみて我が国の大学の論文引用数が少ないこと、②教授、研究者やTA、学生レベルでの内外交流が少なく、これら各層の外国人比率が少ないことなどグローバル化が進んでいないことを挙げ、こうした点を是正しつつ、今後外国人教授比率、研究生交換比率等について、高い目標を置き、これらの施策を通じて国際公表論文の引用比率を引き上げ、世界トップレベルの大学の地位を取り戻そうとの考え方となっている。

　また、今回のグローバル化論議は、高等教育からさらに初等中等教育へとそ

の対応を求めており、グローバルジュニア段階からの育成を議論している点も見て取れる。すなわち、英語力強化の目安として、中学生時の英検3級程度の取得率を現状の26％から50％へ引き上げること、高卒時には英検準2級・2級程度の取得率を現状30％から50％へ引き上げること、また教員の英語力を強化するために、TOEFLiBT80程度以上の取得率を中学校教員は現状28％を50％へ、高校教員は現状52％を75％に引き上げ、これを目標とした英語指導力の強化を提言している。また高校生留学生数の倍増（3千人から6千人へ）、研修海外旅行生数の倍増（2.7万人から5.4万人へ）を目標に進めていくこと、さらに国際バカロレア資格認定校を現状16校から200校へ大幅に引き上げ、初等中等教育面でのグローバル化を推進していくことを提唱している。

（3）イノベーション創造人材の育成

　再生会議の3番目の問題提起は、イノベーション創出人材育成の抜本強化を挙げている。我が国ではこれまで、大学の研究成果が新産業の創出に結びついておらず、イノベーション産業が現出していないという問題点がある。具体的には、日本の企業の研究開発分野が、世界の先端の産業構造の変化に対応できていない分野がある事実が指摘されている。IEEE（国際電気電子技術者協会）は世界の主要国の主要企業の研究部門が公表する工業文献を分野別に調査する団体であり、ここでは、最先端分野のコンピュータ、通信、デジタル技術のほか、誘電体、電子デバイス、液晶、ロボット工学など分野別に各国企業の公表工業文献の件数を調べ、公表している。この調査結果から先端分野の公表文献数が大きく増加している国は、アメリカ、英国、カナダ、フランス、中国であるのに対し、日本は公表文献数の伸びが横ばいからマイナスになっているほか、公表工業文献の内容が、既存技術の改良文献が主体であり、現状では日本の産業でイノベーション的な産業が生まれにくい地合いがあると判断している。その背景の1つとして、日本において工学分野の博士号取得者数がここ10年間、横ばいで推移しており、米国、中国の増加トレンド（因みに米国は年間5千人程度が8千人ペース、中国に至っては、年間4,200人程度から1万6千人へと飛躍的に取得者数が増加している）に対し、大きく遅れをみせていることが挙げられる。我が国ではなぜ工学博士の取得者数が伸びないかであるが、これは工学系学生が修士段階で就職をしていくことが多く、博士課程へ進

第 11 章　教育再生実行会議の提言からみた大学全般の諸課題とその中における私学の諸課題

む学生が少ないという実情があると指摘している。この点については、就職慣行を産業界と大学が話し合って、変えていく必要があり、また理工系教育・研究の質保証の観点からいえば、理工系、特に工学分野のカリキュラムに、先端分野の通信、デジタル処理等関連科目をさらに組み込んでいく必要も併せて指摘している。以上の施策を織り交ぜながら、イノベーション創出人材の育成を図っていこうとの提言内容となっている。

　また、現状で新産業に結びつきそうな有望な研究をしている大学、例えば京大の iPS 関連、阪大の免疫関連研究、東大の物理分野のダークマター関連、東北大の通信関連分野及びその他国公私立大学の研究分野に、ストレートに補助金を交付することを通じて、10 年間で 20 の新産業の創出を目標に置いて進んでいくことを提言している。なお、本補助金は平成 24 年度補正予算ですでに実現化しており、東大・京大・阪大・東北大へ 1,200 億円の補助を実施する予定になっているほか、その他国公私立大学の研究開発分野へも 400 億円の予算支出を計画している。

　さらに、イノベーション創出人材の育成関連では、技術と経営を俯瞰したビジネスモデルを創出できる人材の育成についても議論されている。特に現状の我が国の大学院教育があまりにも専門分化が著しく、大学院卒が専門分野のみ見つめ、広い視野や識見が伴わなくなった人材が出ていく結果、企業などでは使えないとの声が強くなっており、その点をどう考えていくかが問題だということである。したがって、これからは大学院において専門性を身に付けた人材が企業で活躍する姿がグローバルスタンダードとの考え方を確立し、そのグローバルスタンダードの見本はアメリカ型企業社会であると指摘、同時に多様化しスピードを持って変化する市場のニーズの変化に即座に対応する人材を育成していくため、技術と経営を俯瞰してビジネスモデルを創出できる人材、技術面も理解できマネジメントもできる人材を育成していく必要性を提起している。

　ここで我が国の企業における役員の学歴調査と、米国の同様の調査を、まず表 11-2 の日本の企業役員等の最終学歴でみると、院卒が 6％弱、大卒が 61％で、あとは専門学校、高卒となっている。これに対し、表 11-3 の米国上場企業調査によると、米国の場合は、部長クラスの Ph.D. 取得者が 5％から 14％、院修了は 44％から 62％のほか、管理職全体の中で実に MBA（経営管理学修

士）取得者が4割前後ということで、学歴の厚みが日米の実業界において大きな差がある。したがって、企業間競争でもこの差が出てくるといえるわけである。

こうしたことから、再生会議では、国内大学のMBAコース、MOTコースの充実強化の必要性や国公私各大学にわたる各コースのレベルの引き上げとレベルの平準化、また、MBA、MOT両面を含むコースの新設等の必要性を提言している。また現在の大学院における行きすぎた専門化についても、専門分野の枠を超えた体系的な大学院教育の確立ということで、①多様な学生を結集させ、多数の研究室を経験させ、論文研究に向けた基礎力を強化させる教育を展開すること、②教える側の教員についても、専門性が異なる教員の連携をさせ、複数教員による指導体制を確立し、産・学・官が参画した教育を実施できる体制の充実を提言している。

さらに、各層各界で活躍するリーダーを養成、輩出するリーディング大学院を産・学・官協働で構築する必要性もあわせて提言しており、東大、京大等に

表11-2　日本の企業役員等の最終学歴（従業員500人以上）

大学院卒	大卒	短大・高専卒	高卒	中卒・小卒
5.9%	61.4%	7.4%	23.6%	1.7%

（出典）総務省「就業構造状況調査」平成19年

表11-3　米国上場企業の管理職等の最終学歴

	人事部長	営業部長	経理部長
Ph.D.取得	14.1%	5.4%	0.0%
大学院修了	61.6%	45.6%	43.9%
4年制大卒	35.4%	43.5%	56.1%
4年制大卒未満	3.0%	9.8%	0.0%
MBA取得《全体中》	38.4%	38.0%	40.9%

（出典）日本労働研究機構

第11章　教育再生実行会議の提言からみた大学全般の諸課題とその中における私学の諸課題

おいて設立を検討していく必要性にも言及している。このように、これまでやったことのない分野でのイノベーション創出人材や新たなビジネスモデルを創出できる人材育成が望まれる。具体的に、実際の産業界におけるイノベーションは、小売業がシステム構築、インターネットの業務でネットワーク事業を開始する、メーカーが通信業を開始するということで、各々の専門分野の業際を超えて、他分野のいろいろな業務を行う際に新しいビジネスモデルが出現している。したがって、人材も専門分野はもちろん、その他の技術分野も理解できる人材育成の必要性があると提言している。

（4）学生を鍛え直し社会に送り出す機能強化

　再生会議の4番目の提言は、「学生を鍛え直し、社会に送り出す大学機能の強化」ということである。この提言の背景には、一つには、我が国の大学教育は国民の期待する教育が為されているのだろうか、という疑問が横たわっているところから出てきている。某新聞社のアンケート調査「大学は国民が期待する人材を育成しているか」という問いに対し、「6割以上の国民が否定的な回答を寄せている」との調査結果があり、こうした認識もこの提言の背後にあると言える。

　また、それ以前の問題として、既述のごとく日本の学生の学修時間が少なすぎるという事実があり、この状況を改善していくには、種々の施策を併せて実行していく必要があるといえる。すなわち、日本の大学生の学修時間の実情についての調査結果（図11-10）によると、日米大学生の1週間あたりの授業時間以外の予習・復習、図書館での自習時間は、日本の学生が、1週間に授業時間以外で予習・復習等の時間が、1～5時間が過半であるのに対し、米国の場合は、11時間以上学修する学生が過半であり、学修時間に日米双方に大きな隔たりがある。また1週間で授業時間以外全く学修しない学生が日本では1割弱いるわけで、とにかく日本の学生は勉強しないという実情がある。

　したがって、勉強しない学生をいかに勉強させるか、能動的な学修体制をいかに構築するか、大学4年間で履修科目の基礎、専門知識以外に、課題解決力、創造力、構想力、コミュニケーション能力、社会的責任能力など社会で生き抜く力をどう身に付けさせていくかが、課題として浮かび上がってくるといえる。これには、教える側の教員の対応にも工夫を加える必要がある。

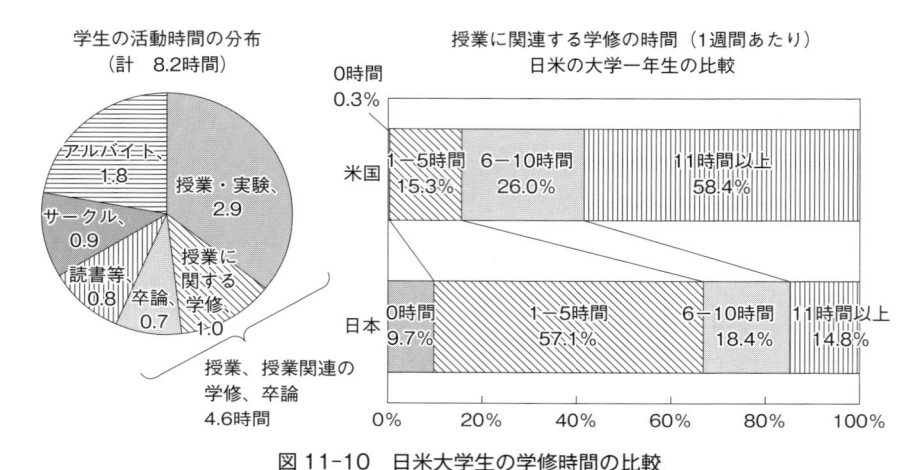

図 11-10　日米大学生の学修時間の比較
（出典）東京大学　大学経営政策研究センター（CRUMP）『全国大学調査』2007 年、サンプル数 44,905 人　http://ump.p.u-tpkyo.ac.jp/crump
NSSE（The National Survey of Student Engagement）

　ここで大学教員が、職務においてどのような活動をしているかをみていきたい。表 11-4 は、大学教員の職務活動時間調査で 2002 年と 2008 年の間の変化を示しているが、大学教員が教育に割く時間は徐々に増加してきており、2008 年調査で、国公私全大学では教育に割く時間が 28.5％、私立大学では 31.6％と少しずつ拡大してきている。これは、教育に力を入れていかざるを得ない必要性が大学教育に現れている証左といえる。また私立大学が国公立大学より教育に割く時間が多いのは、私立大学は、学部構成が国公立より多彩で幅広い分野で教育が展開されているためだと推測される。知識基盤社会化や ICT 化が進展していくと、価値観や制度の変化が急激に進み、教育内容もそれに応じて変えていく必要があり、教育時間を現在以上に割いて対応する必要性が出てくるものと考えられる。
　大学教育の質的転換のためには、第 2 章「中小規模私立大学の経営改革の必要性」の「3. 教育改革の必要性」の項で述べたように、学生・教員が協働して勉強する仕組みをつくることが必要になる。具体的には①教育課程を体系化すること、②シラバス（学修計画書）を充実していくこと、③教員の教育力の

第 11 章　教育再生実行会議の提言からみた大学全般の諸課題とその中における私学の諸課題

表 11-4　大学教員の職務活動時間調査

職務活動時間	全大学		国立大学		公立大学		私立大学	
	2002	2008	2002	2008	2002	2008	2002	2008
研究	47.5%	36.1%	50.9%	40.1%	48.3%	36.9%	44.5%	33.2%
教育	23.0%	28.5%	20.2%	25.0%	21.8%	23.9%	25.4%	31.6%
社会サービス	10.5%	15.6%	10.5%	15.2%	11.4%	20.4%	10.4%	15.3%
研究関連	3.5%	6.4%	3.9%	7.2%	3.5%	7.8%	3.2%	5.6%
教育関連	2.8%	4.7%	2.8%	4.4%	3.2%	5.9%	2.7%	4.7%
その他	4.2%	4.6%	3.8%	3.6%	4.8%	6.7%	4.5%	4.9%
その他	19.0%	19.7%	18.4%	19.7%	18.6%	18.8%	19.6%	19.9%
合計	100.0%	100.0%	100.0%	100.0%	100.0%	100.0%	100.0%	100.0%

(注)　大学の学部（大学院も含む）。2008 年の値は母集団の学問分野別と国・公・私立大学別のバランスを考慮し、科学技術政策研究所が計算したもの
(出典) 文部科学省「大学等におけるフルタイム換算データに関する調査」

向上と組織的な教育の展開の必要性、の 3 点がセットとなって実現されるべきであるとの提言がなされている。まず教育課程の体系化は、カリキュラムの体系的な整理・整頓を行うことであり、これをナンバリングといい、カリキュラム上の開講科目を難易度別、形成を期待する能力別に分けて、カリキュラムマップを作成することが必要となる。これは大学入学生に対し、入学後どういう科目をどういう順序で履修したらよいかのアドバイスとなる。以前は、大学には教養課程があり、初年次は教養科目から開始し、応用、専門科目履修、卒業という形が主流であったが、教養課程が廃止され、専門科目を初年次から履修する形で勉強を進める学校が多くなってきている。この結果、学生にとり履修科目の内容が消化不足で、単位は取得したが、専門知識の他にはどういう能力が付いたか判定できない状況で卒業していく学生が多く、結果、企業で使えない、大学での教育が企業で役立たないといった意見が聞かれる原因となっている。この状況を打開するためには、大学で基礎から専門知識以外に、社会に適

応できる能力を、授業を通じて身に付けさせるカリキュラム展開を用意していくことが肝要といえる。

次に整備していくのは、シラバス（学修計画書）である。教育改革の必要性の項で既述したように、シラバスは教員と学生の学修に関する契約書という位置づけで臨むことが必要で、教員側は、自身の専門科目の内容を学生がどうしたらきちんと理解するかを常に考えながら、その準備段階として、学生が学修すべきシラバスを、周到に準備していくことが必要になる。したがって、まず授業の目的、授業を行うことにより形成が期待される能力、能力涵養のためのテストやレポートの作成義務、毎回の授業に必要な予習・復習時間の明示など、緻密な準備がこのシラバスに盛り込まれることが必須となってくる。この予習・復習時間の明示は、設置基準で1単位が45時間の授業、及び自習時間から成り立っているという事項を満たす観点からも必要であり、こうした過程を経て、単位の実質化が実現され、学士課程教育が名実ともに、実施されることにも繋がるといえる。またこれと一体的に、教員の教育方法の工夫と強化が課題となってくる。

大学における教育は、既述のとおり、これまでは専門知識を一方通行で教授するやり方が主流であったが、これからは、展開している毎日の履修科目について、いかに学生に能動的に予習させ、復習させ、レポートを書かせ、考える力を養い、教員や学生同士とディスカッションをし、学生同士意見交換をしながら、自分の議論の正当性、意見の違う人との意見調整などを含めて、一定の結論を導き出すような授業展開（アクティブラーニング、課題解決型授業等の教育方法）に転換していく必要がある。また最後にこうした教育方法を、教員全員が組織的に展開していくことが肝要であり、これらカリキュラムのナンバリング、シラバスの充実、教育方法の転換の3つを三位一体で進めるためには、教学のマネジメント体制の充実強化が必要となってくる。以上が、学生を鍛え直し、社会に送り出す機能の強化の骨子である。

（5）社会人の学び直し機能の強化

再生会議の論点の5番目は、「大学における社会人の学び直し機能の強化」である。現状の問題点として、図11-11にあるとおり、我が国大学における入学生に占める25歳以上の人の割合が2％と、OECD加盟国中最下位であり、

第11章　教育再生実行会議の提言からみた大学全般の諸課題とその中における私学の諸課題

一方 OECD 加盟国平均では2割以上となっており、大きな格差があるということである。我が国においては、一度大学を出ると、学び直しの機会がなく、一方他諸国では、一旦実社会での就業経験を経た後に学士課程に入学したり、卒業後学士は修士課程、修士は博士課程に入る、など学び直しの機会が環境的にも得やすいという違いがあると言える。この結果、社会における大卒層の履歴の厚みに大きく格差がついている状況である。

この状況の対応として、再生会議提言の骨子は、「教育界と産業界が協働して社会人の学び直しプログラムを構築し、学び直しを希望する学生のアクセスを容易にすべく、産業界、教育界、政府が後押しする」という考え方である。

まず、学び直しプログラムは大学が独自に作るのではなくて、産業界と話し合い、大学側と各業界双方のニーズがあるものを相談しながら作成していくことになる。双方のニーズに沿ったプログラムはどういう分野かといえば、インフラ、再生関連、介護等長寿命対策、震災対応、スマート技術、農業の6次産業化、教員等専門職養成など、教育の再生に沿ったプログラムを開発していくということである。その上で、長期履修や短期プログラム、集中講義や授業科目のモジュール化などの工夫から時間的制約を排除し、ICT 活用で学修場所の制約を取り除き、履修証明によるキャリア転換制度の導入や学位授与の弾力化等の措置を通じて学修成果の評価が可能な体制にしていくなど、学び直しを

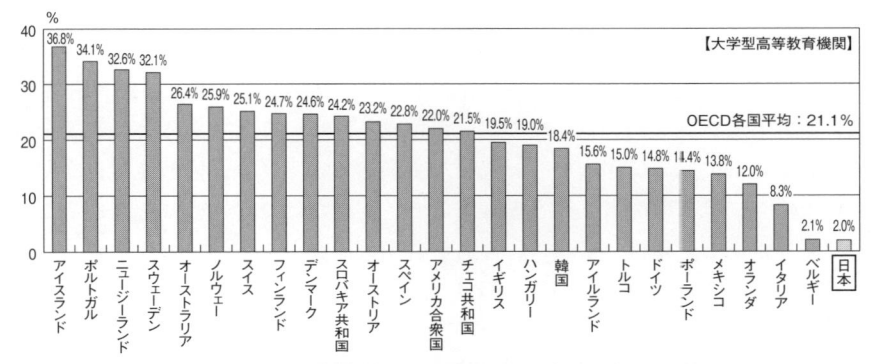

図11-11　高等教育機関における25歳以上の入学者の割合比較
（出典）文部科学省高等教育局資料、OECD データベース

希望する人たちにメリットがあるように運営していくことを提唱している。このため、国として、プログラム開発・実施に関する支援として、女性のための学び直しプログラムの充実、先駆的な授業科目の開発、実践的な職業教育プログラムの構築などの対応が必要となるほか、学修者に対する支援として、奨学金の充実、教育訓練給付金の賦与、ICT を活用した学びやすい環境を整備するなどの支援が必要となる。また、かかるプログラムに社員を派遣する企業に対しては、企業に対する助成金の支給や優秀企業に対する表彰などの措置が付帯的に必要となると提言しており、これらの措置の実施を通じて、現状の学び直し人口 12 万人を 24 万人へ引き上げていく目標を立てている。

（6）教育研究の基盤となる大学機能強化

再生会議の最後の論点は、教育・研究の基盤となる大学の機能強化ということである。これは 2 つの範疇に分かれており、一つ目は世界の先端大学との競争ができる大学づくりであり、二番目は大学のガバナンスの強化である。

1）世界に伍する大学づくり

まず世界に伍する大学づくりについては、現状世界の先端を行く大学、すなわち『タイムズ』の World University Rankings の 100 位以内に、東大、京大しか入っておらず、種々の施策を通じて 10 年以内に 10 大学を 100 位以内にランクインさせることを目標とすることを提言している。再生会議は我が国の大学の国際競争力が劣後している背景として 2 つの要因を挙げており、一つは論文引用面、もう一つは国際交流面を指摘している。まず論文引用面では、我が国の大学の公表論文は、国際共著論文が海外大学大比少ないという点を挙げ、その主な原因は国内大学の研究者や学生において外国人比率が低く、研究室で外国人研究者と意見交換を行っての論文が作成されないことであるとの認識を示している。このように国内中心で論文を生産している状態、いわゆる自立型を貫いた場合には、研究者人口も勘案すると、国内だけで論文の質を高めることには限界があると指摘しており、優秀な外国人研究者や留学生の比率を高めていくことが必要と示唆している。因みに東京大学を例に取ると、外国人教員比率は現状 6%（東大教員、2,416 名、内外国人 145 名在籍）であり、これをオックスフォード大（41%）並み、カリフォルニア工科大（18%）並みにするには 300〜800 人以上の外国人教員を入れる必要がある。また、留学生比率も東

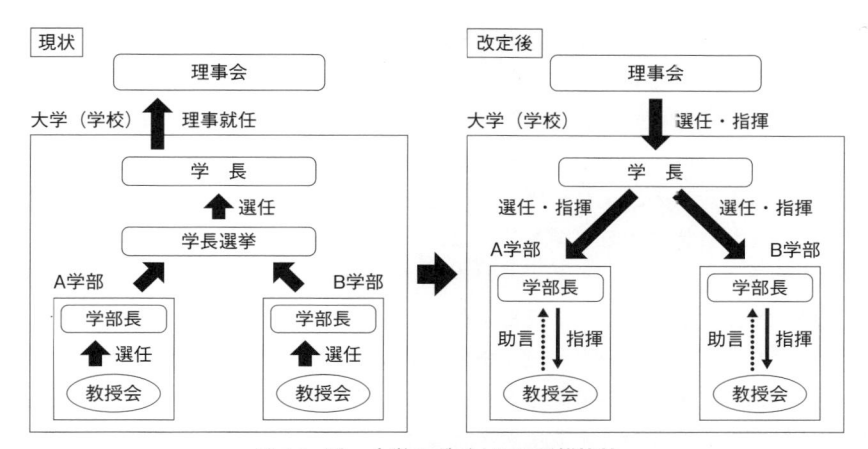

第 11 章　教育再生実行会議の提言からみた大学全般の諸課題とその中における私学の諸課題

図 11-12　大学のガバナンス形態比較
（出典）公益財団法人経済同友会「私立大学におけるガバナンス改革―高等教育の質の向上を目指して―」

大は 8％（学生数 3 万 2,750 名、内留学生 2,565 名）であり、これをオックスフォード大学並みの 30％にするには、7,000 名以上の海外留学生を受け入れる必要がある。まとめると、優秀な海外研究者・留学生を増やして、これら研究者との議論展開を通じて論文の質を高め、国際共著論文の公表数を引き上げ、世界における大学ランキングの引き上げが必要と再生会議は提言している。

2）大学ガバナンスの機能強化

次に、再生会議の論点で、教育・研究の基盤となる大学の機能強化として、大学のガバナンスの強化を挙げており、この課題は大学経営においては、きわめて重要である。大学のガバナンス改革でいつも論議の中心になるのは、既述のとおり、教授会の存在である。大学では、教授会が当該学部の教員採用や役職者指定などの重要な事項を決定しているケースがある。教授会がこのように大きな権限を持って行動する背景には、学校教育法第 93 条の存在がある。同条には、「大学には、重要な事項を審議するため、教授会を置かなければならない」とあり、教授会はこの重要な事項について、人事やその他重要な事項を定める慣行がある。学校教育法第 93 条に関しては、その附則や施行細則、施行令において、重要な事項が規定されているわけではない。18 歳人口激減や知識基盤社会化の進展等社会環境激変の時代に、学校も大きく変化を余儀なく

されるわけで、こうした環境に応じるための数々の改革を進めていき、経営目標を達成していくためには、教授会も、学長や理事長の指示に従い動くことも要請される。このような状況に鑑み、再生会議では、大学のガバナンス改革、学長の権限強化について議論しており、その対応策の一つとして法的整備、すなわち学校教育法の改正について、検討をすべきと提言している[注]。

また、これに付帯する事項としては、学長、学部長の選出体制のあり方等もセットで考えていく必要があることを示唆している。

現状、教授会構成員が学部長と学長を選び、選出された者を理事会が追認する構造となっており、理事会決定事項を学長経由学部に下ろす場合でも、すんなりと学部まで下りない構図となり、仮に教授会で審議されるとしても、否決される傾向が少なくなく、改革が進まないという構図が出来上がる結果、大学全体が世の中の流れから大きく遅れることになる。このため、学長は理事会が選出し、学長が学部長を選出する体制となれば、改革事項は進みやすくなる筋合いである。経営改革が進んだ大学は、執行体制をこういう形にしているところが多い。

この点については、日本私立学校振興・共済事業団が実施した「学校法人の経営改善方策に関するアンケート」速報（平成26年3月1日付）の中から関連部分を抜粋すると、まず、学長の選任方法としては、選挙による選出は調査対象全大学法人565大学（複数回答可）の内254法人（45％）が学内選考委員会による選出となっており一番多い。次に203法人（36％）が理事会による指名となっている。また192法人（34％）が選挙による選出、その他の選出方法によるものが141法人となっている。したがって、学内選考委員会及び理事会選出による指名方式をとっている先が私学では多いと言える。では、選挙による選出方法をとっている先は、選出対象者がどのようになっているかであるが、まず大学内教員のみを対象とする先が86％、大学内の職員及び一部の職員も含めて対象としている先がそれぞれ24％、35％となっている。また、選挙による選出、選考委員会による選出の両方に回答した法人については、選挙実施後、選考委員会により選出する先が18％、選考委員会実施後、選挙により選出する先が82％となっている。一方、学部長の選出（複数回答可）については、教授会による選挙での指名が36％と最も多く、次いで学長による指

第 11 章　教育再生実行会議の提言からみた大学全般の諸課題とその中における私学の諸課題

名が21％、選考委員会による指名が9％となっている。

次に、教員の意識調査として興味深いアンケートを紹介しておく。2013年東京大学・大学経営・政策研究センターの「大学における意思決定と運営に関する調査を行った結果」（図11-13）が公表されている。これによると全国の大学教員1,689名のアンケート結果では、教員が最優先で考えている事項は、「事務職員の能力を高め、責任と権限を持たせる」こと、第二番目の事項は、「教員による学長選挙は不可欠」であり、「学長は学内の教授から選ぶことが望ましい」としている。また学部長も「学内教員から選出し、全学的な視点で選ぶべき」としている。また、「大学の将来計画で教員関与を増やすべき」、「学術管理職のキャリアを選ぶシステムをつくるべき」との意見が次いでいる。すなわち、学長、副学長、学部長等のマネジメントができる役職者の必要性を挙げている。また7番目の関心事項として、「学外者が経営に参加すべき」と主張する教員が多いのも特徴である。また8番目の関心事項として、全体の2割が「教授会権限は縮小する必要がある」と答えており、教授会の弊害を指摘している意見もある。これは現状、教授会権限が大きすぎ、経営に関する事項は経営陣に任せるべきだと考える教員が少なからず存在するということである。

ここで言えることは、大学のガバナンスに関して、教授会のあり方、教員の大学運営、関与の問題、大学に必要なリーダー像やその育成方法と、セットで

図 11-13　大学の意思決定と運営に関する調査（教員1,689名の回答）
（出典）2013年東京大学　大学経営・政策研究所センター調査

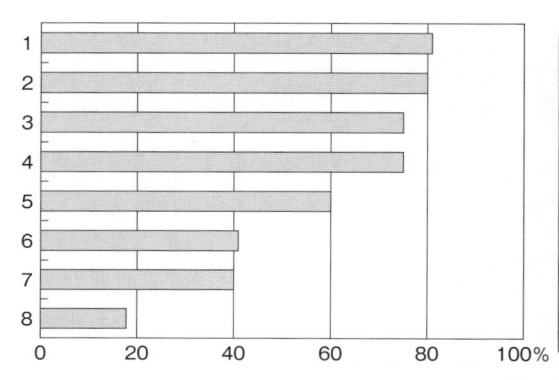

1：事務職員の能力を高め、責任と権限を持たせる
2：教員による学長選挙は不可欠
3：全学的視点から学部長を選ぶべき
4：学長は学内の教授から選ぶことが望ましい
5：大学の将来計画で教員関与を増やすべき
6：学術管理職のキャリアを選ぶシステム
7：学外者が経営に参加すべき
8：教授会権限は縮小する必要がある

考える必要がある一方、学校教育法の改正問題も含めて検討していく必要があるということである。

　以上が、教育再生実行会議の1から6の論点と各問題提起、現状の問題点であり、それに対応している対応策について纏めた。

　なお、国立大学のガバナンスについては、法人化後、学長選出体制が理事会に置かれ、理事会選挙で選出される形になっている。理事会構成員は学内者、学外者がほぼ均等化されているが、実際の選挙では、学内者の意向による学長が選出され、改革事項もなかなか進まないという事情があるようである。この点についても、今回の法改正と合わせ、見直しをする方向で検討を進めていくことが考えられている。以下に参考のため国立大学法人の概要図（図11-14）を掲載しておくので参考とされたい。

（7）私立大学の課題

　次に再生会議の議論における私立大学に関する現状の問題点や対応策について述べることとする。冒頭にも述べたように、私立大学は、我が国の大学総数

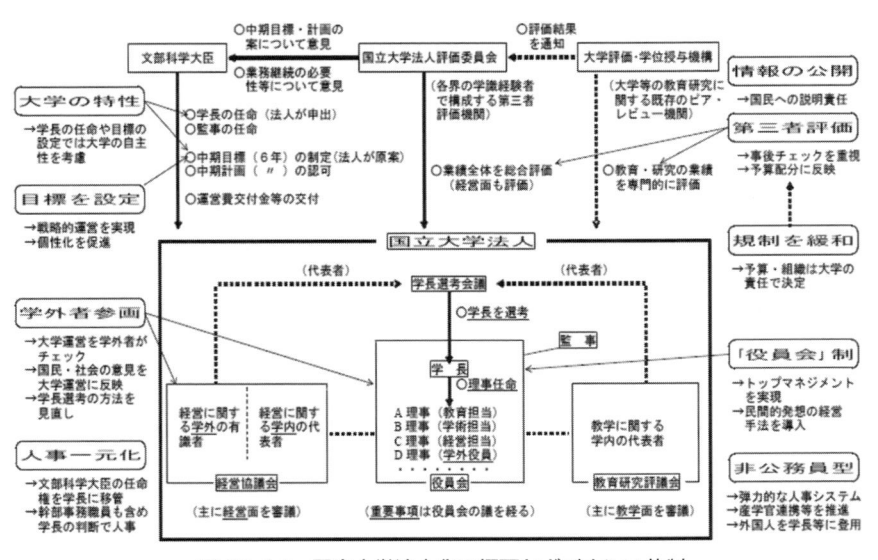

図11-14　国立大学法人化の概要とガバナンス体制
（出典）文部科学省高等教育局資料

第11章　教育再生実行会議の提言からみた大学全般の諸課題とその中における私学の諸課題

の約8割弱にのぼり、大学生在籍数も7割強と、我が国の高等教育における貢献は、きわめて大きいものがある。しかしながら、少子化に伴う18歳人口の激減傾向の継続の一方、学校基本調査では私立大学は現状606大学存在する。また日本私立学校振興・共済事業団のデータによると、定員割れの大学の割合は40.3％に及び、定員充足率が50％未満の学校も17校ある。定員割れの進んでいる大学の大半は、1学年800人未満の中小規模私立大学である。特に地方所在の大学の定員割れは長年続いており、財政状況の厳しい先も出てきている。

したがって、私立大学は経営面、教育面で改革を進めていく必然性がきわめて高く、これを進めない中小規模私立大学は淘汰される懸念がある。私立大学の先行きについて、識者の一部には、「今後10年以内に100校位の私立大学が、吸収・合併や学生募集停止、倒産等で無くなる」との予想をする向きもみられる。

ここで再生会議の私立大学に関する提言を見ると、「財政基盤の確立とメリハリある資金配分の推進」と表現している。すなわち、先行きの展望が厳しい経営状況になるので、まず各私立大学は、財政基盤を充実させる必要があること、また、経営改革・教育改革を進める法人は補助金等の支給で支援するが、何もしない、あるいは課題先送りの学校には、競争的補助金の支給はしないということを提言している。「メリハリある資金配分」は、さらに2つの範疇に分かれ、①教育研究活性化のためのメリハリ、具体的には社会・経済成長に向けた取り組み支援であり、各私学の全学的な教育改革の支援から構成されている。次に②ガバナンス強化のためのメリハリであり、これは教育・財務情報公表の促進、先進的ガバナンス改革への支援、管理運営に課題のある法人への対応、適正な学生定員管理の促進となっている。こうした資金配分を背景として、各私学の全学的な教育改革に対し、経常費・設備費・施設費一体の重点支援を行うこととしている。そして、競争的補助金は、次の3つのカテゴリーに対して支給されることになっている。まず①大学教育の質的転換、すなわち建学の精神を生かした大学教育、授業やカリキュラムの質向上、②新たな地域発展の原動力、特色を発揮し、地域の人づくりと発展を支える大学の機能の発揮、③産学連携や国内外大学と連携した教育・研究拠点の活性化を進める大学への支援となっている。したがって、資金配分の考え方は、基本的に経常費補

助金は減額の方向で検討し、競争的補助金に比重をかけていく方針となっている。

　このように再生会議では、我が国の大学における私立大学の重要性、役割は認めているが、財政面の支援については、メリハリある支援という表現に留めており、財政支援はこれ以上増やせないということが推定される。現状私立大学の経常費3兆円あまりに占める私学助成の割合は、10％で約3,200億円であり、残りはすべて家計負担と奨学金により負担されている状況にある。したがって、私学へ対する助成問題について、どう考えるかの議論が待たれるところである。

(8) 国立大学改革

　ここで再生会議の議論、6つの提言を踏まえた上で、国立大学についての今後の改革ビジョンを、文部科学省高等教育局作成資料にしたがって大きく範疇分けすると、次の3点に纏められる。すなわち、

① 人材・システムのグローバル化により、世界トップレベルの拠点を形成すること。具体的には、秋入学、英語による授業（東大、京大、九大）、外国人や海外の大学で Ph.D. を取得した研究者の積極的採用、研究室単位で招へい等、現行制度の枠を超えて強力に推進し、世界トップレベルの知的拠点（ハブ）とする、世界大学ランキングトップ100に日本の大学を10校ランクインさせる、国際的存在感を増大させる、等が挙げられる。

② イノベーション機能を抜本的に強化し、未来を見据えた理工系人材を育成すること、具体的には、産業界との対話により、「理工系人材育成戦略」を策定。並行して、大学の強みや戦略を踏まえたライフ分野を含む理工系の教育研究組織の再編成・整備を実施（東工大、秋田大等の意欲的な改革構想を支援）、大学への支出金（平成24年度補正予算：1,200億円）を活用し、大学研究成果を産業界と一体となって新産業を創出すること（東大、京大、阪大、東北大）、理工系の強化により、10年で20の大学発新産業を創出することを挙げている。

③ 給与システムを改革し、優秀な若手研究者、外国人の活躍の場を拡大すること、具体的には、退職金にとらわれない年俸制の導入、9ケ月勤務制等の導入を促進することで、常勤ポストを国内外の優秀な若手研究者、専

第 11 章　教育再生実行会議の提言からみた大学全般の諸課題とその中における私学の諸課題

門人材に提示し、世界で戦える人材確保を実現すること。
　次にこれと並行して、現状の国立大学のミッションを再定義することを通じて、各大学の強みや特色、社会的役割を明らかにすること、すなわち、国立大学評価委員会と各大学は、「ミッションの再定義」を取り纏め、全国的または政策的な観点からの強みや各大学としての全学的な観点から重視する特色、担うべき社会的な役割を明らかにすることにより、国立大学の使命たる「世界水準の教育研究の展開拠点」「全国的な教育研究拠点」「地域活性化の中核的拠点」等の機能強化を各々図ることとしている。また、大学のガバナンス改革、学長のリーダーシップの発揮を通じて、各大学の有する強みや特色、社会的役割を踏まえた改革を促進すること、としている。

　国立大学は、法人化以降、各大学が設けた 6 年間の中期目標期間における各年度計画の履行状況について、国立大学評価委員会から業績評価を受けている。現在第 2 期中期目標期間（平成 22 年度から平成 27 年度まで 6 年間）の残り 2 年に入っており、上記再生会議の提言を受け、改革を加速している。

（注）
　「学校教育法の一部を改正する法律案」の概要は次の通り。
1 ）副学長の職務について　第 92 条第 4 項関係
　・副学長は、学長を助け、命を受けて校務をつかさどることとする
2 ）教授会の役割について　第 93 条関係
　・教授会は、学長が教育研究に関する重要な事項について決定を行うに当たり意見を述べることとする
　・教授会は、学長及び学部長等がつかさどる教育研究に関する事項について審議し、及び学長及び学部長等の求めに応じ、意見を述べることができることとする

　平成 26 年 6 月に法改正が成立し、平成 27 年 4 月 1 日より施行される予定。

○学校教育法（昭和二十二年法律第二十六号）　新旧対照表

改　正　案	現　行
第九十三条　大学に、教授会を置く。 ② 教授会は、学長が次に掲げる事項について決定を行うに当たり意見を述べるものとする。 　一　学生の入学、卒業及び課程の修了 　二　学位の授与 　三　前二号に掲げるもののほか、教育研究に関する重要な事項で、学長が教授会の意見を聴くことが必要であると認めるもの ③ 教授会は、前項に規定するもののほか、学長及び学部長その他の教授会が置かれる組織の長（以下この項において「学長等」という。）がつかさどる教育研究に関する事項について審議し、及び学長等の求めに応じ、意見を述べることができる。 ④ 教授会の組織には、准教授その他の職員を加えることができる。	第九十三条　大学には、重要な事項を審議するため、教授会を置かなければならない。 （新設） （新設） ② 教授会の組織には、准教授その他の職員を加えることができる。

248

第12章

私立大学の今後の方向

1．私立大学の役割の再確認とパラダイムシフト

　これまで、幾度も述べてきたが、私立大学は、我が国全大学の学部学生の7割強の人材育成を担い、その使命として、グローバル化や知識基盤社会化に対応し、ものづくり日本を支える分厚い中核層人材、地域を支える人材、教員・医療・介護等専門職、芸術分野の人材等多彩で重層的な人材を育成し、あらゆる分野に供給し、我が国の国力の土台を形づくっているわけで、こういう人材なくしては、我が国は成り立たないといえる。したがって、私立大学は、次世代の我が国を先導する中核的な役割を果たしていく立場に置かれているといえる。

　今回の教育再生実行会議は、我が国の成長戦略との絡みで審議するため、大学改革部署が初めて官邸に置かれたことが特徴である。すなわち、我が国の18歳人口、労働力、GDPの推移をみると、今後生産人口の激減によりGDPが頭打ちになり、生産人口がさらに減少すると、国力が衰退に向かう懸念が出てきており、労働力の主体をなす大卒層の量と質の引き上げが課題となる。ここで留意すべきは私立大学は数が8割弱（606/782校）、在籍学生数で7割強（211/287万人）、4人に3人は私立大学卒となっており、この層こそがこれから我が国の国力を支える主要な層を構成していく点である（P.v「はじめに」の図参照）。もちろん、国公私各大学の卒業生が機能分担をして支えていくことになるが、その主要層は、私大卒層であり、この層を量・質とともに引き上げることが、我が国の国力維持・向上の鍵であり、ここに教育再生の必要性が生まれてくるといえる。

　したがって、今日までの官尊民卑的な施策、枠組みの考え方を転換、設置形態によらない施策等の実現を目指すべきである。教育再生実行会議提言に戻ると、「我が国の高等教育に対する公財政支出は、国際水準に比して低く、国公私立間格差も大きい現状がある。次に国立大学のミッションのあり方を再定義し、国立大学運営費交付金の在り方を抜本的に見直す」とし、具体的には、「国は国立大学運営費交付金・施設整備費補助金や私学助成、公立大学への財政措置など財政基盤の確立を図りつつ、基盤的経費について一層メリハリある配分を行う」と冒頭述べている。しかしながら、同会議の各論においては、我が国

の高等教育の大部分を担っている私立大学については、建学の精神を基にした教育改革や地域貢献、内外連携等の改革を進める学校は競争的補助金を配分するが、改革を行わない法人には配分しないというメリハリある配分との表現にとどまっており、それ以上の踏み込んだ具体論がない。

　言い換えれば、同会議提言は、以下の点で議論の不足がないかということである。すなわち、まずは、①我が国の高等教育へのGDPに対する投資規模はOECD加盟国では22番目の低位にあり、少なくとも現行の2倍（GDPの0.5％から同1％、OECD平均）を目指すべきであること、②安倍総理のいう「大学力は国力そのもの」という観点で、教育改革を我が国の成長戦略との関連で考えるならば、将来GDPの過半を生産するであろう私立大学卒の質・量を引き上げていくことが不可欠であり、財政補助に国公私立大巨額格差がある現状、これを是正し、私学助成の抜本的増額を図ることが喫緊の課題であるという議論、③そのためには、国公私立大学の各々のミッションの再定義を行い[1]、その役割を、抜本的に議論し見直す必要がある、という点である。

　このようにまず高等教育に対する公的補助の総額の引き上げ、次に国公私の各ミッションを検証、再定義し、その結果をもって、公的補助をどう配分していくかの議論がなされるべきである。国立大学のミッションについては、例えば、もう少し原点に立ち戻り、直接実施する必要のないもの、民間で十分に実施できるもの、独占的に行う必要がないものや多くの学問分野における学部教育並びに専門職大学院の一部については、その事業から撤退して、一定の国費の投入による国立大学でなければ担うことのできない分野の大学院レベルの教育と大規模な学術研究の拠点、とりわけ科学技術研究の中核として重点化すべきとの議論がある。また公立は地域の核としての存在、または地域に必要な職業人養成校としての使命を果たさせる、また私立大学は、我が国の成長を支える社会の分厚い中核層輩出の使命等、各々の大学のミッションを根本から再定義し、そのミッションに相当する公的財政の配分を行い、補助するなどを検討していく必要がないかということである。

　なお、私学助成の課題は、私学振興助成法[2]の目的である、①学校の教育条件の維持・向上、②保護者の経済的負担の軽減、③学校経営の健全性アップに照らし、現状の補助金の取り扱いがどうかという点である。すなわち、次の点

について再度検討して行く必要があると考えられる。①私学の学費に対する家計費負担率は、国公立の20倍以上であり、税制上の優遇措置等を通じて家計費補助措置を採る必要がないか、②次に定員未充足先への補助金カット措置（定員充足率90％未満の減額や未充足の状況に応じた削減方式）をどう考えるかという点である。因みに平成25年度現在私学の40.3％、232校が定員割れであり、地方所在の私学がその大半を占めているが、定員未充足であってもいい教育を展開している私学は多い。補助金カットにより、かかる私学が赤字を抱え、結果的に教育の質が悪化していくことが問題である。以上から上記私学振興法の趣旨に則って、補助金の扱いを検討していく必要がないかということである。

2．私立大学の方向づけ、失われた20年を繰り返さないために

そのためには、私立大学は、自ら「やることはやり」社会に広く理解される努力を積み重ねなければならない。大学教育改革の歴史を振り返れば、一言でいうと「失われた20年」といえる。今から約20数年前の平成3年、米国が、日米構造協議の中で指摘した事項の一つに、バブル崩壊後、大学進学率が40％近くになるのに、進学率10％時代の、戦後のエリート教育を続けて、教育改革をしない我が国に対しての教育面での規制緩和要求がある。これを契機として「大学設置基準の大綱化」が行われたが、この中で単位の実質化やシラバスの重要性、自己点検・評価の必要性等のほかグローバル人材、イノベーション人材の育成も謳われていた。しかし、20年経過した今、教育再生実行会議で同じ議論が出ており、大きく変わっていない現実がある。

この原因が何かであるが、一つには、平成3年の大綱化では、大学の自主性を尊重するあまり、答申の内容が抽象的で具体的な改革の指針を示せなかったといわれている。大綱化の指針発出後に行われた大学審議会の狙いは、教育研究の高度化、高等教育の個性化、組織運営の活性化にあったが、これが趣旨どおり働かず、大学教員が教養教育を重視する理念が欠落する結果となった。このため、専門教育を初年次から開始するなどしたため、5年後には国立大学の教養部・一般教養課程がほぼ消滅し、これが契機となり、本格的な教養教育と

外国語の運用能力を学ぶ機会がなくなり、我が国のグローバル化の遅れに繋がったといわれている。二番目の理由として、一部の大学を除いて私立大学の大半の大学が、全体的に質的レベル向上の切磋琢磨による改革を行ってきたかという疑問がある。三つ目には、各大学のマネジメントが、国立大学に近い教授会中心の運営から脱却できず（古い伝統校ではその傾向が顕著である）、教員意識も教育より研究重視の姿勢が強かったことから、教員組織の強さの反面、学長等管理職によるガバナンスが徹底されず、私立大学に与えられたミッション達成や地域社会をリードする役割を発揮できてこなかった点があるといわれている。

ここで、教職員の意識改革について考えると、職員の意識は SD 等研修等で変えていくことができるが、教員の意識改革方法については、次の3点を考慮に入れて検討することが必要と考えられる。まず、①進学率10％時代のエリート教育時代がマス教育、社会人養成教育時代へと変化した事実認識、すなわち、進学率10％時代と比較すると、現在は、当時の中学校・高校を卒業して就職していた層が大学へ進学してきていること、偏差値で区分され自らの能力に限界を設けそれ以上努力しない若者が進学してきていること、現在の大学進学者の7割は希望の大学に入れない不本意入学生であることなどから、当然に大学教育に手間がかかることになるという事実がある。これにより教育方法を変えなければならないという認識を教員に持たせ、研究重点から教育重点へ舵を切る必要性を認識させること、②教員評価制度の他に効果的な FD の導入や教員採用過程でのテニュアトラック制度[3]的なものを一般教員採用過程に導入することなどを検討していく必要がないか、すなわち、教員の世界への何らかの競争原理の導入が必要であること、最後には③教員に対し、報酬の対価が何かを理解してもらうことである。すなわち、大学は社会に開かれた大学となることが必要であり、当然、教員も社会人としての対応をしなければならない時代になってきているということである。

3．私大連合会の打ち出したアクションプランの確実な実行を

平成25年7月に日本私立大学団体連合会が公表した「私立大学6つのアク

ションプラン」（後掲【参考3】「私立大学アクションプラン」参照）は、平成27年までの3年間を改革集中期間として公表された時宜を得た改革プランであり、私立大学はこれを率先して実行し、国公立大学を上回る改革を実現すべき時期にあるといえる。

すなわち、私立大学の自主性・多様性を基本として、教育の質的転換、グローバル化の推進、地域共創、研究力の向上、公財政の拡充という6つのアクションを柱とした「本アクションプラン」を着実に実行していくことが必須であり、これの実行を通じて、私立大学が社会の再構築をリードしていく一つの先行モデルとなるべきである。連合会がこの時期に、文部科学省や教育再生実行会議等行政の出した相対基準に対し、本アクションプランを絶対基準的な位置づけで打ち出し、平成27年度までの3年間を、改革実行集中期間として位置づけたことは、時宜にかなったものと評価できる。なぜならば、国立大学も第三期中期計画が始まる平成28年度までに、積み残された改革を加速して行うとの位置づけであり、国立大学を上回る改革を私立大学が進めることが、重要なポイントになると考えられるからである。諸改革を着実に行い、私立大学のこのような動きが世間に認められていくに従い、私立大学の公的な位置づけが確立され社会的認知度が高まり、公的支援が引き上げられることに繋がると考えられる。日本私立大学協会や日本私立大学連盟などの団体は、加盟私立大学に対して、これら改革の進展をバックアップするように活動していくことが期待される。

（注）
1）国公立のミッションの再定義は、教員、工学、法学等について開始されており、当該分野の再定義を通じて定員削減を行うなど運営交付金の見直しを行う方向。これを平成28年度の第三期中期目標開始時点から始めたいとしている。公立は現状、ミッションの再定義の対象になっていない。国立とともに公立も再定義を行い、平成28年度の時点に照準を合わせて、国公私の配分比率の見直しを議論することが必要。
2）私学振興助成法：昭和50年7月に成立。同法の目的は①学校の教育条件の維持・向上、②保護者の経済的負担の軽減、③学校経営の健全性アップとなっており、第4条で国は、大学又は高等専門学校を設置する学校法人に対し、当該学校における教育又は研究に係る経常的経費について、その2分の1以内を補助することができる、と規定されている。同法は昭和49年国会に私学助成を求める2,000万人署名を背景として、私学助成チーム（座長塩崎潤）が検討し、議員立法により誕生。法案成立後昭和55年29.5％をピークに

第12章　私立大学の今後の方向

現在は10％内外。因みに私立高校は補助金比率47％と、その趣旨を満たしている。
3) テニュアトラック教員制度：任期付き雇用により、若手研究者が自立した研究環境で研究・教育者としての経験を積み、最終審査によって専任教員となるキャリアパスを提供する制度。主に理系研究者に適用されてきたが、近年文系教員の採用時に、この制度を導入する大学が増えている。事例として、愛媛大学の同制度の概要（文部科学省高等教育局資料）を掲載する。

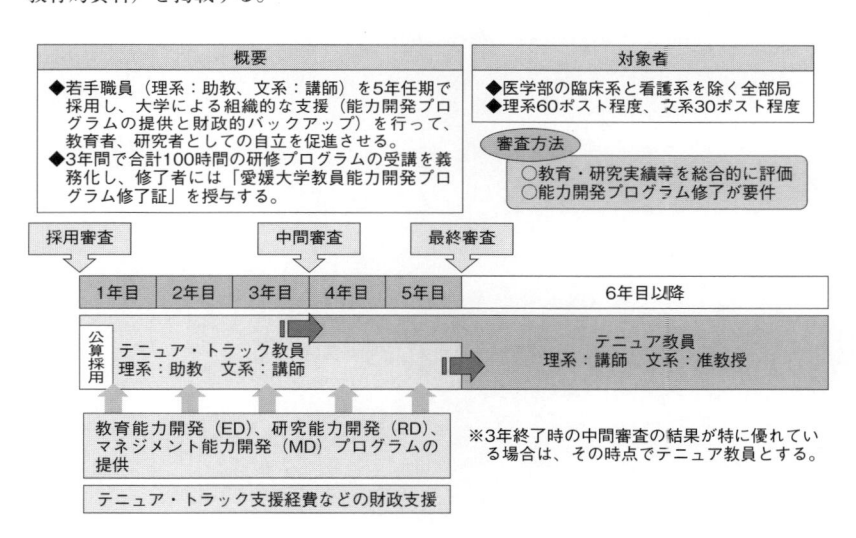

概要	対象者
◆若手職員（理系：助教、文系：講師）を5年任期で採用し、大学による組織的な支援（能力開発プログラムの提供と財政的バックアップ）を行って、教育者、研究者としての自立を促進させる。 ◆3年間で合計100時間の研修プログラムの受講を義務化し、修了者には「愛媛大学教員能力開発プログラム修了証」を授与する。	◆医学部の臨床系と看護系を除く全部局 ◆理系60ポスト程度、文系30ポスト程度
	審査方法 ○教育・研究実績等を総合的に評価 ○能力開発プログラム修了が要件

採用審査 → 1年目　2年目　中間審査 → 3年目　4年目　最終審査 → 5年目　6年目以降

公募採用 → テニュア・トラック教員（理系：助教　文系：講師） → テニュア教員（理系：講師　文系：准教授）

教育能力開発（ED）、研究能力開発（RD）、マネジメント能力開発（MD）プログラムの提供

テニュア・トラック支援経費などの財政支援

※3年終了時の中間審査の結果が特に優れている場合は、その時点でテニュア教員とする。

【参考1】
私学財政の特徴と仕組み

　私立学校は、決算処理の方法や作成する計算書類が企業等とは異なっている。私立学校の特徴を理解し、会計処理基準である「学校法人会計基準」の理解がないと、私立学校の財務計算書類（決算書）を見ても財政状況を正しく理解できない。
　ここでは、私立学校の財政の特徴と仕組みについて触れ、私立学校の財政への理解を深める一助としたい。

１．学校法人の財務の特徴

（１）私立学校への補助金の歴史
　国や地方公共団体は私立学校に対し「経常費補助金」という補助金を交付している。経常費補助金の交付を受ける学校法人は、文部科学大臣の定める会計原則である「学校法人会計基準」に従って決算を行わなければならない。序章「我が国の私立大学の歴史と現況」でも私立学校の歴史について触れたが、この補助金制度が作られ、会計原則が制定された歴史を振り返ると、そこには序章とは違う視点から私立学校の位置づけや特徴が見えてくる。まずは私立学校への補助金の歴史を振り返ることで、私立学校の特徴を考え、順次財政の理解を深めていきたい。

　第二次世界大戦後、わが国の教育は「六・三・三・四制の学校制度」の採用などあらゆる面にわたって改革がなされたが、昭和22年に施行された現行憲法において第23条「学問の自由」と第26条「教育を受ける権利と受けさせる義務」が規定された。また第20条で「国による宗教教育」を禁じ、第89条に「公金その他公の財産は、宗教上の組織・団体の使用や、公の支配に属しない慈善・教育・博愛の事業に支出してはならない」との条文が置かれた。現行憲法は、宗教団体に対して公金の支出を禁じただけではなく、公の支配に属しない教育や慈善・博愛事業に対しても公金の支出を禁じた。このため国などが私立学校に助成を行った場合に憲法に抵触しないかどうかが問われることになった。
　昭和22年には「教育基本法」と「学校教育法」の教育に関わる2つの法律も公布、施行された。まず、教育基本法は教育法制の基本原理を定めた法律で、教育全般にわたる基本事項が定められている。同法では「法律に定める学校は公の性質を持つものであって、国、地方公共団体及び法律に定める法人のみが設置することができる」と

定め、学校が「公の性質」を持つことを明らかにして、私立学校の設置者を「法律に定める法人」に限定した。一方、学校教育法は学校法人の設立・運営等について規定し、私立学校の公共性を高め、学校を設置できるものを国、地方公共団体、学校法人に限定した。昭和24年には「私立学校法」が制定され、私立学校に公共性、自主性を認め、私立学校への助成に関する規定を設けた。

このように「私立学校は公の性質を持つものであって、国による助成ができる」と法律で規定されたが、それでも私立学校は「自主経営」が建前とされ、その後当分の間、戦後復旧のための融資など特別な目的の補助金しか交付されず、今日のような助成制度ができたのは、その後のことであった。

その後、戦後の経済成長により大学進学率が高まり、ベビーブーム世代が大挙大学への進学をめざし、大学進学者の約75％を私学が受け入れざるを得ず、私学は施設拡充等に多額の資金を使い、経営が圧迫され、学費値上げが相次いだ。そのようななかで、私学振興の一方策として、私学への公費助成の機運が高まり、昭和45年に「私立学校経常費補助金」が創設され、私学の負担軽減の一助として私立大学等の教育研究費・人件費に対し、ようやく補助金が支出されるようになった。

昭和45年には「私立学校法」が改正され、「経常費補助金を受ける学校法人は文部大臣の定める基準に従い会計処理を行い、貸借対照表・収支計算書・その他の書類を作成しなければならない」とされ、「定める基準」が必要となり、昭和46年4月、文部省令第18号として「学校法人会計基準」が誕生、何度か改正され今日に至っている。

さらにその後、物価の上昇や人件費の高騰が私学経営を圧迫したが、私学は大量の入学者を受け入れざるを得ない状況にあり、私学助成についての法律の制定を求める声が高まった。そして昭和51年に「私立学校振興助成法」が施行され、私学振興助成についての国の基本的姿勢と財政援助の基本的方向を明らかにし、私立学校が国の財政援助についての法的保護の下に教育条件の維持向上を図ることができることになった。これは私学振興史上画期的な措置であった。なお、経常費補助金を受ける学校法人は学校法人会計基準に従い会計処理を行うとの規定は、私立学校法から私学振興助成法へ移行されている。

（2）学校法人と私立学校との関係

学校法人は、私立学校の設置という特定の行為を目的として設立された法人である。学校法人と私立学校とは、学校法人が私立学校を設置して、その設置した私立学校を管理し、経費を負担する関係にある。学校法人はその設置する学校の管理と財政に対して義務と責任を持つ。設置された私立学校は、校長、教員、その他の人的要素と校

地、校舎、教具、校具等物的要素からなり、一定の教育計画に基づき、学生生徒等を対象に継続的に教育を実施する組織であって、教育と研究に係る責任を負う。法律上の権利・義務の帰属者になり得るものはあくまでも学校法人であって、設置された私立学校は法律上の人格を有するものではない。つまり、法律上、学校法人の理事長は契約当事者になれるが、学長や校長は契約当事者にはなれないことになる。

（3）私立学校の予算制度

　私立学校には、法律によって「公共性」、「自主性」、「永続性」といった特殊性が付与されており、「予算制度」が義務づけられている。この4つの特徴は、学校法人の理念や性格を物語るものである。私立の学校ではあるが、法律によって学校法人は「公の性質」を持つものとされ、株式会社など民法上の法人とは異なる法的規制が加えられている。その反面、建学の精神に基づく運営、所轄庁による規制の制限、自立的な運営など、学校法人には自主性が認められている。また、財政的基盤や組織の永続性が求められており、学校教育が一定水準を下回らないよう人的・物的組織等についての基準が設定されている。

　学校法人にとって予算は任意に作成するものではなく、法律で予算作成が義務づけられている。すなわち学校法人には、株式会社における株主のような所有権や持分権を有する者がおらず、誰も学校法人の所有者ではない。このため、例えば資産の運用で損失が生じても、その損失が「正当な管理者の注意」の明らかな欠如によるものでなければ、その損失を負担する義務を負う者がいない。このため、学校法人の理事は事後的に決算をまとめるだけでは不十分であって、事前に収入と支出の均衡を図るよう計画を立てることが求められている。学校法人の資産に対し誰も所有権も持分権も持たないということは、仮に学校法人が解散した場合、その残余財産を分配する者がなく、他に教育の事業を行う者に引き継いでもらうか、そうでなければ最終的には国庫に帰属することになる。

2．学校法人作成の財務計算書類・届出資料

　経常費補助金の交付を受ける学校法人は、文部科学大臣の定める「学校法人会計基準」に従って会計処理を行い、財務計算書類を作成する必要がある。

　学校法人が作成する計算書類は、学校法人会計基準で①資金収支計算書、②消費収支計算書、③貸借対照表とこれらに附属する内訳表・明細表と定められ、私立学校法では、これらに加え、④財産目録と⑤事業報告書の作成が定められている。

　学校法人は、会計年度終了後2カ月以内に決算を終了させ、その後5月31日までに理事長は理事会の承認を受け、決算を評議員会に報告しなければならない。

そのうえで、学校法人は、財務計算書類を、収支予算書とともに、6月30日までに、所轄庁へ届ける。また、幼稚園のみを設置する学校法人など補助金の額が寡少で所轄庁から許可を受けている学校法人を除き、公認会計士または監査法人の監査報告書を添付する。
　なお、私立学校法で定める収益事業がある場合は、収益事業の損益計算書及び貸借対照表を添付する。学校法人の出資割合が1/2以上の会社がある場合には、その会社の経営状況の概要を把握する資料を添付する。これとは別に、組合等登記令により、毎年5月31日までに資産の総額の変更登記を届けることになっている。
　学校法人は、財産目録・貸借対照表・収支計算書と事業報告書を、監事による監査報告書とともに、各事務所に備え置かなければならず、在学生その他の利害関係人から請求があった場合に、拒否をする正当な理由がなければ、これを閲覧に供しなければならない。

3．学校法人会計の仕組み

（1）学校法人会計の特徴
　学校法人は学校法人会計基準に従って会計処理を行うが、細部の取り扱いは文部科学省の通知や日本公認会計士協会の通牒や報告など一般に公正妥当と認められる原則で補完し、会計処理の適正を期さなければならない。
　学校法人会計基準は、企業会計と違い、「利益」や「損失」の用語が使われず、「収入超過」や「支出超過」などの言葉が使用されている。これは、学校法人は公益性が高く、利益を出すことを目的とするのではなく、収入と支出との均衡を図ることを目的とするとの考え方による。さらに、学校法人では企業における株主への「配当金」や「役員賞与」などの概念がなく、「利益」が出たとしても配分する相手がいない。これが学校法人会計の特色の一つになっている。

（2）計算書類
　学校法人会計基準で定められている各計算書類の特徴について述べる。

1）資金収支計算書
　資金収支計算書は、当該年度の学校法人の諸活動に対応するすべての収支や、そのてん末を明らかにする重要な計算書類である。
　資金収支計算書では、①毎会計年度の諸活動に対応するすべての収入及び支出の内容と、②当該年度における「支払資金」の収入及び支出のてん末を明らかにする。
　支払資金とは、現金またはいつでも現金化可能な預貯金のことである。預金であっても、退職給与引当金に組み込まれるなど特定の使途を有する預金や、第3号基本金

（基本として継続的に保持し、かつ運用する金銭、資産）などで、支払手段として用いることを予定していない預金は「特定資産」と言い、支払資金から除かれる。

また、学校と外部との間で資金の動きがなくても、支払資金と特定資産との間で勘定の付け替えがあると、資金収支計算書上の収入または支出になる。資金収支計算書は、正確には、「支払資金収支計算書」ということができる。

当該年度の諸活動に対応するすべての収入・支出を明らかにするので、資金収支計算書上の各科目の金額は、必ずしも当該年度の入金額あるいは支出額と同一にはならない。当該年度の「諸活動に係る資金収入・資金支出」と、当該年度の「現金・預金による収入・支出」とは多少異なる。つまり「諸活動」と「カネの動き」に時間差があるものがあり、これらは資金収入、資金支出に「調整勘定」を設け調整し、支払資金の残高（翌年度への「繰越支払資金残高」）と一致させている。

例えば、資金収入のうちの「学生生徒等納付金収入」は学生生徒の入学金や授業料、施設費などの収入であるが、計算書に表示する金額は当該年度の活動にかかわる金額であって、実際に当該年度に入金した金額ではない。前年度に入金した今年度分授業料等や翌年度に入金する予定の今年度分授業料等を含み、当該年度に入金した前年度分授業料等や翌年度分授業料等は除かれている。

したがって、実際の支払資金残高と合わせるため、別な科目として「前受金収入」を設け、当期に受けた前受金を収入の部に加え、前期末に未収入金であったが当期で入金した金額を「その他の収入」のなかに加える。さらに「資金収入調整勘定」を設け、前期末の「前受金」と当期末の「未収入金」を控除する。資金支出についても同様の考えによる処理を行う。

資金収支計算書には、借入金や未払金等を財源とする、負債となる資金収入が含まれており、たとえ収入と支出が均衡しているからと言って、安定した財政を維持していると見ることはできないこともあり、注意が必要である。

2）消費収支計算書

消費収支計算書は、当該年度の「消費収入」及び「消費支出」の内容とそれらの均衡状態を明らかにする計算書類である。消費収支計算書は企業会計の原理を借りたもので、損益計算書に似ているといわれている。しかし、学校法人には企業のように損益という概念はなく、利益金を処分することもないので、計算書の性格は違っている。

消費収支計算書には一般の人には分かりにくい用語が使われ、独特の考え方があるので、それらから述べることにする。

消費収入とは「帰属収入」から「基本金組入額」を控除したもので、「消費支出」に充当すべき収入である。帰属収入とは学校法人に帰属する、つまり負債にならない、

返済義務を伴わないで自由に処分できる収入である。帰属収入は学生生徒等からの納付金や受験料、補助金、寄附金、資金運用益などであり、学校法人にとっては、おカネの動きを伴わない「現物寄附」も含まれる。帰属収入から基本金組入額を控除したものを消費収入とし、消費支出に充当すべき収入とするのは、「帰属収入」には「消費支出を賄うための収入」と「消費支出に充ててはならない収入」とがあるとの考え方によっている。消費支出に充ててはならない収入とは、土地・建物などの物的財産を保持し更に充実させていくための取得財源となるもので、これは後述する「基本金」の定義（学校法人が、その諸活動の計画に基づき必要な資金を継続的に保持し、維持するもの）に該当する。帰属収入から基本金組入額を控除した額で消費支出を賄うこととするのは、基本的な財産の継続保持のためである。

　消費支出は、通常の人件費や経費、借入金利息などの支出に、実際に学校法人からの金銭の支出がなくても債務が発生し純資産の減少になる退職給与引当額や減価償却額、有価証券の評価換えに伴う評価損（有価証券評価差額）などの非資金的支出を加える一方で、資金収支計算の資金支出とは違い、借入金返済など費用にならない支出は除く。

　消費収支計算では帰属収入から基本金組入額を差し引いたものを消費収入とし、消費支出との差を「消費収支差額」としている。このため、新たな土地の購入や校舎新築など大きな設備投資をすると基本金組入額が大きくなり、その結果、消費収入が減少して「赤字」（消費支出が消費収入を超過する状況）になってしまい、経営状況を適切に反映しているとは言いがたい場合がある。そこで、基本金組入額を控除する前の帰属収入と消費支出との差額である「帰属収支差額」を、経営状況を把握する指標

図１　資金収入と帰属収入との関係

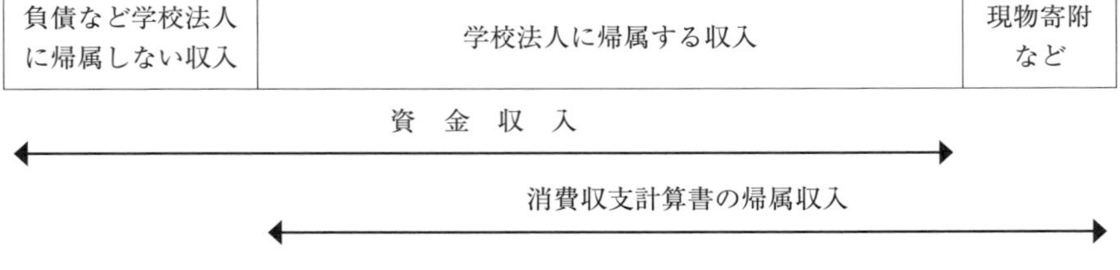

負債など学校法人に帰属しない収入	学校法人に帰属する収入	現物寄附など

　　　　　　　　　　　資　金　収　入

　　　　　　　　　　消費収支計算書の帰属収入

図２　帰属収入と消費収入の関係

帰属収入　＝　　　消費収入　　　＋　　　基本金組入額
　　　　　　（消費支出を賄うための収入）　（消費支出に充ててはならない収入）

【参考1】私学財政の特徴と仕組み

図3　資金支出と消費支出との関係

借入金返済など 費用にならない支出	資金支出のうち 消費支出となるもの	減価償却額・有価 証券評価差額など の非資金支出

　　　　　←　　　資　金　支　出　　　→

　　　　　　　　　←　　消費収支計算書の消費支出　　　→

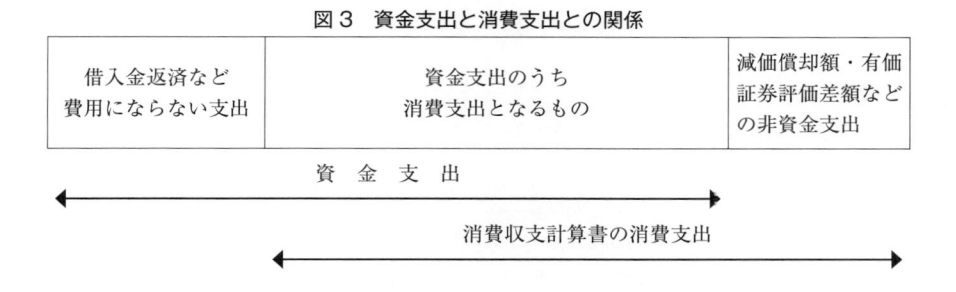

として用い、企業の経常損益と同様に見ることがある。

3）貸借対照表

　貸借対照表は、年度末時点での資産・負債・正味財産（基本金・消費収支差額等）の状態、すなわち、学校法人にはその時点でどのような資産がどれだけあり、どのような負債がいくらあるのかなど、学校法人の保有する財産の保有状況を表示し、その結果、純資産（正味財産）がいくらかといった財産状態を表す。

　貸借対照表には「資産の部」、「負債の部」、「基本金の部」、「消費収支差額の部」を設ける。

　資産の部に「特定資産」があるが、特定資産は特定の目的のために保持している資産であるが、中身は有価証券や現金預金などである。このため学校法人の保有している現金預金の総額は、流動資産として表示の「現金預金」だけでなく、特定資産の中にもある例が多いので注意が必要である。

　貸借対照表に計上した資産の評価は、原則として取得価格をもって行う。固定資産のうち、建物・構築物や機器備品など、時の経過によりその価値が減少するものについては「定額法」による減価償却を行う。

　土地は取得後の地価変動を織り込まない。学校法人にとって土地は永続的に保持しさらに一層の充実を図るべき「基本財産」であって、売却しない前提であるので、時価による評価はしない。しかし、仮に将来土地を売却することになった場合には、貸借対照表に計上してある金額とは異なる価額で売却される場合がある。学校法人保有土地の時価は貸借対照表では分かりづらいので、「財産目録」から土地の所在地を調べ、路線価などから推測していくしかない。有価証券は基本財産ではなく「運用財産」であって、将来売却・償還する前提の資産であり、「時価」が著しく低下し回復する見込みがないと認められる場合には、時価によって評価する。

　貸借対照表の末尾には、重要な会計方針及びその変更、減価償却額累計額の合計額

等、その他財政・経営の状況を正確に判断するために必要な事項を注記事項として記載する。

（3）基本金

「基本金」は学校法人会計を理解するうえで最も難解なものの一つであるといわれている。

学校法人に属する資産、及び学校法人そのものに対しては、何人も所有権も持分権も有しない。また、学校は永続性がなければ、その目的を達成することができない。土地、建物、機器備品、図書等の物的財産は、学校法人が自己で保有することが原則で、これを保持しさらに充実していくには、学校法人自体が必要な資金を継続的に保有し、維持しておく必要がある。

このため、学校法人会計では、返済義務を伴わず自由に処分のできる「帰属収入」から「基本金組入額」を控除した「消費収入」を、「消費支出」を賄うための収入として、「消費支出」との均衡を求めている。一方で、「基本金組入額」は消費支出に充ててはならない収入としている。このように、学校法人が、その諸活動の計画に基づき必要な資金を継続的に保持するために維持すべきものとして、帰属収入から組み入れた金額が「基本金」である。

基本金には第1号から第4号まであって、それぞれ保持すべき目的があり、その目的に応じて所要の資金を組み入れる。

このうち第1号基本金は、学校法人を設立した当初に取得した固定資産の価額、あるいは新たな学校の設置若しくは既設の学校の規模拡大や質の向上のために取得した固定資産の価額である。ただし、対象となる固定資産を借入金または未払金によって取得したときは、返済または支払を行った年度に、返済相当額または支払相当額を組み入れることになっている。第2号基本金は固定資産を将来取得するために計画的に組み入れている資産、第3号基本金は奨学金等の基金、第4号基本金は恒常的に保持すべきとされている資金である。

学校法人が、その諸活動の一部を廃止した場合や、経営の合理化などにより一部の固定資産を保有する必要がなくなった場合などには、定める額の範囲内で基本金を取り崩すことができる。ただし、安易な取り崩しが行われないよう、教育の質的水準の低下を招かないよう十分に留意する必要がある。

このように学校法人の財務の安定性や永続性確保のために基本金制度は重要な役割を果たしてきている。

（４）勘定科目
　学校法人会計基準には、各計算書に記載する科目が掲げられている。例えば、資金収支計算書の学生生徒等納付金収入、教育研究経費支出、消費収支計算書の学生生徒等納付金、教育研究経費などの大科目は各学校法人の判断で変更することはできない。大科目の下に分類される小科目については、形態分類に従い、適当な科目を追加または細分化することができる。

（５）教育研究経費と管理経費の区分
　学校法人の支出する経費は、「教育研究経費」と「管理経費」に区分する。経常費補助金は教育研究経費が補助の対象である。この区分は、経常費補助金算定の基礎となるものであり、会計検査院の重要な検査対象になっている。
　そのため、理事の行う業務執行に要する経費や総務・経理など法人業務に要する経費、教職員の福利厚生のための経費、学生生徒等の募集のために要する経費、食堂・売店のために要する経費、附属病院業務のうち教育研究業務以外の業務に要する経費などは管理経費とし、それ以外の経費は主たる使途に従って教育研究経費と管理経費のいずれかに含める。例えば、入試関連経費でも、学生募集広報経費は管理経費、学生の選抜試験の経費は教育研究経費に分けられ、経費の区分原則に従って補助金額が決定される。

（６）総額表示と純額表示
　計算書類に記載する金額は「総額」で表示する。つまり、一つの事案で収入と支出とが発生した場合、その収入と支出との差額（純額）を表示するのではなく、収入と支出とをそれぞれ表示するのが原則である。ただし、教育研究活動に直接関係なく、総額表示してもいたずらに収入・支出の金額を大きく表示するだけの預り金その他の経過的な収入・支出や、食堂に係る収入・支出などは、例外的に収入と支出を相殺した純額で表示することが認められている。

（７）収益事業会計
　学校法人は、教育に支障がない限り、その収益を私立学校の経営に充てるため、収益事業を行うことができる。この場合、寄附行為に掲げるとともに、学校会計とは区分して特別の会計として処理しなければならない。この部分については学校法人会計基準は適用されず、一般に公正妥当と認められる企業会計の原則によって会計処理を行う。学校法人会計では、収益事業から繰り入れた部分についてのみ、収益事業収入として表示すれば足りる。これとは別に、法人税法上の収益事業という概念がある。これは寄附行為に掲げているか否かにかかわらず、法人税法上収益事業と認定されるものであり、施設利用料収入や受託事業収入など幅広い範囲で該当する可能性がある。

(8) 2つの収支計算書と経営判断について

上記のように学校法人には「資金収支計算書」と「消費収支計算書」の2つの収支計算書があるが、どちらを見ればよいのであろうか。

学校によって考え方や管理手法が異なり、それに応じ重視する収支計算書が違う。資金収支計算書を重視する学校が多いとの話を聞くが、経営状況を見るには消費収支計算書が優れていると筆者は考える。

前述のように、資金収支計算書には借入金や未払金を財源とする収入、つまり将来返済や支払を要する収入が含まれ、たとえ収支が均衡したとしても安定した財政を維持しているとは言いがたい場合があって、経営状況の判断には不向きである。

一方、消費収支計算書の帰属収入は学校に帰属するもののみで、将来返済や支払を要する収入は含まれない。支出には、時の経過によって減価する減価償却額や、時価の変動による有価証券評価差額(評価損)といった資金流出を伴わない支出が含まれる。これらは貸借対照表に反映され、保有する建物や有価証券などの貸借対照表上の価額を減じることになる。企業の損益計算書にも似た計算書であり、経営状況を判断するのに適したものと考えられる。

しかし、基本金組入額が判断を惑わせる。基本金組入額を差し引く前の帰属収入と、消費支出との差額である「帰属収支差額」で経営状況・財務状況を判断するのが妥当である。

基本金の考え方は上記(3)に記載しているが、その仕組みは非常に複雑である。例えば校舎新築の場合、話を単純化して言うと、取得した校舎の価額を第1号基本金に組み入れ、耐用年数の間毎年度、減価償却額を消費支出に計上する。つまり校舎を廃却するまでの間に、取得額を二度帰属収入から差し引くことになるので、この点は学校法人会計が内抱する問題点でもある。

4．学校法人会計基準の改正

(1) 改正の背景

学校法人会計基準は、経常費補助金算定の基礎にすることを最大の目的として制定されたが、今日では学校法人の実務に深く定着しており、作成された計算書類は学校法人の経営状況の分析・把握、経営改善の資料としても使われ、基本金制度は学校法人の財政基盤の安定に大きく寄与してきた。

昭和46年に学校法人会計基準が作成されてから既に40年以上が経過し、社会・経済状況は大きく変化、私立学校を取り巻く環境も少子化の急速な進展などで大きく変化してきている。

【参考1】私学財政の特徴と仕組み

　世の中の会計のルールも変化しており、企業会計は世界的な会計のグローバル化等による改正が図られ、これを受けて国立大学は法人化し会計基準が制定され、公益法人等の会計基準の改正も進められた。
　学校法人については、私学法が改正され、平成17年度から学生や教職員などの利害関係者に財務情報の公開が義務づけられるなど、経営状況についての説明責任を果たすことが要請されてきた。しかし、私立学校の会計基準そのものは、今までに当面の問題を解決するための小幅な改正はあったものの、環境変化に対応した改正はされず、一般社会への説明責任を十分には果たしてきていなかった。そのような中で、有識者による検討を経て、学校法人会計基準が改正され平成27年4月から適用されることになった。
　今回の改正骨子は、学校法人の会計処理の仕組みは引き継ぎ、計算書類を分かりやすく表示し一般社会への説明責任を一層果たしていくことを目指している。

(2) 資金収支計算書の改正
　資金収支計算書は、補助金配分の基礎資料であり、多くの学校法人で予算管理上有効に機能しており、科目の一部を変更し、維持される。
　学校法人は、本業である教育研究活動への取り組みを財務的な観点から分かりやすく把握することが求められる一方、施設設備の高度化や資金調達・資金運用の多様化など本業以外の活動が増加しており、これらの活動ごとに収支を分かりやすく把握することが求められる。このため、企業会計のキャッシュフロー計算書と同様に、図4のとおり、資金収支計算書に加え、新たに「活動区分資金収支計算書」を作成し、収支を「教育活動」、「施設整備等活動」、「その他の活動」に区分し、活動区分ごとの収入・支出を把握し、各活動区分の末尾にそれぞれ対応する「調整勘定」を置いて現金預金残高の流れと一致させる。

(3) 消費収支計算書の改正
　消費収支計算書は「事業活動収支計算書」と名称を変更し、図5のとおり"経常的な収支バランス"と"臨時的な収支バランス"とに分ける。経常的な収支バランスは「経常収支」とし、経常収支をさらに"教育活動での収支バランス"を示す「教育活動収支」と"教育活動外の収支バランス"を示す「教育活動外収支」に分けて表示する。臨時的な収支バランスは「特別収支」として収支のバランスを表示する。
　また、従来の消費収支計算書には表示されなかった「帰属収支差額」(帰属収入－消費支出)を「基本金組入前当年度収支差額」として計算書に記載する。

図4 資金収支計算書の現行と改正後のイメージ

《現行の資金収支計算書》

区 分
学生生徒等納付金収入
手数料収入
寄付金収入
補助金収入
資産運用収入
資産売却収入
事業収入
雑収入
借入金等収入
前受金収入
その他の収入
資金収入調整勘定
前年度繰越支払資金
収入の部合計
人件費支出
教育研究経費支出
管理経費支出
借入金等利息支出
借入金等返済支出
施設関係支出
設備関係支出
資産運用支出
その他の支出
資金支出調整勘定
次年度繰越支払資金
支出の部合計

⇒

《科目修正後の資金収支計算書》

区 分
学生生徒等納付金収入
手数料収入
寄付金収入
補助金収入
資産売却収入
付随事業・収益事業収入
受取利息・配当金収入
雑収入
借入金等収入
前受金収入
その他の収入
資金収入調整勘定
前年度繰越支払資金
収入の部合計
人件費支出
教育研究経費支出
管理経費支出
借入金等利息支出
借入金等返済支出
施設関係支出
設備関係支出
資産運用支出
その他の支出
資金支出調整勘定
翌年度繰越支払資金
支出の部合計

＋

《活動区分資金収支計算書》

区 分		
教育活動による資金収支	収入	
	支出	
	差引	
	調整勘定等	
	教育活動資金収支差額	
施設整備等活動による資金収支	収入	
	支出	
	差引	
	調整勘定等	
	施設整備等活動資金収支差額	
小計		
その他の活動による資金収支	収入	
	支出	
	差引	
	調整勘定等	
	その他の活動資金収支差額	
支払資金の増減額		
前年度繰越支払資金		
翌年度繰越支払資金		

（4）貸借対照表の改正

　貸借対照表は期末時点での資産・負債・自己資金の状態を表す。変更後も現行の貸借対照表の構造を引き継ぐが、財政状況をより分かりやすく表示する観点から、図6のとおり資産の部のなかに新たに中科目として「特定資産」を設ける。また、「基本金の部」と「消費収支差額の部」とを合わせて「純資産の部」とする。

【参考1】私学財政の特徴と仕組み

図5　消費収支計算書の現行と改正後のイメージ

《現行の消費収支計算書》

区　分
学生生徒等納付金
手数料
寄付金
補助金
資産運用収入
資産売却差額
事業収入
雑収入
帰属収入合計
基本金組入額合計
消費収入の部合計
人件費
教育研究経費
管理経費
借入金等利息
資産処分差額
徴収不能引当金繰入額
消費支出の部合計
当年度消費収入(支出)超過額
前年度繰越消費収入(支出)超過額
翌年度繰越消費収入(支出)超過額

《事業活動収支計算書》

区　分			
経常収支	教育活動収支	収入	
		支出	
		教育活動収支差額	
	教育活動外収支	収入	
		支出	
		教育活動外収支差額	
	経常収支差額		
特別収支		収入	
		支出	
		特別収支差額	
予備費			
基本金組入前当年度収支差額			
基本金組入額合計			
当年度収支差額			
前年度繰越収支差額			
基本金取崩額			
翌年度繰越収支差額			

（5）変更されない点

　学校法人会計基準の改正は、一般社会に分かりやすく説明できるように、収支区分ごとに集計・表示するなどの変更を加えるが、基本的な考え方は変更していない。例えば、学校法人の保有する土地は本来売買を目的とするものではないので、貸借対照表上の土地は取得価額で表示することにしており、取得後の価格変動は織り込まない。したがって、古くから都心部にある学校法人では土地の含み益が多額にあり、地方の学校法人では土地の含み損を抱えている可能性がある。また、学校法人には、株式会社のような所有権や持ち分の概念がないので、連結会計の考え方は馴染まないとし、

図6 貸借対照表の現行と改正後のイメージ

《現行の貸借対照表》

区　分
資産の部
固定資産
有形固定資産
土地
建物
⋮
その他固定資産
施設利用権
有価証券
退職給与引当特定資産
第2号基本金引当特定資産
第3号基本金引当特定資産
⋮
流動資産
現金預金
未収入金
⋮
資産の部合計
負債の部
固定負債
長期借入金
学校債
退職給与引当金
⋮
流動負債
短期借入金
学校債
未払金
前受金
⋮
負債の部合計
基本金の部
第1号基本金
第2号基本金
第3号基本金
第4号基本金
基本金の部合計
消費収支差額の部
翌年度繰越消費収入（支出）超過額
消費収支差額の部合計
負債の部・基本金の部及び消費収支差額の部合計

《変更後の貸借対照表》

区　分
資産の部
固定資産
有形固定資産
土地
建物
⋮
特定資産
退職給与引当特定資産
第2号基本金引当特定資産
第3号基本金引当特定資産
⋮
その他の固定資産
施設利用権
有価証券
流動資産
現金預金
未収入金
⋮
資産の部合計
負債の部
固定負債
長期借入金
学校債
退職給与引当金
⋮
流動負債
短期借入金
1年内返済予定学校債
未払金
前受金
⋮
負債の部合計
純資産の部
基本金
第1号基本金
第2号基本金
第3号基本金
第4号基本金
繰越収支差額
翌年度繰越収支差額
純資産の部合計
負債および純資産の部合計

【参考1】私学財政の特徴と仕組み

導入していない。

(6) 改正により期待される点

　今回の改正は、我が国の教育を担い、公共性と公益性を有する私立学校が、その経営状況を一般社会に分かりやすく説明することを狙ったものと言える。現行の学校法人会計基準は、もともとは補助金の適切な配分のために制定されたものだが、今では財務分析や経営判断の重要な基礎資料として活用されている。現行の資金収支計算書や消費収支計算書では収支を一つで表示しているが、改正後は、資金収支計算書においては活動区分別に、事業活動収支計算書においては経常的な収支と臨時的な収支に分けて表示されるので、それぞれの収支を分析することで学校の経営や運営に新たな見方が加わり、今までとは違う経営判断につながり、教育の質向上や経営の刷新に結びけることができるようになったと言える。

5．財務分析

(1) 財務計算書類を利用した分析

　作成された財務計算書類（資金収支計算書・消費収支計算書・貸借対照表）や財務公開資料を見ても、その学校法人の財務状況が健全かどうかは判断しにくいことが多い。そこで財務分析が必要になる。財務分析手法は、日本私立学校振興・共済事業団（以下「私学事業団」という）が毎年度発刊する「今日の私学財政」に詳しく記載されており、それを利用する私学関係者は多い。その手法は、財務計算書類から特定の数値を拾い、比率（財務比率）を算出し、それを他の学校法人や全国平均と比較して、各々の学校法人の財務状況を知ろうというものである。

　「今日の私学財政」には、多くの財務比率の計算式とその意味、全国学校法人の度数分布等が掲載され、さらに大学法人については全国の大学法人、医歯系を除く大学法人、大学法人の規模別・ブロック別に、各年度の貸借対照表・消費収支計算書・資金収支計算書の科目ごとの合計額、過去5カ年の財務比率表が掲載されている。各学校では、これらのうちからその学校法人にとって必要とする財務比率を抽出し、全国平均と比較するなどするのがよいと思う。本学では、多くの指標のなかから次の財務比率を参考に、評議員会等で決算状況の説明に活用している。

　前述の「財務比率」分析は他大学との比較でその学校の財務状況の良し悪しを判断する。これ以外の財務分析としては、私学事業団による「定量的な経営判断指標による経営状態の区分（法人全体）」がある。詳細は第1章で触れているが、教育研究活動のキャッシュフローや外部負債と運用資産の状態などから経営状況を判断するもので、経営状況を14段階に分類し、これを「正常状態」、「イエローゾーンの予備的段

図7 消費収支関連財務比率

比　率	計算式	評価の目安	医歯系除く全国平均					
			20年度	21年度	22年度	23年度	24年度
対象大学法人数			491法人	496法人	492法人	501法人	500法人
人件費比率	人件費／帰属収入	▼	52.8	52.6	52.9	54.0	52.8
教育研究経費比率	教育研究経費／帰属収入	△	31.0	30.9	30.9	30.9	31.2
管理経費比率	管理経費／帰属収入	▼	9.9	10.3	8.8	8.7	9.2
帰属収支差額比率	帰属収入－消費支出／帰属収入	△	0.2	3.7	4.4	3.4	4.8
消費収支比率	消費支出／消費収入	▼	115.0	110.8	110.5	109.2	107.9
学生生徒等納付金比率	学生生徒等納付金／帰属収入	～	73.0	72.7	73.4	72.7	73.4
補助金比率	補助金／帰属収入	△	12.5	12.9	12.4	12.4	12.6
基本金組入率	基本金組入額／帰属収入	△	13.2	13.1	13.4	11.6	11.7

階」、「イエローゾーン」、「レッドゾーン」に分けている。評議員会などで決算説明をする際に、これを提示すると、分かりやすい。

（2）格付の取得・維持を活用した財務分析

　前述の財務分析とは異なるが、本学では格付を取得しており、格付機関により毎年行われる格付見直し作業を通じ、教育研究・財務・経営等の健全度合いを客観的に知る良い機会を得ている。

　本学では平成18年度に「㈱格付投資情報センター」（R＆I）から発行体格付「A－（シングル・エー・マイナス）」を取得し、以後毎年格付の見直しを受け、同じ格付を維持してきた。本学が格付を取得したのは次の理由による。

　① 本学の教育改革や経営改革等に対し第三者機関からの評価を受け、それを活かし、本学の改革を一層推進していくこと。
　② 学生生徒や卒業生、教職員、企業等に対し、評価結果を基に、本学の教育研究活動や経営の健全性を積極的に公開し、本学への信頼性の醸成とブランド力の向上を図っていくこと。

【参考1】私学財政の特徴と仕組み

図8　貸借対照表関連財務比率

比率	計算式	評価の目安	医歯系除く全国平均				
			20年度	21年度	22年度	23年度	24年度
対象大学法人数			491法人	496法人	492法人	501法人	500法人
固定資産構成比率	固定資産／総資産	▼	86.7	86.8	87.0	87.0	86.7
自己資金構成比率	自己資金／総資金	△	87.3	86.8	87.2	86.9	87.2
固定比率	固定資産／自己資金	▼	99.4	100.0	99.8	100.1	99.5
流動資産構成比率	流動資産／総資産	△	13.3	13.2	13.0	13.0	13.3
総負債比率	総負債／総資産	▼	12.7	13.2	12.8	13.1	12.8

※医歯系法人を除く。
※「評価の目安」は日本私立学校・振興事業団が示すもので、△は高い値が良く、▼は低い値が良く、〜はどちらともいえないことを表す。

　毎年、本学から格付機関に多くの資料を提出し、格付機関からインタビューを受け、格付機関との間でミーティングをし、格付が見直される。結果的に、この一連の作業は、教育研究に関する諸活動や経営の課題等について根本的に考え、本学の実情を客観的に見る良い機会になり、改革の推進につながっている。(詳細は第9章に掲載)

【参考2】
私立大学、学校法人の関連法

1．教育基本法主要条文（平成18年12月施行、カッコ内は旧法との比較の説明）

第6条：法律に定める学校は、公の性質を有するものであって、国、地方公共団体及び法律に定める法人のみが、これを設置することができる。
（学校教育は、体系的・組織的に行われるべきこと、また、学校教育においては、児童・生徒が、規律を重んずるとともに、学習意欲を高めることを重視すべきことを新たに規定）

第7条（新設）：大学は、学術の中心として、高い教養と専門的能力を培うとともに、深く真理を探究して新たな知見を創造し、これらの成果を広く社会に提供することにより、社会の発展に寄与するものとする。

2　大学については、自主性、自律性その他の大学における教育及び研究の特性が尊重されなければならない。
（本条を新設し、大学の役割や、自主性・自律性などの大学の特性が尊重されるべきことを規定）

第8条（新設）：私立学校の有する公の性質及び学校教育において果たす重要な役割にかんがみ、国及び地方公共団体は、その自主性を尊重しつつ、助成その他の適当な方法によって私立学校教育の振興に努めなければならない。
（本条を新設し、私立学校の自主性を尊重しつつ、国・地方公共団体が私学助成などの振興に努めるべきことを規定）

第9条：法律に定める学校の教員は、自己の崇高な使命を深く自覚し、絶えず研究と修養に励み、その職責の遂行に努めなければならない。

2　前項の教員については、その使命と職責の重要性にかんがみ、その身分は尊重され、待遇の適正が期せられるとともに、養成と研修の充実が図られなければならない。
（教員の使命と職責の重要性を踏まえ、教員は研究と修養に励み、養成と研修の充実が図られるべきことを新たに規定）

第17条（新設）：政府は、教育の振興に関する施策の総合的かつ計画的な推進を図るため、教育の振興に関する施策についての基本的な方針及び講ずべき施策その他必要な事項について、基本的な計画を定め、これを国会に報告するとともに、公表し

なければならない。
2 　地方公共団体は、前項の計画を参酌し、その地域の実情に応じ、当該地方公共団体における教育の振興のための施策に関する基本的な計画を定めるよう努めなければならない。
（本条を新設し、国・地方公共団体が総合的かつ計画的に教育施策を推進するための基本計画を定めることについて規定）

２．学校教育法主要条文

第1条：この法律で、学校とは、幼稚園、小学校、中学校、高等学校、中等教育学校、特別支援学校、大学及び高等専門学校とする。

第2条：学校は、国（国立大学法人法（平成15年法律第112号）第2条第1項に規定する国立大学法人及び独立行政法人国立高等専門学校機構を含む。以下同じ。）、地方公共団体（地方独立行政法人法（平成15年法律第118号）第68条第1項に規定する公立大学法人を含む。次項において同じ。）及び私立学校法第3条に規定する学校法人（以下学校法人と称する。）のみが、これを設置することができる。

2 　この法律で、国立学校とは、国の設置する学校を、公立学校とは、地方公共団体の設置する学校を、私立学校とは、学校法人の設置する学校をいう。

第3条：学校を設置しようとする者は、学校の種類に応じ、文部科学大臣の定める設備、編制その他に関する設置基準に従い、これを設置しなければならない。

第10条：私立学校は、校長を定め、大学及び高等専門学校にあつては文部科学大臣に、大学及び高等専門学校以外の学校にあつては都道府県知事に届け出なければならない。

第15条：文部科学大臣は、公立又は私立の大学及び高等専門学校が、設備、授業その他の事項について、法令の規定に違反していると認めるときは、当該学校に対し、必要な措置をとるべきことを勧告することができる。

第83条：大学は、学術の中心として、広く知識を授けるとともに、深く専門の学芸を教授研究し、知的、道徳的及び応用的能力を展開させることを目的とする。

2 　大学は、その目的を実現するための教育研究を行い、その成果を広く社会に提供することにより、社会の発展に寄与するものとする。

第87条：大学の修業年限は、4年とする。ただし、特別の専門事項を教授研究する学部及び前条の夜間において授業を行う学部については、その修業年限は、4年を超えるものとすることができる。

第93条：大学には、重要な事項を審議するため、教授会を置かなければならない。

2　教授会の組織には、准教授その他の職員を加えることができる。

第109条：大学は、その教育研究水準の向上に資するため、文部科学大臣の定めるところにより、当該大学の教育及び研究、組織及び運営並びに施設及び設備（次項において「教育研究等」という。）の状況について自ら点検及び評価を行い、その結果を公表するものとする。

2　大学は、前項の措置に加え、当該大学の教育研究等の総合的な状況について、政令で定める期間ごとに、文部科学大臣の認証を受けた者（以下「認証評価機関」という。）による評価（以下「認証評価」という。）を受けるものとする。ただし、認証評価機関が存在しない場合その他特別の事由がある場合であつて、文部科学大臣の定める措置を講じているときは、この限りでない。

第110条：認証評価機関になろうとする者は、文部科学大臣の定めるところにより、申請により、文部科学大臣の認証を受けることができる。

第113条：大学は、教育研究の成果の普及及び活用の促進に資するため、その教育研究活動の状況を公表するものとする。

3．学校教育法施行令主要条文

第3章　認可、届出等、第1節　認可及び届出等

第23条（抜粋）：6. 私立の大学の学部の学科の設置、7. 大学の大学院（専門職大学院を含む。）の研究科の専攻の設置及び当該専攻に係る課程（法第104条第1項に規定する課程をいう。次条第1項第1号において同じ。）の変更

第23条の2（抜粋）：（法第4条第2項第3号の政令で定める事項）

一　私立の大学の学部の学科の設置又は公立若しくは私立の大学の大学院（専門職大学院を含む。）の研究科の専攻の設置若しくは専攻に係る課程の変更であつて、当該大学が授与する学位の種類及び分野の変更を伴わないもの

三　大学における通信教育の開設であつて、当該大学が授与する通信教育に係る学位の種類及び分野の変更を伴わないもの

四　私立の大学又は高等専門学校の収容定員（大学にあつては、通信教育及び文部科学大臣の定める分野に係るものを除く。）に係る学則の変更であつて、当該収容定員の総数の増加を伴わないもの

五　私立の大学の通信教育に係る収容定員に係る学則の変更であつて、当該収容定員の総数の増加を伴わないもの

2　前項第1号の学位の種類及び分野の変更、同項第2号の学科の分野の変更並びに同項第3号の通信教育に係る学位の種類及び分野の変更に関する基準は、文部科学

大臣が定める。
3　前項に規定する基準を定める場合には、文部科学大臣は、中央教育審議会に諮問しなければならない。
第5章　認証評価
第40条（認証評価の期間）：法第109条第2項、（法第123条において準用する場合を含む。）の政令で定める期間は7年以内、法第109条第3項の政令で定める期間は5年以内とする。

4．私立学校法主要条文

第1条（この法律の目的）：この法律は、私立学校の特性にかんがみ、その自主性を重んじ、公共性を高めることによつて、私立学校の健全な発達を図ることを目的とする。

第5条（学校教育法の特例）：私立学校には、学校教育法第14条の規定は、適用しない。

第8条（私立学校審議会等への諮問）：都道府県知事は、私立大学及び私立高等専門学校以外の私立学校について、学校教育法第4条第1項又は第13条第1項に規定する事項を行う場合においては、あらかじめ、私立学校審議会の意見を聴かなければならない。

2　文部科学大臣は、私立大学又は私立高等専門学校について、学校教育法第4条第1項又は第13条第1項に規定する事項（同法第95条の規定により諮問すべきこととされている事項を除く。）を行う場合においては、あらかじめ、同法第95条に規定する審議会等の意見を聴かなければならない。

第9条（私立学校審議会）：この法律の規定によりその権限に属せしめられた事項を審議させるため、都道府県に、私立学校審議会を置く。

2　私立学校審議会は、私立大学及び私立高等専門学校以外の私立学校並びに私立専修学校及び私立各種学校に関する重要事項について、都道府県知事に建議することができる。

第25条（資産）：学校法人は、その設置する私立学校に必要な施設及び設備又はこれらに要する資金並びにその設置する私立学校の経営に必要な財産を有しなければならない。

2　前項に規定する私立学校に必要な施設及び設備についての基準は、別に法律で定めるところによる。

第26条（収益事業）：学校法人は、その設置する私立学校の教育に支障のない限り、

その収益を私立学校の経営に充てるため、収益を目的とする事業を行うことができる。

第30条（申請）：学校法人を設立しようとする者は、その設立を目的とする寄附行為をもって少なくとも次に掲げる事項を定め、文部科学省令で定める手続に従い、当該寄附行為について所轄庁の認可を申請しなければならない。

1．目的
2．名称
3．その設置する私立学校の名称及び当該私立学校に課程、学部、大学院、大学院の研究科、学科又は部を置く場合には、その名称又は種類（私立高等学校（私立中等教育学校の後期課程を含む。）に広域の通信制の課程（学校教育法第54条第3項（同法第70条第1項において準用する場合を含む。）に規定する広域の通信制の課程をいう。）を置く場合には、その旨を含む。）
4．事務所の所在地
5．役員の定数、任期、選任及び解任の方法その他役員に関する規定
6．理事会に関する規定
7．評議員会及び評議員に関する規定
8．資産及び会計に関する規定
9．収益を目的とする事業を行う場合には、その事業の種類その他その事業に関する規定
10．解散に関する規定
11．寄附行為の変更に関する規定
12．公告の方法

第31条（認可）：所轄庁は、前条第1項の規定による申請があつた場合には、当該申請に係る学校法人の資産が第25条の要件に該当しているかどうか、その寄附行為の内容が法令の規定に違反していないかどうか等を審査した上で、当該寄附行為の認可を決定しなければならない。

2　所轄庁は、前項の規定により寄附行為の認可をする場合には、あらかじめ、私立学校審議会等の意見を聴かなければならない。

第33条の2（財産目録の作成及び備置き）：学校法人は、設立の時に財産目録を作成し、常にこれをその主たる事務所に備え置かなければならない。

第35条（役員）：学校法人には、役員として、理事5人以上及び監事2人以上を置かなければならない。

2　理事のうち1人は、寄附行為の定めるところにより、理事長となる。

【参考2】私立大学、学校法人の関連法

第36条（理事会、抜粋）：学校法人に理事をもつて組織する理事会を置く。
2 理事会は、学校法人の業務を決し、理事の職務の執行を監督する。
3 理事会は、理事長が招集する。理事（理事長を除く。）が、寄附行為の定めるところにより、理事会の招集を請求したときは、理事長は、理事会を招集しなければならない。
4 理事会に議長を置き、理事長をもつて充てる。

第37条（役員の職務）：理事長は、学校法人を代表し、その業務を総理する。
2 理事（理事長を除く。）は、寄附行為の定めるところにより、学校法人を代表し、理事長を補佐して学校法人の業務を掌理し、理事長に事故があるときはその職務を代理し、理事長が欠けたときはその職務を行う。
3 監事の職務は、次のとおりとする。
　1．学校法人の業務を監査すること。
　2．学校法人の財産の状況を監査すること。
　3．学校法人の業務又は財産の状況について、毎会計年度、監査報告書を作成し、当該会計年度終了後2月以内に理事会及び評議員会に提出すること。

第38条（役員の選任）：理事となる者は、次の各号に掲げる者とする。
　1．当該学校法人の設定する私立学校の校長（学長及び園長を含む。以下同じ。）
　2．当該学校法人の評議員のうちから、寄附行為の定めるところにより選任された者（寄附行為をもつて定められた者を含む。次号及び第44条第1項において同じ。）
　3．前2号に規定する者のほか、寄附行為の定めるところにより選任された者
2 学校法人が私立学校を2以上設置する場合には、前項第1号の規定にかかわらず、寄附行為の定めるところにより、校長のうち、1人又は数人を理事とすることができる。
3 第1項第1号及び第2号に規定する理事は、校長又は評議員の職を退いたときは、理事の職を失うものとする。
4 監事は、評議員会の同意を得て、理事長が選任する。
5 理事又は監事には、それぞれその選任の際現に当該学校法人の役員又は職員（当該学校法人の設置する私立学校の校長、教員その他の職員を含む。以下同じ。）でない者が含まれるようにしなければならない。
6 役員が再任される場合において、当該役員がその最初の選任の際現に当該学校法人の役員又は職員でなかつたときの前項の規定の適用については、その再任の際現に当該学校法人の役員又は職員でない者とみなす。

第41条（評議員会）：学校法人に、評議員会を置く。
2 評議員会は、理事の定数の2倍をこえる数の評議員をもつて、組織する。
3 評議員会は、理事長が招集する。
4 評議員会に、議長を置く。
5 理事長は、評議員総数の3分の1以上の評議員から会議に付議すべき事項を示して評議員会の招集を請求された場合には、その請求のあつた日から20日以内に、これを招集しなければならない。
6 評議員会は、評議員の過半数の出席がなければ、その議事を開き、議決をすることができない。
7 評議員会の議事は、出席評議員の過半数で決し、可否同数のときは、議長の決するところによる。
8 前項の場合において、議長は、評議員として議決に加わることができない。
第42条：次に掲げる事項については、理事長において、あらかじめ、評議員会の意見を聞かなければならない。
　1．予算、借入金（当該会計年度内の収入をもつて償還する一時の借入金を除く。）及び重要な資産の処分に関する事項
　2．事業計画
　3．寄附行為の変更
　4．合併
　5．第50条第1項第1号（評議員会の議決を要する場合を除く。）及び第3号に掲げる事由による解散
　6．収益を目的とする事業に関する重要事項
　7．その他学校法人の業務に関する重要事項で寄附行為をもつて定めるもの
2 前項各号に掲げる事項は、寄附行為をもつて評議員会の議決を要するものとすることができる。
第50条（解散事由）：学校法人は次の事由によって解散する。
　1．理事の3分の2以上の同意及び寄附行為で更に評議員会の議決を要するものと定められている場合には、その議決
　2．寄附行為に定めた解散事由の発生
　3．目的たる事業の成功の不能
　4．学校法人又は第64条第4項の法人との合併
　5．破産手続開始の決定
　6．第62条第1項の規定による所轄庁の解散命令

2　前項第1号及び第3号に掲げる事由による解散は、所轄庁の認可又は認定を受けなければ、その効力を生じない。
3　第31条第2項の規定は、前項の認可又は認定の場合に準用する。
4　清算人は、第1項第2号又は第5号に掲げる事由によつて解散した場合には、所轄庁にその旨を届け出なければならない。
第52条（合併手続）：学校法人が合併しようとするときは、理事の3分の2以上の同意がなければならない。ただし、寄附行為で評議員会の議決を要するものと定められている場合には、更にその議決がなければならない。
2　合併は所轄庁の認可を受けなければ、その効力を生じない。
第59条（助成）：国又は地方公共団体は、教育の振興上必要があると認める場合には、別に法律で定めるところにより、学校法人に対し、私立学校教育に関し必要な助成をすることができる。
第62条（解散命令）：所轄庁は、学校法人が法令の規定に違反し、又は法令の規定に基く所轄庁の処分に違反した場合においては、他の方法により監督の目的を達することができない場合に限り、当該学校法人に対して、解散を命ずることができる。
2　所轄庁は、前項の規定による解散命令をしようとする場合には、あらかじめ、私立学校審議会等の意見を聴かなければならない。

5．私学振興助成法主要条文

第1条（目的）：この法律は、学校教育における私立学校の果たす重要な役割にかんがみ、国及び地方公共団体が行う私立学校に対する助成の措置について規定することにより、私立学校の教育条件の維持及び向上並びに私立学校に在学する幼児、児童、生徒又は学生に係る修学上の経済的負担の軽減を図るとともに私立学校の経営の健全性を高め、もつて私立学校の健全な発達に資することを目的とする。
第3条（学校法人の責務）：学校法人は、この法律の目的にかんがみ、自主的にその財政基盤の強化を図り、その設置する学校に在学する幼児、児童、生徒又は学生に係る修学上の経済的負担の適正化を図るとともに、当該学校の教育水準の向上に努めなければならない。
第4条（経常経費補助）：国は、大学又は高等専門学校を設置する学校法人に対し、当該学校における教育又は研究に係る経常的経費について、その2分の1以内を補助することができる。
第5条（補助金の減額）：国は、学校法人又は学校法人の設置する大学若しくは高等専門学校が次の各号の1に該当する場合には、その状況に応じ、前条第1項の規定

により当該学校法人に交付する補助金を減額して交付することができる。
1　法令の規定、法令の規定に基づく所轄庁の処分又は寄附行為に違反している場合
2　学則に定めた収容定員を超える数の学生を在学させている場合
3　在学している学生の数が学則に定めた収容定員に満たない場合
4　借入金の償還が適正に行われていない等財政状況が健全でない場合
5　その他教育条件又は管理運営が適正を欠く場合

第11条（間接補助）：国は、日本私立学校振興・共済事業団法（平成9年法律第48号）の定めるところにより、この法律の規定による助成で補助金の支出又は貸付金に係るものを日本私立学校振興・共済事業団を通じて行うことができる。

第12条（所轄庁の権限）：所轄庁は、この法律の規定により助成を受ける学校法人に対して次の各号に掲げる権限を有する。
1　助成に関し必要があると認める場合において、当該学校法人からその業務若しくは会計の状況に関し報告を徴し、又は当該職員に当該学校法人の関係者に対し質問させ、若しくはその帳簿、書類その他の物件を検査させること。
2　当該学校法人が、学則に定めた収容定員を著しく超えて入学又は入園させた場合において、その是正を命ずること。
3　当該学校法人の予算が助成の目的に照らして不適当であると認める場合において、その予算について必要な変更をすべき旨を勧告すること。
4　当該学校法人の役員が法令の規定、法令の規定に基づく所轄庁の処分又は寄附行為に違反した場合において、当該役員の解職をすべき旨を勧告すること。

第14条（書類の作成等）：第4条第1項又は第9条に規定する補助金の交付を受ける学校法人は、文部科学大臣の定める基準に従い、会計処理を行い、貸借対照表、収支計算書その他の財務計算に関する書類を作成しなければならない。
2　前項に規定する学校法人は、同項の書類のほか、収支予算書を所轄庁に届け出なければならない。
3　前項の場合においては、第1項の書類については、所轄庁の指定する事項に関する公認会計士又は監査法人の監査報告書を添付しなければならない。ただし、補助金の額が寡少であって、所轄庁の許可を受けたときは、この限りでない。

【参考3】
私立大学アクションプラン（日本私立大学団体連合会平成25年7月公表）

私立大学は、日本の知識基盤社会を先導する

　日本私立大学団体連合会は、平成23年6月に報告書『21世紀社会の持続的発展を支える私立大学――「教育立国」日本の再構築のために――』を公表し、多大な評価をえた。その時から早くも2年が過ぎた。この間、同報告書において示した「10の提言」実現（成果）の進捗状況について、これを確認し、検証すべき時期に至っている。

　この委員会の審議中に東日本大震災が発生した（平成23年3月11日）が、当時この点に関する政策対応の動向が見定まらないところもあるなかで、被害の状況を踏まえて時間的な制約のなか、とりあえずの方向性を示す意味合いをもって、提言の一つとして政策提案を行った。

　その後、東日本大震災の被害実態の深刻さ、および2年余を経た復旧・復興の進捗状況（とくに原発汚染への対応の遅れ）、ならびに各大学が多種多様な支援を実施してきていることなどに鑑み、（平成25年7月）において日本私立大学団体連合会および私立大学が取り組むべき課題の整理を行うことが求められている。3.11の東日本大震災は、戦後の経済復興、そして高度経済成長を支えてきた諸制度に対する警告であり、人間の尊重、日本人として誇るべき生き方を再確認させ、改めて教育のあり方を問い直した出来事であった。

　さらに、政権も平成24年12月に民主党から自民党に交代したこともあって、政府・与党による「教育に関する政策」が変更している。とくにグローバル戦略の一環として、最先端の国際レベル研究や人材育成を助成して、世界規模の経済活動を支える政策の刷新を提唱しており、また教育再生を旗印にした戦後教育制度の見直しなどは、高等教育政策に対する質的転換を志向している。

　前記報告書においては、高等教育政策に関する一般的考察に加えて、国公私立大学に共通する課題をも検討し、提言してきた。しかし、このたびの委員会では、私立大

学が学部学生の約8割に対して教育を実施しているなど、その多様性や重層性に注視し、その点から、私立大学の立場を強調したものになっている。

その上で、私立大学においては、平成27年までの3年間を「改革実行集中期間」と位置づけ、重点的な取り組みに向けたアクションプランを提言する。

平成25年7月

日本私立大学団体連合会

知識基盤社会を支える私立大学10の提言

【提言1】　新時代を拓く原動力として国民の大多数が必要に応じて学ぶ新しい高等教育システムの構築と計画的環境整備の推進
【提言2】　教育の「多様性」と「重層性」の担保
【提言3】　国公立大学システムの検証と私立大学を中心とする総合的大学政策の確立
【提言4】　大学の国際化、とくにアジア・環太平洋諸国との交流の推進
【提言5】　建学の精神の具現と特色ある教育研究の質的充実の強力なる推進
【提言6】　学生の健全な就学環境の保障、就職・採用活動の早期化・長期化是正
【提言7】　高等教育への投資規模（公財政教育費支出）を対GDP比1％の早期実現
【提言8】　教育無格差立国の実現、教育費負担の格差是正、私立大学等経常補助金補助率2分の1の速やかな実現
【提言9】　伝統的大学から生涯学習・社会連携教育型大学への転換
【提言10】　東日本大震災からの復興における社会の再構築モデルとして実行

【参考3】私立大学アクションプラン（日本私立大学団体連合会）

　このAction planは、日本私立大学団体連合会がとりまとめた「知識基盤社会を支える私立大学10の提言」（平成23年6月）を受け、"私立大学が、日本の知識基盤社会を先導する"ために必要な行動を示したものです。「私立大学の自主性、多様性」「教育の質的転換」「グローバル化の推進」「地域共創」「研究力の向上」「公財政の拡充」の6つのカテゴリー（下記参照）で、それぞれ行動を示しました。

　私立大学の行動の基軸は「私立大学の自主性、多様性」にあります。建学の理念に基づき創造される自主性、多様性こそが私立大学の特性であり、活力の源泉となっています。そのため、「私立大学の自主性、多様性」を"Action 1"と設定し、Action planの基軸としています。
　私立大学としての信念と志のもとに、その公共性、自主性、多様性を担保するための具体的Actionを、以下に策定したものです。

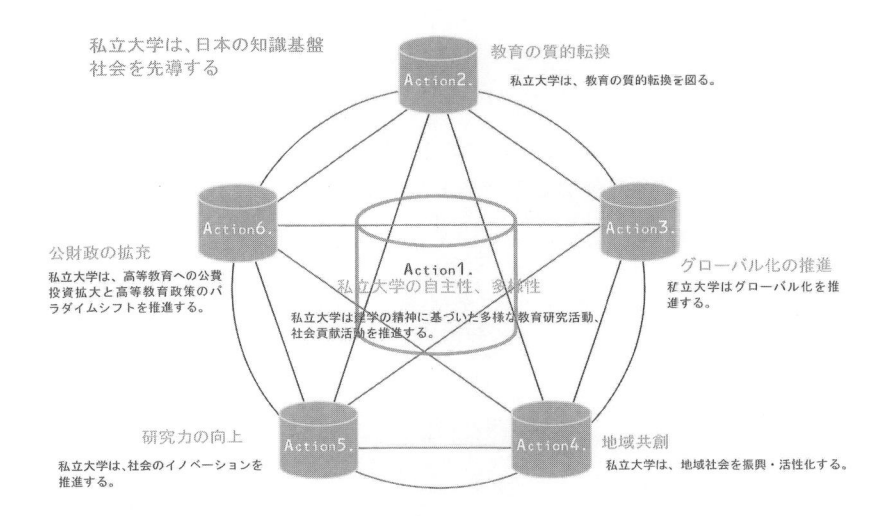

私立大学は、日本の知識基盤社会を先導する

Action2. 教育の質的転換
私立大学は、教育の質的転換を図る。

Action6. 公財政の拡充
私立大学は、高等教育への公費投資拡大と高等教育政策のパラダイムシフトを推進する。

Action1. 私立大学の自主性、多様性
私立大学は建学の精神に基づいた多様な教育研究活動、社会貢献活動を推進する。

Action3. グローバル化の推進
私立大学はグローバル化を推進する。

Action5. 研究力の向上
私立大学は、社会のイノベーションを推進する。

Action4. 地域共創
私立大学は、地域社会を振興・活性化する。

Action plan の考え方
1. 平成 27 年までの 3 年間を「改革実行集中期間」と位置づけ、私立大学が重点的に取り組むべき Action plan を提示します。
2. "私立大学が、日本の知識基盤社会を先導する"ための Action plan です。
3. 各私立大学がこの計画を具現化できるよう、それぞれの Action に「目標」を掲げ、その「施策」を提示します。
4. 私立大学が個性ある教育研究力を発揮し、それぞれの自主性のもとで実行していくものです。
5. 私立大学が特性に応じて、それぞれの施策を選択し、行動していくことで Action plan 全体の水準を高めます。
6. Action 6「公財政の拡充」は、この Action plan を可能とする高等教育政策のパラダイムシフトと高等教育への公費投資拡大を目標としています。Action plan を実現するために、日本私立大学団体連合会の機能を強化し、国への支援を要望していくものです。

私立大学の自主性、多様性
Action plan 1. 私立大学は、建学の精神に基づいた多様な教育研究活動、社会貢献活動を推進する。

◆目標
1. 建学の精神に基づいた活力ある多様な人材の育成
2. 独自性に基づく大学ガバナンスの強化

◆主な具体的施策
・建学の精神の具現化
1. 建学の理念に基づいた組織ビジョンの明確化
2. 教育にかかる三つの目標（学位授与、教育課程編成・実施、入学者受入れ）の具現化
3. 建学の理念、教育にかかる三つの目標の具現化による主体的に生涯学び続ける力を持った学生の育成と、学生一人ひとりの目指す進路・就職の実現
・私立大学のガバナンス
1. 建学の精神に基づき、組織ビジョンに則った理事会及び教授会等の学内機関の責務と権限と学長や学部長等の職務権限等の明確化
2. 大学経営の自己点検・評価

【参考3】私立大学アクションプラン（日本私立大学団体連合会）

3．「大学ポートレート（仮称）」等を活用した教育研究情報と財務・経営情報の公表

教育の質的転換
Action plan 2．私立大学は、教育の質的転換を図る。

◆目標
1．能動的な対応力と主体的に学び、行動する人材育成に向けた教育の質転換
2．教育目標とカリキュラムの体系化による教育システムの整備
3．大学連携による、教育の質転換のための学びの共同開発

◆主な具体的施策
・教育方法の改善、教育組織の整備
1．学生の能動的な学習への参加を取入れた授業や学習法（アクティブ・ラーニング）の推進
2．授業、授業外を含めたトータルな学生の学修時間の増加・確保
3．授業方法の転換と教員の教育力の向上
4．学生の学び合いを含めた学習支援の充実
5．大学や学部間の垣根を越えた学びの促進
6．イノベーションの中核を担う理工系人材育成に向けた文理横断型プログラム等の開発、理工系分野の教育研究組織の整備

・単位の実質化
1．教育目標と授業科目の関係を示したカリキュラム・マップの作成、公表
2．授業科目の系統性を図示したカリキュラム・ツリーの作成、公表
3．科目ナンバリング等の導入の検討
4．GPAの導入等による厳格な成績評価の実施
5．学びの到達の振り返り、学修成果の可視化

・大学連携による共同開発
1．大学間における、カリキュラム、教員組織、内部質保証システム等の共同開発、連携

・社会との接続
1．勤労意識を育てるキャリア教育の充実
2．中長期のインターンシップ、地域の課題に取り組むフィールドワーク等体験型授業の充実
3．産学連携に基づく長期インターンシップの推進

- キャンパスづくり
1．学生の学びと成長を促進するキャンパス環境の充実、計画的なキャンパス整備
- 東日本大震災からの復旧・復興
1．被災地における特色ある教育活動「復興教育」を新たな教育のモデルとして開発、普及

グローバル化の推進
Action plan 3．私立大学は、グローバル化を推進する。

◆目標
1．世界で活躍し、日本社会や地域社会の発展を支えるグローバル人材の育成
2．意欲と能力のある全ての学生に向けた留学の実現化
3．外国人海外教員や留学生の戦略的受入れ拡大のための海外拠点整備
◆主な具体的施策
- グローバル人材の育成
1．多文化、多民族の中で協働できるコミュニケーション能力、論理的思考力、意見をまとめ主張する力を伸長する教育プログラムの充実・強化
2．日本人としてのアイデンティティの発信に必要な日本の伝統や文化について理解を深める教育プログラムの充実・強化
3．言語、文化、スポーツ・芸術、宗教等（多文化・多様性）への理解を深める教育プログラムの充実・強化
- 教育環境の整備
1．英語で教えられる教員の育成・確保と英語による授業比率の上昇
2．グローバル化に対応した柔軟なアカデミックカレンダーの設定
3．外国人教員の生活環境の整備・支援
4．外国人教員や留学生のトータルサポートを可能とする大学事務局のグローバル化
5．外国の大学や現地企業等との連携による海外キャンパスの設置拡大
6．国際共同研究や国際協力事業の積極的展開
7．国際インターンシップ制度の拡大・充実
8．外国人留学生と日本人学生が共同生活を通じて学び合う生活環境（寮等）の整備
- 学生の留学支援
1．学生の実践的英語力の向上、英語力の優秀な学生に対する更なる語学習得の支援による英語教育の充実

【参考3】私立大学アクションプラン（日本私立大学団体連合会）

2．外国の協定校の増大と留学プログラムのさらなる推進
3．ダブルディグリーなど学生のインセンティブ促進制度の充実
4．留学手続の簡素化と給付型奨学金など奨学金制度の拡充
・留学生の受入れ
1．英語による授業や国際コース設置の拡大
2．外国人留学生に対する日本語教育の充実、日本の文化、歴史、価値観、考え方等を伝える魅力ある授業の充実
3．外国人留学生の生活環境（寮等）の整備
4．外国人留学生の日本企業への就職支援
5．外国人留学生が来日せず留学を可能とする海外拠点の整備

地域共創
Action plan 4．私立大学は、地域社会を振興・活性化する。

◆目標
1．地域社会に貢献する人材の育成
2．社会の誰もが必要に応じ継続的に学ぶことのできる生涯学習環境の整備
3．地域の企業や行政等と協力・連携したさまざまな取組みの推進
4．地域の知の拠点形成のための環境整備
◆主な具体的施策
・社会人の新たな学び
1．通信教育・ICT等を活用するなど、社会人が学びやすい学部・大学院での教育プログラムの開発
2．産業界や地方公共団体のニーズに対応した高度な人材や中核的な人材養成のためのオーダーメイド型の教育プログラムの開発・実施
3．産業界や社会人の新たな学びや学び直しのニーズに合った実践的な職業教育プログラムの開発
4．履修証明制度の充実・活用
5．キャリアアップ・女性の職場復帰・シニア層など、さまざまなライフステージに応じた新たな学びプログラムの積極的な展開
・地域・社会連携
1．地域社会に根ざした大学間連携組織（コンソーシアム）の構築・拡大
2．地域社会の振興と活性化に向けた行政や産官等との協力体制の構築

3．都市から地方の大学へ入学する学生のための産官学連携による就学環境（寮等）の整備
4．学生の学びや行動を通じた人的・知的資本力を社会へ還元する仕組みの整備
5．職業教育としてのインターンシップあるいはパートタイム学生制度による地域事業へ参加
6．学生のボランティア活動等を通じた大学と地域連携の強化
7．大学の蓄積による知的・人的資産を統合・集約したソーシャル・キャピタルの社会還元
8．専門職大学院を通じた社会的要請に応える高度専門職業人の養成
9．専門職大学院における学生と弁護士や公認会計士などの実務家による共同研究の推進
・東日本大震災からの復旧・復興
1．地域復興センター的機能の整備
2．地域コミュニティの防災拠点としての機能強化
3．防災等の安全・安心確保に向けた地域的な研修の充実
4．被災地のニーズに対応した復旧・復興の担い手の人材養成

研究力の向上
Action plan 5．私立大学は、社会のイノベーションを推進する。

◆目標
1．国際的な存在感を高めるための研究力と研究者育成の強化
2．研究環境整備と大学間、産官学間での共同研究の推進
3．研究成果の社会への還元
◆主な具体的施策
・大学院の拡充
1．大学院教育の改革プランの策定
2．社会のニーズに対応した実践的博士課程教育の構築
3．社会人の新たな学びや学び直しに対応したオーダーメイド型プログラムの開発
・大学院生のキャリアパス支援
1．研究者をめざす博士課程院生への研究教育支援
2．大学院での専門性を活かし企業等で活躍できることを目的とした、産業界との連携等によるキャリアパスの形成

【参考3】私立大学アクションプラン（日本私立大学団体連合会）

- 研究者の育成と研究環境の整備
1. 研究費や研究スペースの十分な確保と若手研究者の研究環境の整備
2. 女性研究者の増員、研究と出産・子育て等のライフイベントを両立するため研究体制の整備
3. 研究推進体制の充実・強化を図るためのリサーチ・アドミニストレータの育成・確保
4. 研究支援人材による社会のニーズとのマッチングシステムの構築
5. 若手研究者の安定的な雇用と流動性を確保する仕組みづくり
6. テニュア・トラック制の普及・定着
- 共同研究の推進
1. 新たな共同研究スキームの開発
2. 産官学連携・共同による知的資源の活用
- 研究成果の社会還元
1. 知的財産の管理・活用と戦略的研究マネジメントの強化
2. 大学発ベンチャーの支援メニューの充実
3. 最先端の研究成果の社会還元、国際的な研究成果の発信強化
- 東日本大震災からの復旧・復興
1. 原子力災害の収束に向けた研究の支援
2. 再生可能なエネルギー開発に向けた技術革新の支援

公財政の拡充
Action plan 6. 私立大学は、高等教育への公費投資拡大と高等教育政策のパラダイムシフトを推進する。

◆目標
1. 国公私間の学部教育における公費負担均等の原則化
2. 私立大学等経常費補助金補助率2分の1の速やかな実現（約6,000億円の増額）

◆主な具体的施策
- Action plan を実現するための支援
1. 教育の質的転換のための基盤的経費の支援
2. グローバル化推進のための支援
3. 社会の多様な層の学修機会の拡大・充実のための支援
4. 地域の振興・活性化の促進、地域の知の拠点形成のための支援

5．科学研究費を含む研究資金の拡大と研究施設設備等の環境を拡充整備するための支援
- 学生の経済的負担軽減に向けた支援
1．授業料減免等による学生支援の拡充
2．給付型奨学金制度の創設と貸与型奨学金制度全般の充実
3．被災した学生への授業料減免措置の継続・拡大、給付型奨学金制度の創設
- 教育研究施設の耐震化促進にかかる支援
1．教育研究施設の耐震改修、耐震改築（建替工事）、防災にかかる財政支援の拡充
2．被災した学校法人に対する教育研究環境整備のための計画的・継続的な復興支援の拡充
- 消費税増税に向けた支援
1．消費税率引き上げに伴う学校法人（特に医歯系、理工系学部等を設置する大学）の負担軽減のための特例措置の創設

出典：日本私立大学団体連合会「私立大学アクションプラン」

【参考4】
学校法人二松學舍　アクションプランの課題

(平成 25 年 11 月末現在)

大分類	中分類	小分類
Ⅰ．建学の精神と二松学舎憲章		
1．建学の精神	(1) 建学の精神とその現代的解釈の浸透	a. 建学の精神とその現代的解釈の学内外への浸透策の検討・実施
	(2) 創立者の知名度向上	a. 創立者三島中洲の知名度向上
2．二松学舎憲章	(1) 二松学舎憲章の浸透	a. 二松学舎憲章の学内外への浸透策の検討・実施
3．二松学舎史編纂事業と周年事業	(1) 編纂事業の推進と周年事業計画	a. 創立 140 周年記念事業の立案・実施 b. 創立 150 周年を視野に入れた舎史編纂事業の推進
Ⅱ．大学・高校・中学の教育改革（共通）		
1．各設置学校間の連携強化	(1) 中高大一貫校化の体制整備	a. 中高大の連携強化 b. 高大連携の実質化 c. 両附属高で優秀な生徒の二松学舎大学への進学推奨 d. 大学で両附属高からの優秀な学生受け入れ e. 附属中・高を学生の教員養成実践の場として活用（学生による日常的な授業サポート等の実施）
	(2) 施設・設備の共同利用	a. （九段キャンパス）大学施設の一部を附属高と共同利用 b. （柏キャンパス）大学の教室・施設を附属高・附属柏中高での授業や運動でも利用

大分類	中分類	小分類
Ⅲ．二松学舎大学・大学院の教育改革		
1．大学（学部・大学院）のフレーム	(1) 大学・大学院の理念・目標・ビジョンの浸透	a. 大学・大学院の理念・目標・ビジョンの学内外への浸透策の検討・実施 b. ビジョンに基づく学生育成策の検討・実施
	(2) 規模拡大への取り組み	a. 新学部等の設置 b. 文学部の改革 c. 国際政治経済学部の改組検討 d. 国際政治経済学研究科の充実 e. 「在籍学生5,000人規模総合大学」へ向けた取り組み
2．大学のマネジメント（管理運営）	◆教学マネジメント体制の充実・強化	
	A．カリキュラムの体系化（カリキュラムマップ、ナンバリングの導入等） ・カリキュラムマップの作成 ・ナンバリング制度の導入 ・その他	
	B．シラバスの充実・強化 ・シラバス記載内容の見直し ・ルーブリック（評価基準）の確立 ・その他	
	C．教育方法の改善・改革 ・組織的FD活動の体系化と教科指導力の強化 ・授業方法改善 ・ICTの活用と学内ネットワークの見直し（無線LANの導入検討） ・CAP制度（年間履修上限単位制度）の全学的な導入 ・アクティブラーニングの推進 ・GPA制度の活用方法検討 ・学修到達度調査・学修行動調査の導入 ・TA、SAの活用 ・図書館、ラーニングコモンズ等の施設機能充実 ・その他	
	D．組織的な連携 ・大学院、学部間の連携 ・学部間の連携 ・他校（附属柏中学校、両附属高等学校）との連携	

【参考4】学校法人二松學舍　アクションプランの課題

大分類	中分類	小分類
	(1) 教育方針の明確化	a. 大学全体の教育課程編成・実施方針、学位授与方針の明確化
	(2) 学位論文審査基準の明確化	a. 学位論文審査基準の策定
	(3) 教育研究情報の集約、教育研究成果の検証	a. 教育課程の適切性等検証体制の整備・効果的な運営 b. シラバスと授業との整合性検証体制の整備 c. IR（Institutional Research）機能の充実・教育成果検証体制整備、教育研究成果の一元管理
	(4) 教員組織の整備	a. 学長の権限強化 b. 大学協議会・教授会等の機能権限の明確化 c. 学部長の職務権限の明確化 d. 専任教員の充実（著名教員の招聘等）
3. 大学の教育改革	(1) 二松学舎への愛校心（帰属意識）高揚教育	a. 二松学舎の歴史・伝統・精神を教授 b. 三島中洲の考え・当時からの教えを教授 c. 著名な本学関係者・卒業生の功績等を教授 d. 自校教育等のための共通テキスト導入
	(2) 学生ニーズへの対応	a. 学生による授業アンケートの分析、授業改善・学校運営へのフィードバック
	(3) 国際化への対応	
	①国際化教育・留学支援	a. 東アジアほかの大学との連携 b. 留学生の受入れと送り出し・双方向交流のための環境整備
	②語学教育	a. 語学教育の少人数化実施 b. 英語・中国語・韓国語等教育の強化
	③国際人としての教養教育	a. 日本・中国等東アジアの文学・歴史・文化、政治・経済等知識の教授 b. 国際環境の変化に対応できる知識・情報等の提供 c. 東洋の精神に基づく道徳心の涵養

大分類	中分類	小分類
3. 大学の教育改革（つづき）	(4) キャリア教育・就職対策	a. 入学時からの体系的キャリア教育確立 b. 就職率アップ c. 各種資格取得の奨励、資格取得講座等受講者の増 d. 実践的な知識技能の習得方策の検討 e. 地方公務員試験・国家公務員試験合格者の増 f. 司書・学芸員採用者の増 g. 就職先の開拓・拡大 h. キャリアカウンセラーの増員 i. インターンシップ先の開拓、インターンシップ機会の増
	(5) 教員養成教育の強化	a. 教員採用試験合格者の大幅増 b. 国語・書道・外国語（中国語）教員養成の強化 c. 社会科教員養成への注力 d. 古文や漢文の実力持つ教員養成 e. 新たな教員免許制度に備えた対応
	(6) 父母会・卒業生との連携	a. 父母会との連携強化、意見を学校運営に反映する仕組検討 b. 卒業生ネットワーク整備 c. 松令会との連携強化
	(7) 地域との連携、他大学との交流	a. 千代田区・柏市との連携による地域振興教育の実施 b. 千代田区・柏市以外の地域との連携・「まちおこし」の検討 c. 教育研究成果の公表・社会への還元 d. 生涯学習講座の充実、市民の受け入れ e. 他大学との交流活発化
4. 大学院の教育改革	(1) 文学研究科の改革	a. 東アジア学術総合研究所との連携、日本漢文学・中国学・国文学の日本における拠点としての地位向上 b. 教員・研究者の輩出
	(2) 国際政治経済学研究科の改革	a. 産学協同の推進 b. 専門的職業人の育成

【参考4】学校法人二松學舍　アクションプランの課題

大分類	中分類	小分類
4. 大学院の教育改革（つづき）	(3) 教員養成の高度化に向けた対応	a. 新たな教員免許制度に備えた対応
	(4) 国際化への対応	a. 東アジア学術総合研究所と連携した海外大学等との国際交流の推進
5. 学生支援	(1) 総合的学生支援策	a. 学生支援業務への全学的な理解の浸透 b. 学生支援センターの開設と運用 c. 学生支援スタッフの育成とピアサポート d. 保健室運営の見直し e. 留学生支援 f. 奨学金制度の拡充 g. 課外活動支援 　・全学的なサポート体制の構築 　・顧問制度の見直し 　・施設設備の充実 h. キャリア教育・就職支援 　・入学時からの体系的キャリア教育 　・実践的キャリア教育 　・就職率向上につながる求人開拓 　・卒業生とのネットワーク強化
	(2) 学生ポータルサイト、学生ポートフォリオの活用	a. システムを利用した教員、学生間コミュニケーションの充実 b. 学習履歴、指導履歴の可視化・記録化 c. システムを介した仮想共同学習空間の創設 d. ポータルサイトを利用した情報周知の徹底、利便性の向上
6. 入学者の確保、退学者等の減少	(1) 優秀な学生の確保	a. アドミッションポリシーに基づく入学試験の実施 b. 推薦入試入学者と一般入試入学者のバランス是正 c. 一般入試成績上位者の確保 d. 実質倍率の向上
	(2) 退学者等の減少	a. 退学者等の減少
7. キャンパス整備	(1) 九段での教育研究環境整備、学生ホール等の整備	a. 九段地区で新校舎建設 b. 九段キャンパス既存校舎の改修

大分類	中分類	小分類
7. キャンパス整備（つづき）	(2) 柏キャンパスの整備・活用	a. 大学九段集約後の利用計画検討 b. 全天候型グラウンドへの改修 c. 生涯学習等で活用

Ⅳ．附属高等学校の教育改革

大分類	中分類	小分類
1. 教育改革	(1) 附属高の「ビジョン」の浸透	a. 附属高の「ビジョン」の学内外への浸透策の検討・実施 b. ビジョンに基づく生徒育成策の検討・実施
	(2)「人間（ひと）作り」、人格教育	a. 精神的支柱確立・生きる力育成のための『論語』教育実施 b. 問題解決力・困難に前向きに取り組む力育成 c. 東洋の精神に基づき人格を陶冶、豊かな人間性、社会に貢献できる青少年育成
	(3) 愛校心の育成	a. 二松学舎の歴史・伝統・精神を教授 b. 三島中洲の考え・当時の教えを教授 c. 有名な本学関係者・卒業生の功績等を教授
	(4) 国際化への対応	a. 外国語（英語・中国語・韓国語）教育の強化 b. 交換留学制度の検討
	(5) 地域・社会との連携	a. 保護者・OB・地域住民・地域企業との連携、学校の活性化推進
	(6) 教育の実践・充実	a. 学力の向上 b. 難関大学への合格者増 c. 教員の組織的なFD活動実施の検討 d. 教員の教科指導力の向上
	(7) 入学者の確保、退学者等の減少	a. 生徒募集力の強化 b. 退学者等の減少
2. 生徒支援	(1) 生徒支援	a. 入学から卒業までの生徒支援体制の整備 b. 父母会・同窓会との連携強化、意見を学校運営に反映 c. 奨学金制度の充実
3. キャンパス整備	(1) 附属高校の施設設備整備	a. 現在地での将来の校舎建替を検討 b. 柏を運動施設として活用

【参考4】学校法人二松學舍　アクションプランの課題

大分類	中分類	小分類
V．附属柏中学校・高等学校の教育改革		
1．教育改革	(1) 附属柏中高の「ビジョン」の浸透	a. 附属柏中高の「ビジョン」の学内外への浸透策の検討・実施 b. ビジョンに基づく生徒育成策の検討・実施
	(2)「人間（ひと）作り」、人格教育	a. 精神的支柱確立・生きる力育成のための『論語』教育実施 b. 問題解決力・困難に前向きに取り組む力育成 c. 東洋の精神に基づき人格を陶冶、豊かな人間性、社会に貢献できる青少年育成
	(3) 愛校心の育成	a. 二松学舎の歴史・伝統・精神を教授 b. 三島中洲の考え・当時からの教えを教授 c. 有名な本学関係者・卒業生の功績等を教授
	(4) 国際化への対応	a. 外国語（英語・中国語・韓国語）教育の強化 ・ネイティブ（英語・中国語・韓国語）教員の確保 ・英語圏への短期研修の実施
	(5) 地域・社会との連携	a. 保護者・OB・地域住民・地域企業との連携、学校の活性化推進 ・補習授業・夏期勉強会におけるサポーター（卒業生等）の活用
	(6) 教育の実践・充実	a. 学力の向上 ・学年・教科間での情報の共有と連携の強化 ・教員研修の充実 ・中高一貫カリキュラムの検証・確認 b. 難関大学への合格者増 ・中高におけるFD推進による教科指導力の強化
	(7) 入学者の確保、退学者等の減少	a. 生徒募集力の強化 b. 退学者等の減少

大分類	中分類	小分類
1. 教育改革（つづき）	(8) 規模拡大	a. 附属柏高校の規模拡大 ・臨時定員増を活用した規模拡大 b. 附属柏中学で入試難易度を下げずに規模拡大 ・進路実績の向上
2. 生徒支援	(1) 生徒支援	a. 入学から卒業までの生徒支援体制の整備 b. 父母会・同窓会との連携強化、意見を学校運営に反映 c. 奨学金制度の充実
3. キャンパス整備	(1) 附属柏中高の施設設備整備	a. 自然環境を生かした整備
Ⅵ. 財務、人材育成、評価、組織、広報、その他		
1. 長期ビジョンの推進	(1) N'2020 Plan の推進とそのための情報の共有化	a. N'2020 Plan を学生生徒・父母・OB・教職員等へ伝授、共有化
2. 財務	(1) 学生生徒等納付金の増収	a. 戦略的授業料体系の検討 b. 学生確保のための奨学金支給拡充
	(2) 他の収入の恒常化	a. 競争的補助金の積極的確保 b. 寄付金の戦略的な確保 c. 二松学舎サービス㈱の業容拡充・収益向上
	(3) 人件費比率の抑制	a. 人件費比率の適正化
	(4) 経営の合理化の進展、効率的な財政運営、健全な財務体質の維持	a. コスト意識の浸透、経費管理の徹底・無駄の排除、経営の合理化 b. 経費節減
3. 教職員の育成	(1) 教職員人材の育成	a. 「教職協働」の考え方定着化 b. 教員の組織的な FD 活動実施（授業公開、授業アンケート結果の分析応用、アクティブラーニング、PBL 授業の導入等） c. 事務職員に対する SD 活動強化（事務処理能力・企画立案能力向上）
4. 人事・評価制度、能力開発・研修制度	(1) 教職員の定員管理	a. 教職員の定員管理 b. 年齢構成の適正化による平均年齢の上昇抑制
	(2) 教職員の積極性を引き出す評価制度	a. 評価制度の見直し

【参考 4】学校法人二松學舍　アクションプランの課題

大分類	中分類	小分類
4. 人事・評価制度、能力開発・研修制度（つづき）	(3) 働き甲斐ある職場の実現	a. 給与制度改革 b. 福利厚生の充実 c. 報奨制度の検討
5. 組織・権限	(1) ガバナンスの強化	a. 理事会機能の強化 b. 教学ガバナンスの強化
	(2) 意思決定の迅速化	a. 意思決定の迅速化 b. 権限の明確化 c. 大学事務組織の一元化 d. 業務の抜本的見直し
6. 広報	(1) 戦略的広報体制の確立・展開	a. 本学のブランド構築・向上、認知度向上 b. 学内情報の集約化体制整備 c. 学内情報の学外への効果的な発信 d. 広報運営委員会の在り方等再検討
	(2) 情報公開	a. 経営情報・教育情報の積極的公開
7. その他	(1) 外部評価機関の活用	a. Ｒ＆Ｉの格付取得の継続、格付結果の教育・経営への活用 b. 大学基準協会、その他認証評価結果の活用
	(2) 施設の適切な管理	a. 校舎等の長寿命化、長期修繕計画の策定
	(3) 危機管理と防災対策	a. 危機管理と防災対策

参考文献

序章

篠田道夫他編（2012）「学校法人の在り方を考える」日本私立大学協会附置私学高等教育研究所　51pp.

坂本幸一（2005）「少子化と私学経営の課題」『少子化・高齢化とその対策：総合調査報告書』pp.103-115. 国立国会図書館調査及び立法考査局

林 直嗣（2009）「私学法改正と大学の経営・ガバナンス(上)」『経営志林』第46巻第1号 pp.1-11. 法政大学経営学会

日本私立学校振興・共済事業団、学校法人活性化・再生研究会（2007）「私立学校の経営革新と経営困難への対応」日本私立学校振興・共済事業団私学経営相談センター　75pp.

1章

総務省（2012）「私立学校の振興に関する行政評価・監視結果に基づく勧告－高等教育機関を中心として－」総務省　42pp.

篠田道夫他編（2013）「中長期経営システムの確立、強化に向けて」日本私立大学協会附置私学高等教育研究所　164pp.

日本私立学校振興・共済事業団（2012）「私立学校運営の手引き－第3巻－『戦略的な連携・共同事例集』」日本私立学校振興・共済事業団私学経営情報センター　76pp.

日本私立学校振興・共済事業団、学校法人活性化・再生研究会（2007）「私立学校の経営革新と経営困難への対応」日本私立学校振興・共済事業団私学経営相談センター　75pp.

2章

経済同友会(2012)「私立大学におけるガバナンス改革―高等教育の質の向上を目指して」経済同友会　28pp.

篠田道夫他編(2012)「学校法人の在り方を考える」日本私立大学協会附置私学高等教育研究所　51pp.

坂本幸一(2005)「少子化と私学経営の課題」『少子化・高齢化とその対策：総合調査報告書』pp.103-115.国立国会図書館調査及び立法考査局

篠田道夫他編(2013)「中長期経営システムの確立、強化に向けて」日本私立大学協会附置私学高等教育研究所　164pp.

3章

篠田道夫他編(2013)「中長期経営システムの確立、強化に向けて」日本私立大学協会附置私学高等教育研究所　164pp.

関西大学、「学園のミッション・ビジョンに基づく長期戦略計画策定・実施への取り組み」
http://www.shigaku.go.jp/files/s_hojo_h23torikumi_kansai.pdf
(2014.7.3アクセス)

4章

経済同友会(2012)「私立大学におけるガバナンス改革―高等教育の質の向上を目指して」経済同友会　28pp.

寺倉憲一(2014)「大学のガバナンス改革―知の拠点にふさわしい体制構築を目指して―」『調査と情報第826号』pp.1-12.国立国会図書館

東京大学(2014)「大学におけるIR(インスティテューショナル・リサーチ)の現状と在り方に関する調査研究報告書」東京大学大学総合教育研究センター　117pp.

5章～6章（なし）

7章
坂本幸一（2005）「少子化と私学経営の課題」『少子化・高齢化とその対策：総合調査報告書』pp.103-115. 国立国会図書館調査及び立法考査局

8章～9章（なし）

10章
独立行政法人 大学評価・学位授与機構「大学ポートレート（仮称）準備委員会（第1回）資料」
http://portal.niad.ac.jp/ptrt/pdf/no6_12_junbi_120217_2.pdf
（2014.7.3 アクセス）

文部科学省「中央教育審議会大学分科会大学教育部会（第14回）資料」
http://www.mext.go.jp/b_menu/shingi/chukyo/chukyo4/015/gijiroku/__icsFiles/afieldfile/2012/05/15/1321061_3.pdf
（2014.7.3 アクセス）

文部科学省資料「高等教育の質保証に関する文部科学省の取り組み」
http://www.junba.org/images/junba2014photo/MEXT_JUNBA2014.pdf
（2014.7.3 アクセス）

神戸大学 評価・IRシンポジウム資料「大学に求められるIR機能の実現に向けて」
http://www.kobe-u.ac.jp/documents/topics/top/t2013_09_03_02-4.pdf
（2014.7.3 アクセス）

経済産業省「学士課程教育の質的転換の関連資料」
http://www.meti.go.jp/policy/economy/jinzai/san_gaku_kyodo/entaku2/1320909_12.pdf
（2014.7.3 アクセス）

難波輝吉（2012）「「使える」IR の基盤づくりを目指す実務的考察—米国 IR から学んだことを参考に—」『大学・学校づくり研究』第 4 号 pp.31-44. 名城大学大学院大学・学校づくり研究科

文部科学省資料「教育情報の公表の意義」
http://www.spod.ehime-u.ac.jp/contents/0825_contents2.pdf
（2014.7.3 アクセス）

山田礼子（2013）「教学マネジメントを支える IR の意味と役割」『リクルートカレッジマネジメント』第 181 号 pp.42-47. リクルート進学総研

九州大学「大学評価情報室」
http://www.ir.kyushu-u.ac.jp/
（2014.8.7 アクセス）

ベネッセ教育総合研究所「特集　教育の質保証に向けた IR」
http://berd.benesse.jp/berd/center/open/dai/between/2009/01/01toku_13.html
（2014.8.7 アクセス）

11 章

文部科学省資料「高等教育の質保証に関する文部科学省の取り組み」
http://www.junba.org/images/junba2014photo/MEXT_JUNBA2014.pdf
（2014.7.3 アクセス）

山本眞一「グローバル人材の養成と大学教育の課題」『文部科学 教育通信』第 318 号（2013 年 6 月 24 日号）ジ　アース教育新社

文部科学省資料「高等教育と社会人教育」
http://www.chinoichiba.org/_userdata/2014ann/2014ann-4022.pdf
（2014.7.3 アクセス）

12章

日本私立大学団体連合会「21世紀社会の持続的発展を支える私立大学―「教育立国」日本の再構築のために―」
http://www.shidai-rengoukai.jp/information/img/21c_1.pdf
(2014.7.3アクセス)

参考1

石渡朝男「学校法人における会計基準 成立過程・特性・役割と課題」『教育学術新聞』第2456号(2011年9月28日号)日本私立大学協会

総務省(2012)「私立学校の振興に関する行政評価・監視結果に基づく勧告－高等教育機関を中心として－」総務省 42pp.

日本私立学校振興・共済事業団(2012)「私立学校運営の手引き－第1巻－『私学の経営分析と経営改善計画』」日本私立学校振興・共済事業団私学経営情報センター 38pp.

参考2(なし)

参考3

日本私立大学団体連合会「21世紀社会の持続的発展を支える私立大学―「教育立国」日本の再構築のために―」
http://www.shidai-rengoukai.jp/information/img/21c_1.pdf
(2014.7.3アクセス)

参考4(なし)

編著者略歴

水戸英則(みと　ひでのり)

福岡県出身。日本銀行を経て現在学校法人二松学舎理事長。
1969年九州大学経済学部を卒業、同年日本銀行に入行。
1973年フランス政府留学、92年日本銀行青森支店長、95年参事考査役、96年株式会社肥後銀行常務取締役、2004年学校法人二松学舎入職、05年評議員、常任理事、11年理事長就任、現在に至る。
学外では、文部科学省国立大学法人評価委員会委員、同分科会委員、同第Ⅱ期専門委員、同業務・財務等審議専門部会委員、財団法人日本高等評価機構意見申し立て審査会委員、日本私立大学協会評議員・同理事会監事、同関東地区協議会監査役、IAUP(世界大学総長協会)日本委員会委員、独立行政法人学位授与機構大学ポートレート運営審議会委員など。

今、なぜ「大学改革か？」
—— 私立大学の戦略的経営の必要性 ——

2014年9月15日　初版発行
2017年7月10日　第4版発行

編著者　水　戸　英　則　　　　　©2014

発行所　丸善プラネット株式会社
　　　　〒101-0051　東京都千代田区神田神保町二丁目17番
　　　　電話 (03) 3512-8516
　　　　http://planet.maruzen.co.jp/

発売所　丸善出版株式会社
　　　　〒101-0051　東京都千代田区神田神保町二丁目17番
　　　　電話 (03) 3512-3256
　　　　http://pub.maruzen.co.jp/

組版／株式会社明昌堂
印刷・製本／大日本印刷株式会社

ISBN 978-4-86345-213-8 C 0034

JN262535

生きる力を育む わらべうた

『げ・ん・き』編集部編

目　次

1章　わらべうたに学ぶ（羽仁協子）5
　　コダーイの実践を日本で／わらべうたは母乳と同じ／なぜ楽器を使わないのか／わらべうたで想像力を育む／わらべうたには劇的な緊張がある／思春期と幼児期は似ている

2章　日本における幼児音楽教育を考える
　　　〜失われた自然な美しい響き〜（西山志風）13
　　はじめに／大きな声で、元気よく歌いましょう／大声を張り上げることの罪悪／いわゆる「子どものうた」の適切性／ピアノに合わせて歌う？／自然な響きと不自然な響き／子どもを動かす号令としての音楽／楽器を使うことは音楽すること？／むすび

3章　わらべうたは子育ての知恵（阿部ヤヱ）27
　　わらべうたとの出会い／わらべうたと昔話／書きとどめ、残していこうと思った動機／赤ちゃんの遊びうた／呼びかけのうた／なぞかけ／子守うた／はやしうた・子育て言葉

4章　わらべうたは人生の入り口（近藤信子）41
　　わらべうたは感性を育む／「無駄」な時間は存在しない／わらべうたとの出逢い／歌うことと、歌わされること／言葉との出逢い／優しい時間の流れ／見えないところを育てる

5章　わらべうたを、母の手に、子らの手に（小林衛己子）61
　　お世話とわらべうた／言葉を発する、言葉を楽しむ／体を動かす快感／幼子は見つめられ、語りかけられ、触れられて育つ／まめっちょ／わらべうたで育児を／子どもたちが作ったわらべうた遊び／わらべうたを子どもの手から手へ

6章　わらべうたで子どもはバランスよく育つ（明星台幼稚園）85
　　幼児期に器楽合奏はふさわしくない／わらべうたをつづけて30年／子どもの目が吸いつけられる／日本民族の歴史を、わらべうたから感じる／楽器をやらないけれど、耳も意欲もよく育っている／わらべうたは、親子のスキンシップになる／子どもが丸ごとみえる／遊びに参加しなくても、耳は聴いている／バランスのとれた園生活

7章　保育室の光景（長谷川岑子）101
あーたのしかった／コダーイ・システムによる「わらべうた」とは／向こうの向こうの音／「わらべうた」と子どもの発達／園生活のなかで／エンパシィー（共感感情）／安心のある空間、雰囲気

8章　おばあちゃんの見た運動会
　　　〜保育の中のわらべうた〜（梅本妙子）117
おばあちゃんは嬉しいけど不安／心に深く残ったわらべうた／まず最初は親子で手をつなぐ／門を作って「くぐりましょ」／この遊びの山場は「かえりましょ」／今度は4人で「なべなべ」／鍋は大きくなって最後は60人／自由がないから自主性のない子になる

9章　わらべうたの魅力（市村久子）127
原風景としてのわらべうた〜わたしとわらべうたとの出会い〜／わらべうたとの再会／子どもたちにわらべうたを

10章　楽器から音楽・音楽教育を考える（大津直規）141
はじめに／楽器と音／楽器と産業／ピアノを弾くこと習うこと／音の楽しみ合わせる楽しみ／楽器と子どものかかわり〜数や形の認識から／楽器と子どものかかわり〜手指の骨格・関節の発達から／楽器と子どものかかわり〜体と心の発達・形成から／楽器の特徴や音の調和を知り、創りだすことを教えていない／楽器と子どものかかわり〜楽器との出会い／楽器で音階を見る／ソルミゼーション／楽器と子どものかかわり〜声も大切な楽器／さいごに

11章　ある母親のわらべうた実践（小川隆子）167
手抜き子育て、わらべうたとの出会い／わたしとみどりのわらべうたタイム／しばらくたったある朝食時／みどりの独り言とわらべうた／わらべうたが私を変えた

あとがき181

　　　　　　　　　　　　　　　カバーデザイン　高岡　素子

1章

わらべうたに学ぶ

羽仁協子

♪ジージーバー　ジージーバー
　　ジージーバー　ジージーバー
　　チリンポロン　ト　トンデッター

　♪メンメン　スースー
　　ケムシニ　キクラゲ　チュ

　私はこれまでの保育・教育の実践の中で、わらべうたをとても大切にしながら取り組んできました。わらべうたにはどんな魅力があり、そしてわらべうたを取り入れた教育実践にはどんないいところがあるのかについて、ここでは述べてみたいと思います。

コダーイの実践を日本で

　私は、自由学園時代にオーケストラやコーラスの指揮などをしていたこともあり、戦後すぐに、指揮者になる夢をもってウィーンに留学しました。ところが、ひょんなことから違う道に進むことになりました。指揮者になることを志したものの、やはり根がないということに気づかされ、ハンガリーに行ったのです。そこで前から望んでいたコダーイに会うことができました。

　コダーイはご承知のように、ハンガリーの作曲家で教育者としても有名ですが、ちょっとキリスト様みたいな人で、目が悪く、髪の毛をたらしていて、細長い顔をしています。とてもすばらしい男性でした。ハンガリーという民族は、歴史的にあまり恵まれなかった国ですが、「ペンタトニック」（5音階）という、私たち日本の音楽とも共通性があるアジア的なものをもっています。コダーイはわらべうたや民謡をたくさん集めて、それを子どもや学校の先生たちに学んでもらい、小さいときからそれを積み重ねることで、人格を豊かにする音楽ということを目指しまし

た。

　わらべうたを取り入れた教育実践であるコダーイ・システムは、いろいろな国で取り入れられている方法ですが、私もぜひ日本で、保育園の保母さんたちといっしょにやりたいと思ったのです。そして、昭和55年に私たちのわらべうたを使った教育の一つの集大成として、松の実保育園（千葉県流山市）を設立しました。

わらべうたは母乳と同じ

　　　　　♪カラス　カズノコ　ニシンノコ
　　　　　オシリヲネラッテ　カッパノコ
　　　　　カラス　カズノコ　ニシンノコ
　　　　　オシリヲネラッテ　カッパノコ

　子どもは「オシリ」などといった言葉が大好きです。収集した童謡のなかにあったのですが、はじめは「こういううたは下品」といって反対されました。

　　　　　♪テッテノネズミ　ハシコイネズミ
　　　　　ムギクッテ　アワクッテ　コメクッテ
　　　　　コチョコチョコチョ……

　節やリズムは異なりますが、どこの国にも同じような遊びの形があります。ふつうはお母さん（保育者）が子どもをくすぐってあげますが、大きい子が小さい子にやってあげることもあります。わらべうた遊びのいいところは、お母さん（保育者）と子どもがスキンシップをはかりながら遊べるということです。お母さんと一緒に歌いながら体を動かすことで、子どものなかにはリズムが生まれてきます。

また、わらべうたは母乳みたいなもので安心感があるのです。コダーイは、お母さんが話すということに、子どもはその国の言葉の音楽を感じ取っている、だから生まれる9ヵ月前から音楽教育は始まるといっています。ですから、子どもはそれを聞くことによって安心し、心を開くことができるのです。そして、自分の感情をそこに自由にのせることができます。音楽が感情であるならば、これがまず第一に大事なことです。音楽というのは心の一番深いところから出てくるものだと思うのですが、ベートーヴェンやモーツァルトがどんなにすばらしくても、子どもにとってはそれは始めはほんの僅かの意味しかないものなのです。

なぜ楽器を使わないのか

　それから、わらべうたは楽器を使わないというのもとても重要な点です。楽器は子どもの創造性の芽をつぶしてしまいます。歴史的にも、人類が楽器で音楽をするようになったのは、非常に後になってからなのです。ご承知のように、一部の園では鼓笛をはじめとして太鼓や笛などを与えています。子どもはそういうものももちろん好きですが、自分が声を出す、そして相手の声を聞くという、人間として一番根源的な部分を育てるものではありません。

　わらべうたを一緒に歌うこと――自分だけで歌うのではなく――を通して、相手を聞くということが身につきます。その中で、自分というものを知っていきます。子どもは「黙って聞きなさい」と言ってもなかなか聞けません。歌うことを通して聞くことを学ぶというのが大事な点です。伴奏をつけてみんなでワーワー歌うコーラスと違って、わらべうたの場合はピアノなしで自分の耳で相手を聞きながら歌います。自分にゆとりがない、あるいは、歌うことに集中してしまうと、相手の声が聞けません。ですから、全神経の6割ぐらいで聞いています。わらべうたを歌うことで人格が豊かになっていくというのは、つまりみんなの色合いの中

に自分の色合いを混ぜていくからなのです。それが大きくなってからの目標でもあります。

わらべうたで想像力を育む

　わらべうたには大人にも今ではわからない言葉がいっぱい使われています。けれど、それはそれでかまわないのです。子どもは音として理解して、きちんと覚えていきます。たとえば、「♪ジージーバー　ジージーバー♪」と、いつも保母さんが顔を見て歌ってくれます。すると、子どもは「一体これは何なんだろう？」と不思議に思うでしょう。「♪チリンポロント　トンデッター♪」は、「ジイさんとバアさんの入れ歯が飛んでったー！」と思ったっていいのです。

　大人でもわからないくらいですから、子どもにはもっとわかりません。何にもわからないから、どのわらべうたにも、素直に「何なんだろう、何なんだろう？」と思うことで、想像力が豊かになっていきます。わらべうたは、わからないことを自分で温めて、ふくらませていくことができるのです。ですから、ちまたで大流行の英才教育などとは比較にならないほど、わらべうたで遊ぶとみんな賢くなります。正解を得るには一生位かかります。

わらべうたには劇的な緊張がある

　伝承の遊び、例えばオニごっこなども緊張の固まりです。追っかけられてしゃにむに逃げる。逃げながらの恐怖心。『あずきたった』などの中で夜皆が寝てからトントントンとオニが来る。何の音？　風の音。あーよかったというもののとてもこわいことです。また、オニが1人だけあっちの方を向いて目をつぶらされるというのも大きな不安です。『なべなべ』などで名前を呼ばれた人が順に外向きになっていくのがありますが、

これなども、皆は中を向いているのに外を向かなきゃならない。その疎外感には深刻なものがあります。しかし、子どもの心は傷つかないのです。遊びであることを知っているからです。遊びにこわいことがなかったら遊びではありません。遊びにはルールがあり、それが子どもをしっかり守り、それ故にこわいことへの勇気だめしが喜びを与える。

また、わらべうたの音楽は大人の民謡などがもとになっているのですが、遊びについては子どもたちが自分で発明したものだという点がとても大事です。不思議なことに、世界中の子どもたちが同じ遊びをしています。例えば『通りゃんせ、通りゃんせ』のような遊びひとつをとっても、どこの民族にもあるのです。

思春期と幼児期は似ている

ところで、私は不登校の子どもたちを積極的に受け入れている、愛知県の黄柳野高校の理事長をしています。多くの方の寄付によって、この高校は設立されました。この高校の授業では、田植えをしたり、オールナイト・ウォーキングをしたり、また各界で活躍されている著名人を講師に招いたりして、個性的な教育を行っています。

高校生という年齢はむずかしい年齢期です。私もいろいろな本を読んで心理学や教育について勉強してきましたが、思春期と幼児期というのはとても似ていると思います。幼児期もひとつの思春期だといえます。つまり、抵抗・反抗したい、また自分の思っていることがうまく言えない、そういう難しい時期です。なぜこのころ不条理なことに興味をもつかといえば、自分のなかにたくさんの不条理を感じるからです。

たしかに、思春期は一過性のものですが、その真っただなかにいる子どもたちは、実にいろんなことを考えたり、苦しんだりしています。そのようななかで子どもたちにいろんなことを学んでもらい、自分の喜びというものをもってほしいと思います。私は、この世の中でよくないと

思うことの一つは、人を喜ばせるというようなことが多すぎる点です。やはり、人に喜ばせてもらうのではなく、自分から喜べる人をつくりたいと考えています。たとえば、いい本が読める、いい音楽が聴ける、美しい自然に魅力を感ずるなど、そういうことができる人間を育てる学校にしたいと思っています。それから、卒業生がぜひまた、黄柳野に教師になって戻ってきてほしいという気持ちをもっています。

さて、実際にわらべうた遊びのなかに身を置いたら、どんな気持ちになるのでしょうか。不条理を感じる、ドラマがあると前述しましたが、わらべうたのなかにどういうドラマがあるか、最後にちょっとやってみましょう。

　　　　♪ニーギリパッチリ　タテヨコヒヨコ
　　　　　ニーギリパッチリ　タテヨコヒヨコ
　　　　　ピヨピヨピヨ…

ひよこが生まれたでしょう。あなたの手には何羽生まれましたか？　自分が歌うわらべうたにはそういうすばらしい力があるです。

2章

日本における幼児音楽教育を考える
～失われた自然な美しい響き～

西山志風

はじめに

　筆者は幼児音楽教育の専門家でもなんでもないが、日本の音楽教育一般に関心をもつ者として、また、かつて娘を四年間、公立保育園に通わせた経験をもつ１人の父親として、わが国における幼児音楽教育について、日頃感じていることを自由に述べてみたい(注1)。
　当事者はいろいろ考えた末、良かれと思ってやっており、また大変な時間とエネルギーを費やし、そして傍目からみても感嘆するほど熱心に、どこまでも誠意をもって真剣に取り組んでいるにもかかわらず、客観的には、とんでもない方向に向かっている行為が存在するということは、人間の長い歴史においてそれほど珍しいことではないが、やはり皮肉なことである。筆者は、わが国における幼児音楽教育のすべてとは言わないまでも、その大部分の取り組み方には、まさにそのような皮肉なものを感じる。具体例をあげよう。

大きな声で、元気よく歌いましょう

　幼稚園や保育園の近くを散歩していると、実に騒がしい。乳児や幼児が元気よく遊びまわっているのだから、騒がしいのは、当然のことであり、けっして眉をひそめるようなことではないかもしれない。ところが、ときどき、ピアノの音とともに、たとえば、『めだかのがっこう』らしきうたの大合唱が耳に入ってくることもある。あえて「……らしきうた」と言ったのは、最初に耳にしたときは、それは幼児の集団でおこなう唱え文句なのか、うたなのか、はっきりしないほどの〔異様な声〕だったからである。それでも、ピアノの音がしているところからして、どうやら合唱をしているらしいことはすぐ分かるのだけれども、すごい声のため、一体何のうたなのか、当初はさっぱり分からないのである。同じう

たを繰り返し、繰り返し、歌っているのを聞いて、ああ、なんだ、例の『めだかの学校』（茶木滋作詞　中田喜直作曲）か、ということが、やっと分かる次第である。その間に、ときどきピアノの音が止まって、「もっと大きな声で！」「もっと元気に……」という先生の張り上げた声が耳に入ることもある。子どもたちが、ひとたび先生のこの指示を受けると、もうあとは大変である。とりわけ、元気のよい男の子たちは、自分が出せるあらん限りの大きな声を張り上げて歌う、というよりもそれは、「わめき立てる」とか「怒鳴る」とでも形容した方が適切であるかもしれない。とくに、このうたに、「そっとのぞいてみてごらん」以下のところは歌いにくい8分音符のためか、何度も繰り返し繰り返し、歌っているうちに、次第にアッチェレランド（だんだん速く）がかかり、ただ皆と一緒になんとなく声だけ張り上げている幼児もすくなくない。もちろん、そこでは正確な音程も美しい響きもなにもあったものではない。かろうじてピアノの伴奏があるから、なんとか「おうたのけいこ」らしく聞こえているにすぎない。

　このような行為が、はたして「音楽している行為」といえるであろうか。子どもたちは、どこまで歌詞の内容を理解しているであろうか。かれらの表情は、歌詞の内容にそった生き生きしたものであろうか。かれらの声は、自然で清潔であろうか。音程やリズムは正しいであろうか。彼らの1人ひとりが、他の子どもたちの歌う声の響きに、耳を傾けながら歌っているであろうか。すべて「否」であろう。

　この種のケースは、別に『めだかの学校』にかぎらない。他のうたについても言えることである。たとえば、『おもちゃのちゃちゃちゃ』（野坂昭如作詞　吉岡治補作　越部信義作曲）は「チャチャチャ」という独特の言い回しからくる面白さも手伝ってか、園で好んで歌われる。ところが、「チャチャチャ」のところは、しばしば、大きな声で歌いやすい。とくに、コーダ（終結部）の部分で「チャ、チャ、チャ」と締めくくるところでは、まず、ほとんどの子どもが、ただ、面白がって声を張り上

げて、不正確な音程で「チャ、チャ、チャ」と叫ぶだけである。実は、まさにそのような発声をすること自体が非音楽的だ、ということに気づいて指導している保母や先生は少ないようだ。このようにして、つねに大きな声でのみ歌うようにしつけられた子は、知らず知らずのうちに、音楽を聴く耳を悪くしているにもかかわらず、誰もそのことに気づかないのである。このような合唱は、人間の声という、神から与えられた、もっとも美しいはずの楽器を壊してしまう行為であり、非音楽的であるばかりか非人間的であるといってもさしつかえなかろう。

大声を張り上げることの罪悪

　保育園や幼稚園において、「大きな声をだすように」という指導は、別に「おうたのけいこ」の時だけにいえることではなく、園の生活のいろいろな場面で無意識のうちに行われているようである。このことは園児に対してだけではない。大きな声を出すことは保母や先生にも求められているのである。

　朝、ある子どもが園に入るとする。かなり離れたところにいる保母や先生がそれに気づく。保母や先生は、その子が近くに来たとき、その子の目を見て、静かな声で、きちんと「義男ちゃん、おはよう」と言えばよいものを、現実はそうではない。保母や先生は遠くから「ヨシオちゃーん、おはよーう！」と大声で叫ぶ。すると、当然、子どもの方も離れたところから、声を張り上げて「先生！おはよーうーございまーす！」と叫ぶ。このような叫び声を耳にしている周りの大人は、そこになんら違和感を感じていないようである。おそらく、そのほうが、元気な会話であり、活発な園の朝のスタートである、と考えられているのかもしれない。

　あるいは、園の朝の集まりのとき、園長先生は通常、「良い子の皆さん、お早う！」と大きな声で言う。すると、幼児たちは、ややバラバラに

「おはよう」とか「おはようございます」と言う。すると、園長は、「もっと元気よく、大きな声で」と要求する。すると、一斉に大きな声で「おはようございまーす！」と応答をする。それを聞いた園長は、「そうです、みなさん、とても、元気ですね」とほめるのがお定りである。しかし、考えてみると、これは実に異様な光景である。園児のなかには、調子が悪くて、それほど元気のない子もいるであろう。あるいは、なんとなく、気分が乗れない子もいるであろう。そのような子も、周りの子につられて、自分の意志と無関係に、口をパクパク開けて大声を出さざるをえない状況におかれるのだ。そして、周りの声が大きければ大きいほど、その子は、大声を張り上げたものの、なにか、取り残された、寂しさを覚えるのではないであろうか。園で、このようなことを強制するということは、子どもの内面世界に対する冒とくではないであろうか。

一方、保母や先生の側も、お話をするときや紙芝居のときは、大きな声を出すことが要求されているようである。さもなければ、子どもが注意を向けてくれないから、というのがその理由のようである。しかし、これは滑稽である。むしろ、自然な声で、静かに話すほうがどんなにか、子どもの心は、保母や先生の方に向かうかしれないのである。園でつねに大声を張り上げている先生は、自分では、熱心に幼児教育に取り組んでいるつもりでも、客観的には、その意図は伝わらず、自分の喉を痛めているだけなのである。

話はすこし逸れるが、一般に、日本人は大人でも、静かに、きちんと、清潔な言葉で話すのが苦手のようである。筆者は東京の郊外のそのまた外れに住んでいるため、勤務先まで片道９０分以上かかる。しかし、始発電車に乗ることができる筆者にとって、唯一の救いは、電車のなかを書斎代わりに使うことができることである。ところが、途中から乗り込んできたサラリーマン風の２、３人の乗客（男性）が筆者の前に立ち、会社や同僚のことをしゃべりだすと、筆者はたちまち悲劇の主人公になる。彼らのしゃべる声が実に大きいからだ。話しているうちに興奮してくる

のであろうか、ひとりの男性が次第に声を張り上げると、他方はそれをも上回る馬鹿でかい声で、「そうなんだよ！だからさ、おれはあの時、ちゃんと言ってただろう。課長はなにも分かっちゃいねんだ！」とやりだす。となると、もうこれは、一種の音の公害である。筆者は、座席を変えないかぎり、聞きたくもない話に、そしてしばしば不潔で乱暴な日本語に、30分も40分も付き合わざるをえないからである。昨今、問題になっている電車のなかでの携帯電話の無神経な使用も本質的に同じである。要は、日本人の教養が問われる問題だと思う。

　このような体験をするにつけ、すぐ思い起こすのは、ロンドン地下鉄の車内の静けさである。ロンドンの地下鉄の車内は一般に暗く、車両も日本のどの電車よりもオンボロである。ところが、不思議なことに、どういうわけか、大人がじっくりと本を読み、思考できるあたたかい雰囲気がある。電車が比較的空いているという事情もあるが、混んでいる時でも、きわめて静かなのである。もちろん、乗客のなかには、互いに話しをしている人もいるのであるが、他人が気づかぬほどの声で、静かに話しているだけである。きちんとした、清潔な言葉を使うかぎり、それでコミュニケーションは十分可能なのである。

　日本人の公共の場における大人の無神経な言語活動を観察するにつけ、上でみた幼稚園・保育園における「大声で叫ぶ」ことになんら不潔さを感じないどころか、むしろそれを暗黙のうちに推奨する今日の幼児教育の背景との連続性をそこに見て取ることができる。幼児にたいする教育にも、それなりの教養が求められてしかるべきであろう。

いわゆる「子どものうた」の適切性

　さて、話を本題の幼児音楽教育に戻そう。先に、『めだかのがっこう』の歌い方の問題にふれたが、実は、より根の深い問題は、この種の子どもうた自体にある点を忘れてはならない。童謡をはじめ一般に「子ども

うた」と称されているものの多くは、子どもに思いを寄せた大人の作曲家が作ったうたである。それは、子どものために大人が歌うかぎりは（状況次第では）適切であるかもしれないが、それらの曲すべてが、つねに子どもがみずから進んで歌うのに適した曲であるかどうかは、筆者ははなはだ疑問である。その理由は、なによりも、幼児にとって、音程をとるのが難しいフレーズがしばしば含まれている点にある。たとえば、『めだかの学校』の後半部「そっとのぞいてみてごらん、そっとのぞいてみてごらん」（ラララ ラ ド'ラ ソ ラ ソ ミ ミ ミ）の箇所およびそれに続く「みんなでおゆうぎしてるよ」（レ ソ ミ レ）の部分は、幼児に正しい音程で歌わせることは容易ではなかろう。

　『おもちゃのちゃちゃちゃ』にしても同様である。「ちゃちゃちゃおもちゃの」の部分で半音階が増 1 度、短 2 度、増 1 度と続くが、この部分の音程を清潔に歌うことがはたして年長さんでも可能であろうか。終わりに近い部分、「おどるおもちゃのちゃちゃちゃ」も同じ音程で難しい。おそらくピアノの伴奏の助けを借りずに正しく歌える子はほとんどいないであろう。

　有名な『ぞうさん』（まど　みちお作詞　團伊久磨作曲）にしても、たしかに、これを大人が清潔に歌ってやり、それを子どもが鑑賞するというだけならば、問題ないが、子どもにこれを歌わせるとなると、音域が 9 度もあり、3〜4 歳の幼児では、音程を正確に歌うことは、まず不可能であろう。さらに、最後の「ながいのよ」（レ ミ ラ, ソ, ド'）の音程はきわめてとりにくいはずである。

　同様のことは、幼稚園・保育園でよく使用される他の子どもうたについてもいえる。『大きなたいこ』（小林純一作詞　田中喜直作曲）も音域が 9 度あるし、『とんぼのめがね』（額賀誌志作詞　平井康三郎作曲）は 1 オクターブの音域がある。こんなに離れた音域のうたを幼児に与えることは適切ではない。『山羊さんゆうびん』（まど　みちお作詞　團伊久磨作曲）のコーダは、完全 4 度、短 3 度、短 3 度、完全 4 度、長 3 度と

続くが、このような音程を清潔に歌える幼児が何人いるであろうか。

　たしかに一見、歌詞からすると子どもにとって親しみやすいように感じられるうたもないわけではない。たとえば、『さっちゃん』（阪田寛夫作詞　大中恩作曲）にしてもなんとなく笑い出しそうな曲である。ところが、音楽的には「さっちゃんて呼ぶんだよ」における「呼ぶんだ」の部分は完全5度、長2度と短3度の音程で、幼児にとってはかなり歌いにくいはずである。せいぜい、ピアノの音に合わせて、それに近い音が出ればましなほうである。また、最後の「おかしいな、さっちゃん」の「な、さっちゃん」の部分は完全4度と長3度で、この音程を正確にとることは普通の幼児にはまず無理である。『おなかのへるうた』（阪田寛夫作詞　大中恩作曲）も有名なうたであるがここには完全5度が♩♩のリズムにのって、何度も登場する。幼児にとって、完全5度の音程をとることが容易でないことは、すこしでも音楽の訓練をした者ならすぐ分かることである。『アイスクリームの歌』（さとうよしみ作詞　服部公一作曲）には、1オクターブや減5度、長6度、さらには増4度、短2度の音程も登場し、大人でもよほどの音楽的訓練をうけないかぎり、清潔に歌うことは難しい。『いぬのおまわりさん』（さとうよしみ作詞　大中恩作曲）も同様である。完全5度、完全4度が登場し、また、短3度、短2度と続く部分もある。幼児に、こんな難しい音程を歌うように強いることは酷である。『月火水木金土日のうた』（谷川俊太郎作詞　服部公一作曲）は歌詞からすると愉快で、一見、子どもが喜びそうに思われるうたかもしれないが、半音、オクターブ、短7度といった音程のメロディーを歌わなくてはならないという点でやはり問題を含む。これを正しく、清潔に歌える幼児は数少ないであろう。

ピアノに合わせて歌う？

　例をあげるのはこの程度にしよう。要するに、問題は、幼児にとって

あきらかに難しい音程を含んだ歌いにくい曲をなぜ幼稚園や保育園で歌わせなければならないのか、である。それが「子どものうた」と称せられているからだろうか。著名な作曲家の手になるものだからなのか。

　もっとも、「所詮、相手は子どもなのだから、多少の音程のずれなどは、目をつむろう」という寛容な精神の持ち主もいるかもしれない。しかし、それはあきらかに間違いである。そもそも音程や調子はずれの音楽は音楽でもなんでもないからである。

　また、「この種のうたを歌うとき、幼児は、自分自身では音程は正確にはとれていないとはいえ、ピアノの音に合わせれば、なんとかそれに近い音で歌うことができるから、それでいいのではないか」という反論もあるかもしれない。しかし、そもそも、ピアノの伴奏の助けを借りずには歌うことができない、ということが重要な問題なのである。子どもは、この種のうたをピアノの伴奏に合わせようとするから、一見歌っていると錯覚しているにすぎない。そこでは、ただ、ピアノの音しか聴いていないのであるから、他の子どもの声は聴かないし、また自分の声すら聴いていない。ということは、幼児は、心の耳で自分の音をつくっていないわけであり、本当に歌っていたのではないことを意味する。つまり、一見、音楽をしているようであっても、その実、能動的な音楽行為でもなんでもないことになる。実に不幸なことである。

自然な響きと不自然な響き

　大人が子ども向けに作った、これらの子ども曲に関してはいろいろな意見があろうが、筆者の率直な感想をいえば、その多くは、歌詞からいっても、曲想からいっても、どこか子どもにおもねているようなところが感じられてしかたがない。別の言い方をすれば、子ども用に「振り付けられている」といってもよいかもしれない。子どもだからきっと猫ちゃんが好きだろう、「サッちゃんがね」と言えば子どもに喜ぶだろう、と

いった大人の側の子どもに取り入ろうとする意図が見え見えなのである。それは、テレビの幼児番組に登場する〈うたのおにいさん、おねえさん〉の表情からも伺うことができる。ここにある種の不自然さを感じるのは筆者だけだろうか。

　もっとも、不自然なうたといえば、子どものうたばかりではない。筆者はかねてより、学校の校歌についても同様の印象をもっている。テレビで甲子園の高校野球の放送がある。それ自体は楽しいものであるが、試合終了後、勝者の学校を讃えます、と言って校歌が画面に字幕とともに流れてくるのには閉口する。よくもまあ、音楽的につまらないこんなうたを現代の若い高校生が真面目な顔をして歌っているものかと思うと情けなくなる。曲想は総じて、どことなく軍歌にも似た「校歌調」とでもいうべきステレオタイプのものである。それは、ちょうど、全国の観光地の銘菓は、どれを食べても同じ味がするのと同様である。さらに、校歌の歌詞も実に画一的である。そこに登場する表現は、「太陽」「山」「清い川」「白い雲」「青い空」「大空」「青春」「若人」「希望の学舎」「友情」「明日へ向かって」などと相場がきまっている。そこには、大人の側で良かれと思って高校生に託した、きわめて単純で陳腐な思いが反映している。筆者は、この種の校歌を聴くたびにウンザリするのであるが、これを、現場の高校生が心底から楽しく歌う気持ちになっているのかどうか、はなはだ怪しいと思っている。

　幼児向けの子どものうたにしても、本質的に同様である。その点が、この種の「子どものうた」と、自然発生的な「わらべうた」との大きな違いであろう。わらべうたのばあいは、大人の側の子どもにおもねる意図はまったくない。わらべうたには「振り付け」は不要だからである。わらべうたは、レドラ、で出来ているものが多く、音域も狭いし、無理な音程もない。遊びに音楽がつくことによって、知らず知らずのうちに、能動的に音楽することを学ぶのである。わらべうたにおいては、自分の声も相手の声もよく聞かなければ歌えないし、遊べないのである。わら

べうたのなかでは、怒鳴る必要もない。そこでは、幼児は音楽的に清潔に歌うことをごく自然に習得していく。つまり、幼児の内面世界は真に解放され、てらいのない喜びを享受できるのである。まさに、現代の多くの幼稚園・保育園でほとんど失われつつある自然な美しい響きがそこに見られるのである。

子どもを動かす号令としての音楽

　保育園や幼稚園によっては、"朝のうた""給食のうた""お弁当のうた""さようならのうた"などを歌わせているところもある。『げ・ん・き』35・36号に赤西雅之氏が「子どもの心がわかっていますか」において、給食の時に、この種の唱え文句を合唱することに意味がないことを論じておられる。まったく同感である。この種の合唱を奨励している園では、ひょっとすると、そうすることによって、園での生活のすみずみにまで音楽が浸透しているつもりになっているのかもしれない。しかし、これは、とんでもない錯覚である。これは、ちょうど、飼い犬に餌をやるとき、お座りさせるのと同じ発想である。そこでは、子どもが1人の人間として尊重されていないし、うたを歌うということが、子どもを動かす号令と化している点に注意すべきである。なるほど、幼児は先生に指示されれば、朝はこのうた、給食の前にはこのうた、という風に反射的に歌うよう習慣づけられるかもしれない。しかし、それは恐ろしいことである。なぜなら、うたを歌うという本来の音楽的表現の喜びとはあまりにかけ離れているからである。人間の内面世界の表現である「歌う」ということに、そのような号令や合図の機能をはたさせることは、音楽にたいする、いやなによりも、幼児の大切な内面世界にたいする冒とくである、といってさしつかえない。

楽器を使うことは音楽すること？

　保育園や幼稚園における音楽教育というと、「子どものうた」とともにかならず登場するのが、楽器をもちいた合奏であろう。事実、行政の側からも、園において、かならずなんらかの楽器を使うこと、とりわけ合奏をすることは推奨されており、それなりの予算もつくのである。また、器楽の演奏は、父兄の強い要望である、とも聞く。
　しかし、そもそも、保育園・幼稚園において、幼児が器楽を演奏し、それを合わせる、ということが一体どういう結果をもたらし、いかなる意味があるのかを深く考えてみる必要がある。楽器の演奏というのは、まず、なによりも楽譜が読めるようになってからでなければならない。つまり、楽譜の意味が理解できなければ何をやっているのか分からなくなる。第2に、真の意味で「楽譜が読める、楽譜の意味が分かる」ためには、その楽譜は心の耳で歌えなければならない。第3に、楽器をいつ頃から始めるのが適切であるかに関しては、個々の楽器に応じて、厳しい年齢制限がある。第4に、楽器指導というのは、本来的に、個人指導であって、一対一で行われなければならない。第5に、合奏というものは、子どもが他のパートの音を聴く能力をもっている状態でなければ、意味がない。
　これらの条件をすべてクリアした上でなければ、たとえ楽器をもちこんで、合奏を試みたとしても、それは真の音楽行為とはいえないであろう。
　園における器楽合奏は、しばしばそれが生活発表会の目玉ともなることから、保母や先生の方が意気込み、生活発表会に向けて幼児を懸命に指導する、というケースも珍しくない。そうなると、幼児は大変な犠牲者となる。たとえば、幼児にとって「木琴を弾く」というのは、なんでもないようで難しい。ある幼児がなかなか、叩く音を覚えられないばあ

い、生活発表会に間に合わせるために、先生が、幼児の叩くべき箇所に、色紙のレッテルを張る、という馬鹿げたことも生じかねないのである。「先生が正子ちゃんに合図をするから、その時、この緑と赤の所を叩くのよ、いいわね」と教えるわけである。こうして生活発表会はなんとか切り抜けることができるかもしれないし、正子ちゃんのおかあさんも喜ぶかもしれない。先生もほっとするかもしれない。しかし、すべてが欺瞞の行為である。音楽的意味もわからず、指定された色紙の音を、先生の合図に従って、叩いた子どもにとって、その行為は音楽とは無縁の単なる反射運動にほかならない。要するに、「楽器を使って合わせているから音楽しているはずだ」という錯覚に陥っているわけである。

　楽器といえば、最近、鍵盤ハーモニカも小学校ばかりでなく、一部の幼稚園でも導入されているようである。キーを押しさえすれば、容易に音が出ることから、子どもにとって適切な楽器とみなされているようである。しかし、この種の安易な楽器（筆者の考えでは、楽器ではなく「音の出る一種のおもちゃ」とでもいうべきもの）は、その使い方をよほど慎重に考えないと危険であると思う。なによりも、この音のおぞましいこと！音楽的感性をすこしでも持ち合わせている者なら、この音を一度耳にしたら、ぞっとするはずである。鍵盤ハーモニカの音をたとえばリコーダーの音と比べてみよう。その美しさに本質的な違いがあることは明らかである。もし幼児音楽教育に携わる人々がこの違いに無神経になっているとしたら、それだけ大人の感性が麻痺している、といわざるをえない。

　鼓笛隊の練習に精力を注いでいる園もある。たしかにこれは、表面的にはカッコ良いし、なによりも（子どもよりも）親が喜ぶようだ。事実、入園パンフレットにこの種の写真が載ると入園希望者が増えるとも聞く。しかし、子どもの立場にたつかぎり、これは恐ろしい問題を含んでいる。上述のごとく、器楽合奏は、他のパートの音を正確に聴く能力をもっている者同士でなければ意味がないが、この年齢の子どもには土台それは

無理である。なるほど、子どもは、長時間、厳しく訓練されれば、パターン化した身体表現を覚え、（さきほどの木琴のケースと同様）意味の分からないまま、楽器（らしきもの）を反射的に操作することをある程度習慣化するであろう。しかし、その行為は、子どもの内面世界からわき出る自由でダイナミックな表現行為から著しくかけ離れている。その上、なによりも「整然とした兵隊さん」になるためには、どこまでも「一斉的」であることが求められ、肉体的にも精神的にも大変な忍耐が要求されるのである。それは、もはや音楽行為とはいい難い。こんなことで、幼児の大切な時間と体力と心を奪うことは馬鹿げていると思う。幼児の時期にはもっともっと他にしておかなければならないことが、いっぱいあるからである。

むすび

　このように、今日の日本の幼児音楽教育の現場では、客観的には音楽とは無縁の行為でありながら、それが音楽にかかわっていると誤って信じられているケースは少なくない。そのような偽物の音楽教育に子どもを浸らせるということは、知らず知らずのうちに、子どものもつ、音楽以外の感性にもすくなからず影響を与えるであろう。
　「子どもにとって真に音楽的とはなにか」「清潔な響きとはなにか」「自然な美しさとは」「心でうたうとは」は、幼児音楽教育に携わる者がつねに考えておかなければならない大切な問いである。そして、この問いに答えるためには、幼児に関してだけでなく、人間および芸術一般に対する確固とした理念が要求されることはいうまでもなかろう。

〔注〕
（１）日本の音楽教育一般に関しては、ロナルド・カヴァイエ、西山志風共著『日本人の音楽教育』（新潮選書）を参照されたい。

3章

わらべうたは子育ての知恵

阿部ヤヱ

岩手県遠野市の阿部ヤヱさんを訪ねました。阿部さんは遠野に伝わるわらべうたを昭和32年頃から歌詞や遊び方、そして、語り伝えにしたがって分類し、書き表しています。わらべうたの語り伝えは、歌詞だけを書き留めても伝えたことにはならないし、子育てとはこうするものだよとか、人とはこうあるべきだよという、わらべうたの伝えているとても大きなすばらしいものを語り継ぎたいと思い、自分の思い出として、自分の体験として文字として書き表しているのです。

　阿部さんは幼い頃からわらべうたが大好きで、毎日、歌い、遊びました。こうしたうたは代々大切に守り伝えてきたうたであり、母や祖母や隣家のおばあさんたちが、大きくなれよ、利口になれよ、と心をこめて教えてくれた「人育てのうた」だとおっしゃっています。生まれた時からうたで育てられ、大人になってからも心の中にうたを育て、遠野という山深い盆地で、もの言わぬ百姓として暮らした先祖が、子どもや孫たちに、そして未来の人たちに伝えたかったことを、阿部さんは受け継いできた通りに書き表しているのです。

　なお、本原稿は阿部さんを自宅に訪ね、話をうかがい、それに、阿部さんが書き表しているものをもとに編集部でまとめました。

わらべうたとの出会い

　私は昭和9年の凶作の年に、遠野の貧しい農家の長女として生まれました。農家ではほとんどその家のおばあさんが子守をしたものですが、私の家は両親と私だけでしたので、母は私を田んぼへ連れて行ったそうです。ところが、私はじっとしていないで、母の後を追い、泥田に逆さに入って窒息しそうになったりしたので、隣部落にある父方の祖母のところにあずかってもらったということです。

　祖母たちの話を聞くともなしに聞いていると、「今年の作柄はどうなんべ」という話から始まって、凶作の話、洪水の話、先祖の話、狐にだまされた人の話、たます（霊魂）がきたという話と続くのでした。どこの家に行っても似たような話ばかりするので覚えてしまい、次はこうした

話が出ると思っていると、そうした話を語り出すのでおかしかったものですが、今でもその頃に聞いた話を思い出します。

　自分で遊んで行けるようになってからは、隣家へもよく行きました。隣家には私より2つ年上のせっちゃんという女の子がいました。せっちゃんにはひいおばあさんにあたるつっつ婆と、ひいおじいさんにあたる源コ爺が家族と一緒に住んでいました。つっつ婆は記憶のよい人で、遊びに行くといつでも昔のうたっこを歌ってくれたり、昔の話をしてくれたり、源コ爺は百姓仕事のできない雨の日、冬は炉端で藁仕事をしながら、コタツにあたりながら、昔のことを語ってくれたものでした。

　あれは、12歳のころだったと思います。つっつ婆と源コ爺が、「こうした昔のうたっこはな、わらべうたと言って、おらたち百姓の歴史を伝えているうたっこなんだど。こうしたうたっこがなくなるど、俺たちには、土器や石器を使って暮らしていた人たちのことは解んねぇど同じように、俺たちのこともこれからの人たちには解んなくなって、牛や馬と同じように泥ぐるまになって稼いだ姿しか想像してもらえなくなるんだど」と言ったことがありました。私は牛や馬と同じにしか見られなくなるのは嫌でした。ですから、教えられたうたとか語り伝えを忘れないように、時々、せっちゃんと2人で思い出してみるようにしたものです。

わらべうたと昔話

　わらべうたは、それぞれのうたが意味とか役割、背景といったことなどを伝えていて、こうしたことを昔話と同じように語ってもらうのも楽しかったものでした。昔話は「むがす（昔）あったずもな」で始まり「どんどはれぇ」と言ったらおしまいで、他の昔話と続いていくということはありませんが、わらべうたの意味とか背景として伝えられていることは、いくら語っても「どんどはれぇ」にはなりません。他のわらべうたの意味とか背景とどこかでつながっていて、昔の人たちのことがわか

るようになっています。

　昔話では「なすて？」と聞くと、「昔話は黙って聞くもんだ」と言われて、話の合間に相槌をうちながら聞くだけで、それが昔話を聞く時の作法とされていましたが、わらべうたはその意味とか背景として伝えられていることを、なぜそうしなければならなかったのかということも、それからどうなったのかということも、自分なりに納得するまで聞くことができたので、いくら聞いても飽きませんでした。

　昔話は、昔、偉い人が人間らしく生きるための教えとして作ったもの、わらべうたは百姓である私たち先祖の身に実際に起きた――人育てのうたであり、人とはこうあるべきだという――生活の歴史です。私たちの生活には終わりはない、どこまでもどこまでも続くのです。だから、「生きている」というのです。「昔話は作られた話だが、わらべうたは生きている」というお年寄りたちの言葉は、興味ある言葉でした。

書きとどめ、残していこうと思った動機

　昔の人たちは何も考えないで生きていたわけではありません。おばあさんたちが語ってくれたことが本当か嘘か、それを確かめてみたいと思いました。すると、少しずつ、あれ出来た、あれ出来た、という感じで段々、まとまりのあるものになってきました。いろんな試行錯誤の結果です。ただ、やっているうちに形になってきただけです。

　わらべうたというものは、うただけを伝えるものではない、うたと事実と歴史を伝える、それと一緒に心を伝えるために、わらべうたというやり方をしているのです。字に書いて伝わるものであれば、そんな面倒な真似はしません。自分たちの気持ちを長く語り継ぐためには、この方法しかなかったのではないでしょうか。

　昔の人たちは心をすごく大切にしたから、自分たちの心を代々伝えていきたいという気持ちから、それをするにはどうしたらいいかというと、

わらべうたの方法でやっていけば、絶対心は伝わると思ったからでしょう。

赤ちゃんの遊びうた

　赤ちゃんの遊びうたは、
① 　赤ちゃんと遊ぶうたです。
② 　赤ちゃんに動作を真似ることを教えます。
③ 　赤ちゃんに動作で自分の気持ちを伝えることを教えます。
④ 　赤ちゃんの運動になります。
⑤ 　赤ちゃんの健康状態を知ることができます。
⑥ 　赤ちゃんと語り合うための言葉になります。
　短い言葉を３度ずつ繰り返し歌いかけながら、赤ちゃんに動作をしてみせ、赤ちゃんにも動作を真似させます。こうしたうたは赤ちゃんにとってとても大事なうたとされていて、どこの家でも赤ちゃんが生まれると１年がかりで教えたものでした。
　まだ何もしゃべれない赤ちゃんでも、大人の動作を真似することで大人と会話をすることができます。動作とか表情で話しかけてきます。手をとってもらったり、頬ずりをされたり、肌の温もりから子守をしてくれる人の心を感じとるのだと言われていました。
　このような赤ちゃんの遊びうたは、赤ちゃんの運動になり、その日の健康状態を知るのにも役立ちました。また、五体満足かどうか、物覚えは早い方かゆっくりの方か、遅れているか、性格は素直か頑固か、おっちょこちょいか、といったことも、こうしたうたで遊ぶなかでわかったものです。体に悪いところがあれば、早く見つけて治してやらなければなりません。ですからこうしたうたを使って、赤ちゃんの体に異常がないかどうか１つひとつ確かめていったのです。わらべうたとか昔話を教えるとき、物覚えの遅い子にはゆっくりと、頑固な子には性格を直すよ

てんこてんこ

　　てんこ　てんこ　てんこ
　　てんこ　てんこ　てんこ

　赤ちゃんが目で人影を追うようになった頃から、赤ちゃんに向かって何回も歌いかけながら、右手でこぶしを作り、でんでん太鼓を振るように手首を左、右、左、と軽く振ってみせます。歌うときは、赤ちゃんの目を見て楽しそうに歯切れよく歌います。
　あやしながら焦らず根気よく続けます。
　すると、はやい遅いの違いはありますが、赤ちゃんも同じ動作を真似するようになります。真似るといっても、最初は歌いかけられたとき、こぶしをかすかに動かすぐらいのものですが、続けているうちにちゃんとできるようになります。
　赤ちゃんが真似するようになったら、手首がちゃんと動くかどうかも見ます。「てんこ　てんこ　てんこ」とは、でんでん太鼓の鳴る音。手の動きは、でんでん太鼓の振りをあらわしています。

にぎにぎ

　　にぎ　にぎ　にぎ
　　にぎ　にぎ　にぎ

　人を見て笑顔を作るようになった頃から、赤ちゃんに向かって、片方の手を握ったり開いたりしながら歌います。やがて、赤ちゃんは指先をかすかに動かすようになり、だんだん上手にできるようになります。
　赤ちゃんが真似するようになったとき、得手な方の手を動かしますから、右利きか左利きかもわかります。昔は左利きは嫌われたそうです。みんなと同じでなければ苦労するということもあったようですが、箸を持つときと字を書くときだけは左利きでも右手を使わなければならないというので、わたしたちもこうした片手を動かす芸はいつでも右手でやらされ、おしゃぶりとかお菓子を握らせるときにも、右手で握らせるようにしたのです。わたしも左利きですが、小さいときから直されて、箸もペンも右手に持ち、ほかのことは両手を使います。
　この遊びは5本の指がちゃんと動くかどうかも見ます。
　幼い子の手遊び、ことに指を使う遊びを大人たちは大事にしました。この『にぎにぎ』も頭にいい遊びとして、誕生日がくるまで毎日やらせるようにしたものでした。

うな教え方をするのに役立つといわれていました。

　赤ちゃんは、うたをたくさん聞きわけるようになると、動作をしてみせなくても歌いかけてやるだけでうたの言葉を聞きわけ、その言葉に合った動作をするようになります。このように、赤ちゃんがそれぞれの言葉に合った動作をすることを「芸をする」と言います。赤ちゃんが1人でいろんな芸をして遊んでいることがあります。こうした時にも芸に合ったうたを歌いかけてやります。

　赤ちゃんが初めて芸をしてくれた時の喜びは、家族にとって何にもたとえようのないものなのです。芸をしてくれたことで、赤ちゃんは目が見えるし、耳も聞こえ、ものを覚える能力もあるということがわかったからです。

　けれども、それはいつになったら動作をしてくれるのか、またそうした能力があるのかどうかもわからない赤ちゃんを相手に、一方的に歌い続けるのですから、子守をする大人にとっては根気のいることでした。遠野には「孫ァ生まれるずど、そのえ（家）さ、馬鹿ァ3人でる」という諺がありますが、この諺も、大の大人が赤ちゃんを相手にこうしたうたをなりふり構わず真剣に教えたことから言われているのだそうです。

呼びかけのうた

　赤ちゃんの呼びかけのうたは、
① 赤ちゃんに動物の鳴き声を真似させます。
② 赤ちゃんにそれぞれの動物の鳴き声で答えさせます。
③ 赤ちゃんに、自分の気持ちから動物や植物や風などに呼びかけることを教えます。

　呼びかけのうたは人間には歌いません。人間以外の動物、植物、風、水といった自然のものに呼びかけたいときに歌います。こうしたうたは自然と親しくなり、自然とともに生きることを教えてくれると言われて

鳴き声を真似る

　赤ちゃんがものを見分けるようになったら、動物とか植物といったものに呼びかけることを教えます。声の高い低い、それに大きい小さいといった出し方を実際に動物の鳴き声などを真似させながら教えるのです。
　例えば雀をみたら、
　　　　　チュンチュンチュン
　　　　　チュンチュンチュン
と何回も繰り返しながら、相手の鳴き声を真似、鳴き声と同じに声を出すことを教えます。

特徴をとらえて呼びかける

　鳴き声をたてないものには、相手の特徴をとらえて呼びかけさせます。
　例えばうさぎには、
　　　　　ぴょんぴょんぴょん
　　　　　ぴょんぴょんぴょん
と繰り返し歌いかけます。
　うさぎがぴょんぴょんはねると、赤ちゃんはうさぎと仲良しになったことを喜び、自分もぴょんぴょん跳ねました。
　ちょっと強い風が吹いたら、
　　　　　ピュウー
　　　　　ピュウー
と歌い、これに「さみ　さみ　さみ」とくわえ、風がふくと寒いということも教えます。花とかきれいなものをみたときには、「きれいだね」という気持ちをこめて、
　　　　　チェー
　　　　　チェー
と何度もきれいなものに触れながら呼びかけます。

鳴き声とか特徴で答える

　鳴き声を真似することができるようになったら、子守はたとえば、「雀は？」と赤ちゃんに問い、
　　　　　「チュンチュンチュン」
と鳴き声で答えさせます。
　　　　　「べごっこは？」
　　　　　「からすは？」
というように聞いて、できるだけたくさん答えられるようにします。
　いろんな鳴き声を答えられる赤ちゃんは、よその人から、「さがすわらすこ（利口な子）だ」とほめられたものでした。

います。

　おまじないのうたも呼びかけのうたの仲間です。おまじないのうたは自分に歌ううたです。痛いとき、悪いことから逃れたいとき、良くなりたいときといろいろですが、こうしたうたで助けられることがよくありました。おまじないをすれば神様が願いをかなえて下さると教えられ、心の中で神様にお願いしながら言葉を唱えたものでした。

　年中行事のうたも神様に向かって歌ううたです。郷土芸能からとって歌ったうたも神様に奉納するときに歌ううたを歌うのですから、歌うときは神様に向かって歌いました。昔から伝えられている遊びうたは神様が教えてくれていることとされていましたが、わらべうたは自然を神とした昔の信仰を元にしてつくられており、ことにこうした呼びかけのうたは、自然に生かされている自分を感じとらせてくれるうただといわれていました。

なぞかけ

　「なぞかけ」とは、1つのものをたくさんの言葉で包み隠し、隠されたものを当てるという言葉遊びです。ものを覚えるには言葉が必要です。わらべうたも昔話も日常会話も、言葉の持つ意味を正しく、早く聞きとる力が必要です。ですから、こうした遊びを通して、言葉というものの使い方を教えたのです。

　なぞかけのことを、私たちは「なんじょかけ」と言っていました。「なんじょかけ」とは主に冬の炉端やこたつを囲んで、温まりながらやることば遊びで、大きな子も小さな子も、男の子も女の子もみんな一緒になってやったものです。

　まだ誰も知らないだろうと思われるなぞなぞを仕入れると、「なんじょかけしねぇが」とみんなを誘います。そして、とっておきのなぞなぞはそう簡単には出さず、みんなが「どんななんじょだって解いてみせるぞ」

炉端のなんじょ

２人連れであかおっこ釣りさ行くものなあんじょ
　　（２人で赤魚を釣りに行くのは誰か）。　　　　　　　　　「火箸」

赤鬼ァ黒鬼のけっつなめるものなあんしょ
　　（赤鬼が黒鬼のお尻をなめるものは何か。）　　　　　　　「火」

よったりして背中あぶりしてるもの　なあんじょ
　　（４人で炉端に背を向けあぶっているものは何か。）　　　「炉ぶち」

旦那のめぇの　くろっぽす猫　なあんじょ
　　（炉端の横座に座っている旦那の前でも平気な黒っぽい描のよう
　　なものは何か。）　　　　　　　　　　　　　　　　　　　「鉄瓶」

赤くなってごせやきやき　身ぃほろぼすもの　なあんじょ
　　（赤くなって怒りながら身を滅ぼすものは何か。小さいころは怒
　　ったり、泣いたりすると、炭のようにだんだん体が減ってちいさ
　　くなるとおどかされた。）　　　　　　　　　　　　　　　「炭」

つんつく男に　脇差１本　なあんじょ
　　（ちんちくりんな男が脇差をさしたようなものは何か。）　「柄杓」

夜も昼も細道歩ぐもの　なあんじょ
　　（夜でも昼でも細い道ばかり歩くものは何か。）　　　　　「戸、障子」

ねんがら年中　３本で立っているもの　なあんじょ
　　（ごとくは元は四徳といって４本足だったが、弘法様にいわれ
　　て犬に足を１本やったので徳をたして五徳と呼ばれるように
　　なったと語る昔話がある。）　　　　　　　　　　　　　　「五徳」

四方白壁あかりっこ　ちらほら　なあんじょ
　　（四方は白壁で、明かりがちらちらみえるというと長者の家を想
　　像した。）　　　　　　　　　　　　　　　　　　　　　　「行灯」

とどもかねこ　がかもかねこ　娘のお竹こ　なあんじょ
　　（端と端はかね、真ん中は竹で出来ているものは何か。）　「煙管」

まなぐ１つに足えっぽん　なあんじょ
　　（目は１つ　足が１本あるものは何か。）　　　　　　　　「針」

と張り切っているときに掛けて、「はて、そのなんじょの答は何だろう」とみんなが真剣に考えこむ様子を眺め、得々としていたものでした。

子守うた

　子守うたには、大きく分けると、眠らせるうたと遊ばせるために歌ううたとがあります。眠らせるために歌ううたは数が少ないのですが、これは、同じうたを繰り返し歌うことにより、早く眠りにつくことから、多くを必要とするものではなかったと思われます。

　言葉がわかる程度まで大きくなった幼児は「わらすこ」と言いますが、この頃になると、同じうたの繰り返しでは眠らなくなるため、遊ばせるためのうたを歌ってやります。こうしたうたは、1つの物語が発展していくさまを歌っているものです。

　このような遊ばせるためのうたは、わらすこがしょんぼりしているときには元気づけるために、うるさいときには静かにさせるためにも歌って聞かせます。うたの意味がわかるようにと、子守うたを中心としてわらべうたの背景となっている遠野の歴史を語って聞かせました。こうしたかたちで自分たちの土地の歴史を伝えるのが子守の役目とされていたのです。

赤ちゃんに歌う子守うた

　　　よしよしよし
　　　よしよしよし

　赤ちゃんが泣き出したり機嫌が悪いときに、抱いて揺らしながら歌いかけます。すると、やがて泣きやみます。
　赤ちゃんを長く抱いていると、抱き癖がつきますから、泣きやんだら離すようにします。

　　　えだ　えだ　えだ
　　　えだ　えだ　えだ

　眠っていた赤ちゃんが急に目を覚ましたとき、「側にいるから安心して眠れ」という意味でこう歌いかけます。すると赤ちゃんはまたぐっすりと眠りました。声を聞き安心して眠るのだそうです。

　　　ねんねこやーど
　　　ころころやーど
　　　ねんねこやーど
　　　ころころやーど

　まだ歩けない赤ちゃんを眠らせるとき、こういって同じ言葉を繰り返し歌って眠らせました。「ねんねこよー」とだけ繰り返すこともありました。

眠らせる

　泣くからといって抱いてばかりいると、赤ちゃんに「抱き癖」がつき、抱いてもらうまで泣くようになります。眠ったと思っても置くとまたすぐに泣き出すのです。こうなると赤ちゃんも大変ですが子守も困ります。
　それに、そうした「抱き癖」がつき、泣きやすくなると、意志の弱い子に育つといわれていました。また、そうした癖をつけるのは子守が赤ちゃんに甘いからだといわれていました。精神のしっかりした子に育てるためには、赤ちゃんのときから、甘やかしてはならないといわれ、赤ちゃんのおむつをとりかえ、たっぷりとお乳を飲ませたら、すこし遊んでやり、あとはえんつこ（嬰児籠）にいれるとか、横に寝かせるとかして、うたを歌ってやって眠らせるようにしたのでした。

3章　わらべうたは子育ての知恵

はやしうた・子育て言葉

　はやしうたは、人間に対して歌ううたです。互いに相手をからかったり、けなしたり、やっつけたり、当てこすりを言ったりしながら、いろんな言葉の働きを体験して覚えるうたです。諺とつながっています。

　はやしうたを教える前に、言葉には意味があり、言葉と動作で自分の気持ちを表すことを教えました。まだ言葉を話せない赤ちゃんにも、決まった言葉と動作で礼儀を教えました。すると赤ちゃんは言葉や動作でいろんなことが聞き分けられるようになります。

　こうした言葉や動作は、昔から伝えられていることで、どこの家の赤ちゃんにも通じました。

　　　しゃあー　しゃあー　しゃあー
　　　しゃあー　しゃあー　しゃあー

　ものを壊したようなとき、こう何度も歌いはやして、困ったことをしてしまったということを感じさせ、謝ることを教えました。
「困ったことをしたな。どうするどうする」「謝りなさい」という意味です。

　　　なっく　なっく　なっく（泣く）
　　　なっく　なっく　なっく

　赤ちゃんが悪いことをしたときは、「あぷっ」といって叱り、悪いことをしたとしっかり教えます。
　叱られてすぐにべそをかき、泣き出しそうになったとき、「泣くな」とか「我慢しろ」と教え、それでも泣きそうなときは、こういってうたいはやし、あとは放っておきますと泣かなくなったものです。

　　　ぺちょ　ぺちょ　ぺちょ
　　　ぺちょ　ぺちょ　ぺちょ

　相手の失敗をからかう言葉です。失敗したとき、あるいは叱られたようなとき

に、子守は自分の鼻のわきに人さし指を当て、上下させながら歌って赤ちゃんをからかいました。
「失敗したな」「やあいやあい叱られた」というような意味です。

　　あぁあ　あぁあ　あぁあ
　　あぁあ　あぁあ　あぁあ

　わざとやったのではないのに壊したとか、破いたとか、こぼしたというようなとき、こう言ってからかいました。
「でも、間違ったんだもナ」というと、赤ちゃんもほっとしたような顔をしたものです。
　大人がいくら理由をいって叱っても、赤ちゃんにはなぜ叱られたのかわからないと思います。
　けれども、こうしたうたを使ってはやされると、赤ちゃんには叱られた理由が分からなくても、悪いことをしたということは分かります。また、叱られたり、たしなめられたりする理由はいろいろでも、はやされる言葉で恥ずかしいことをしたとか、我慢をしなければならないといったことが分かり、そのとおりにしたものです。
　叱っているうちに興奮して、つい赤ちゃんにあたったりする事もあるものなのですが、こうしたうたを使ってはやすと、大人の感情が混じりませんから、赤ちゃんにとって分かりやすいように思います。

〔参考文献〕
『人を育てる唄―遠野のわらべ唄の語り伝え―』『呼びかけの唄―遠野のわらべ唄の語り伝え2―』
（共にエイデル研究所刊）

4章

わらべうたは人生の入り口

近藤信子

編集］　先生は音楽の勉強について、どのようにお考えですか？

近藤］　私が音楽の勉強をしていたころは、ヨーロッパの音楽に追いつけ追い越せという時代でした。それにはまず「技術の習得」という思いが強かったのでしょう。たいへん厳しい訓練を受けました。ですから、音楽は厳しいものだと思っていました。自分ではかなり練習して、一所懸命やったつもりでも、先生の目から見たら「何だお前これは」と。どれだけ練習しても「お前は何をやってきたんだ」と怒られてしまうのです。励ましの言葉だったのでしょうが、たいへんつらい思いをしました。とにかく、ただ教え込まれた時代でした。

編集］　先生の口から「音楽は厳しい」ということを聞くとは思いませんでした。では、いつごろから「楽しい」ものだと思い始めたのですか？

近藤］　大学を卒業して、1人のバイオリニストに出会ってからです。彼女は天才少女といわれた人で、フランスで長いこと勉強し、音に対して非常に敏感な人でした。

　私が伴奏の1つの音を弾きますよね。すると「違う。私が欲しいのは、そんな音ではない」と言うのです。イメージと違うと言って、たった1つの音を30分間も繰り返し弾き直したのです。私の音は、「このように弾きなさい」と教えられた、指を立てて深く下まで落とすタッチなのです。ですから、何回弾いても無理なのです。

　ふと、指を寝かせて弾いてみようと思い、やってみたのです。すると「この音」と言われました。「この音」という言葉は初めて聞きました。このときに、音とはこうやって作っていくものなのだ、とわかったのです。

　「この音」と言われたときに、「音色は、イメージして表現するものなんだ」と思ったのです。大学を卒業したものの未熟で、音楽のおの字も分かっていない、弾くだけで精一杯だった私は、その時はじめて音楽がどれほど奥が深く楽しいものかということを知ったのです。音楽には自

然の中の色と同じように、たくさんの音色があります。それが分かったときに初めて、音楽はなんて素敵なものなのだろうと思いました。それと同時に、感性が、いかに大事であるかとも思いました。もし私が音を美しいと思えず音の変化を心と耳でキャッチできなければ、彼女とのアンサンブルはできなかったと思います。

彼女の感性と私の感性とがぶつかり合いながら、音楽を作り上げていくのです。この、「音を作り上げる」過程は、とても楽しいことなのです。

芸術音楽には、曲の4分の3あたりにクライマックスがあるのですが、それに向かって音楽を作り上げていく、思いを募らせていくのです。山に登るのと同じです。登り詰めた時に感じる充実感。その感動を最後まで感じながら降りて行くのです。音楽も、クライマックスの興奮を最後までもち続けるのです。

わらべうたは感性を育む

編集] お金を払えば、技術的なものは教えてもらえますが、「感性」というものはそういうわけにはいきませんよね。

近藤] 感性というものは、どれだけ自然と親しむ体験をしてきたか。また、興奮し夢中になって遊んだ体験をもつかによると思います。子ども時代の体験が、いかに重要かを、彼女との出会いによって、非常に感じさせられました。

音楽で最も大切なことは、技術的なことではなく「表現力」だと思います。その表現力を支えているのは「感性」ですし、それを育てるには、幼いころにわらべうたで遊ぶことが役立つのではないでしょうか。

わらべうたの楽しさと遊びの体験が、音で自分を表現するときに活かされていくのですから、幼い時にうたと遊びの体験をたくさんして欲しいと思います。

♪ぽったんぽったんあめぽったん♪

という曲を、「ぽったんぽったんぽったんぽったん（ゆっくり　ゆっくり）」とピアノを弾きながら歌った女の子がいました。彼女は、ピアノの音を通して雨の音をイメージしていたのです。彼女にとっての雨は、心地よい自然の営みなのでしょう。表現力のもとになる子どもたちのイメージを、うんと大切にしなければいけない、と改めて感じました。

　イメージを膨らませ、それを音で表現できれば、幼い子どもが弾く曲も素晴らしい音楽になると思います。芸術家といわれる演奏家や作曲家たちが感動を与えるのは、自分の思いを表現するからです。それなのに、日本の音楽教育は全く反対のことをしているように思えます。いくら技術的なことを教え込んでも、表現力が乏しければ、感動を与えるような音楽を作り出すことはできないのです。ですから、小さいうちに「感性」を育て、大きくなるごとに技術の練習を積むことで上達していくのだと思います。

　わらべうたには、言葉の持つ「イメージ」を再現する力があります。例えば、『ひよこ』のうたを歌うときには、ひよこは「小さく」、「ひよわで」、「かわいらしい」ものですから、怒鳴るような歌い方はできません。こもりうたの

♪ねんねん　ころりよ　おころりよ♪

を、大きな声で歌わず、静かにやさしく歌うのと同じことです。
　子どもたちが同じうたを何回も飽きずに歌うのは、わらべうたの持つ言葉の心地よさと躍動感、繰り返しの楽しさを無意識のうちに感じているからなのだと思います。

編集]　具体的に、先生の子どものころのお話を聞かせてください
近藤]　私は、新潟県の長岡というところで育ったのですが、そこは自

然が豊かでした。春になると、雪の下からフキノトウが出てくるのですが、それを見つけるのが嬉しくて嬉しくて、雪をかきわけて見に行ったものです。この、春が来たときの嬉しさと喜びは、雪国でしか味わえません。関東に来てからはあの喜びには出会っていません。関東には関東の良さがあるのですが、雪国で味わったあの感動とは違うのです。私は長岡の自然の中で、どれだけ豊かに遊ばせてもらったことか。

また、私は近所の子たちと毎日毎日遅くまで遊んでいました。あたりが暗くなっても、夢中になって走りまわっていたものです。

やがて日が暮れ、１人２人と家に帰ってしまって、ふと気がつくと独りぼっちだった。このような体験が、音楽の短調（暗さ）を表現するのに生きていると思います。こういう遊びの中での体験、小さいときの無意識のうちの体験が、感性を育てるのだと思います。

遊んだことのない子や、どうやって遊んだらいいかわからない子がいます。いつでもお母さんが全てを支配して、お母さんが敷いたレールの上を歩いている子どもは、良い子のように見えても、自分の力で生きることができません。子どものときにたくさんの感動を体験したこと、これはとてもよかったと思います。

「無駄」な時間は存在しない

編集］　「遊びが社会性を育てる」といいますが、今の子どもたちは塾やお稽古事で、その時間がないというか、奪われているというか、そういう側面がありますよね。

近藤］　遊びの体験について、今のお父さんお母さん方がどのように考えていらっしゃるのか分かりませんが、もっともっと遊ばせていいのではないかと、私は考えています。もっともっと「無駄」のように見える時間が必要なのではないでしょうか。

先程のフキノトウの話ですが、私は雪をかきわけてフキノトウを見つ

けたときは、嬉しくてわくわくしました。ただじっと見ているだけなのですが、私の母はそういう時間をとても大切にしてくれました。1時間も2時間もただ見ているだけの、無駄のように思える時に、心の中で、目には見えないところで、大事なものが膨らんでいるのです。目に見えて出来ることだけが必要なのではなくて、見えないところで育っていくものこそ大切だと思います。それをお母さん方や先生方に分かっていただきたいと思います。

　例えば、『おせんべやけたかな』では、なかなか焼けない子が出てきますが、順番が来るまでじっと待っているのです。「待ってなさい」と言う必要はありません。待って待ってようやく焼けたときの満足感が、子どもに自信を持たせるのです。「これができた　あれもできた」というような、目に見えるようなものではありませんが、大切なものが心の中で育っているのです。それに注意を払うのは、大人の役目ですし、子どもの心の「動き」をキャッチできる感性を、いつも持っていたいと思います。

　わらべうたは、大人にも大切なことを教えてくれると思います。「待つ」ことは「聞く」ことであり、「言葉から想像する」という力になるのです。これは人の心を思いやることにつながると思います。

　今のお母さんたちには、文字さえ読めればいいと思っている人が多いのです。でも大切なのは、その文字によって書かれた言葉の「イメージ」を読みとれるかどうかということなのです。「あ」という1字だけでも、驚きや落胆などと、さまざまなニュアンスがあるのです。

　わらべうたには、誰もが潜在的にもっている、感じたり表現する力を引き出す力があります。わらべうたで遊んでいると、知らず知らずのうちに心が解放されて、表情が明るくなる人が多いのです。

編集]　大人には一見「無駄」だと思える時間が、子どもにとって、実は一番大事な時間であるということですか。

近藤]　はい。無意識の中のたくさんの豊かな体験を、どの子どもにもしてほしいと思います。

また、私の祖母は、語りをしてくれました。火鉢を触り、火箸で火をくべ、灰をすくいながら、祖母は話を聞かせてくれました。「昔なぁ、じいさんとばあさんがあったてんがいの。じいさんはなぁ、山へいったてんがいの。ばあさんはなぁ、家で洗濯してたと」と本当にゆっくりと話してくれました。今でもその姿が浮かんできます。昔話の中には、言葉の遊びのようなものがたくさんありますが、それをおばあちゃんはたくさん聞かせてくれました。言葉のリズムを楽しんだことが、音楽にも生かされていると思います。

わらべうたとの出逢い

編集]　先生は最初から「わらべうた」を子どもたちに伝えていたのですか？

近藤]　大学を卒業して、音楽教室に勤めました。そこで、大学で教わったことを、そのまま子どもたちに教えたのです。厳しく教えられて辛かったのですが、技術を習得した喜びもありましたから、教科書どおりに教え込んだのです。

　しかし、子どもたちが楽しそうではないのです。子どもたちの目が死んでいるのです。そのことに気づいてから、子どもたちの顔を見るのが辛くなりました。

　「どうしたら音楽を楽しんでくれるのか」と、教育論や心理学を読んだり、また教え方に問題があるのではと、随分試行錯誤をしました。

　そのころは、ハーモニー・メロディー・ソルフェージュと3教科にわけて教えていました。それらをゲームのようにやったり、教育的なテクニックをいろいろと考えたりしました。子どもたちもテクニックの習得には意欲的でしたが、音楽を楽しんではいないのです。

　学生時代に、斎藤秀雄先生が、「音楽は言葉である」とおっしゃいました。そのときは、何のことだか分からなかったのですが、その言葉だけ

がなぜか心に残っていたのです。

　卒業して教える立場になっても、教えることに行き詰まったときにも、その言葉が頭にありました。そのときに、言葉とはその国の言葉のことではないだろうか、と思ったのです。つまり、母国語から出発しなければ、本当の音楽は子どもたちに伝わらないのではないだろうかと。

　ちょうどそのころ、わらべうたについての研究会があり、私はなんとなく「これかな」と思い、研究会に出席したのです。コダーイの愛弟子のフォーライ・カタリンさんが、講演と実践をしてくれたのです。すると、そこに集まっていた子どもたちの表情が、私の音楽教室の子どもたちの顔とは、全然違うのです。

　テンポの取り方も違うのです。『たこたこあがれ』でも、心地良い、生きたテンポなのです。実際に凧が上がっているわけではないのですが、まるで実際に見ているような表情をしているのです。それを見て、「これだ」と思ったのが、私のわらべうたの第一歩でした。

　少しずつ勉強をしていくうちに、実際にハンガリーに行けば、本当の子どもたちの姿が見えるのではないかと思い、短い期間でしたが、勉強に行きました。ハンガリーの子どもたちが、どのようにわらべうたを歌っているのか、それを見に行ったのです。すると先生も子どもたちも何のこだわりもなく、生活の一部として、楽しく自然に遊んでいるのです。そして大きい子どもたちは、ギターや笛などで伴奏をしているのです。ピアノは使いません。「身近なもの」であるということも、楽器の持つ1つの大切な要素です。私はピアノ以外は出来ませんから、身近な楽器と言えば「声」しかありませんから、これを使うことにしました。

　うたには言葉が必要です。わらべうたは、日本語のアクセントにあったものですから、言葉を習得する大事な時期に聞いたり歌ったりすることは、とてもいいことだと思います。『たこたこあがれ』などをみても、わかりますよね。ごく自然です。『なべなべそこぬけ』もそうです。日本語の美しさに一番マッチしたもので、子どもたちに無理のない音域です。

また、気分や気持ちに合わせて声の高さやテンポを選べます。

歌うことと、歌わされること

編集］　幼稚園などで、先生の伴奏にあわせて、子どもたちが歌っている姿を見かけますが、なんとなく歌わされているようにみえなくもないのですが……。

近藤］　先生方が伴奏して歌ううたになりますと、その高さでしか歌えないのです。先生方が、いろんな調子で、低くしたり高くしたりできればいいのですが、多分、ほとんどの先生方は、教わった通りに、楽譜通りにしか弾かないのではないでしょうか。これでは、歌わされているだけで自主的に歌っているとは言い難いですね。子どもに自主性がなければ、本当の成長とは言えません。

　しかし、子どもたちが自然に集まってきて、歌う雰囲気が、わらべうたにはあります。わらべうたで遊ぶことを知っている子どもは、自然にうたを口ずさみます。これは、子どもに自主的なものが育っているあらわれでもあります。

　もともとわらべうたは、私たちの生活の中にある、ごくごく自然なものなのですが、幼稚園などで使われているうたの多くは、子どもたちにとって音程が非常に難しくて歌いにくいものです。

　そして、力が入って構えてしまいます。訓練すれば歌えるかもしれませんが、果たして訓練する必要があるのでしょうか。それよりも、先生が歌ってあげればいいのではないでしょうか。

例えば、

　　　　　♪ぞうさん、ぞうさん♪

にしても、「おはながながいのね」の「おはな**が**」の「**が**」、音が高くて歌えないのです。その結果、「ながいのね」からは、低く下がってしまい、

楽譜通りに歌える子は少ないのです。西洋音階で作られたうたを歌わせようとすると、かなり無理があることを理解していただきたい。

ところが、わらべうたには、その無理がないのです。『たこたこあがれ』は、たった二つの音しかありませんし、高い声で歌いたい人は高い音域で、高い声が出ない人は低い音域でと、自由に変えられます。それを自分の自然な声で歌えばいいのですから、わらべうたはどんな人にも楽しめるものなのです。子どもたちが無理なく遊んで歌えるものは、まず第一にわらべうたではないでしょうか。

もちろんわらべうたが全てではありません。音楽にはさまざまなジャンルがありますから、色々なうたをたくさん歌って欲しいと思いますが、子どもと音楽との出会いとして、無理なく歌えるうたとして、喉の発達に応じて歌えるわらべうたをもっと歌って欲しいと思います。

人間は喉の発達が一番遅いですから、自然に声を出すことが大切です。小さいときから無理な声を出させるのはよくありませんし、その必要もないのです。正しい音程が出せないのは、喉の発達とともに、また意識したときに直るものですから、決して「音痴」という言葉を口にしないでください。音痴という言葉は抹殺してほしいです。このことは子どもたちの名誉のために言っておきたいです。実際に、私の子どもも小さいころは音程が取れなかったのですが、変声期を過ぎたころから、とても綺麗に歌えるようになりました。小さいころに無理をさせなかったからだと思います。

中学生になっても思う声が出せないときは、病院で声帯の検査をしてもらうことも必要かと思います。ほとんどの子どもは音痴ではないのです。

わらべうたを無理なく自然に歌っていたら、少しずつ広い音域も出るようになりますから。

編集]　子どもに合わせて音域を変えられないうたよりも、わらべうたの方が子どもにとって「自然」だということですか？

近藤〕　そうです。無理をさせることなく、子どもたちの声でそのまま歌えるうたを楽に歌えばいいのです。また、わらべうたには昔の言葉が出てきます。
例えば、

　　　♪親指眠れ、さし指も、中指、紅指、
　　　　小指みな　ねんねしな
　　　　ねんねしな　ねんねしな♪

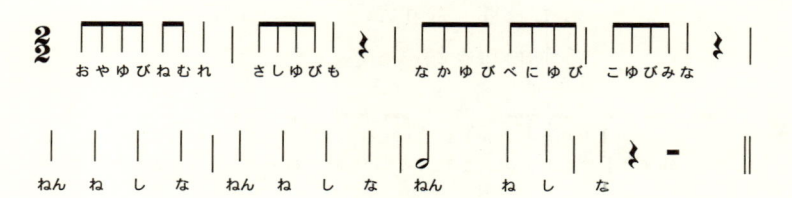

[楽譜：おやゆびねむれ　さしゆびも　なかゆびべにゆび　こゆびみな　ねんねしな　ねんねしな　ねんねしな]

といううたがあります。さし指は、何かを指すときは、今で言うお母さん指で指しましたから、さし指と言ったのです。紅指というのは、昔口紅をつけるときに、この薬指（お姉さん指）でつけたのです。中指でも人差し指でもなく、一番繊細な指でつけていたのはおもしろいですね。今では死語になっていますが、わらべうたを口ずさむと、こういうことも思い起こさせてくれます。

　日本人として生まれて来たのですから、おじいちゃんおばあちゃんが伝えてくれた伝承うたを、もう一度子どもたちに返すことによって、みんなが言葉の美しさ、リズム、アクセントの楽しさを知って欲しいと思います。また、遊ぶことで多くの体験もしてほしいです。

編集〕　わらべうたよりも西洋の音楽の方が程度が高いというような風潮があるようですが……。

近藤〕　それはとんでもありません。わらべうたで遊ぶと、うれしい、楽しい、期待、不安といった心の動きが起こります。音楽で心の動きを表現するということと、これとは同じなのです。

編集】　さきほど、「遊びが社会性を育てる」と言いましたが、わらべうたで遊ぶことによって、具体的にどのような「目にみえないもの」が育ちますか？

近藤】　成長して、少しずつ社会に出るにつれ、1人で耐えなければならないことが起こります。そのときに、遊びの中で我慢することを体験したことのないお子さんは、すぐ泣いてしまったり、逃げたくなってしまったりします。

　　　　　♪からす　かずのこ　にしんのこ
　　　　　　おしりをねらって　かっぱのこ♪

といううたがあります。これは、当たった子どもからカッパの子になって抜けていく遊びですから、最後には1人だけ残ります。回りは全てカッパの子なのに、自分1人だけちがうのです。この遊びで体験するのは、だんだんみんなが抜けていく不安やこわさです。さらに、最後に残った子はみんなからたたかれてしまうので、たたかれたくないという気持ちもあります。

　ですから、最後に残された子どもの中には、泣き出してしまう子もいます。その子には「たくさん泣いておきなさい、泣くことで強くなるんだよ」と心の中で励まします。

　遊びの中で多くのことを体験しておくと、大人になった時に、必ず役に立つと、私は思っています。こういう遊びをしながら、この子たちが40歳、50歳になった時に、人の心の痛みのわかる人になって欲しいと思ってやっています。今この子たちがリズムがとれ、ピアノが弾けて、バイオリンが弾けて、それも上手に弾けて、コンクールに入ってというようなことではなく、もっと人間的な心の深いところで、子どもたちと

かかわっていきたいと思っています。
　また、みんなで遊んだ体験があると、子どもたちは心を合わせることができますし、喜びを体験した子どもは、技術的な面で厳しく指導されても挫けません。そして互いに励まし合うこともできます。このような基本的なところ、内在的なところ、目に見えないところの成長を、子どもたちと一緒に味わっている気がします。
　教育という言葉は、エジュケイト、つまり「引き出す」ことです。何かを引き出すという意味が強いのです。引き出すためには、無駄だと思われる時間・空間がたくさんなければ、出るものも出て来ないと思います。ギュウギュウ詰めに詰め込むのでは、そこから何も生まれてきません。教育というのは、教え込むだけでなく、育てるという大切な意味があるのです。

言葉との出逢い

編集］　以前、語りの方が「お話を楽しむことの原点にあるのは、言葉を聞き、感じて想像する力ですが、今の子にはその力がなくなっているのを感じます」とおっしゃっていましたが、わらべうたを通して子どもたちと接している先生の意見をお聞きしたいのですが？
近藤］　確かに、今の子どもと昔の子どもを比べますと、お話を聞く喜びや言葉の中に入り込む力が弱いのです。原因を考えてみますと、「心地よい言葉」との出会い、それを感じる「言葉との最初の出会い」に問題があるのではないかと思います。言葉を心地よく感じるのは、そこに伝え手の心があるからで、そこには言葉の世界があります。この言葉がもつ「感じ」を子どもたちは感覚として捉え、言葉の持つ美しさや躍動感などを丸ごと理解するのです。それが、お話を聞いたり、本を読んだり、自分で話したりということの源なのです。わらべうたは、その初めての出会いにふさわしいものだと思います。

不思議なことに、「♪ともこちゃん（ふしをつけて）♪」と呼ぶと、最後までちゃんと聞きます。途中で遮ることはありません。この最後まで聞くということが、とても大事なことなのです。でも今の子どもたちは、人の話を最後まで聞いてから自分の意見を言うことができず、その上うわのそらで何も聞いていなかったりします。ところが、わらべうたで遊ぶことによって、しっかり聞くことができるようになっていきます。また、わらべうたには、人と人との触れ合いをもたらす力があります。おおげさに聞こえるかも知れませんが、手をつなぐことの喜びが、社会で生活をする基本を形成しているのです。つないだ手の温かさは懐かしいものですし、それを感じることがとても大切なことなのです。わらべうたによって、それが自然にできるのです。

編集］　先生の音楽教室『とんとんやかた』のことを少しお話ししてください。

近藤］　１３０人ぐらいの子どもたちがいます。お母さんと一緒の２歳児３歳児クラス、幼稚園児の４歳児５歳児クラス、そして１年生から高校生まで。

編集］　２歳児３歳児クラスで、わらべうたはどのようにつかわれていますか？

近藤］　大好きなお母さんにだっこしたりおんぶしたりして、お母さんに歌ってもらって遊ぶことから始めます。子どもが安心して充分満足したら、集団遊びにはいります。

　音楽的には、５歳までわらべうただけです。５歳後半では楽器も使いますが、わらべうたが中心です。「感性」を育てたいのです。しかし、音楽はわらべうただけではありませんから、成長と共に広い音楽の世界にはばたいて行って欲しいと思っています。

　私の音楽教育は、表面的なもの（技術的なもの）ではなく、内面的なもの（表現力）を重視したものですが、子育てにおいても同じことが言えると思います。子どもが小さいころには表面的なものにとらわれず、

内面的なものを大切に子育てをして欲しいものです。

優しい時間の流れ

編集］　先程から、わらべうたは生活の一部、ごく自然なものであるとおっしゃっていますが、現代のような忙しく刺々しい時代において、わらべうたの果たす役割は、なおさら大きいように思えるのですが？
近藤］　そうですね。例えば、お弁当を作るときでも、

♪作ろう作ろうお握り作ろう♪

（楽譜：つくろう　つくろう　おにぎりつくろう）

とか、

♪煮えたかどうだか食べてみよう
　　ムシャ　ムシャ　ムシャ
　　まだ煮えない♪

（楽譜：にえたか どう だか たべて みよう　ムシャムシャムシャ　まだにえない（まだやけない））

とか

♪まだやけない♪

などのちょっとしたうたが、子どもに作ることの楽しさや、作る母親の喜びを伝えるのです。料理の楽しさを、うたによって共有できると思います。
　お風呂でも

　　　　♪馬はとしとしないても強い
　　　　　馬が強いからのりてさんも強い
　　　　　　　　　パカッパカッ♪

　　うま　は　と　し　と　し　ない　て　も　つ　　よ
　い　うま　が　つ　よい　から　の　りて　さん　も　つ　　よ　い　パカッパ　カッ

　の「パカッパカッ」でお風呂から出してあげると、子どもはお風呂が楽しくなります。これならお父さんでも歌えますから、お父さんとお風呂に入るのが楽しくなるし、家族でうたが楽しめます。歌うことが照れ臭くても、こういううたなら誰でも歌えます。
　朝、家族を起こすときでも、「遅刻するわよ、早く起きなさい！」と怒鳴るより、

　　　　　♪○○ちゃん　起きましょう♪

と起こすだけで、起こされる方はもちろん、起こす方も気分が違うと思います。私の息子はもう大きいのですが、私は今でも歌っています。
　核家族が増えていますが、わらべうたが家族団欒を助けてくれるかもしれません。音楽を聴きながらリズムをとることは楽しいのですが、自分の心の中から出てくるリズムを、自分のテンポで歌うのがわらべうたです。自分のからだの中にあるリズムが活きてくると、体の中から力がわいてくるのです。内から出る力を体験して欲しいです。
　遊びの持つマジックのようなものは、子どもだけでなくお母さんにも子どもと一緒に体験して欲しいと思います。「遊びは子どものもの。私は見ているだけ」ではなく、一緒になって遊ぶと忘れていた喜びを得られ

ますし、子どもにとってもお母さんと遊ぶのは嬉しいことですから、ぜひ喜びを共有・共感して欲しいです。

　　　　　♪馬はとしとしないても強い
　　　　　　馬が強いから乗りてさんも強い
　　　　　　　　　パカッパカッ♪

のパカッパカッは、私が勝手に付け足したのですが、このパカッパカッをしてもらいたいがために、子どもたちはじっと聞いているのです。待つことが出来るのです。待ってパカッパカッをしてもらった喜びは、とても大きいものです。「待つ」ということで、

　　　　　♪おちょぼ　ちょぼ　ちょぼ
　　　　　　お寺の皿を　幾皿借りた
　　　　　　　　　　三皿　四皿
　　　　　四皿のうちで　蓑笠着たもな
　　　　　　　　　おのれが鬼じゃ
　　　　　新米がっちらこでぬけしゃんせ
　　　　　　俵のネズミが米食ってちゅう
　　　　　　ちゅうすけどん　どっこいしょ
　　　　　井戸端で　茶碗を砕いた　だれだ♪

という鬼決めうたがあります。最も長いうたですが、子どもたちは待っているのです。3歳児に歌ってみたのですが、シーンと聞いて待っているのです。この姿には、お母さんたちがびっくりしていました。「3歳児ではできない」と決めつけないでほしいです。子どもたちも待つことができるのですから、お母さんたちにも子どもの成長を待つことをしていただきたいです。

（楽譜）

おちょぼ ちょぼちょぼ おてらの さらを いくさら かりた
みさら よさら よさらの うちで みのかさ きたもの
おのれがお にじゃ しんまい がっちらこで ぬけしゃ ーんせ
たわらの ねずみが こめくって ちゅう ちゅうすけ どん どっこい しょ
いどばたで ちゃわんを くだいた れ だ

編集] 実際に、子どもたちとわらべうたで遊んで見て、変化したことはありますか？

近藤] 具体的な変化は、子どもたちの表情が変わることです。テレビでやっている子ども向け番組を見ているときと、わらべうたをしているときとでは、顔が違います。わらべうたで遊ぶ子どもは解放された自由な表情になります。また、子どもだけではありません。最近の親には、自分の子どもをかわいいと思えない親が多いらしいのですが、「わらべうたと出会ったことによって、とても愛しくなった」と言うのです。これは、わらべうたを通して子どもが素直になっていくのと同時に、親も変わり、子どもと共感し合えた結果だと思います。子どもが楽しんでいるのを見るのは嬉しいことですし、自分も楽しめるのです。

　日々の生活が優しく変化していくこともあげられます。実際に、帯広のある幼稚園では、半年間わらべうた遊びをしただけで、事務室での先生方の会話が穏やかになった、という変化がありました。家庭でも、互いに共感できる喜びが得られますから、穏やかな空気が流れ始めます。

わらべうたがあれば、保育者や親が子どもを怒鳴らなくてすむのです。わらべうたによって子育てが楽しくなるのです。
　わらべうたは美しく正確に歌わなければならないという考えもあります。それは教育の過程で、きちんとしなければいけないことかもしれません。そうすることは、その人の思いですから、もちろんいいとは思いますが、私は、もっと子どもたちが豊かになって欲しいし、楽しんで欲しいと思っていますから、自然な歌い方でかまわないと思っています。子どもたちが力いっぱい遊べて、エネルギーがそこから出てくるのですから、そのエネルギーを大人も、いただこうではありませんか。
　わらべうたを知ったこと、勉強したことを子どもたちに返し、そのうたが子どもたちの中で生き、違う芽を出すのです。子どもたちが自分たちの言葉で、自分たちのうたとして歌い継いでくれたら、とても嬉しいです。みんなで手をつなぎ、日本中で歌い継がれて欲しいのです。
　また、音楽教育の現場だけでなく、巷で遊んで欲しいです。私の音楽教室に来ている子どものお母さんから、「子どもたちどうし近所で、わらべうたで遊んでいるんですよ」と言ってもらえると、一番嬉しいですね。
　歌い継がれてきたうたですから、次の時代にも伝えて欲しいです。わらべうたを、もっともっと歌ってほしいです。日本語があるかぎり、廃れないと思いますし、新しいわらべうたも出来ていますから、それらを含めて伝えて欲しいですね。

見えないところを育てる

編集］　最後になりますが、わらべうたを子どもと一緒に楽しみたいと思っている人は、少なくないと思いますので、そういう方々にアドバイスのようなものはありますか？
近藤］　大人に「待つことの大切さ」と「子どもは待てる」という意識がないと、『おせんべやけたかな』で、なかなか焼けない子どもが気にな

り、うたが段々速くなることがあります。しかし、子どもというものは、自分のが焼けるまで、じっと待っているものです。つまり、「待つ」力が自然と身についていくのです。ですから、若くて経験が浅い保育者でも、初めてわらべうたをする人でも、決して焦らずに、余裕を持って、子どもたちの前に立って欲しいと思います。

　大人にとって、わらべうたは単調なうたに聞こえるかも知れませんが、子どもにとっては繰り返しが心地よいものなのです。小さいうちは、触れてもらったり、同じ遊びを何度もしてもらうのが一番楽しいことなのです。

　幼児のときの成長は、目に見えないところが育つときです。「今、これが出来ればいい」「うたを幾つ歌えればいい」「ドレミがどこまで分かったらいい」という育て方ではなく、「いずれはこういうふうになって欲しい」という見通しと、「子どもを信じる心」を持って、子育てに取り組んで欲しいものです。

　わらべうたをするなら、お母さんや保育者もわらべうたを好きになってもらいたい。お母さんは、おなかに赤ちゃんが出来たら、わらべうたを歌いながら、子どもが産まれてくるのを待って欲しいと思います。機械を使って音楽を流したりせずに、ゆったりと自分の肉声で歌えば、母親の安定した心の動きが子どもに伝わっていきます。

　わらべうたによって、言葉とのよい出会いを実感すれば、おはなしや本を楽しめるようになるのです。もちろん人との触れ合いも感じられる人間になるでしょう。私たち保育者は、人に強制され、命令されて行動する人間ではなく、自らの意志で行動できる人間を育てたいと思います。そのためにも、成長の初めの段階で、言葉の心地よさと、人との触れ合いのあたたかさを、たくさん体験してほしいと思います。

　わらべうたとの出会いは、読書の入り口だけでなく、人生の入り口となると思います。

5章

わらべうたを、母の手に、子らの手に

小林衛己子

お世話とわらべうた

　私が自分の子を育てる時には、まだわらべうたを知らない時期でした。では、わらべうたなしで子育てをしたかというと、そうでもなく、自己流の〈わらべうたもどき〉で子育てをしていたのです。そして、それは、赤ちゃんをお世話することと対になっていたように思います。
　赤ちゃんにお乳を含ませながら、精一杯の力で乳を吸うわが子に見とれながら、

　　　　　ごく　ごく　ごく
　　　　　おいしい　おいしい　おいしい

と、自然に語りかけていましたね。
　うんちで汚れたお尻を始末する時は、

　　　　　　ばっちぃ　ばっちぃ　ばっちぃ
　　　　　　くさい　くさい　くさい

と言いながらきれいにし、おむつから解放された下半身を思いっきり伸ばしてあげたり、

　　　　　　　おいちに　おいちに　おいちに

と、足を交互に上げたり下ろしたり、軽く屈伸させたりして、日光浴をさせました。

5章　わらべうたを、母の手に、子らの手に

　　　　どんぶかっか　すっかっか
　　　　あったまって　あがれ
　　　　おがわのどじょうが
　　　　こがいをうんで
　　　　あずきか　まめか
　　　　つずらのこ　つずらのこ

♪ どんぶかっか, すっかっか, あったまって あがれ,
　 かわらの どじょうが, こがいを うんで,
　 あずきか まめか, つずらのこ, つずらのこ.

　こんな入浴に最適なわらべうたを知っていたら、どんなにか子どもとの入浴も楽しかったことでしょう。
　当初、首の座らない、ふにゃふにゃの赤ちゃんを入浴させるのは、緊張して大変でした。ベビーバス入浴から、やっと一緒に風呂に入れるようになって、

　　　　　　いいきもち　いいきもち　いいきもち

と、語りかける余裕もでき、

　　　　　あんよもきれい　きれい
　　　　　おかおもきれい　きれい
　　　　　あたまもきれい　きれい

と、お世話にもリズムが生まれてきました。

赤ちゃんは、自分の手や足を動かして少しずつ自分で遊ぶようになりますが、そんな時、私は座布団に子どもを乗せて、自分が家事をしたり、本を読んだりする所に引っ張って行って、時々「ばぁ」と顔をのぞかせたりしました。1人で置いておくのは避けるようにしました。
　赤ちゃんは、顔を見られ、言葉をかけられると、喜んで手足を動かし、意味の分からない言葉を発します。

んぐ　んぐ　んぐ

　「そう、そうなの、遊んで欲しいの」抱き上げると、分かってもらった喜びを体中で表します。
　赤ちゃんとの会話は意味を分かり合うことではなく、発信を受け止める、赤ちゃんの求めを〈いいよ〉と受容することではないでしょうか。
　時代と共に、赤ちゃんのお世話も手間いらずになり、赤ちゃんの発信を見落としてしまうことが多くなってはいないでしょうか。
　赤ちゃんは、発信を見逃されたり、受け取ってくれる人がいなかったりすると、何度か発信を試みた後、あきらめてしまいます。
　サイレントベビーといわれる、おとなしく無表情な赤ちゃんの出現です。
　こうした赤ちゃんの心に落とす影は、計り知れないものがあります。大人を信じなくなった心は、これから大人との関係を築く上に、大変な障害になっていきます。
　もの言わぬ赤ちゃんだからこそ、語りかけを大切にしましょう。目を見て泣き声を聞いて、要求を汲み取ってあげましょう。そこにわらべうたがあります。わらべ唄が生まれます。〈もどき〉もそこに愛があれば、立派なわらべ唄なのです。

言葉を発する、言葉を楽しむ

　自分の舌を少し出して、5・6ヶ月の赤ちゃんに、レロレロとやったり、舌をルルルルと振動させて見せたりすると、赤ちゃんは、大人の口元をじっと見つめ、くり返しやっていると、自分も唇から小さな舌を出そうとして動かし始めます。
　この時期の赤ちゃんは、大人の動く口元を実によく見ます。

　　　　いっぷく　たっぷく　たびらか　もっぱい
　　　　おんろく　ちんぴん　しきしき　ごっけん
　　　　つるりんどん！

　意味の分からないこんな言葉も、音として捉える赤ちゃんには、楽しい言葉の世界です。大人は、相手の顔を見て、しっかり口を動かし、歯切れよく唱えます。赤ちゃんの注目をもっと引きたい時は、小道具を使います。色違いの2本の紐を左右の手に持ち、上下に振りながら唱えます。
　赤ちゃんは、大人の口の動きと、物の動きに強い興味を示し、口唇を動かそうとします。

　　　　おさらに　たまごに
　　　　はしかけ　ホイ！

お手玉を左右の手に1個ずつつまんで持ち、上下に交互に振って「ホイ！」で1個を落とします。
　一応遊び方を紹介しましたが、これらは、私どもの親子の遊び講座0・1歳児クラスでやっているもので、決まった遊びはないのです。遊び方は現場の工夫でいくらでも生み出せるでしょう。
　こうした楽しい言葉の遊びの継続は、赤ちゃんの口唇の練習だけではなく、情緒的な遊びの世界へと子どもを誘ってくれます。
　私どもの常盤平幼児教室では、0・1歳児クラスと2歳児クラスの親子の遊び講座を始めて十余年になります。0～2歳児の子どもたちが親子で、こうした言葉遊びや、わらべうたをたくさん楽しみ、幼児教室の年少組に入ってくるのですが、今年度は特にわずか年間18回の講座だったにもかかわらず、そこで得たものの大きさに驚いています。
　一つには、いち早く時間の流れを掴んだこと、二つには、大人のすることに期待し、注目したこと、三つには遊びを自分で求め、遊んだこと、四つには言葉で物事を解決しようとするので、もめごとが少ないこと。
　こうしたことをみていくと、大人と子どもが楽しんで、言葉で遊ぶ、わらべうたで遊ぶことは、言葉の発達だけではない、もっと深い、情緒をも発達させていたことが分かるのです。

体を動かす快感

　抱かれて、おんぶして、あるいはゆりかごやハンモックで、うたと共に静かに揺れることは、赤ちゃんにとってどんなに快いことでしょう。1歳、2歳と成長しても、そうしたゆったりした単純な繰り返しの動きは子どもたちを無理なく楽しませます。

5章　わらべうたを、母の手に、子らの手に

　　　　えんどうまめ　にまめ
　　　　あじみて　かいなはれ
　　　　いっしょうごんごう

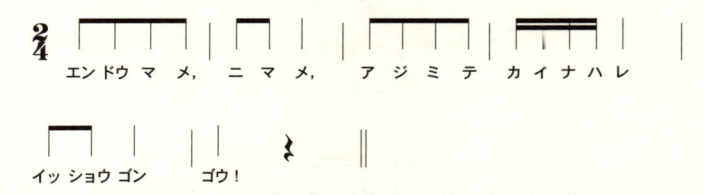

♩♩｜♩♩｜♩♩｜♩♩｜
エンドウ マ　メ，ニ マ　メ，ア ジ ミ テ カ イ ナ ハ レ
♩♩｜♩｜♩｜𝄽‖
イッ ショウ ゴン　ゴウ！

　手をつないで輪になり、歩いて〈いっしょうごんごう〉のところだけしゃがみます。しゃがむ度になぜか子どもたちは微笑うのです。

　　　　ぎっこん　ばっこん　よいしょぶね
　　　　おきは　なみが　たかいぞ

ギッ コン，バッ コン，ヨイ ショブ ネ，オ キ ハ ナ ミ ガ　タ　カイゾ！

　お母さんの脚に乗って両手をつなぎ、舟こぎの遊びです。（赤ちゃんの場合は抱いて）向かい合った親子の船頭さんの息はぴったり、どこまでも、どこまでもこいでいけそうです。

　　　　ゆーすりゃ　ゆすりゃ
　　　　かきのきまで　ゆすりゃ

ユ　ス リャ ユ ス リャ　カ キ ノ キ マ デ ユ　ス　リャ．

子どもの後から脇の下に手を回して抱き上げ、左右に揺すります。（赤ちゃんは横抱きにして）

　　　　うまは　としとし
　　　　ないても　つよい
　　　　うまは　つよいから
　　　　のりてさんも　つよい

　お母さんにおんぶしてもらって歩きます。2歳以上の子には、早く走ったり、パッカパッカとはねたりします。（赤ちゃんは抱いてゆっくり歩く）。
　子どもたちは大喜び、遊びの講座でうっかりこれを忘れようものなら「まだお馬さんやってない」とブーイングが始まります。
　保育園や幼稚園でも、3歳くらいまではできるだけ多く、1対1でわらべうたをする機会を作ることをおすすめします。例えば、自由遊びの中で、登園した時に、外遊びが終わって、お部屋に入ってくる順に等々。それがあって、人と関わる楽しさが分かると思うからです。
　こうした幼い日の好きな人との音楽体験は、集団遊びへの移行を容易にし、期待を高めてくれるものです。

幼子は見つめられ、語りかけられ、触れられて育つ

　２０００年夏、ある小児歯科医の方の訪問を受けました。私どもの遊びの講座を見学され、〈小児歯科医もわらべうたを学ぼう〉という記事を小児歯科の雑誌に載せて下さいました。
　なぜ小児歯科医がわらべうたをすすめられるのでしょう？
　いま、子どもの歯の治療現場で、治療の出来ない子どもたちが増えているそうです。なぜかというと、極端に触られることをいやがり、治療ができないということです。
　そこで、無理に治療せず、わらべうたでくすぐったり、抱いたり、顔に触ってあげたりしていくうちに、治療が出来るようになるということで、スタッフにもわらべうたを学ばせておられるのです。
　幼子に触れるということが、こんなにも大切なことだったんですね。

　　　　　　　めん　めん　すーすー
　　　　　　　けむしし　きくらげ
　　　　　　　　　　　　チュ！

　　　　　　↓　　↓
　　　　　　×　　×
　　　　メン，　スン，　　子どもの左目じりをつつく（２回）
　　　　スー，　スー，　　鼻にすじをひく（２回）
　　　　ケム　　シシ　　　左まゆをこする（２回）
　　　　キク　　ラゲ　　　左の耳たぼをひっぱる（２回）
　　　　チュ　　　　　　　口の上に手をあてる

　顔の造作を一つひとつ触って、最後に一番敏感な唇に指をチュ！と当てる遊びです。赤ちゃんはもとより、２・３歳児でもチュ！を待っていますよ。

　　　　　ぺっちゃん　ぺっちゃん
　　　　　ぺっちゃんばな
　　　　　あなたも　わたしも
　　　　　ぺちゃ！

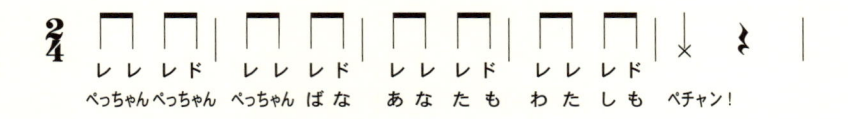

```
2/4  レ レ レ ド | レ レ レ ド | レ レ レ ド | レ レ レ ド | ×   ‍𝄽 |
     ぺっちゃんぺっちゃん ぺっちゃん ばな  あ な た も  わ た し も  ペチャン！
```

　相手の鼻と自分の鼻を交互に指で指し、最後のぺちゃ！で鼻と鼻とをくっつける遊びです。愛すればこそ出来る遊びですね。

　　　　　ねーずみ　ねーずみ
　　　　　どーこ　いきゃ
　　　　　わがすへ　ちゅうちゅくちゅ
　　　　　ねーずみ　ねーずみ
　　　　　どーこ　いきゃ
　　　　　わがすへ　とびこんだ

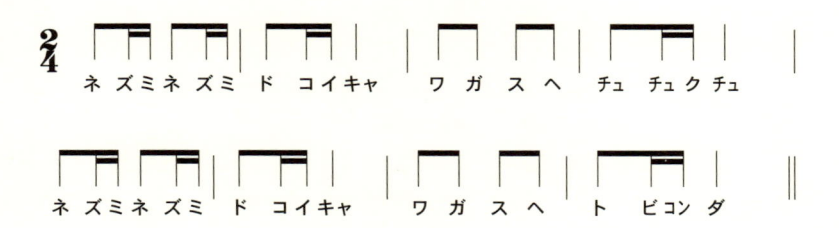

```
2/4  ネズミネズミ ド  コイキャ  | ワ ガ ス ヘ  チュ チュク チュ |
     ネズミネズミ ド  コイキャ  | ワ ガ ス ヘ  ト ビコン ダ ‖
```

　人指し指と中指を立て、子どもの腕を這っていき、最後に脇の下をくすぐる遊びです。わらべうたには、こうした体の部位を触る遊びが数多くあります。それは、我々の先祖がよく見て育てろ、よく語って育てろ、うんと触って育てろと教えているのではないでしょうか。

5章　わらべうたを、母の手に、子らの手に

　わらべうたは今や、古いものではなく、新しい子育ての指針として、具体的な遊びの方法として、小児歯科の現場だけでなく、子育て支援の現場で、図書館や児童館で広がりを見せています。

　最近耳にする、大人に添えない幼児の増加は、乳児期の子育てする者との1対1の深い関わりの欠如あるいは希薄にあるような気がします。

　保育に携わる私たち1人ひとりが、物言わぬ乳児への愛の行為であるわらべうたを、日常的に親にも手渡していける伝承者になれば、騒音と粗暴に満ちた保育現場から解放されるのではないでしょうか。

まめっちょ

　先達が生み、育て、伝えてきた慈しみの遊び、わらべうた。乳幼児を持つ若い母親に、そのわらべうたを通して、楽しい育児の方法を身につけて欲しいと母子の遊びの講座"まめっちょ"は誕生しました。
　それでは、ある日の2歳児の"まめっちょ"をのぞいてみましょう。

　　　　　　　まめっちょ　まめっちょ
　　　　　　　いったまめ　ぽりぽり
　　　　　　　いんねまめ　なまぐせ
　　　　　　　すずめらも　まわっから
　　　　　　　おれらも　まわりましょ

常盤平市民センターの１室、今日も２歳児をもつ若いお母さんが２０名ほど、母子遊びの講座に集まっています。「まめっちょ」は、この講座の呼称で、テーマソングでもあります。

　講座の始まる９時３０分、私が『まめっちょ』のうたを歌い始めると、お母さんも一緒にうたい出し、子どもたちは、ごく自然に体で拍子をとりながら、自分の遊びたいおもちゃやコーナーに行き、自由に遊び始めます。

　　　　あめこんこん　ふるなよ
　　　　やまのとりが　なくぞよ

　布を振りながら、お母さんたちが歌います。このうたは、今回で２度目でお母さん１人ひとりに覚えてもらうため、順々に布を渡し鳴き声遊びをします。自分のところに布が回ってきたら、布を振りながら１回歌い、知っている鳥の鳴き声で鳴き、次の人に布を渡していきます。いろんな鳥の鳴き声が出ましたよ。すずめ、からす、うぐいす、はと、ひばり、かっこう、とんび、みみずく等で、こうした大人の遊びは、うたを覚えるだけでなく、わらべうたをする上で、自由で柔軟な表現力が身につき、役立ちます。

　お母さんが布を振って歌っていると、遊んでいる子どもたちも、１人２人とかごの中から布を持って行き、一緒に振り始めました。

5章　わらべうたを、母の手に、子らの手に

チュッチュ　コッコ　トマレ
チュッチュ　コッコ　トマレ
トマラニャ　トンデケー！

チュチュ コッコ　ト　マ　レ

何度かくり返し、終わるときに

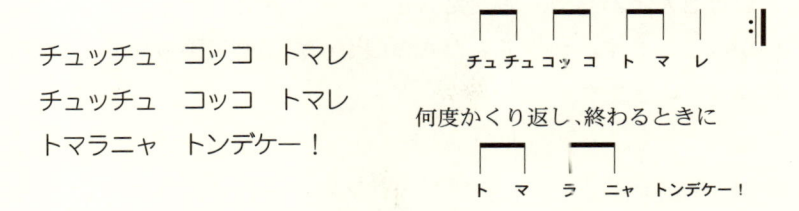

ト　マ　ラ　ニャ　トンデケー！

　お母さんたちのうたが終わると、さあ今度は私たちの番よ、とばかりに子どもたちは、ひざを曲げ、腰で拍子をとりながら、布を振り、布を飛ばして遊びます。

うえから　したから
おおかぜこい
こい　こい　こい！（びゅーん）

ジージーバァ
ジージーバァ
チリン　ポロンと　とんでった

うえから、したから、おおかぜ
こい、　こい、　こい、　こい！
ジー　ジー　バー　　ジー　ジー　バー

何度かくり返す。終わるときに
チリン，ポロン，ト　トンデッター！

お母さんとバァ！　お友だちとバァ！　私とバァ！あちらこちらで笑いがはじけます。お母さんたちの顔が、だんだん柔らかく、やさしい顔になっていきます。

　　　　にぎり　ぱっちり
　　　　たて　よこ　ひよこ
　　　　ピヨピヨピヨ

　　　に　ぎり, ぱっ ちり, たて よこ ひよこ.

　小さな両掌に、布を小さく、小さく丸め込んで、上下に振り、ピヨピヨで両掌を開くと布がムクムクと大きくなり、ひよこの誕生です。
　「うまれた、うまれた」お母さんと、ひよこを見せ合いながら、何回も何回も繰り返します。
　わらべうたが一段落すると、子どもたちはまた、おもちゃでの自由遊びに戻ります。
　その間に、毎回、短い育児のお話をします。この日のテーマは絵本でした。

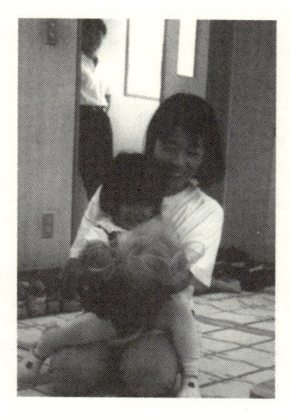

　この年齢で読み聞かせが楽しめる絵本を実物で２０冊余り紹介した後、０〜２歳児に、ぜひやって欲しい「読み聞かせ前の言葉遊び」について話しました。
　わらべうたや、語呂遊び、リズム感や抑揚のあるトナエや詩などを、お母さんの口から、楽しく沢山与えて欲しい、そうすれば、子どもにとって言葉は、楽しいもの、快いものとなり、言葉を聞き流したりしないで、しっかり心に受け取れるよ

5章　わらべうたを、母の手に、子らの手に

うになるでしょう。
　10時30分を回りました。おもちゃを片づけて、お母さんと一緒に体を動かす遊びをします。

　　　　　アシ　アシ　アヒル
　　　　　カカトヲ　ネラエ

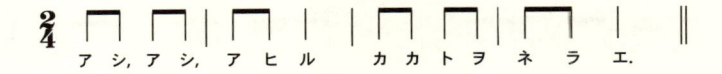

お母さんの足に、小さな足をのせて、アヒルの親子の散歩です。

　　　　　こりゃ　どこの　じぞうさん？
　　　　　うみの　はたの　じぞうさん
　　　　　うみに　つけて　どぼーん！

子どもの後から、両脇に手を入れて子どもを持ち、左右にゆすり、どぼん！で水につける真似をします。
　子どもは「どぼん」のオチを毎回期待し、そこまでの過程を母子でどきどきしながら楽しみます。

75

オデコサンヲ　マイテ
メグロサンヲ　マイテ
ハナノハシ　ワタッテ
コイシヲ　ヒロッテ
オイケヲ　マワッテ
スッカリ　キレーニ　ナリマシタ

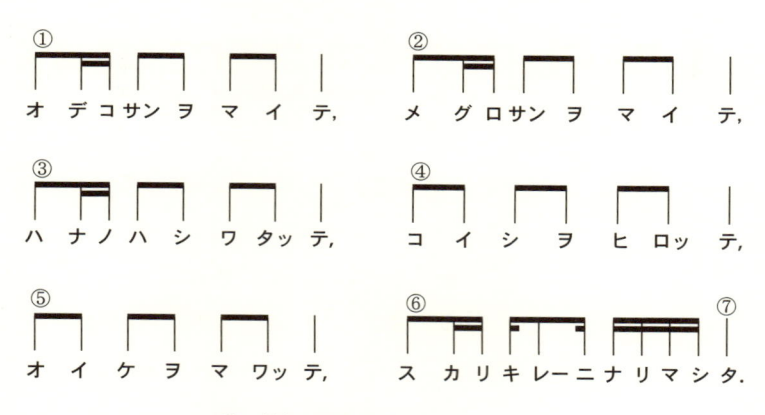

① オ デ コ サン ヲ　マ イ テ,
② メ グ ロ サン ヲ　マ イ テ,
③ ハ ナ ノ ハ シ　ワ タッ テ,
④ コ イ シ ヲ　ヒ ロッ テ,
⑤ オ イ ケ ヲ　マ ワッ テ,
⑥ ス カリ キレーニ ナリマ シタ. ⑦

① 額を4回なでる。
② 目の回りを2回ずつなでる。
③ 鼻の上を4回なでる。
④ 鼻を2回ずつつまむ。
⑤ 口の回りを4回なでる。
⑥ 顔の回りを4回なでる。

お母さんも疲れぎみ、座って顔遊び、手遊びで、かわいいわが子を触ってあげます。

　　　　　イッスンボウシ　コチョグチョ
　　　　　タタイテ　サスッテ
　　　　　ツマンデ　オワリ

　　　　　オヤユビ　ネムレ
　　　　　サシユビモ
　　　　　ナカユビ　ベニユビ　コユビミナ
　　　　　ネンネ　シナ
　　　　　ネンネ　シナ
　　　　　ネンネ　シナ

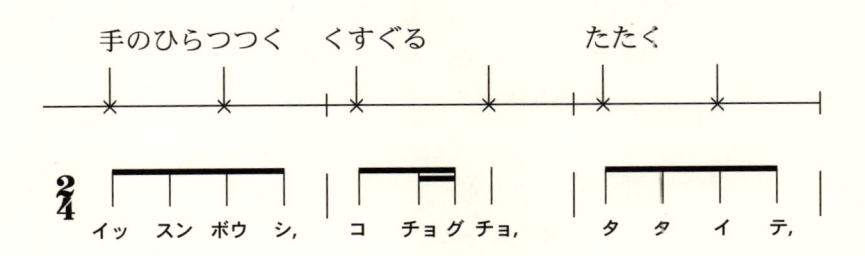

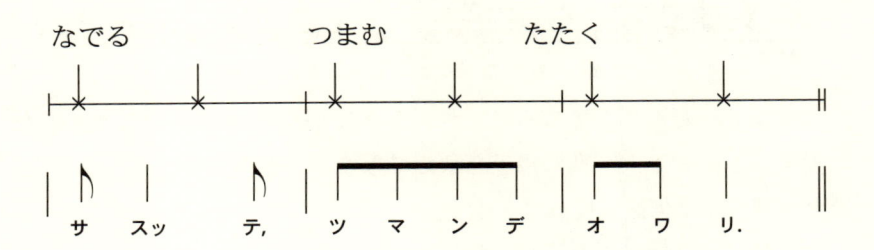

手のひらつつく　くすぐる　　　たたく

2/4　イッ スン ボウ シ,　コ チョグ チョ,　タ タ イ テ,

なでる　　　　つまむ　　　たたく

サ スッ テ,　ツ マン デ オワリ.

お母さんに触れられ、満たされて気持ちよくなるひとときです。

　　　　　ウチノウラノ　クロネコガ
　　　　　オシロイ　ツケテ　ベニツケテ
　　　　　ヒトニミラレテ　チョイトカクス

ウ　チ　ノ　ウ　ラ　ノ　ク　ロ　ネ　コ　ガ、

オ　シ　ロ　イ　ツ　ケ　テ、

ベ　ニ　ツ　ケ　テ、

ヒ　ト　ニ　ミ　ラ　レ　テ　チョイ　ト　カ　ク　ス。

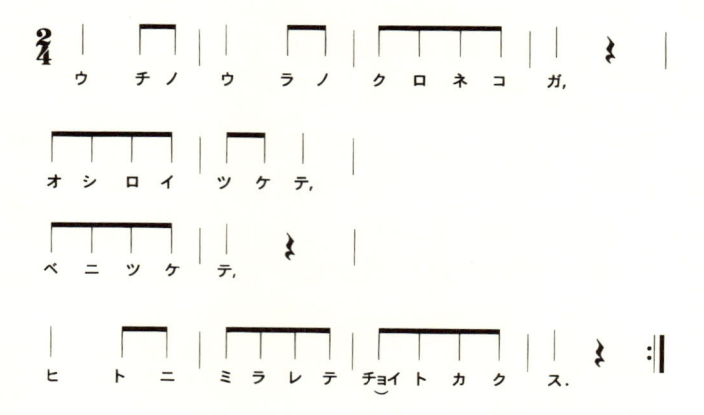

　猫の指人形が、お化粧するしぐさをしながら出てきましたよ。じっと猫の動きに目を凝らす子どもたち。キラキラ輝く目がまぶしい。最後に『ねこが　いっぱい』の読み聞かせ。11時、もうお別れの時間です。

　　　　　さよなら　あんころもち
　　　　　また　きなこ

さようなら、あんころもち、またきなこ！

　みんなで、だんごをまるめて「さようなら」。でも、これからが大変なのです。1人、1人、私に握手を求めてきます。握手で「さようなら！」それが楽しくて何回も戻ってきます。
　この時ばかりは、この子どもたちとの1時間30分が、無駄でなかったと、ほっとするのです。子どもたちにとって、良い時間でなかったならば、こんな楽しい別れの儀式はないはずですから。

わらべうたで育児を

いま、若いお母さんたちは、子育ての理屈ではなく、自分の子どもと実際に遊ぶ方法を知りたいのだと思います。そして、それは親子の絆を強めるために、とても大切なことです。

どの国でも、どの民族でも、子育ての方法は伝承という形で、祖母から母へ、母から娘へと引き継がれてきました。

残念ながら日本では、時代が大きく変わるたびに、自分たちの文化を棄ててよその国の文化を採り入れてきました。そして核家族の増加と共に、子育ての伝承文化は途絶えてしまった、というのが現状です。

若いお母さんたちは、育児書で子育てするようになりました。けれども、育児書は、本当に母親の育児を助けたでしょうか。かえって、育児を型にはめ、重荷にしてしまったのではないでしょうか。

　　　ココハ　トウチャン　ニンドコロ
　　　ココハ　カアチャン　ニンドコロ
　　　ココハ　ジイチャン　ニンドコロ
　　　ココハ　バアチャン　ニンドコロ
　　　ココハ　ネエチャン　ニンドコロ
　　　ダイドー　ダイドー
　　　　　　コチョ　コチョ　コチョ

頬を触り、額を触り、顎を触り、鼻を触って、顔中をなで、顎の下をくすぐります。

このかわいいほっぺは、お父さん似だね。この賢そうな額は、おじいちゃんにそっくりだ……あなたはこうしていろんな人の命を継いでここにいるんだよ、だからあなたの命はあなただけのものじゃない。命を大切にね。わが子の顔に触れながら、わが子の命をみつめ、わが子に命の

コ コ ハ トウ チャン ニン ド ロ,	子どもの右ほほをつつく． 4回
コ コ ハ カア チャン ニン ド ロ,	左ほほをつつく． 4回
コ コ ハ ジイ チャン ニン ド ロ,	額をつつく． 4回
コ コ ハ バア チャン ニン ド ロ,	あごをさわる． 4回
コ コ ハ ネエ チャン ニン ド ロ,	鼻の頭をつつく． 4回
ダイドー, ダイドー, コチョ コチョ コチョ．	顔のまわりをめぐる． 2回 子どもの右手をあげ， わきの下をくすぐる．

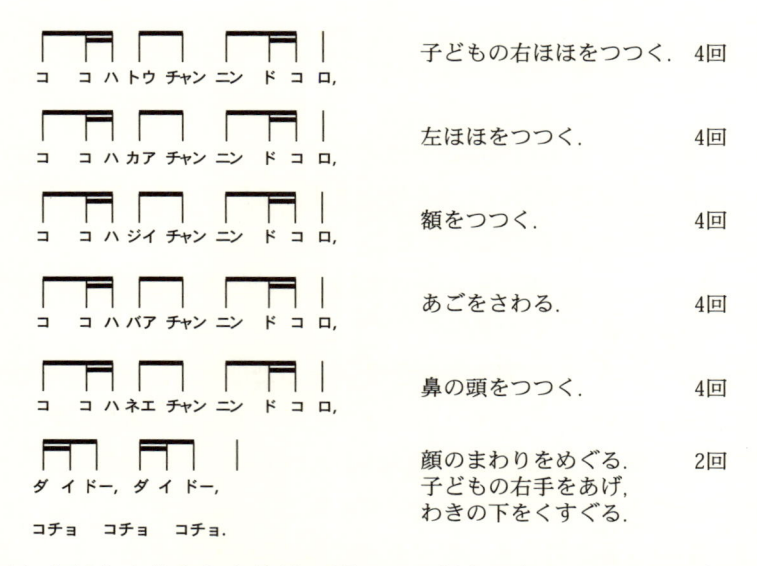

大切さを伝えようとした先達の願いや、祈りが伝わってくるような遊びですね。

　　　　　　　イチリ
　　　　　　　ニリ
　　　　　　　サンリ
　　　　　　　シリ　シリ　シリ

イチリ	両足の親指をつかむ	（手の指先）
ニリ	足首をつかむ	（手首）
サンリ	膝をつかむ	（肘）
シリ シリ シリ	両側でお尻をくすぐる	（脇ばら）

　両足の親指、足首、膝を触っていき、最後にお尻をくすぐる遊びです。
　このように遊びで子どもの体に触るということは、体の異常にいち早く気づくことでもあったようです。

　　　　　　　ボウズ　ボウズ
　　　　　　　カワイトキャ　カワイケド

```
          ニクイトキャ
           ペション！
   ｜   ｜   ｜   ｜
   ボウ  ズ,  ボウ  ズ,
   ┌─┐ ┌─┐ ┌─┐ ┌─┐
   カワイトキャ カワイケ ド,
   ┌─┐ ┌─┐  ｜
   ニ ク イ  トキャ, ペション！
```

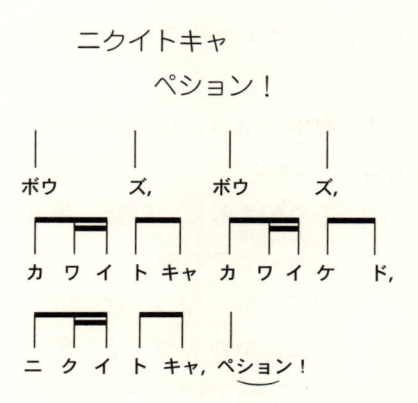

　子どもの頭（どこでも）をなで、ペション！で軽く叩く遊びです。この遊びから、わが子を声高に怒鳴りつけるお母さんが想像できるでしょうか。親と子の間にわらべうたがあることで、感情がストレートに出ないで、いたずらで困った子だこと、と余裕とユーモアで接してあげられるのです。

　これこそ育児の極意といえるでしょう。わが子がかわいいお母さん、わが子と向き合えないでいるお母さん、わらべうたこそ、育児の助っ人です。

　わらべうたを通してわが子の笑顔と向き合えば、お母さんの内から豊かな母性愛が湧き出てくるはずです。

　そして、私たちの仕事は、より多くのお母さんたちに、わらべうたを知ってもらうために、講座を広げていくこと、合わせて伝承者の育成をはかることだと思っています。

子どもたちが作ったわらべうた遊び

　わらべうたには、今までお話してきた、大人が遊んであげる「あそばせ遊び」と子どもたちが子どもたちだけで遊ぶ集団遊びとしてのわらべうたがあります。

このわらべうたは、子どもたちが生み出したものであり、子どもたちが伝承者です。

　遊びは、大人の労働、神事や祭事、祝事等を子どもたちが模倣したものから発祥したといわれています。

　わらべうたも同様に、その始まりは、労働、神事や祭事で大人が歌ううたや踊りを真似、おもしろいところや、自分たちの能力でやれるところを、かいつまんで、遊びにしていったものなのでしょう。

　わらべうたの中には、念仏に似たもの、子守唄のようなもの、大人の生活や願いが見え隠れしているもの等があり、それを物語っています。

　やがて、子どもたちは、大人の模倣だけでなく、自分たちのエネルギーと感性で、わらべうたをどんどん作っていきました。

　四季を、周りにいる動物を、野の草花を、太陽や月を、興味のあるすべてのものを遊びにしていったのです。

　　　　たんぽぽ
　　　　たんぽぽ
　　　　むこうやまへ
　　　　とんでいけ

　一面のたんぽぽの咲き乱れる野原で、子どもたちは綿毛を飛ばし、自分たちも綿毛になって、野を駆け、空に舞って遊んだのでしょう。自然の中で、自然と一体になって遊ぶ子どもたちの歓喜が伝わってきそうです。

5章 わらべうたを、母の手に、子らの手に

　　　　キャーロノ　メダマニ
　　　　キュースエテ
　　　　ソレデモ　トベルカ
　　　　トンデ　ミナ
　　　　オッペケ　ペッポ
　　　　ペッポッポ

　昔は、どこにでも居た蛙のおもしろい跳び方を、みんなで真似して跳んでいるうちにできたうたでしょうか。あるいは、蛙をたくさんつかまえてきて、円陣を組み、棒で蛙をつつきながら歌ったうたでしょうか。
　小動物への親しみ、小動物との仲間意識、そしていきいきした子ども社会があってこそ生まれたうたでしょう。

　　　　カラス　カズノコ
　　　　ニシンノコ
　　　　オシリヲ　ネラッテ
　　　　カッパノコ

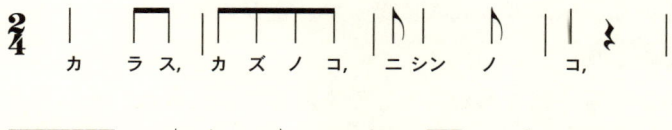

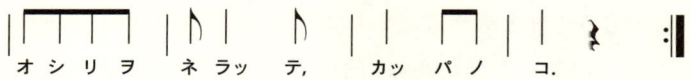

　丸く輪になって外側にお尻を向け、鬼がその周りを歩いて、カッパノコで止まった所にいる子のお尻を3回叩いて、自分の前につけ、一緒に

83

歩いて次のお尻をねらいます。最後の1人は、皆にお尻をねらわれます。
　ルールが確立していて、子どもの仲間関係が微妙に現れ、どきどきする遊びです。ガキ大将が、自分の気にいらない者を、最後まで残す工夫等もあったのではないでしょうか。

わらべうたを子どもの手から手へ

　子どもたちが作ってきたこれらの遊びからは、子どもたちの汗が、息づかいが、遠い時間を越えて感じられます。
　子ども社会で、わらべうたは生きていました。生きていたからこそ、子どもの手から、子どもの手へと渡されていったのでしょう。
　私たちが3、4、5歳児の保育に、音楽教育としてわらべうたを取り入れて20年あまりたちました。その間、教室の周りの自然もどんどん破壊され、社会のテンポはますます速くなっています。子どもの周りは強い刺激でいっぱいです。
　こうした状況の中で、子どもたちのわらべうたの遊び方にも変化がみられます。というより、子どもたちそのものに変化が生じてきているのかも知れません。
　自然を知らず、子ども社会の崩壊の中にたたずむ子どもたちは、わらべうたにある、自然の輝きや、かけひきや、ユーモア等を感じ取れないでいるのかも知れません。
　あるいは、伝承者が大人になって、遊びのエネルギーが弱くなってしまっているのでしょうか。
　であるなら、私たちわらべうたを伝承する大人は、わらべうたを［遊び］としてもう1度とらえ直してみなくてはならないでしょう。
　子どもたちの歓声が聞こえる、子どもたちの汗の匂いがするわらべうたを、子どもたちが強い刺激で蝕まれている現代だからこそ、もう1度すべての子どもたちの手に渡してあげたいのです。

6章

わらべうたで
子どもはバランスよく育つ

明星台幼稚園

東京都三鷹市の閑静な住宅街にある明星台幼稚園を訪ねました。本園は30年前からわらべうたを教材とした音楽教育をとり入れています。わらべうたを導入したきっかけから今に至るまでの経過、そして、わらべうたは子どもたちの何をはぐくむのかを副園長・鈴木清子、内海喜久子、両先生に話をうかがいました。

幼児期に器楽合奏はふさわしくない

編集〕　聞くところによると、日本で一番最初にわらべうた（コダーイ・システム）を導入した幼稚園とうかがっていますが、わらべうたを導入したきっかけからお話ください。
鈴木〕　私が本園に勤め始めた頃には、すでに「♪手をあらいましょ　とん　とん　とん♪」というような、生活をうたですすめていくという"生活のうた"は使われていませんでした。ほかには、季節ごとのうた、いわゆる童謡は歌っていましたが、何かおかしいと思いだしていた、そ

ういう頃でした。

編集〕 おかしいとはどういうことですか？

鈴木〕 先生は楽器を弾くことがあまり上手ではない。すると、子どもに背を向けて歌ったり、弾いたりし、子どもが歌っている姿が見えなかったり1人ひとりがどんな声を出しているのか聞くなかったりします。

以前は器楽合奏みたいなものもやっていたようですが、そういうものは幼児期の音楽教育としてはふさわしくないのではないか、何か違うのではないかと考えていました。

編集〕 鼓笛などは当時からとんでもないと。

内海〕 ピアノ伴奏で園歌だけは歌ってたわよね。

わらべうたをつづけて30年

鈴木〕 園歌だけはね。その頃、羽仁先生がハンガリーから帰国して、隣の小学校を会場にして小学校の音楽の先生方を集めての勉強会が始まりました。それがどういうきっかけだったかは定かではありませんが、その会に私たちが呼ばれて一緒に大人の勉強が始まりました。だから、わらべうたの勉強を始めてから、もう30年弱になります。

内海〕 私がこの園に就職した時は、模索していた頃でした。それまでは、わらべうたに取り組んでいた先生もいたし、オルガンを弾いていた先生もいました。私が入った年に、一緒に取り組んでみないと効果がわからないから、全員でわらべうたに取り組んでみよう、ということが合意されました。

編集〕 でも、合意はできたものの、さあ実践となると大変でしたでしょう。

内海〕 大変でした。それは、ひとことで言えば、拠り所がないということです。大人の歌う声と話す声だけでわらべうたを遊ぶということが、私たちもよくわかっていませんでした。クラスで一斉に遊び始めたのに、

気がつくと2～3人ぐらいになっているという悲惨な状況もありました。
編集〕　でも、ここまでわらべうたをやってきて、よかったと思うこともいっぱいあると思いますが……。

子どもの目が吸いつけられる

内海〕　一番印象的なことですが、わらべうたは、より年齢の低い子どもに歌うと、子どもの目が吸いついてきます。赤ちゃんに歌うと、あんな表情は他では見られないと思うほど、吸いついてきます。私が歌っている口許を見たり、あるいは、お人形を使い拍が見えるようにしてあげたりすると、赤ちゃんの表情は輝きます。そういう時、わらべうたは理屈ではなく、子どもにとって必要、欠くべからざるものだと思います。いろいろな状況はありますが、その子が普通の状況で御機嫌がよかったとすると、わらべうたを歌うと初対面の子どもでも目がぴたっと吸いついてきます。魔法にかかったようです。
編集〕　ほー。子どもにとっては、私を愛してくれているんだなー、私に注目してくれているんだなー、そういう心と心がつながるというか、だから目の表情が変わるのでしょうね。でも、大人の中にわらべうたは古くさいと思っている人もいますねー。
鈴木〕　日本の学校は西洋音楽を中心にしてきましたから、そういう教

『大なみ小なみ』

育を受けて育ってきた大人が、初めてわらべうたを聞くと、とても暗くて淋しいと違和感を感じてしまうということはよくあります。

　私たちも大人同士で勉強会を始めた当初は、歌ったり、遊んだり、初めのうちはよくわからなかったのですが、何回も歌ったり、遊んだりしていくうちに、何か心地よいということを自分自身で感じられるようになりました。それは理屈ではなく、大きく言ってしまえば、日本民族としての血というのでしょうか、それが引きだされたということではないでしょうか。

編集〕　先程の、わらべうたは幼ければ幼い程いいということは、よくわかります。ところで、わらべうたをやっていなかった園から転入してきた子どもはすぐに馴染めますか？

両氏〕　全く違和感はないですね（揃えて）。

編集〕　そうですか。違和感なし。

内海〕　その子がわらべうたを知らなくても、その子に何の説明なしでも、一緒に手をつないで自然に入れます。そして、役交代の遊びか何かが始まります。役が回ってくるとちょっと戸惑った顔をする子どももいますが、見よう見真似ですぐに遊べます。事情を知らない人が見たら、全く差がわからないでしょう。

　例えば、『ほたるこい』は、ほたるの提灯をもらったら、輪の中をうたにあわせてぐるぐるまわり、うたが終わったら前の子どもに渡して役を交代する、という単純なルールです。目に見えるほたるの提灯を持っていることでも、子どもにとてもわかりやすい世界、まるで前から知っていたようです。もちろん、歌詞がわからない部分とかはありますが、全く不安なくやりますね。新しい子どもだからこそわらべうたがふさわしいのかもしれません。中には、ごく稀に、子どもによっては多少気後れ

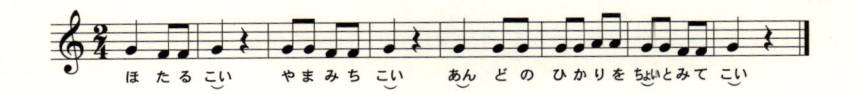

したりとか、いきなり自分が役になったりすると動けなくなったりしますが、それは時間の問題です。

編集〕　ほー。転入児がわらべうたをやっていたかどうかはそれほど問題ではない。

日本民族の歴史を、わらべうたから感じる

内海〕　それよりも影響されるのは、それまでに遊んできた遊びの内容です。例えば、様々な種類の積木が用意されていても、それを積むことを知らない、組み合わせることができない。仲間に入るのにどうやって入っていいかわからない、遊びの達人でないというのは、園によってほとんど遊ぶ物がない、コーナーがない、子どもたちが主人公になって遊ぶ為の配慮がないことはすぐわかります。

　しかし、わらべうたに関しては差別なしです。本当に日本人なんだなと思います。大人でも初めて聴いたわらべうたでも、こもりうたや民謡でも何か知っているような不思議な気持ちがします。

　奇妙なごろあわせのようなうたもたくさんありますが、日本人であるというのかなー、どこかで聞いたなー、というのはあると思います。母語である日本語で育ってきた、日本語のイントネーション、例えば、「♪たーろーくん　あーそーぼ♪」とかの中に、すでに芽生えがあります。

　私たちが全く気がつかない奥深い、日本民族の歴史を抱えて大きくなってきているように思います。

編集〕　私たちには生まれた時から民族としての遺伝子が組み込まれている。しかし、その遺伝子を目覚めさせるかどうかが、子育てにおいて大きな問題だと。

鈴木〕　わらべうたは日常の会話以上のイメージを豊かにふくらませられる日本語がたくさん耳から入っていくということは、子どもの内面に大きな影響を与えていくということではないでしょうか。

　本来、どこの国の子どもも自分の国のわらべうたとか唱え文句をたくさん耳から聞いて育つのが当たり前ですが、日本では普通の会話としては日本語を耳から聞いているのだけれど、日本民族の伝承のうたとしてほとんど聞かされてこなかったということは、それで育てられないものはとても大きいと思います。

楽器をやらないけれど、耳も意欲もよく育っている

編集〕　本園では楽器はどう扱っているのですか？

鈴木〕　メロディー楽器は使っていません。拍打ちの為に打楽器は使うことはあります。年長ぐらいになると、できる子にやってもらうことがあります。また、大人が鉄琴やリコーダーで簡単なメロディーを聞かせることはあります。

編集〕　本園では今でこそお母さんも一緒にわらべうたで遊んでいるようですが、それを導入した時には親御さんからいろいろな反応があったのではないかと思いますが、もしよかったら、そのへんの泥臭い話も聞かせていただきたいのですが。

鈴木〕　ものすごい反発がありました。

編集〕　それはどんなことですか？

鈴木〕　「なぜ、生活のうたがないのか？」「なぜ、外国のうたを歌わないのか？」「わらべうたはお経のようで、暗くて、リズムがない」、それこそ、「本園は音楽をしないのが特徴なんですね」と言われたこともありました。

編集〕　強烈でしたね。

内海〕　強烈でした。でも何年かしたら、「おたくの園はわらべうたしか

しないんですね」と言われて、有り難いような、でも、やっぱり片手落ちかなーと思った時もありました。

鈴木〕　「音楽をしてないから、明星台に入ったら音楽教室に子どもを通わせなければいけない」とか「学校に入ったらハーモニカを吹くのに困る」など、お母さん方からたくさんの不満や疑問が、10年間ぐらいはありました。

編集〕　そういうお母さんたちの反発をどうして解消したのですか？

鈴木〕　何年かした後、近隣の小学校の先生方に「本園から行った子どもたちと他園から来た子どもたちがどう違うか」をアンケートをとらせていただきました。

　すると、先生たちからは、明星台から来る子どもたちは、とても耳がよく育っている、聞いたうたをすぐに覚えられる、ハーモニカをやってなくても一生懸命に練習をするから全然心配いらない、という結果がでました。

編集〕　まさに意欲が育っているということですね。

鈴木〕　そう。わらべうただと音楽的なものが育てられない、みんなが知っているうたを知らないから困るというような、お母さん方が心配していることは、学校でも全く心配していないということがわかり、私た

誕生会　お祝いのうたを歌っています。

ちは大変励まされました。

内海〕　そして、私たち自身が積み重ねてきてよかったと思うことは、お母さんたちの疑問や不満に、私たちが余裕をもって迎えられるようになったということです。

「あっ、そう」「心配？」「大丈夫よ」お兄ちゃんやお姉ちゃんのいる人に「ちょっと言ってあげてよ」とか、余裕を持って接しられるようになりました。

そうなると、お母さんたちの疑問や不満そして不安が見えなくなりました。

鈴木〕　お母さんたちとわらべうたの会をしたりしました。するとお母さん方の中に、ただ、遊んでいるだけではなく、その中で音楽的な課題を追求し、家庭でも子ども自身がよくわらべうたを歌う、遊んでいる姿や表情から、お母さん方が納得できる部分が現れてきたからではないかと思っています。

以前はわらべうた遊びを見つめるお母さん方の目は厳しく、怖い顔で見ていたように思いますが、この頃のお母さん方はおだやかな顔で見ているような印象を受けます。

わらべうたは、親子のスキンシップになる

内海〕　最近では、お母さん方をはじめとする本園を取り巻く周りの人たちの、わらべうたに対する見方が全く変わってきたような気がします。すごく暖かい目で見てくださっています。

親子でわらべうた遊びを始めた初期の頃は、子どもの目を見れないお母さん方が結構いました。「私、子どもの目を見れない。恥ずかしい」というお母さんがいて、すごくショックだったのを覚えています。今でも最初は驚いたりする人がいますが、すぐに慣れてきます。

現在社会には、わらべうた遊びのように、子どもたち1人ひとりの表

情を見て遊べる遊びは少ないのではないでしょうか。

編集〕　そう言われてみれば、家庭生活の中でも意外と少ないですね。テレビなどに子守りをさせて。

内海〕　だから、「わらべうたは親子のスキンシップの道具になるのよ。1日3分でも5分でもいいからね。何も考えなくていいから手をとり合って、わらべうたを歌ったり遊んだりしてみてください」とよく言います。それだけで親子関係が変わります。

編集〕　私はわらべうたに素人ですが、わらべうたのよさは、子どもは子どもなりに、大人は大人なりに、それぞれの感性で歌えるということが、何よりもすごいことではないかと思うのですが。

内海〕　先だって、羽仁先生のお話を聞く機会がありました。先生は「音楽は感情である。わらべうたにはどんな感情があるか、ということを考えなさい」という課題をだされました。私は、わらべうたには嬉しいとか楽しい、怖いとか面白い、等々を感じるのではないかと思っていましたが、先生は「わらべうたには感情がない。だからこそ、自由に扱える。わらべうたを通じて色んな感情表現ができるんだ」と言われました。

　本当にわらべうたは単純ですから、ありのままです。『なきむしけむし』とか『なべなべ』などは簡単に終わってしまい、その中に感情はないわ

親子わらべうた

けです。相手の子どもとか、その場の雰囲気で、いろんなふうに使えるわけです。相手の子どもの表情とか反応から、私たち大人が得るものがいっぱいあります。

編集〕 なるほど。子どもの内面が映る鏡ですね。

鈴木〕 そうですねー。

内海〕 ただ、幼稚園でとりあげる場合は、ある程度の集団を作ります。３歳は自由参加、４〜５歳も基本的には自由参加ですが、４〜５歳になると、場所を作って先生が始めると、ほとんどの子どもが参加することができます。

　そして、私たちにはわらべうたを通じての音楽的課題追求があります。それはリズム感の育成、聴覚の育成、大きくはその２つです。それをいろんな形でわらべうた遊びの中に取り入れて、積み重ねていった結果、よく聞ける耳、素晴らしい拍感が育っていくのです。それが私たちの大きな課題追求です。

編集〕 わらべうたには音楽的な課題追求以外に、もっと大きな何かがあるような気がしますが。

子どもが丸ごとみえる

内海〕 子どもが自分の喉を素材にして自分の意志で歌うわけです。絵を描いたりする時は道具があり、その道具を媒介にして自分を表現できますが、わらべうたの場合は自分の喉しかありません。それを大人が無理に引っ張って出すということは絶対にできません。それをどうやって出したらいいかというと、音楽的な課題であると同時に、仲間関係とか、その子の自立度とか、丸ごとのものが要求されます。それが磨かれていくのです。

編集〕 なるほど、丸ごとというか、バランスよく育っていくというのが、わらべうたにはある。

内海〕　文字を覚える前にわらべうたを歌うことにより、日本語を美しく話したり歌ったりできるようになります。また、友だちと歌い合ったり遊び合ったりすることにより、自律し、人間関係のありようや、思いやりの心が磨かれていきます。

　わらべうたにはさまざまな遊びの形があり、1つの曲でも役交代とかしぐさ遊びなどバリエーションが幾つもあります。そういうものを子どもたちが遊びこんでいくわけです。その時にすごいなーと思うのは、役交代の場合、全ての子どもが主役になれるということです。その子のやり方で、その子のテンポで、その子の声の高さで、その子の歩き方で、その子のしぐさで……、そういうことが子どもに与える影響はすごく大きいと思います。

　例えば、子どもたちが輪になって、1人の子どもが主役になって、「♪ほーたるこい　やまみちこい　あんどのひかりを　ちょいとみてこい♪」と、提灯を渡しますが、その子の歩き方、提灯の持ち方、歩く時に緊張しているとかニコニコしているとか、丸ごと見えるわけです。普段の遊びではなかなか見れない、友だちの姿や心を見ることができます。また、普段あまり接しない友だちを別の面からとらえることもできるのです。それは色んな視点を持つことができるということです。それがわらべうたの実におもしろいところです。

編集〕　なるほど。

内海〕　真ん中を1人で歩くとか、何人かで真ん中に立っているとか、あの子、結構上手く歌っているとか、落ちついて歩いているとか、歌う声がすごく綺麗だとか、体型の違いとか、わらべうたは同じ子どもでも色んな視点から見ることができます。

　子どもなりに普段気づかなかった、いい面を発見して、いいなっと思う子どももいるかもしれません。そういうものを心の中で感じながら、だけど、うたは共有できる、拍感は共有できる、そういうすごいものがわらべうたにはあると思います。

もちろん、それだけではなく、隊型を組んで歩いたりする時、具体的な距離感——近づきすぎてもいけない、遠すぎてもいけない——、目と目を見つめてうたを一緒に歌って代わっていく、全部が代わる、元に戻る喜びとか、すごいものがあります。そういうものをあげれば数限りなく出てきます。

鈴木〕　特に人間関係の諸々を体験できるということは、重要なことだと思います。1人の子が主役で出ても、次の瞬間には輪の集団の一員になり、また次の子が主役になる。自分が主役になったり脇役になったり、あるいは、自分がいつ主役になるかをドキドキして待つ等々、すごく自主的な遊びです。

編集〕　人間が生きるとは集団の中でしか生きられない。集団の中には一定のルールがある。そのルールは押しつけのルールではない。

鈴木〕　そのルールを守ればその遊びはより楽しくなります。

編集〕　それで、お互いが感動・共感し合える。

内海〕　自分たちのためのルールであるというか、納得できるというのがあるのではないでしょうか。しかし、自分が鬼になれないと嫌だという子は必ずいます。それは年齢的なものもあります。

遊びに参加しなくても、耳は聴いている

鈴木〕　それから、鬼決めで自分が何番目になると当たるとわかるとその場所に動いたりする子はいます。

内海〕　また、自分の好きな遊びには入るけれど、嫌いな遊びはしない、という子どももいます。

編集〕　そういう時はどうしているのですか？

内海〕　もちろん自由です。その子はその代わり、集団でやっている遊びを邪魔せず自分が静かに遊べる遊びをし、なおかつ、皆が遊んでいるわらべうたを聴いています。

編集〕　それができるんですか。それはすごい。

鈴木〕　そうなんですよ。それはわらべうたをやるまではなかったことです。それまでは、寝転んだり、遊びを邪魔したりしていました。しかし、今では遊びに参加しなくても耳ではしっかりと聴いています。

内海〕　でも、それに気づくまでに、私たちは相当の時間を要しました。

　参加していない子を白い目で睨んで、なぜ歌ってくれないのか、なぜ入ってくれないんだろう、「絶対入ってくれないのよね」「入れようとすると邪魔するのよね」と、子どもを非難している時代は結構長かったです。

　それで、「園はその子たちのために何をしているの？今、入りたくない、今、それはやりたくないという子どもが居られる場がないじゃないか、居られる場所はいったいどこにあるの」と言われた時がありました。そこで、そういう空間を作る、そういう子の居られる場所を作る、そういう子が集中して遊べる場所を作った時に、初めて邪魔をしないで、聴いていられるようになりました。

　そういう子どもたちの親は、「先生、家でよくわらべうたを歌ってくれるんですよ」と言います。園では遊びながら口づさむことはあるけど、ほとんど入っていないのに、かえって入らない子どもの方がよく聞いています。

鈴木〕　聞く耳が本当によく育っています。

内海〕　最初は一斉保育みたいなイメージでやっていましたから、全くぐちゃぐちゃでした。全ての子ども

「たかい　たかい　おしろ　したには　でんしゃがはしっているの　みんな　そーっとね」

の為に部屋に遊べるコーナーを作り、いいおもちゃを用意し、落ちついてまず自分の遊びを見つける、自律して遊びを見つけるということ、そういう助けがなかったら拍感はつきにくいですね。
編集〕　確かにこの園は環境に気をつかっていますね。

バランスのとれた園生活

内海〕　丸ごとその子のありのままを認める、そして、その子に何が必要なのか、何が足りないのか、どういうふうに接していけばいいのか、を１人ひとりのプログラムを持って考えなければなりません。十把一からげでは不合理です。子どもたちが心を閉じ込められたまま、園で３～６年間過ごしたとすると、それは考えただけで恐ろしいものがあります。ふと見せる、その子らしさ、愛らしさは励みになります。

鈴木〕　ほんとうにその子らしくいられるということをとても大事に思っています。そして、園の生活全体の中で子どもなりに見通しが立つということはとても大切なことだと思っています。今そのことを自分はできなくても、少し待てばちゃんと先生は自分のことを考えてくれる。自由参加の課業もそうですが、その時にできなくても次にできるんだということがわかってくると、子どもたちは安心していろんな行動ができるようになります。

あとは子どもの期待を裏切らないという、大人に対しての信頼感がとても大切だと思います。大人と子どもの人間関係が。

内海〕　園の生活そのものがバランスのとれた、子どものことを考えたものであるように、まだまだ、足りないけれど私たちに努力しています。微々たるものであっても、いろんなことをやって育ってきています。私たちは、３歳クラスから３年間、担任が同じ持ち上がり制です。子どもたちの成長ぶりが目に見え、３年でこんなにも違うのかしらと感激するものです。そしてまた、私たちのひとこと、ひとことの重みというか、

大きな責任を感じています。

編集〕　ほんとうにそうですね。今日、お話をうかがったことを要約すると、わらべうたは子どもに、

(1) 歌うことが好きになる
(2) いい耳を育てる
(3) 拍感を育てる
(4) 想像力が豊かになる
(5) きれいな日本語が身に付く
(6) 年齢にふさわしい
(7) 大人と子どもの信頼関係を育む
(8) 子ども同士、友だち同士の人間関係を育む
(9) その他

要は丸ごとバランスのとれた人間になれる。

一方、大人の側にすれば、

① 子どもの内面が見えるようになる
② 不要な指示、命令語がなくなる
③ 親子関係がよくなる
④ その他

　そのためには、環境づくりに配慮が必要である。このようなことでしょうか。本日はありがとうございました。

7章

保育室の光景

長谷川岑子

3歳児クラスをのぞいてみると、保母にまとわりつくように、10人ほどの子どもが彼女の演じる

　　♪ぶたがぶたれた　ぶたにぶたれた
　　なぜぶたれた？　いちでいばって　にでにらんで
　　さんでさわいで、しでしかられ　ごでごつんと
　　ぶたぶたぶたれた♪

　手袋人形のぶたたちと、おだやかなゆったりとした調子に引きつけられている子どもたち。少しはなれたところで、ちょっとやんちゃな男の子をひざに乗せ、

　　　　カッテコ　カッテコナンマンダ
　　　　ヨーソノボーサンシリキッタ

カッ　テ　コ,カッ　テ　コ,ナン　マン　ダ,　　ヨウ　ソ　ノ　ボウ　サン　シ　リ　キッ　タ！

　　【遊び方】
　　　大人のひざに子どもをのせ、大人が足を上下にはずませ「タ！」のところで足をひらき、子どものおしりをつく。

とうたい遊んでいる保母。他の6、7人の子どもは、人形をおんぶしたり、ドレスをきたり、スカーフをかぶったりして、なにやら各々ごっこあそびに熱が入っている様子。かたわらでは「ママ、いっしょにいて」という子どもの母親が、そっと見守って下さる。
　となりの4歳児のクラスでは、部屋の隅にしき物をしき、保母を囲みうさぎの手人形と「♪うさぎうさぎ　なぜみみなーげ　山のこともききてえし　里のこともききてえし　そーれで耳なーげ♪」詩の問答あそび。

うさぎが次々と子どもの手に入り、次々うさぎになっていきます。「おなかがすいたねー」「まだかなーお給食は…」なんて、子どもたちの会話。「せんべいせんべいやけた　どのせんべいやけた　このせんべいやけた」「おなかがすいたからたべようか」保母と子どもたちが色々なせんべいを焼いて「あーおいしかった」
　となりの部屋はどうでしょう。

　　♪オテントサン　オテントサン　アッチバッカテッテ
　　コッチバッカテラン　テレテレボウズニ　オチャニテカブショ！♪
　おひさまを持って役交代あそび

　　　どんどんはしわたれ　さあわたれ
　　　こんこがでるぞ　さあわたれ

【遊び方】
　鬼きめで橋になる2人を決め、橋ができたら、みんなはその橋をくぐる。うたの終わりの「れ！」で橋をおろし、とおせんぼされた2人組が橋の役を交代します。

次々と橋を交代して。こんどは郵便屋さんですね。

　　　　　ゆうびんはいたつえっさっさ
　　　　　そくたつはこんでえっさっさ

（楽譜：ゆうびん はいたつ えっ さっ さ,）
（楽譜：そくたつ はこんで えっ さっ さ.）

　　　【遊び方】
　　（1）鬼きめで配達人を決める。
　　（2）みんなは輪になって立っている。
　　（3）円の中を手紙をもった配達人が歩き、うたの終わり
　　　　で止まり、前にいる子に渡して交代する。
　　☆　鬼は「そくたつ」のところを「こづつみ」「おてがみ」
　　　　などに変えて歌うことができる。

「暖かくなってきたわね。きのうみつけたのよ」保母の手にはつくしが数本。

　　　　♪ずくぼんじょ、ずくぼんじょ
　　　　　ずっきんかぶってでてこらさい♪

（楽譜：ず く ぼん じょ, ずく ぼん じょ,）
（楽譜：ずっ きん かぶって でて こら さい！）

104

清潔な声でうたいます。子どももいっしょにうたい、何回かくり返しうたいます。
　5歳児になるとよく遊びます。どこからか

　　　　　ヨイサッサ　ヨイサッサ
　　　　　コレカラ八丁十八丁
　　　　　八丁目ノコウグリハ
　　　　　コウグリニクイコウグリデ
　　　　　アタマノテッペンスリムイテ
　　　　　一カンコウヤク　二カンコウヤク
　　　　　ソレデナオラニャ　一生ノ病ジャ

　みんなが一番よ～く歌ったヨイサッサ。
　運動会ではもちろんお部屋の中を8の字に歩いたり、お手洗いに行く時や他の場所へ移る時、そしてお散歩をしている時、突然歌いだしたり……。あっちこっちで歌いました。

　私の側を歌いながら一列で、どこへ行くのかと目でおっていると、どうやらトイレへ行く様子。自然に歌う姿は、とても楽しそう。ごっこあそびをしている他のクラスの子どもも「ヨイサッサ～」自然に口づさみながらキッチンでお料理。
　子どもがいないのかしらと思うほど静かな部屋。マットに皆ちょこんと座り、保母の素話に聞き入っている。保母の絵カードでお話づくり。絵カードをみながら即興でお話を創ります。年長になると数枚のカードでみごとにします。
　このような光景は日々あちらこちらでみられます。1日中園にわらべうたがとだえることはありません。「うたうこと」「話すこと」「詩をうた

うこと」このようなことを大切にします。

　当園は「さよならあんころもちまたきなこ」で、さよならをします。「今日はいくつあんころもちをつくりましょうか。」「ふたつ！　みっつ！」子どもはたくさんのあんころもちをつくりたがります。「今日は2つにしましょうね」「さよならあんころもちまたきなこ」「コロコロコロ、ひとつはたべましょうか、パクリ、モグモグ」いただきました。「もう1つはママにおみやげにしましょうか。ポケットにしまいましょうか」子どもは家に帰ると「ママ！あんころもちのおみやげ、はいどうぞ、たべてね」とさしだして「ありがとう。あーおいしかった」母親がこのような話をうれしそうに話して下さると私も本当にうれしくなります。生きたわらべうたを実感する時でもあります。

さ よ なら, あんころもち, またきな こ!

あーたのしかった

　子どもは気に入ったわらべうたは、どこででも歌いとなえます。もちろん家庭にもどってからも、ふと口づさむのはわらべうただそうです。テレビからはアニメの音楽があふれているのに、次から次とわらべうたが、でたらめうたがわいてくるそうです。子どもはやっぱり創造的だということがよくわかります。母親からの要望もあり、また、ご家庭でたくさん遊んでほしいので「クラスだより」でお知らせをしたり、学期末あるいは、年度末に今まで遊んだわらべうた、文学をレジュメにしてプレゼントをしています。親子で共通の楽しみ、喜びをなるべく多く体験することは親子の共感・信頼を強める手だてになると思っています。

コダーイ・システムによる「わらべうた」とは

　コダーイ・システムとは「もし誰かが、この教育の本質をひとことで言おうと試みるならば、それは"うたう"というひとことにつきる。トスカニーニがその練習中、最も多く口にした言葉は'カンターレ（うたえ！）'であった。千の色合いと意味をもって」（コダーイ）に根本をおいています。

　わらべうたでは、感受性を育てることを美的教育といいます。現代において、本当に感受性を育てていくためには、どのようなことを知らなければ、しなければならないのか、ということを明らかにすることが美的教育なのです。感受性を育てる美的教育には4つの事柄があります。

(1) 感受性を育てる－主観的・内面的なもの

　感受性というものは、自分が物事に感心できる人間であるということ。感心している姿があるということ。この両方のモデルを子どもに示さないと、感じることのできない子どもになってしまいます。要するに、大人が何をどのように感じ、何が大事であるかを意識化し、子どもを信頼し、共に感じたことを分かち合うことです。子どもにみてほしいもの（自然に対するもの、芸術的なもの）を子どもに伝えることで、人間的な美－振舞い、姿にある美しさ－を内側から出る雰囲気によって子どもに感じさせること。このように目に見えない大気のようなものの中で、子どもは感じられるようになります。

(2) 客観的・外面的なもの

　適切な環境作りにより雰囲気は生まれます。環境とは、目に見えるもので、建物、部屋、自分のまわりなど、客観的全てであり、美的で整頓されていなければなりません。子どもが見えない所でもきれいにするこ

とは、子どもを尊ぶことになり、子どもはちゃんと受け取ることができます。

子どもが学校へ行くまで、あるいは行ってから精神的安定を大きく助けるには、空間のきまりがなければなりません。いつも同じに（おむつ交換の場、自分の席など）空間が決まっていると、自分がすることもくり返すことができ、習慣となり、子ども自身の行動に明確さを持つことができます。小さい子どもにとって、自分の持ち物などに位置があるということを通して、自分がどこに属しているかがわかり、集団の中での一体感、所属感をつくっていくことができます。

(3) 集団の伝統と感受性

家庭という集団のなかで、父親と母親は助け合って子どもを育てます。子どもの小さいうちは母親中心でよいが、父親と母親が助け合い、感じ合うことが助け合うということ、1人だけでは育てていけないと思うこと、その中で育った人間は、子ども自身で助けていくことを、もっと違う人を助けることを学び、一生忘れることはありません。

(4) 美的教育としての母語教育

美的教育のなかで最も大切なのは私たちの声、話す力です。先述したように感心してみせる、自分の感じたことを正直に云えるなど、全てを含めています。全ての子どもが母親の話す言葉を自分の言葉とすることが母語教育で、年令に合った声、速さ、的確な表現など、その子どもをとらえて美しく、柔らかく話さなければなりません。現実を指摘してしまうような言葉は、子どもの想像力を失わせてしまいます。いつも現実の向こうにあることを考え、イメージできるようにしなければなりません。日本語のイントネーションと深く結びついたわらべうたは、子どもの母語への愛着を深め、言語的発達を促し、後には文学的興味へと発展していきます。

向こうの向こうの音

　人のおしゃべりや店の売り買いのやりとり。ざわざわしたなかに、生活の場だなーなんて、ちょっと楽しい気分になりませんか。そんな雰囲気を台無しにするように、どこから流れているのかと思う音楽、店のBGM等々、聞きたくなくてもいやおうなしに耳に入ってきます。
　電車の中での奇妙な静けさを打ち消すようなオバサンたちの異常なボリューム、周りを気遣う素振りなど微塵も感じられないふるまい。子どもがお菓子を食べながら騒ぎ回っているそばで、おしゃべりに興じているママたち。どこもかしこもがさがさしていると思いませんか。こんな光景は日常にありふれているようになりました。
　人は、成長段階において、音を選び分ける力が備わります（後で説明します）が、多くの大人が何と無神経なことでしょう。
　数年前、ドイツ旅行の折、それはクリスマスの少し前でした。ニュールンベルグの市内はクリスマス一色に飾られ、厚いコートに身を包む人々が、ボソボソと降る雨の中を行き交っています。ふっと気がつくと、どこからかストリートオルガンの音が「あっちだわ！」と、その音を探し小走りに。サンタクロースがレバーを回している姿を遠くに見つけた時は、それは、それは、うれしっくって。本当にいいですよね、向こうの向こうの音が聞こえる街なんて。

「わらべうた」と子どもの発達

　「わらべうた」は皆が知っているように、伝承音楽で、ずっと昔から母から子へ、子から孫へと伝えられたものです。皆、わらべうたを耳にすると、子どもの頃へスーと戻るような懐かしさ、暖かさに包まれる思いがするでしょう。民族文化が代々受け継がれ、伝えられているのは、

全てのものに優れた意味が込められているからです。勿論わらべうたもそうなのです。

　子どもの頃、母が歌ってくれた子守うた、近所の友だちと遊んだ時のわらべうた、ことばあそび等々…。こんなたわいのないような「うた」が子どもにとって、そんなに、どうして重要なのでしょうか。

　家庭内の音について少しふれてみましょう。私たちはひとことで云って騒々しい中で生活しています。人間の聴覚は、脳の働き全体の中で重要な位置におかれていることは、ご承知のことと思います。聴覚は機能上、常に開いた状態にあり、音という振動は無意識に神経に影響を与え、ものによっては肌から入る刺激音もあります。小さい子どもは耳からだけ聞くという選択がまだできていないために、神経がマヒし、言語体系もゆるいものにしてしまいます。

　母親は子どもにどんな接し方をしているでしょうか。子どもをとらえないで大きな声、威圧的に指示、命令など、言葉を放りなげていたりする光景をよくみます。当然微弱な音に反応しなくなってしまい、さらに大きな声で接することになるのです。こんな中で、子どもの感性が育つとは決して思えません。どんな小さな子どもにも、目と心をきちんととらえて話さなければならないのです。悲しいことに、3、4歳で集団に入ってきた時、すでにわらべうたの世界に入れない子どもが実際にいるのです。

　生まれてすぐの赤ちゃんは、泣いたり、ぐずったりして感情を伝えようとします。その時、母親は多くの語りかけをしながら赤ちゃんが何をしてほしいかをわかり、答えようとします。私たちは赤ちゃんに、語りかけやあやそうとする時、普通の言葉より抑揚や調子も強くなり、一種のふしのようなものになり、無意識のうちにも何らかの繊細なからだの動きをつけたりして、何度もくり返しをしているのに気が付きます。子どもはこれを聞いて喜び、笑ったり、手足をばたつかせたりもします。また、胎児期にお腹の中で聞いた音楽を聞いた.時、いちばん気持ちが安

定することがわかってきました（勿論、胎児はロックは嫌いです）。このような中で、私たちは自分の心に子ども時代のたとえようもない思いが、はるか向こうからよみがえってくるのです。お母さんの心の内的なおだやかさ、安らぎなど母親の雰囲気が伝わり、より親密な感情になっていきます。子どもは母親の口からほとばしるものの中から気に入ったものを記憶にとどめ、しばらくたってから、自分の気持ちの表現として、そのうちの一部分をひとりうたにして歌ったり、言ったりします。自分の言葉では表現できない、何らかの情緒ないし、感情の表現なのです。

　大人（母親）がとなえて遊ばせる「となえ文句」や、自分たち（3歳ぐらい）が鬼きめなどで使うとなえ文句には、そこに含まれている「ごろ合わせ」的な言葉の組み合わせ

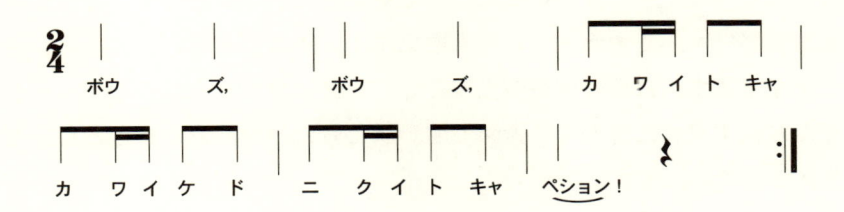

　　　　ボウズ　ボウズ　カワイトキャ
　　　　カワイケド　ニクイトキャペション！

は、子どもの言葉への興味をそそります。ゆっくり、決まったリズムで発音される言葉の方が、普通に話される言葉よりもずっと注目しやすく、正確に模倣できます。うた、となえ文句の中でたえず規則的にくり返される鼓動は、子どもにとって、なめらかな話しことば、詩への興味を育てます。大人が子どもの体に直接ふれ、手やうでなどを動かす遊びや足の指をつまんで動かす遊び、甲をつまんだり、なぜたり、くすぐったり、ふり回したり、馬乗り遊びなどは、子どもが音楽を楽しいものとするのに理想的な情緒的雰囲気をかもしだし、後に集団の中においてともに遊

び、喜んで歌うようになります。このような人間的つながりを体験すると同時に神経も刺激し、発達を促してくれるのです。だからこそ、テレビ、ＣＤ、ラジオなどによって代替できないものなのです。

　日本語のイントネーションと深く結び付いた「わらべうた、その兄弟である、となえ文句、ごろあわせ、詩」は、子どもの感受性を育てるために最も素朴でたやすいものなのです。それらをくり返し、くり返しすること（再創造）が、人間どうしの結びつき、生きる喜び、そして思考、記憶、ファンタジー、運動機能などの発達を大きく手助けし、自分の感情を体中の言葉、素振り、動きを使って表わせる人間のタマゴが育っていくのです。

園生活のなかで

　先に述べたように、園の中でわらべうた、小さな文学がとだえることはありません。私たちの声はどこにでも持っていくことのできる一番重宝な楽器です。ですから、いつも歌います。どこでも歌い、となえ、詩をかなでます。自分の感情の表現として自然にでてくるものです。子どもたちはすぐれた詩人で芸術家です。私たちにいつもおどろきと喜びを与え続けてくれます。

『ぎっこばっこ　ひけば』

子どもに合ったもの、その時でないとできないことを与えなければならないのです。幼稚園では幼児期に学習するのが一番よいことだけをします。学童期以降でする方がふさわしいことなどを幼児期にするようなことはさけなければいけないと思っています。発育年令に合わないものを与えても栄養にならないだけではなく、害にもなりうるのです。生まれたての赤ちゃんに、いきなり大人の食べものや、甘いお菓子を与える人は、ひとりもいないでしょう。

エンパシィー（共感感情）

　コダーイ・システムによる音楽教育は、音楽だけを与えるものではなく、全人的発達によって成しうるものであり、全ての社会生活の中の音楽の役割について考える哲学である、ということを悟らせるものなのです。年令に合った音楽でないと全人的発達に役立たないものなのです。他のメソッドと違うところがこのようなところにあります。
　私の目指す音楽教育は全人格の発達の内にしか位置づけられないものであるゆえに、あえて述べさせていただきます。
　共に感じること（共感感情）を豊かに、たやすくするのにも「わらべうた」ほど重宝なものはありません。特別なものはいりません。ただ、

『オテントサン』

大人の話す言葉、子守うた、あやすとなえ文句、あそばせあそび、わらべうたなのです。特に小さな子どもを育てている母親に願うことは、共感感情、共感体験の重要性です。これは、言葉のとおり、共に感じることです。喜び・怒り・楽しみ・悲しみを感じる。感じたことをお互いのものとできることです。このお互いのものとできる最初の関係は、オギャーと生まれた時から、もっと厳密に云えば、胎内の時から始まる母と子であり、これが豊かであればあるほど、感性が育つわけです。これが充分満たされるということは、自分を信じることができ、同じように他の人を信じることのできる基をつくることだと思います。これは、その人個人の感情であり、社会一般、その時代の多くを占める考え方が基準ではありません。「私はこう思います。」と言えることで、常に自分はどう感じ、自分は何をしたいのか、ということです。

　それでは、共感体験が不足をし未熟なまま大人になると、どのような姿があらわれるのでしょうか。

① 人の欠点に敏感で、人の長所に鈍感である。
② 建設的に考えられなく、否定的である。
③ 自分の考え方以外のものさしを理解できない。
④ 自分の知っている社会が全てで、違った社会を嫌う。
⑤ 決断力・判断力に欠ける。
⑥ パターン化した考えしかできない。
⑦ パターン・ルールの乱れを嫌う。
⑧ パターン・ルールが崩れると適応できない。
⑨ ユーモアに欠ける。
⑩ 1を知って1を知る。
⑪ 現実をとらえる力が弱い。
⑫ 想像力に欠ける。
⑬ 柔軟・しなやかさに欠ける。

7章 保育室の光景

7歳前に耕され、手入れされなかった精神の土壌に、
何かが実ることは、期待すべくもない

コダーイ・ゾルターン

安心のある空間、雰囲気

先述したように、コダーイ・システムによる音楽教育は、音楽だけを与えるものではなく、全人的発達によってなしうるものです。

今まで多くの親たちにあってきましたが、「あなたのお子さんは、どんな人間に育ってほしいですか」の問いに対して、ほとんど全部と云っていいほど「思いやりのある人」「人を助けられる人」「自分の思っていることをきちんと言える人」「自分の考えがある人」このような答えがかえってきます。本当に心からそう思います。こうするといいですよ、あーするといいですよ。と言葉ではいくらでも言うことができ、本もたくさんあります。しかし、なかなか思うようにならないのも現実なのではないでしょうか。

私は幼児教育の現場、それのみではなく、私の生き方としてとても大切にしていることの一つに「安心のある空間、雰囲気」があります。子ども1人ひとりが豊かな人格をもった人間に育ってほしければ、私たち大人、親も保母もまわりのひとみんなが子どもを尊び、いっしょに育てたほうがいいと思っています。ー私たちは1人ひとり皆違う、顔の数だけ心の数がある、決してひとりでは生きていけないー

私はまず自分からどんな母親（人）

『サンダンノ』

に対しても、まず受け入れることからします。母親（人）の姿として今があるのは、その人の今までの歴史があるということ、今の姿だけでその人を考えるようなことはできません。このような思いでいるといつの間にか園と家庭がお互いに助け合い、ゆったりとした、暖かい空気が園全体をおおうようになってきます。私たちと親との間に心のいきちがいがおきても案外おだやかに解決することができるのです。このような中で子どもが生活できるのは、すてきなことだと思いませんか。私はお母さま方に「いいモデルになりましょう」と常々言っています。子どもたちにだけではなく、広い意見で世の中に対してもいいモデルになれたらいいですね。
　そして、もうひとつ、せっかく与えられた子どもですもの、楽しんで育てましょう。もちろん子育ては大変です。でも、どんな時でも喜びをわすれないで、楽しみの心を大切にしましょう、と。

8章

おばあちゃんの見た運動会
保育の中のわらべうた

梅本妙子

おばあちゃんは嬉しいけど不安

　フェンスに寄りかかったコスモスの生け垣。台風で倒れ茎から根を出し美しい花を咲かせている。
　植えた花でなく、地生えの自然の花がいい。毎年種が落ちて、そこに決まったように花が咲くのだけれど、夏の暑い日に水をかけ、倒れた花をフェンスに支えさせ、今日の美しいコスモスの命がある。今朝も、たっぷりと水をもらったコスモスは生き生きとした姿で、子どもたちの登園を待っている。
　1番に登園したのは、おばあちゃんと、みどり組4歳児のりさちゃん。りさちゃんのお母さんは、もうすぐ2人目を出産するので、遠いH市からおばあちゃんがしばらく手伝いに来ているらしい。これからりさちゃんの送り迎えは、おばあちゃんの毎日の大きな仕事になる。
　おばあちゃんは、りさちゃんの幼稚園に来るのが初めてなので少し早めに家を出た。
　その日が、ちょうど運動会。
　手作りのお弁当を持って、嬉しい気持ちだけれど、何となく不安もある。そんなおばあちゃんにとって頼りになるのはりさちゃん。
　りさちゃんは、おばあちゃんが運動会に来てくれるという喜びでいっぱい。園の中を案内したり鉄棒にぶら下がったり。おばあちゃんを安心させてくれる。母親が来なくても園に馴れ楽しそうにしているりさちゃんの様子を見て、おばあちゃんはほっとする。そのうちに、だんだんと親子連れが登園してきて賑やかになってきた。
　すると、おばあちゃんの不安の虫がまた騒ぎだした。こんな大きな幼稚園の若いお母さんばかりの中へ年寄りの自分が入っていけるだろうか。お父さんの姿もあり、両親で来ている人もある。何だかおばあちゃんだけではりさちゃんが可愛そうに思えてきた。

8章　おばあちゃんの見た運動会

　りさちゃんの父親も、運動会ぐらいは出てやればいいのに。母親が出られないとなるとおばあちゃんまかせにしないで親としての責任をとらねばならない。おばあちゃんの不安は、自分の息子に対する不満に変わっていった。そんなことを考えている中に、園庭は、人、人、人、笑い声や、ざわめき……。
　おばあちゃんとりさちゃんは、みどりの旗のあるみどり組の席に座って待っていると、みんなもそれぞれ自分の席についた。
「みなさん、おはようございます」
園長先生の声、みんなは大きな声で
「おはようございます」
と言った。ざわめきはおさまり急に静かになる
「今から運動会を始めます。お友だちはみんな来ていますか」
「はーい」
「よいお天気で良かったわ。ほら、お空を見てごらん。雲さんはいないよ。青いお空の遠い所からお日さまがにこにこ顔で、もうすぐ運動会が始まるのかなと、見ています。さあ、お日さまにも　みんなでご挨拶をしましょう。お日さまおはようございます。お日さまおはようございます。お日さまありがとう。お日さまありがとう。お日さま運動会見てね。お日さま運動会見てね。お父さん、お母さん、おじいちゃん、おばあちゃん、そして小さなお友だちや赤ちゃんも、みんな来てくれてありがとう。みんな来てくれてありがとう」
　園長先生と子どもたちの対話のある簡潔な挨拶に、みんなは飽きることもなく、早く運動会したいなあという顔をしている。そして、すぐに運動会は始まるのだが、来賓や会長さんの挨拶もなく、その席すら見当たらない。携帯マイクが使用されているだけで、音楽もない静かな運動会。その中でけっこう盛り上がっている。
　子どもたちは並ぶということはしないが、各自の席から、自然に園庭のまん中へ出てきて、自分でよい場所を見つけ、時には誰からともなく

順番をつくって一列にもなっている。そして、演技（遊び）が終われば自由に周囲にある自分の席へ帰っていく。入場門も退場門もない。

それでも、かけっこもあり、玉入れもあり、内容は従来からあるような種目も多い。話として聞くだけでは、何だかだらだらとした、けじめのない運動会のように思えるが、実際に見ていると、自由ではあるが、そこには自主性があり、やらされているという姿が見られない。あまり楽しそうなので、思わずその中に入って自分も一緒にしたくなるような運動会。

おにごっこあり、わらべうた遊びあり、ゴム跳びあり、固定遊具（鉄棒・雲梯・登り棒・すべり台…）の遊び……、最後は畦道マラソンと、今までの運動会の固定概念をくつがえすような種目もたくさんある。

心に深く残ったわらべうた

特に、わらべうた遊びは、心に残っていつまでも消えない。カセットテープから流れる機械の音に遊びを合わせるのではなく、子どもの遊びに無理なく歌って合わせてくれる先生の声。同じ言葉のリズムを繰り返しながらみんなが出来るまで待ってくれる先生のやさしさ。

まず最初は親子で手をつなぐ

みどり組の親子のわらべうた遊びになった。子どもたちは、毎日、先生といろんなわらべうたを歌ったり遊んだりしているから、先生が歌いだすと子どもも歌い遊びが始まる。親は今日が初めてなので、何をするのかわからない。特におばあちゃんは、園に来たのが初めてなので全然わからない。

先生が、
「みどり組さんの番ですよ。お母さんと一緒に出ておいで」と、わらべう

8章　おばあちゃんの見た運動会

たのようなリズムで歌いだすと、2人組になった親子が園庭の真ん中へ出て行った。

　おばあちゃんも、りさちゃんと手をつないで出ていった。みんなは、よい場所を見つけて広がり、何をするのかと思っていると、「♪なべなべ　そこぬけ　そこがぬけたら　とん　とん　とん♪」と、先生の歌。おばあちゃんは側の親子を見ながらりさちゃんと両手をつないで、丸いお鍋を作り、手を右に左に揺らしながら「とん　とん　とん」と両足を揃えて、その場で跳んだ。「とん　とん　とん」と向かい合った両手をたたいている親子もいる。

　2〜3回歌いながら、いろんな「とん　とん　とん」を試みた。すると、先生は今度は「♪とん　とん　とん♪」の代わりに「♪まわりましょ♪」に変えて歌った。慌てて両手をつないだお鍋がぐるぐるまわった。これはなかなか面白い。先生のうたをよく聞いておれば、何でも出来る。何をしてもよいのだ。2人で楽しく考えながらの遊びが続く。テープの音に合わせて、教えられたことを間違わずにする楽しさと違って、簡単なことでも自分で考え、自分の発想がもてる。みんなと同じでなくてもいいのだという自由のある楽しさ、おばあちゃんはすっかり気に入ってしまった。

121

門を作って「くぐりましょ」

　先生のうた声は間をおくことなく続く。次は、「♪なべなべそこぬけ　そこがぬけたら　くぐりましょ♪」である。どこをくぐるのかと思った瞬間、「♪もんつくろう　もんつくろう　あたまから　あたまから♪」という声。りさちゃんはよく知っていたようだが、おばあちゃんはわからないので戸惑った。でもりさちゃんとつないだ手を門にして2人でその門をくぐり背中合わせになった。

　「♪くぐりましょ　くぐりましょ……♪」の先生のうた声はまだ続いている。これは、遅れている人を待つためである。

この遊びの山場は「かえりましょ」

　次は、いよいよこの遊びの山場、一番むずかしいところである。たいていは上手くかえれずに失敗してしまう。つないだ手がねじれたり、離れたりしてしまう。こんなことを考えている間もなく、先生のうた声。「♪なべなべそこぬけ　そこがぬけたら　かえりましょ♪」、上手くかえれるかなと思った瞬間、先生が「♪お尻から　お尻から♪」と教えてく

れるうた声。門を作って、お尻から2人で出たら、簡単に元に戻った。
　みんなが元にかえったのを見届けた先生は「かーえった」と言って大きな拍手をした。みんなも大喜びで跳びあがって拍手した。
　何回も繰り返して遊ぶと自信が出てきて、手をつなぐことが大好きになった。子どもの頃、よく聞いたわらべうたではあるが、アニメ漫画やテレビのうたのある時代に、そんな昔の古臭いことをと忘れていたが、この年になって孫と一緒にわらべうた遊びの楽しさを教えてもらったのである。
　ところで、これでこの遊びが終わったのではない。まだまだ遊びは続く。

今度は4人で「なべなべ」

　「なべなべ4人ぐみ　なべなべ4人ぐみ」と、わらべうたのリズムで先生のうた声が聞こえてくる。4人組を作るのだなと思って、すぐ側の親子と組んだ。今度は4人でなべなべをするらしい。2人組の時と同じように、みんなが4人組が出来るのを手をつないで腕を振って待った。待ちながら4人で目と目の挨拶をした。特に「♪とん　とん　とん♪」のリズムに合わせて跳んでいると「こんにちは」と言いたいような気持ちになる。言葉は出さなくても心が通じ合い、やさしい気持ちになれるのが不思議である。
　「♪なべなべ　そこぬけ　そこがぬけたら　かえりましょう♪」と、先生の声に合わせて声を出して歌えるようになった。「もんつくろう　もんつくろう」と教えてくれる先生の声を聞くとすぐに、おばあちゃんとりさちゃんがつないだ手を高く上げて門を作ると2人の親子がくぐり、ついでおばあちゃんとりさちゃんがくぐった。大成功。4人は手を離さずに背中合わせのお鍋が作れた。
　次は、元に戻らなければならない。これはむずかしいと覚悟している

と、先生の声もゆっくりとしていて、「♪もんをつくって、お尻から、お尻から♪」と、繰り返し助言の言葉がうたになっている。

　おばあちゃんとりさちゃんは、前と同じにつないだ手を高く上げて門を作り、一緒の親子はお尻からくぐってくれた。それに続いて、門を作った２人がお尻からくぐる。どのグループも一生懸命、先生は最後のグループが出来るまで「♪かえりましょう　かえりましょう……♪」と繰り返し、待っている。みんながかえれた時、先生は前より大きい拍手をし、親も子も跳び上がって拍手をした。

鍋は大きくなって最後は60人

　だんだんお鍋が大きくなる。４人のグループが２つひっついて８人組が出来た。なべなべをみんなで歌いながら、ぐるぐると横に歩いて廻った。これは簡単だから、どのグループも余裕がある。むずかしいことばかりでなく、これはちょっとした息抜きになってよい。でも、８人組の大きなお鍋をかえしたいとみんな思っている様子が見える。次を予想してやる気十分である。すると先生のうた声がして、みんなもそれに合わせ、「♪なべなべそこぬけ……♪」と歌いだした。そして、「♪そこがぬけたら　もんきめよ♪」である。一瞬、聞き違ったのかと思ったが、そうではなかった。８人のグループの中に、それぞれ先生が入ってきて、親子でつないだ手に触れながら、「も・ん・き・め・よ　も・ん・き・め・よ　も・ん・き・め・た」と言って、「た」に当たった手が門になった。こうして、８人組の大きなお鍋になっても、今までの要領で、かえることができた。１６人のお鍋も成功した。見ている人たちから大きな拍手。最後は、全員の60人で手をつなぎ、特大お鍋を作った。

　こんな大きなお鍋で門を決めてもかえることが出来るのだろうかと少し心配だったが、みんなは早くしたいと思っている。みんなの声が１つになってつないだ手が大きく揺れる。自信に満ちた顔、顔、顔。うたが

終わるか、終わらないかの一瞬、1人の先生が門を作る親子のつないだ手を高く持ち上げた。そのちょうど反対側にいた、もう1人の先生が側の親子を誘導して円の真ん中を通って門の方へ歩いて来た。みんなはつないだ手のまま後についていく。

そして、門をくぐったところで、先頭の親子だけ手を離して右と左に別れた。先頭を行く親子は、手を離したため不安のようだが、半周すると2人は出会い手をつないだ。外向きの円ではなく中向きの円である。元通りのとてつもなく大きなお鍋。

まだまだわらべうた遊びは続いたが、とても楽しかった。いつの間にか、不安も不満もどこかへふっ飛ばしてしまったおばあちゃん。事前の練習も、打合せもなく、ぶっつけ本番でも、こんな楽しいことが出来るのかと驚いてしまったおばあちゃん。今日、初めて、幼稚園に来たことも忘れてしまって、ずっと前からみどり組のお母さんや子どもたちと仲良しの友だちだったような気がしている。明日から毎日、りさちゃんを送り迎えすることがとても楽しみになってきた。

自由がないから自主性のない子になる

この話は、運動会が終わって1週間ほど過ぎたある日、1人の見知らぬおばあちゃんが職員室を尋ねて来られて聞いた話である。聞くところによると、このおばあちゃんは、幼児教育に関係のあるお仕事をされていた方で、若い頃から園長をされた経験もあるとか、定年ではなかったが5年程前に退職されたようである。

あれからすっかり、わらべうたにのめり込んでしまい、孫が帰ってくると待ちかねて教えてもらい遊んでいるとのこと。「孫が園で遊んできたのをよく覚えているのですよ」と嬉しい孫自慢。

運動会と言えば、鼓笛隊の演奏をしたり、お遊戯をしたり、その日のために指導して、頑張れ、頑張れと、こんな小さな子どもにむずかしい

ことを練習させて、大人が満足していたことの間違いを、自分の孫を見て初めて反省されたそうです。

　また、わらべうた遊びだけでなく、運動会のあり方、例えば、音楽の騒音をなくするとか練習をしないでぶっつけ本番でするとか、運動会のお土産が人参・いりこ・ワカメである……など、すべてユニークな発想は、どこからきているのかとの質問があった。

　初めて園に来られた方で、特にいろいろな園を知っておられる人は、この園の保育が特別なことのように映るのかもしれない。この園しか知らない先生や子どもや親は、これが普通だと思っている。

　子ども1人ひとりの幼児期の育ちを考えると、その子、その子の個性や良さを認めなければならない。保育者がやりやすい集団にまとめてしまったら、子どもは先生の言うことをよく聞いているようでも、そのうちに自分を出さなくなってしまう。つまり、自由がないから自主性のない子どもが育っていく。その時、保育者も子どもの外観だけしか見えない先生になってしまっている。整然と並ばせた運動会は、見た目にはよく躾けられていると映るのかもしれないが、それで育つものは？むずかしいことを教えて、子どもを評価するのではなく、簡単なこと、年齢相応のこと、（小学生の真似をする必要はない）でいいから、自然な姿で自信と喜びの持てる遊びや生活をさせたいものである。

　運動会も、練習してここまで出来るようになりましたという結果を見せるものではない。毎日の保育の続きに運動会があり、運動会が終わっても遊びは続くのである。

9章

わらべうたの魅力

市村久子

原風景としてのわらべうた
～わたしとわらべうたとの出会い～

♪おしょうがつぁいいもんだ
　ゆきのようなままたべて
　あぶらのようなさけのんで
　こっぱのようなもちたべて
　おしょうがつぁいいもんだ♪

(楽譜)
おしょうがつええもんだ,
ゆきのようなままくって,
こっぱのようなどどくって
あぶらのようなさけのんで,
おしょうがつええもんだ.

　祖母が歌ってくれたわらべうたと共にやってきた待ちに待ったお正月。
　元日の朝、目をさますと枕元には、母がお正月のためにせっせと縫ってくれた晴れ着、新しい下着、羽子板と花みずきの花びらのような羽根が置かれていました。
　晴れ着を着て、重箱の中の御馳走とお雑煮を食べると、新しい下駄を

はいて、冷気で鼻がツーンと痛くなる庭へ飛び出します。
　祖母が、コチーン、コチーンと羽根つきをしながら、歌ってくれたうた。

　　　　　♪ひとりきな
　　　　　　ふたりきな
　　　　　　さんにんきたらば
　　　　　　よってきな
　　　　　　いつきてみても
　　　　　　ななこのおびを
　　　　　　やのじにしめて
　　　　　　ここのよで
　　　　　　いっちょうよ♪

　私にとってのわらべうたとの出会い——それは、大好きな祖母から季節や行事と共に届けられました。わらべうたと出会ったこの幼児期が、私の子ども時代、最も幸福な時代でした。
　戦後まもなくの小学校時代は、学校でも地域の路地裏でも、まりつき、なわとび、石けり、お手玉、歌いながらの集団遊びは、夜も暗くなるまで続けられたものでした。
　貧しかったけれども、受験勉強も塾もなかった、〔自由〕と〔時間〕と〔自然〕とがあり余るほどあった時代でした。
　地域には異年齢の子ども集団が存在し、さまざまな遊びもわらべうたも、子どもから子どもへと手渡され、受け継がれた時代でもありました。子どもの本質ともいえる、〔遊ぶ存在としての子ども〕の時代をまさに生きていたのです。この時代に体験したわらべうたの喜びは、私の奥深くに地下水のように蓄えられていて、今も私を潤し、支えてくれているのです。

わらべうたとの再会

　このわらべうたに私は幼稚園の教師になってから再会したのでした。ハンガリーから帰国されたばかりの音楽家の羽仁協子さんが、精力的にわらべうたの活動を展開した時でした。日本のわらべうたが、こんなにも豊かにあったのかと目の前が明るくパッとひろがった思いでした。それから間もなく、ハンガリーから来日されたフォーライ・カタリン女史（音楽教育者　1968年来日）の講演会で、「わらべうたは、身体を楽器にして音楽することです」という言葉には、〔目から鱗が落ちる〕思いでした。それまでピアノに熱中していた私にとって、この言葉は幼い子どもの音楽を考えていく出発点とも原点ともいえるものとなりました。

　私の子ども時代、時を忘れて遊んだあのわらべうたこそ、自分の五官と身体全体をつかって音楽していたものであったことをしみじみ思いかえしたのでした。

子どもたちにわらべうたを

　　　　　♪おちゃをのみにきてください
　　　　　　はい、こんにちは
　　　　　　いろいろおせわになりました
　　　　　　はい、さようなら♪

　幼稚園に入りたての4歳の子どもたちが、まるく椅子に座っているところへ、私は歌いながら歩いて行き、この遊びをはじめました。子どもたちは、自分の所へ来てもらいたいという期待と緊張の表情でいっぱいです。役を交代し、子ども同志でこの遊びが続けられたとたん、「はい、こんにちは」で2人の子どもがごあいさつすると、頭と頭がゴッツンコ

9章 わらべうたの魅力

（楽譜）
おちゃをのみにきてください、はい、
こんにちは、いろいろおせわに
なりました、はい、さようなら.

してクラス中おおわらい。「はい、さようなら」でもまたまた頭がぶつかり、笑いはクラス中に広がり、緊張ははじけとびました。ハプニングもまた楽し…でした。

　また、私と1人ひとりの子どもが仲良しになるのに、ぴったりのわらべうたがありました。

　　♪とうきょうとにほんばし
　　　がりがりやまのぱんやさんと
　　　つねこさんが
　　　かいだんのぼってこちょこちょ……♪

　子どものふっくらした手の甲に私のひとさし指を1本のせながら歌っていきます。がりがりとひっかくまねをしたり、子どもの手の甲をひっくりかえし、手のひらに私の手のひらをうちつけるとパーンと音がして、ちょうどぱんやさんになるのです。そして軽くつねって、子どもの腕を2本の私の指は登って行き、子どもの脇の下をくすぐるのです。子どもは、身体をよじって身体の奥底から笑い声をあげます。わらべうたを子どもの身体に直接触れながら届けることが、こんなにも楽しいのです。

　また、入園当初の不安定な幼児と私との関係をつくるのに、乳児のあそばせあそびが、とても大きな役割を果してくれました。

♪ここはとうちゃん　にんどころ
　　　　ここはかあちゃん　にんどころ
　　　　ここはじいちゃん　にんどころ
　　　　ここはばあちゃん　にんどころ
　　　　ここはねえちゃん　にんどころ
　　　　だいどう　だいどう　こちょこちょ…♪

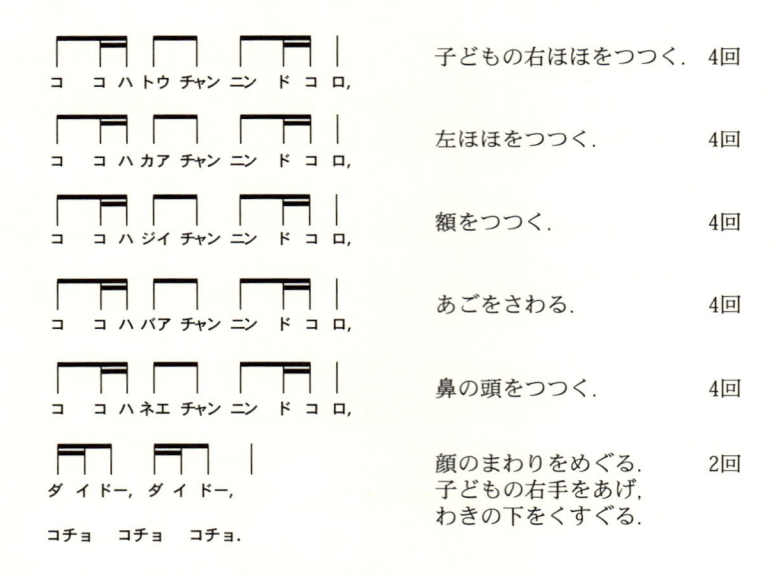

楽譜	動作	回数
コ　コ　ハ　トウ　チャン　ニン　ド　コ　ロ，	子どもの右ほほをつつく．	4回
コ　コ　ハ　カア　チャン　ニン　ド　コ　ロ，	左ほほをつつく．	4回
コ　コ　ハ　ジイ　チャン　ニン　ド　コ　ロ，	額をつつく．	4回
コ　コ　ハ　バア　チャン　ニン　ド　コ　ロ，	あごをさわる．	4回
コ　コ　ハ　ネエ　チャン　ニン　ド　コ　ロ，	鼻の頭をつつく．	4回
ダイドー，ダイドー，コチョ　コチョ　コチョ．	顔のまわりをめぐる． 子どもの右手をあげ， わきの下をくすぐる．	2回

　もぎたての桃の実のように柔らかいうぶ毛のある頬を指でつつき、汗をうっすらにじませたおでこやあごや鼻の頭をつつき、1人ひとりの顔の特徴をみつめながら語りかけ、最後はやっぱりくすぐる遊びです。

　はるかな昔から歌いつがれてきたこの遊びをすることで、子どもと私の距離はぐっと縮まり、心と心が響き合うのが感じられます。子どもが愛らしく、いとおしいという思いがじわじわとわきあがってくるのです。わらべうたが、人と人との絆をつくっていくものだということが、しみじみ実感できるのです。

　入園して1ヵ月もたってくると、子どもたちは、家庭や地域で遊んで

いるわらべうたを幼稚園で始めました。あけみちゃんが、友だちをさそって『かごめ　かごめ』をやりだすと、次々と子どもが仲間入りします。この遊びに満足すると、『あずきたった』の遊びへ移っていきました。東京のこの地域でも、最低この遊びは伝承されていたのです。

　『あずきたった』の遊びをみていると、子どもの声も姿ものびやかで〔うれしい〕〔くやしい〕という感情表現が、豊かにいきいきと表出されていました。

　遊びの中で、子どもたちが心も身体も解放されていくことがわかります。4歳児たちは、なんと40〜50分もこのわらべうたを遊んだのでした。わらべうたが子どもにとってどんなに自然であるか、そして子どもの内的要求であるか、自発的興味をひきだすものか、理解できます。子どもたちは、なんと正直なのでしょう！心も身体も喜ぶ活動だからこそ、繰り返し繰り返し遊ぶのです。

　よく遊んだ後のお弁当の時間、どの子も食がすすみます。食べている時、ほほにごはんつぶがついているのを見た子どもが、「おべんとつけてどこいくの」と歌うように指さすと、その子が「おべんとつけて、えんそくに」と歌い返しました。うたのような言葉のやりとり。この言葉のキャッチボールは、かたわらにいる私までほほえんでしまうものでした。

　　　♪たまごをもって　どこいくの♪

　　——すると、

　　　♪たまごをもって　ようちえん♪

　　次々と言葉がわくように続きます。

　　　♪おにぎりもって　どこいくの♪

——すると、

　　　　♪おにぎりもって　どうぶつえん♪

——サンドイッチ、バナナ……といろいろな食べ物の登場と出掛かける場所が出てきます。
　しばらくすると、園で紹介したわらべうたは、家庭に帰ってからも歌われていることがわかりました。やすし君のお母さんから、うれしい報告がありました。
　「お隣の大学生が、魚釣りに行って、おみやげに大きなヒメマスが五匹、届けられました。お魚はやすしの大好物です。さっそく夕食のおかずにしようと焼きはじめました。ヒメマスが、網の上で煙をあげ、香ばしいにおいをさせて焼けてきます。やすしは、その間中、幼稚園でおそわった『どどっこやがいん』を歌っています。

　　　　♪どどっこ　やがいん
　　　　　けえして　やがいん
　　　　　あだまっこ　やがいん
　　　　　けえして　やがいん
　　　　　すりぽこ　やがいん
　　　　　けえして　やがいん♪

　歌いながら「おかあさん、どどっこってなにかわかる？さかなのことだよ。けえしてってわかる？ひっくりかえすことだよ。すりぽこってわかる？しっぽのことだよ」と説明しながら焼けるのを待っています。いきのよい焼き立ての魚で「おいしい、おいしい」とおかわり３杯も食べました。夜、寝る前におふとんの上でごろごろしながら、やすしの口からいろいろなわらべうたが飛び出します。

9章　わらべうたの魅力

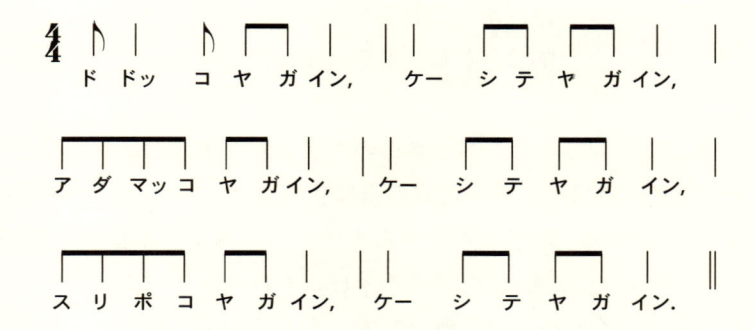

```
4/4  ド ドッ コ ヤ ガ イン,   ケー シ テ ヤ ガ イン,
     ア ダ マッコ ヤ ガ イン,   ケー シ テ ヤ ガ イン,
     ス リ ポ コ ヤ ガ イン,   ケー シ テ ヤ ガ イン.
```

『ずくぽんじょ』『おさらにたまご』『きりすちょん』などなど。するとお父さんが「それではひとつ」と言いながら、名古屋地方のわらべうたを披露します。

　　　　♪つぼさん　つぼさん
　　　　　お彼岸まいりに行こまいか
　　　　　カラスという黒どりが
　　　　　足をつつき、手をつつき
　　　　　それでわしゃ　ようまいらんきゃあも♪

と、名古屋弁まるだしで歌いだすと、みんなで大笑いです。「お父さんはいつもあればっかり歌ってるね」とやすしがひやかすと、お父さんは真面目な顔で「おはこはひとつでいいんだよ」ですって。

　やすし君のお母さんからは、年長組になってからもお母さんの遊んだわらべうたが届けられたのです。そのきっかけは、やすし君がわらべうたの手遊びでも、難しい手遊びに挑戦してできるようになった時のことでした。

　　　　♪おじさんめがね
　　　　　ひっくりかえしてさざえ

　　　　さざえからおふろ
　　　　あついかね　ぬるいかね♪

　指で作ったお風呂。そこへ１本指の人が入ります。お風呂の子がギュッと指をしめつけると、入った人の指は「あつい、あつい」と叫びます。すると「さんすけ、みずみず。さんすけ、みずみず」と指の力を弱め、「ぬるい、ぬるい」と言えば、「さんすけ、たけたけ。さんすけ、たけたけ」と指をきつくしめつける遊びです。大人でも少し難しいこの手遊びをすることで、どれだけ子どもの手指がしなやかになっていったことでしょう。この手遊びに熱中していた時、家庭にも持ち帰られた遊びが、忘れかけていた親にわらべうたを思い出させることになったのです。浅草の近くで生まれたやすし君のお母さんが、「子どもの頃、こんな遊びをしたのですよ」と、この『おじさんめがね』とよく似た手遊びを教えてくれたのでした。

　　　　♪おふろのかえりにさざえをかって
　　　　　めがねでみたらば
　　　　　からっぽだ♪

　わらべうたが、園から家庭へ持ち帰られ、それにさそわれて親たちのわらべうたが園に持ち込まれるという往復活動は、わらべうたの持つ底力を十分感じさせられるものでした。
　長い夏休みが終わって、２学期が始まった日、おとなりの年長組の女の子が、「せんせい、みて！」とうれしそうにまりをかかえてやって来ました。ポンポンポンと、上手にまりをつきながら、まりつきうたを歌ってくれたのです。

9章　わらべうたの魅力

♪いちもんめのいーすけ、いもかいにはしった　オーライショ！
　にもんめのにーすけ、にんじんかいにはしった　オーライショ！
　さんもんめのさんすけ、さんまかいにはしった　オーライショ！
　しもんめのしーすけ、しいたけかいにはしった　オーライショ！
　ごもんめのごーすけ、ごぼうかいにはしった　オーライショ！
　ろくもんめのろくすけ、ろうそくかいにはしった　オーライショ！
　ななもんめのななすけ、なっぱかいにはしった　オーライショ！
　はちもんめのはちすけ、はすかいにはしった　オーライショ！
　きゅうもんめのきゅうすけ、きゅうりかいにはしった　オーライショ！
　じゅうもんめのじゅうすけ　じゅうばこかいにはしった　オーライショ！♪

　このかぞえうたのリズミカルなまりつきうたは、女の子が母親の郷里（石川県）へ夏休みに里帰りした折り、土地の子どもたちと遊び、覚えてきたのでした。「オーライショ！」のところでまりを両足の間からくぐらせるのです。このまりつきうたは、女の子たちの人気をよびました。わらべうたが、子どもから子どもへ歌いつがれていくのをみることができたうれしいできごとでした。
　子どもたちの2年間の幼稚園生活が終わりに近づく頃、「幼稚園でおもしろかったことはなにかな？」の質問の答えに、わらべうたで遊んだことがたくさん出てきたのです。
　「新宿御苑に遠足に行った時、まるくなって『くまさん　くまさん』してあそんだこと」「♪わるいねずみはいないか、いないよいないよ…♪やって、♪よーくかくれろしろねずみ、あとからちょろちょろ、めっかるぞ♪で、つかまえごっこしたのが、いっとうおもしろかった」
　「年少組の時、♪かれっこやいて　とっくらきゃあしてやいて　しょうゆをつけて　たべたらうまかろう♪　やった後、ぼくたちいろんな

た作ってあそんだでしょう。
　♪ホットケーキやいて　とっくらきゃあしてやいて　はちみつつけて
　　たべたらうまかろう♪
とか、
　♪やきそばやいて　とっくらきゃあしてやいて　ソースをかけて　たべ
　　たらうまかろう♪
　♪おもちをやいて　とっくらきゃあしてやいて　しょうゆとのりつけて
　　たべたらうまかろう♪
　♪とうもろこしをやいて　とっくらきゃあしてやいて　しょうゆをつけ
て　たべたらうまかろう♪
とか、いっぱいうたを作ってあそんだよね。おもしろかった！」
など次々にわらべうたを遊んだ思い出が出てくるのでした。そこで、卒園していく子どもたちに、小学校へ行ってもわらべうたを忘れないように、「わらべうた歌集」を作ることになりました。子どもたちの大好きなうたをのせることを告げると、「ひーやふーやのやまみちを、がいい」というのを皮切りに、出てきたこと、出てきたこと。『ぼうず　ぼうず』『さよならあんころもち』『おにやめずるいな』『からすかずのこ』『たけのこめだした』『さるのこしかけ』『たまりやたまりや』『ゆびきりかまきり』『せっくんぼ』『ひとなげふたなげ』『こめこめ』『おちゃをのみにきてください』『おじさんめがね』『あずきちょまめちょ』『おおさむこさむ』『べこべこつんべこ』『うちのうらのくろねこは』『おしょうがつのもちつきは』『となりのコンペトさん』『どんどんばしわたれ』『おふろのかえり

に』『おてんとさん　おてんとさん』『なかなかホイ』『ひとつひばちでやいたもち』『おちゃらか』『げっくりかっくり』『おじいさん　おばあさん』『もどろもどろ』『いまないたからす』『はないちもんめ』『こめついたら』などなど。

　思い出のぎっしりつまった「わらべうた歌集」は、1人ひとりの子どもの手に渡されました。

　私はこれまで絵本やおはなしの世界に、より力を入れて取り組んできましたが、絵本、おはなしと共にわらべうたを大切に取り組んでいこうと思う力を与えてくれた旅がありました。それは、1989年、羽仁協子さんをリーダーとしたハンガリーへの幼児教育研修の旅でした。

　この旅で、ハンガリーの誇るコダーイ・ゾルターンの教育思想とハンガリーの質の高い幼児教育を学び、大きな収穫と忘れられない思い出をつくることができたのでした。

　コダーイ・ゾルターンの言葉が今も心の中で輝いています。「どの国の子どもも自分の国の音楽から出発しなければならない」「子どもは、遊びを通して音楽を学びはじめる」「わらべうたは、ことば、音楽、動きの三つの要素から成り立っている」「なぜ民族的伝統を大切にするのか——それは、長い間ずっと続いてきたものには、その民族の魂・知恵・真実が入っているからだ」「子どもが子ども時代、心や身体にある傷を受けるならば、それは死ぬまで消えることはないだろう。また、良い種をまくならば、全人生を通して花ひらくであろう」

　ハンガリーでは、コダーイの教育理念が、生きて働いていました。

　むかしむかしから歌い継がれてきたわらべうた——そこに込められたたくさんたくさんの人々の思いや魂は、やはりむかしむかしから語り伝えられた昔話に通じる世界でもあります。ヴィルヘルム・グリムの言葉に、「それは確かにあらゆる生命をうるおすあの永遠の泉から湧き出たものであり、たとえ1枚の小さな木の葉についたひとしずくであっても、朝焼けの最初の光を受けて、きらりと光るのだ」とあるように、私たち

の祖先からの貴重な愛の贈り物がわらべうただと思うのです。
　ホイジンガーは「遊びはあらゆる文化の源だ」と言っています。
　本来、子どものものであったわらべうたを子どもの手に取り戻してやりたいと願います。美しい不思議な力を持つわらべうた。わらべうたを通して、子どもたちが〔より人間らしく〕育つことを心から願いながら、私自身楽しみながら、わらべうたで遊んでいこうと思っています。

10章

楽器から音楽・音楽教育を考える

大津直規

はじめに

　世の中に音楽があふれている今日、そのような社会環境を反映した結果であるかのように、この頃の子どもたちは音感が良くなった、リズム感が以前とは全く違う、などと言われるようになって久しくなります。本当に子どもたちが変わったのでしょうか。

　生まれてから就学前までの期間に触れる音楽の多様さは、この40年間ぐらいの間に比較にならないほど膨大な量になっているように感じます。ただし、子どもを取り巻く音楽にかかわる環境の、この大きな変化の方向が、本当に子どもたちの心に豊かなものを生み出すものなのかといえば、そうではないと言わざるをえません。

　子どもたちを取り巻く環境が大きく変わってきたことと、それに順応せざるをえない子どもたちの姿を、私たちが子どもたちは変わったと感じているに過ぎないのです。

　本稿で私は、楽器の側から、それの学習者と教授する人、それを取り巻く社会の事情から、特に子どもにかかわる現在の音楽教育のあり方、音楽教育産業といわれるものの抱えている問題点について話を進めることにします。

　なお、一般的に『音楽、楽器』という言葉は、『ある一時代、一地方の』つまり、およそ2～300年前のヨーロッパを中心に、それ以降に盛んになった『音楽、楽器』を指し示していることを認識しておかなければなりません。そこにあるヨーロッパ至上主義的な考え方が、地球上の他の地域、他の民族の音楽と楽器を『民族音楽、民族楽器（場合によっては民俗）』と区別し、私たちも無自覚にそれを受け入れてしまっているのです。

　本稿では、『音楽』と『民族（俗）音楽』、『楽器』と『民族（俗）楽器』

という語彙の使い分けを行わないで、あえて区別をしないままに『音楽、楽器』を使用していることをご承知願います。

楽器と音

楽器と人間のかかわりは、以下のように表されると言われています。

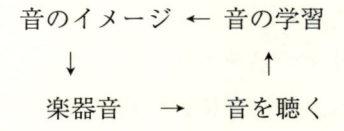

音のイメージ ← 音の学習
↓ 　　　　　　↑
楽器音　→　音を聴く

人類が、何かしらの物を楽器として使用しはじめた瞬間からこのサイクルは発生したと考えられますが、このサイクルがそのどの部分から始まったのか、それを特定することは困難なことです。

つまり、人が楽器をつくることと、人の持つ音のイメージには密接な相互関係があり、また、人の持つ音への理想やイメージは、実体験からくる学習によるものであり、必然的にこの循環は一生繰り返されるものだからです。

楽器の音、音色に限らず、演奏のしやすさということからの改良や工夫もこのサイクルに大きくかかわっています。そしてこれは特に、ヨーロッパにおいて17世紀前半以降からは、より顕著でした。その中においても特にピアノは、演奏しやすくするための機械的発明や工夫が多く行われ、その時代の最新の技術を結集し、最大限に活用しての改良を繰り返してきました。つまり、その時代に考え出された様々な楽器への様々な工夫のなかで、最も成功し、成果をあげた楽器のひとつがピアノであったということです。

楽器と産業

　私たちの国では多くの人たちが、ピアノやヴァイオリンを弾く技術を習得することと、音感（この言葉の定義も再確認の必要がありますが）を育てることを混同しています。つまり『楽器を弾く技術を習得する』ことと『楽器を弾いてあの音（楽）を出したい（演奏したい）と感じる』こととの区別が曖昧なのです。
　ここでピアノとヴァイオリンの名をあえてあげたことの背景には、この楽器にかかわる『個人教授』の形態に、私がこれから取り上げようとする問題が如実に現れているからです。

　このピアノに関わる個人教授の歴史には、ピアノの改良の流れとも密接な相互関係がありました。
　西村稔著『ピアノの誕生（楽器の向こうに「近代」が見える）』で筆者は「ピアノ教育は音楽産業の中核をなしていったとみてよ」く、19世紀には「音楽は芸術であるとともに、生活の糧であり労働の現場で」あったと述べています。そして「膨大な音楽のアマチュアが形成され」「楽器の提供や楽譜の提供とならんでピアノ教師は不可欠の存在であった」としています。工業の近代化の中において工業製品でもあったピアノと、それを取り巻く状況がまさに『音楽産業』を造り上げていったのです。つまり現在のピアノという楽器はそれらの関係性の中で育てられてきた楽器であると言うことができます。
　都市への人口や商工業の集中、産業革命のその後、商工自営業者の出現と、彼らの子女に対する教育熱、特に教養を高めさせたいという要求は、ピアノの購入と個人レッスンを受けさせるという形にも現れました。我が国でも「女の子にはピアノ」という価値観が広まっていたのとよく似ています。

このように、ピアノについては、楽器の改良の歴史や演奏者を取り巻く事情が、他の楽器と違っていたことが大きく影響していた、そして我が国ではいまだに影響していると思います。

　それには、私たちの国の楽器製造業者によって造られてきたピアノには、音のイメージの無いままに造られているものが多いことを指摘しておかなければなりません。私たちの国のピアノを中心とした音楽産業は、ヨーロッパやアメリカにおいて造り上げられつつあった『音楽産業』の結果としての「ピアノ」を「表面」から採寸して造ることから始め、その結果としての産業であることに大きな違いがあります。もちろん、一部にはこの楽器に魅せられて、自らの手で、自らの国で造りたいと研鑽を重ねた先人も少なからずありました。しかし『産業』として生き残るのには余りにも小さ過ぎたのです。ですから『音楽産業』の担い手を自負する大手メーカーが、創始者の経歴についてどのように美化しようとも、実際には『表面からの採寸によって始まった産業』という、歴史の事実は否定できないのです。

　前書で見た『音楽産業』と私たちの国のそれとでは、本質的にかなりの違いがあることを見落とすことはできません。
　今、私たちの国で子どもたちが接し、与えられ、場合によっては練習を強制される楽器の多くは、資本主義経済の中で成り立つ製造業という企業の、商品・製品として作られているものが殆どです。そして楽器ばかりかそれにかかわる教育の仕組みまでが、企業の商品としてシステム化されているのが現状です。
　つまり、わが国の現在の、子どもたちへのピアノ教育・音楽教育の現場は『産業』の一部なのです。それは音楽の本質的な部分を支え、育てることのできない、異質な『音楽産業』なのです。そしてその『音楽産業』が教育にかかわり『教育を語る』ことの矛盾が、複雑な状況を産み

出していると考えています。その状況が殆どそのままに『音楽教育』として定着してしまっているという悪循環があります。

ピアノを弾くこと習うこと

　私たちの周りにはいま述べてきたような『産業』によるシステム化された音楽教室と、一般的な個人レッスンがあります。
　それでは個人レッスンによる音楽教育については、どのように考えることができるのでしょうか。

　前出『ピアノの誕生（楽器の向こうに「近代」が見える）』では、ピアノの個人教授について「かつては内弟子というかたちで行われていたピアノ教育が、レッスン料をもらって行われる近代的な形態に」変化し、それによってピアノ教師と生徒の間には「すぐに金銭を媒介と」する「新しい関係が生まれた」ことを指摘しています。
　W.A.モーツァルトは金銭を受け取る形のピアノの個人レッスンに、生徒たちの自宅を回っていた記録もあります。
　練習曲で著名なツェルニーやブゾーニなども個人レッスンを生業としていました。それだけに如何にレッスンの効果を上げ、自身の教授者としての名を高めるのか、そのことが、習う身にとってはただつらいだけの、無味乾燥な練習曲をたくさん世に出すことになったといっても言いすぎではないでしょう。自分の弾きたい曲を楽しむための技術の取得に、ツェルニー30番練習曲が役に立つとは思えませんし、かえって指を痛めかねません。ここには、習う本人よりも、その後ろにいる資産家の保護者によっての評価を得たいという、教える側の誤りが存在しています。このような時代の状況が今の私たちの周りに未だに多く残っているのは残念なことです。

10章　楽器から音楽・音楽教育を考える

　徳丸吉彦著『民族音楽学』（[財]放送大学教育振興会）の「5．楽器のソフトウェア」では楽器を演奏する技術とその伝承（教育）について述べられています。

　楽器の演奏技術について「楽器のソフトウェア」という言葉を使用して、それは「楽器を演奏するために人間が身体に組み込んだ動き方（プログラム）のことである」としています。そして「音楽の演奏を学習すること」は「音楽様式を習得するだけでなく、楽器のソフトウェアを習得すること」であり、楽器そのものを弾きこなすための技術が、様式の理解と共に重要であるとしています。加えて、これらの演奏技術の習得において「しばしば、独学がうまくいかない」理由は「ソフトウェアの伝承には人間から人間への口頭性が必要」であるからとしています。

　ですから、このような個人レッスンには『産業』の影響は無いように考えてしまいがちです。しかし多くの場合、ピアノ教師自身が受けてきたピアノ教育そのものがすでに先に述べたような『金銭を媒介とする関係』ですから、表面化はしていなくても、少なからず『産業』の影響を受けています。多くの個人レッスンの教師が自身の生徒たちを音楽大学のピアノ科に合格させることを目的・目標と思いこみ、生徒に対して過剰な練習を強要しています。音楽大学に進む人はすべてがソリスト・演奏家を目指すべきであるかのような価値観にこだわりを持ち、自分が学びたい分野として『音楽』を選択しようとすることを許しません。

　そのような価値観を受け入れたとしても、卒業後は演奏家としての活動よりも、腰掛け程度の考えで、責任感もない個人レッスンの教師としての立場に身を置くことになるのです。そのようなピアノ教師にとっては、生徒がどれだけ有名音楽大学に合格したのかが重要で、生徒にとっては音楽大学入学だけが目的と化してしまいます。ピアノの先生になりたい、音楽の先生になりたいと、音楽教育やピアノ教育を目標にすることを生徒自身が望んでいても、ピアノ教師が、音楽教育科はピアノ科の滑り止めという価値観を持っていることも少なくありません。

子どもにピアノを習わせている多くの保護者が『音楽方面に進まなくても良いから、せめて趣味程度に弾くことができるようになれば』と言います。
　事実、多くのピアノ教師のもとでは、高校受験を前にして去っていく子どもが多数見受けられます。また最近では、勉強が忙しくなる前にということで、小学校五年生ぐらいを境にやめてしまうようになりました。教える側には、こういう状況下でますます短くなる期間内にどこまで教えておくべきかなどの悩みや、将来にわたって忘れないで身に付いているためには小学校五年生で辞めるのは早過ぎるなどの不満が、見受けられます。
　逆にレッスンの内容を、趣味であっても受験と同様の技術は必要との考え方から、かなり厳しい内容で、年齢ごとの到達レベルを想定して、それに添ったカリキュラムを用意して、子どもたちを責め立てるピアノ教師も少なからず見受けます。

　いずれにせよ今の我が国でのレッスンのカリキュラムの多くは、例えば全音楽譜出版社の楽譜の巻末に載っている赤・黄・青帯に分類された曲・曲集と、それに加えていわゆる併用曲集とよばれるものを、そのとおりに進めていく方法が大多数です。そしてこの階段の先に音楽大学があることになっているのです。この階段にはバイエル（場合によってはメトード・ローズ）そしてツェルニー、ソナチネ、ソナタと、お決まりの曲・曲集が並びます。このような、誰の作曲の何という曲を弾いているというだけで、その人のレベルを規定し、判断してしまうようなレッスンの場では、今のこの曲を仕上げなければ次の曲に進めない、しかしどちらも弾きたい曲ではないとの想いを、多くの子どもが感じていることは確かなのです。また、ピアノを長年習ってきたけれど、弾きたかった曲・大好きになった曲に一度も出会えなかった、自分の好きな曲を弾いてみようと思っても弾けない、このように感じている人が多くいます。

好きで習い始めて、頑張っている子どもたちを年齢順に並べても、決して先の階段の順に曲は並びません。そこで、年齢と弾いた曲で子どもたちの優劣が決められないように配慮し、本当に弾きたい曲をと選曲に工夫をした演奏会では、子どもたちはいきいきと練習をし、堂々と舞台で弾ききってきます。しかし、そのような子どもの姿を見て、演奏を聴いても、そのことに気がつかないばかりか、かえって「子どもたちの優劣が分からなくて残念だった」と不満げに感想をいうピアノ教師も多いのです。

　多くの人は弾けないから、弾けるようになりたいからこそ習いにきているのです。しかし練習不足が理由でピアノ教師に叱責されたという事例をよく耳にします。

　そのような状況の中にありながらもこの十数年、新しいメソッド・教材によるピアノ教師を対象とした講座が増加しています。作曲家自身による講座も多くあります。これらの作曲家たちにより、多彩なコードや音の響きの美しさ、旋律の必然性を重視した曲が多く作曲されてもいます。

　つまりそれらの曲は、子どもたちにとって豊かで美しい響きの音楽との出会い、そしてそれを子ども自身が（多くの場合ピアノ教師との連弾によって）体験できるように工夫されています。ピアノ教師を対象としたこのような考え方に基づく理論講座では、受講生であるピアノ教師自身に対して、作曲・編曲が出来るだけの力を養成することも課題としているものも少なくありません。弾きたいと思う曲を、その人の技量に合わせて最大限の効果が出るように編曲をしたりすることも、教える側に要求されるべきでしょう。

　ただ、このような講座の中には、様々な周辺機器を必要としたり、それらを新たに開発したりすることによって、結局は『産業』と結び付くことになり、本来目的とされたものを見失いかけているものもいくつか

あることは残念です。

音の楽しみ合わせる楽しみ

　音楽の楽しさのひとつには、たとえ二重奏であっても、合わせることの楽しさがあります。しかし受験を頂点に置いたカリキュラムでは、人より早く、少しでも多く進んでいるほうが、技術面での評価が良くなるのは当然ですから、より小さいときから一秒でも多く弾いたほうが良いということになってしまいます。受験人口の多いピアノやヴァイオリンにその傾向が顕著に現れています。そのためにこれらの楽器を習ってきた人たちには、合奏の楽しみを知らないで終わっている人が多く見られます。つまり、これらの人たちは合奏の楽しみを体験するような機会を、教師との間で創り出すことがなかったのです。それは個人の練習に多くの時間を割かなければならなかったという事だけが原因ではありません。つまり、バイエルに始まるシステムでは『ひとりで弾く』ことが主体で、合奏による音楽体験など想定されていないのです。それだけに、前記の新しい試みの多くがピアノ教師との連弾を重視していることは、とても重要なことなのです。吹奏楽や合唱で音楽と出会った人と、毎日自宅で黙々と個人練習をしてきた人との音楽には、技術では比較できない大きな違いがあることは否めません。個人練習だけの乏しい音楽体験で育った演奏者が、たとえばオーケストラと協奏曲を演奏している現実、そこで演奏される音楽を思うと、心寂しいものを感じてしまいます。このような理由から、私は調律を通じて出会った受験生に対して、入学後は、せめてだれかの伴奏をする機会を率先して持つようにと勧めてきました。

楽器と子どものかかわり〜数や形の認識から

　ピアノの黒鍵は、２つ並んでいるところと３つのところがあり、視覚

的にとらえると音階の仕組みや自分の弾くべき音の判断を容易にする助けにもなります。しかし、実際には小学校１年生の子どもが、２つと３つの場所の区別が付かなかったことがありました。その子が数を数えることが不得手だったわけではありません。視覚的にとらえた数の把握に慣れていなかったのです。『パッと見た時に、数の違いを視覚的に判断する』ことは、数と形の認識を同時に行うことになりますから、一つずつ意識して『１、２、３』と数えることができても、見るという行為だけでは『３』と判断できないこともあると思います。がむしゃらに『まんなかのドはここヨ、しっかり覚えなさい』などと叱る前に、ピアノ教師がやっておくべきことはたくさんあるのです。

　とはいえ、子どもの数の認識力と弾く技術の習得を考え合わせたとき、ピアノの鍵盤の数、８８鍵は多過ぎます。それでもピアノを使用するわけですから、せめて音域が広いことを活用した、音の高さの変化とそれに伴う感情の表現力など、曲にとらわれない時間も持つこともできれば良いのでしょう。

楽器と子どものかかわり〜手指の骨格・関節の発達から

　ピアノ教師の中にはピアノを弾く時の手の形を画一的に考え、自分と同じ手の形を強制していることも、しばしば見かけます。しかし、手の形もその人にとって最適な形を指導する必要があります。
　片手の指のすべての指先を机の上に付けたまま少し手首を持ち上げたとき、指の付け根の関節が落ちてしまう子どもを多く見かけます。ハイハイの初期に、首をぐっと持ち上げた時に手と指がそのような形になっている様子を見かけることがあります。
　指と手の骨格や関節の発達を促す機会が少なかったのか、ある程度の年齢になっても、また、おとなでも意識的に指を使う機会の少ない人には、同じような例を比較的多く見かけます。

これは、乳児・幼児期から例えばわらべうたなどによって指遊びの機会が多いと比較的にしっかりとした指と手の形で支えることができるようになります。ピアノを弾くときにはこの指と手の支えが非常に重要なのですが、レッスンの場においてはピアノ教師が、骨格・関節の発達について正しい知識を持ちあわせていないために、無理な負荷を指と関節に及ぼし、腱鞘（けんしょう）炎を起こしてしまうこともあります。

　ピアノばかりではありません。子どもにとって指の不自然な開き方を要求される可能性のある楽器として縦笛（ソプラノ・リコーダー）をあげることができます。
　理論上は、笛の指穴（トーン・ホール）の間隔は、歌口からの距離が遠くなるほどに、それぞれの間隔が少しずつ広くなります（ギターのフレットは半音階になっていますが、少しずつその間隔が広くなることと同じです）。しかも最近のソプラノ・リコーダーでは右手の薬指と小指の穴が（半音程を出すために）複穴になっています。どうしても薬指と小指の力は他の指に比べて弱いものですし、子どもの手の大きさによっては、正確に穴がふさぐことができません。そのためにソプラノ・リコーダーの最低音にあたるドと、その一音上のレが、どうしても出にくくなってしまうことが多く見られます。
このような場合も、手の骨格の発達を促す手遊びや、それぞれの指を意識的に動かす機会を持つことによって、徐々に解決できます。指を大きく開くことにも徐々になれてきます。楽器を与えることを急ぐことは手指の充分な発達にとってかえって妨げとなるでしょう。

楽器と子どものかかわり〜体と心の発達・形成から

　まず、小学校で出会う鍵盤ハーモニカや縦笛から考えてみます。
　まだ肺活量の充分でない子どもによっては、腹式呼吸に依らないでが

むしゃらに吹いていると、胸に大きな負担をかけてしまいます。小学校1年生から扱う鍵盤ハーモニカは、和音を出そうとすると、おとなでもかなりの息の量が必要で、苦しくなってしまいます。鍵盤ハーモニカの負担には大きなものがあります。これほどまでに息が必要な楽器をなぜ1年生に与えるのでしょうか。衛生面や、忘れ物をしたときの対応が面倒という理由で、ハーモニカを鍵盤ハーモニカに変えてしまったのでしょうか。

　縦笛はそれをくわえることにより、肺から笛の先までが直結された、一本の管が生じます。そこで息を、腹式呼吸で腹筋を使ってコントロールするのですが、おとなでも無造作に吹いてしまっていることが時々見かけられます。腹筋の支えが充分でないと、比較的短時間に大量の息を吐き出してしまいますから、鍵盤ハーモニカと同様に体への影響も心配ですし、音程や音色が非常に悪くなりますから、音の調和や美しさを教えることが難しくなってしまいます。

　一方ピアノの場合では、子どもの手に対する鍵盤の大きさに問題があると指摘する人もいます。つまり、欧米の体格の大きい、手の大きい人にとって都合のよい大きさが、すべてのピアノの規格であることに問題があるとする考え方です。このような考えを一時期熱心に勧めていた作曲家がいますが、彼はヴァイオリンに子ども用の1/4や1/8の楽器が有ることもその主張の根拠としていました。

　メーカーでは教育用鍵盤とか細幅鍵盤と名付けられた幅の狭い鍵盤のピアノを受注生産しています。そして彼はそれらの必要性を講演会などで熱心に語ってきました。ホールにも標準と細幅の鍵盤の少なくとも2台設置されるべきだと主張していました。

　そこまでしてでもホールを会場にしたピアノ発表会を小さいうちから体験させなければならないのでしょうか。私は、あくまでもピアノを弾かなければならない、そうでなければより良い音楽教育ができないと考

えてしまうことに、根本的なあやまりがあると思います。

　先に述べたような新しい試みでは、両手を使って無理なくメロディーを演奏する子どもと、それに併せておとなが弾く連弾の形によって、豊かな表現を持たせた曲も多くあります。しかし、標準と細幅の鍵盤の必要を訴えていたこの作曲家は、彼の怠慢を『産業』に癒着し迎合することで補っているかのようです。私は、このような作曲家は、子どもの音楽教育について講演してまわることを潔く辞退するべきだったと思います。

　また、近年よく見かける幼稚園、保育園児による『トランペット鼓隊』『鼓笛隊』演奏にも、子どもにとっては危険な事が多いと指摘せざるをえません。

　トランペットは、縦笛や横笛などのフルート族の楽器に比べれば、息の使用量は少なくてすみます。しかし継続的に発生させる唇の振動は、これから大きく成長する幼児にとっては避けたほうがよいのではないでしょうか。『鼓笛隊』では鍵盤ハーモニカも使われる事が多いようですが、悪影響を肺やその周辺に及ぼす可能性は、当然のことながら小学生より大きくなります。そもそも、子どもたちの器楽合奏による音楽体験の時期が、早過ぎるのではないでしょうか。

　合奏や合唱では、自分が演奏・歌うこと以上に、周りの人の音・声を聴くということが重要なのです。

　日常的に大きな怒鳴るような声の『朝のお返事』や、張り裂けるがごとくの大声で、音程の正確さに何の興味を示すことのできない『お歌』を容認しているようでは、合奏自体が成り立つわけはないのです。これらの事柄に無自覚な園に『トラッペット鼓隊』『鼓笛隊』が多いのはなぜでしょうか。これらの合奏形態は、見る・聴く側、つまり指導者や保護者の満足感が強く得られます。そのような想いが強すぎるのか、曲のある部分をどうしても間違ってしまう子どもの鍵盤ハーモニカの内部にセ

ロハン・テープを張り、音を出さなくして合奏の邪魔にならないようにして出演させたという事例もあります。園児募集など経営的にはプラスであったとしても、子どもの心が育つことに何のプラスもないばかりか、体の形成に及ぼす悪影響よりも遥に大きな悪影響を、子どもの心に与えているのです。そのことに無頓着であることが、音楽を創ることに結びつくことはありえないのです。

　中学校の吹奏楽部などで、入部してきた生徒に対して教師が一方的に、その体格や唇の形を判断の根拠として、楽器を割り振ることがあります。そもそも、そのような簡単な見分け方で楽器が決定されるなどということに無理があるのです。吹きたい・弾きたい楽器を子どもたちが選ぶことよりも、合奏の形態を整え、コンクールや演奏会での対外的な評価を優先している教師やおとなの立場を見直すべきです。鍵盤ハーモニカにセロハン・テープと同様に、あってはならないことでなのです。そういう方法をとってしまうおとなが『音楽』を指導することは許し難いことです。

楽器の特徴や音の調和を知り、創りだすことを教えていない

　ヴァイオリンは弦のどこを押さえるべきなのかということの習得に難しさがあります。ヴァイオリンにはギターのようなフレットが有りませんから、押さえる指の位置によって微妙な音程差を作ってしまいます。一般的なヴァイオリンのレッスンの初期段階では、教師の弾くピアノの音に併せて（同音で）弾いて指の位置を覚えるという形態が多数を占めています。そして、そのような場合の多くは、ピアノの音程が少々狂っていても、ヴァイオリン教師は平然とピアノを弾きつづけています。本来は純正な響きを持つ和音を、自身の楽器で、あるいは教師との間で創

り、ハーモニーの調和を確認しつつ弦を押さえるポジションを覚えていくべきではないでしょうか。

　かなり狂ったピアノに併せて指の位置を練習していた人に、調律が終わったあと「上がっていくときのソは良いが、下がっていくときのソが合わないから、調律が悪い」と言われることが幾たびか在りました。鍵盤楽器では上がるときも下がるときも出てくる音の高さは同じですから、上がるときと下がるときで音程が合わない原因は、本当はヴァイオリンの弦を押さえるポジションを正しく把握していないことにあります。しかしひどい場合には「その事を先生に言ったら、その調律師を変えたほうが良いといわれた」とまで言われてしまうこともあるのです。ヴァイオリン教師が音程と調和についての正しい知識を持つこともなく、教えもしないで、ピアノと合わせることだけでポジションを覚えさせているのですから、和音を響きあわせて奏でたり、他の楽器と調和させることなど、教えてもらえる可能性は殆どありません。その上に先に述べた個人練習の弊害が加わるのですから、ますます心寂しくなります。

　小学校の音楽の授業では、クラス全員が同じ音で縦笛を吹くことが日常的です。縦笛や横笛のフルート族の楽器は、楽器をくわえる上下方向の角度の微妙な違いや、唇への力の微妙な変化で、簡単にしかもかなり大きな幅で音程が変わります。また、吹く息の強さでも音程は簡単に変わってしまいます。しかし、幼稚園や保育園でやたらに大きな声で歌ったり返事をする事を求められてきた子どもたちが、周りの人の音を聴く余裕もないままに力任せに吹くのですから、クラス全員による縦笛の演奏が美しく調和することなど、何年たっても望むことはできません。

　傘下の教室を全国に有する、音楽教育システムには、新年に数百人が一堂に会して一斉にユニゾンで曲を弾く会がありますが、その凄まじいばかりの不協和は、音楽からはかけ離れた世界です。

　いずれの場合も、２、３人ずつの組み合わせで、多声のアンサンブル

を演奏したり、自分たちの演奏だけでなく他人の演奏を聴くことも体験できれば、美しい響きを求める自然な心が育つのではないでしょうか。特に縦笛のアンサンブルは独特の美しさを創りますから、生活に密着した時間の中で、ごく自然な環境で、調和の世界を創出し、体験する時間を持つことができます。

　音楽教員の養成過程での、楽器の特徴や音程・音階についての知識を学び、アンサンブルを指導するような機会を充実させることも必要です。

楽器と子どものかかわり〜楽器との出会い〜

　何か楽器を子どもたちに習わせようとする時に『楽器を演奏するための技術の習得』と『音楽による何かしらの自己表現の力を得ること』という認識の境界が曖昧になっています。

　『楽器をとおして音楽を体験すること』と『音楽の体験の一部分として楽器に出会うこと』を、どのように理解するのか、子どもと関わるのか、考えなければならないことがまだあります。

　子どもたちが音楽と出会い、楽器と出会うこと。それぞれの出会いは、私たちおとなたちがしっかりとした知識と認識をもって、意識的に創りだす必要があります。楽器を演奏することができるようになれば、必然的結果として音楽に対する感覚も育つものと、多くのおとな（保護者や教育者）が勘違いをしています。

　まず豊かな音楽体験があって、それから一つの選択として楽器の演奏を学ぶことを始めるのが本来の姿なのです。楽器の演奏には（もちろん声楽のための発声にも）そのための技術を身に付ける必要があります。そのための練習は決して楽しみだけではできません。しかし、好きなことだからこそ、自分の意思できめたことだからこそ、つらいことも頑張ることができるのではないでしょうか。

　骨格や体格が、それぞれの楽器に適するぐらいになったときに、自身

による選択の結果として楽器の演奏のための技術の習得を始めればよいのです。

そう考えると、多くの音楽教室の教師たち、そして義務教育や保育園、幼稚園で行われている音楽教育の価値観が問いなおされなければなりません。

子どもたちが自分の将来や進路について真剣に考え、自分の意思でその選択をしたときに、たまたまそれが音楽であったなら音楽大学を受験する、それでは間に合わないと考える人が多いのですが、しかしそれは単に音楽を演奏する技術の差でしかなく、そのひとの『音楽』の差ではないのです。

若い人に奥深い人生の機微までを、さほど要求しなければ、芸術的表現力を競うまでもなく技術的に優れているというだけで、多くの若い日本人が海外のコンクールで入賞するのも不思議ではありません。過去に企業主導の音楽教育システムで天才少年（少女）演奏家と呼ばれた子どもたちも、その評価の見方を変えれば「この年齢でこれだけの表現ができるとは」という評価をしていることになってしまいます。それはその子たちの将来が、この栄光の延長線上には決してなかったことからも明らかです。

楽器で音階を見る

音楽を教える側にある人たちの音階や音程に対しての理解が、我が国では不充分ではないでしょうか。

音程についても音階についても、物理的現象で説明可能なことでありながら、感覚的に成り立っているかのように考えられがちです。身近な例では、ピアノの調律師が各鍵盤の音の高さを絶対的に記憶していると思っている人が少なくありません。調律師もあえてそれを否定しな

いままです。「絶対音感」に対する理解もそれと同じで、絶対音感がなければ音楽の才能もないように勘違いしている大人や、絶対音感教育と称する教室も多く見受けられます。このような間違った状況が、乳児や幼児に対する過剰な働きかけの原因にもなります。

　音楽の基本となる音組織、音階の成り立ちについては理科の実験で充分に説明できることです。また、音階を構成する音程については、発音体の長さや重さなどの、そして周波数の比率ですから、分数のかけ算・わり算で理解することができます。

　ギターやヴァイオリンなどでは、弦長を短くすると高い音に、長くすると低い音になることや、リコーダーなどでは指穴をたくさんふさぐと低い音になることで、音の高さの違いを聴感覚以外の感覚を伴った形で経験することができます。それを無意識に体験し通り過ぎてしまうのではなく、そこに子どもにとっての新しい発見があるような機会を演出することも必要でしょう。

　鍵盤楽器では、鍵盤に向かって右側が高い音、左側が低い音になることが共通の構造です。音の「高い・低い」を「大きい・小さい」と感じてしまう子どもに出会うことがありますが、右側が高く、左側が低いというイメージを、実際に音の高さの変化と関連づける体験で、音の「高い・低い」の意味を理解し易くなります。

　鍵盤楽器での黒鍵の２つ並んでいるところと３つ並んでいるところの認識については前述しましたが、EとF、HとCの黒鍵のない場所が半音程になっていることを、聴くことだけでなく視覚も利用することで理解を容易にします。そして、実はどの半音程も fa-mi-fa、do-ti-do、と歌うと歌いやすいことを知ることもできます。

鍵盤を視覚的に利用することで、３つの全音と１つの半音からなる完全５度音程のどの部分に半音程を持ってくるかによって、少なくとも４種類の音組織ができ、それぞれがことなった表情を持つことなども、容易

に体験することができます。

　楽典の試験勉強に悩む人も多々見受けますが、例えば「完全5度」を音程の基本理解を充分にしないままに「7半音」と暗記している受験生や、そうさせてしまう高校の音楽教師やピアノ教師の姿が目立ちます。音程には「長短系」と「完全系」のあることすら教えていない教師も見受けられます。ピアノ調律師という音階をつくる仕事にある人でもこの部分を充分に学習しないままであったり、理解させないままの調律師養成校も少なくありません。「職人に理屈はいらない」という論理では困ります。

音楽を教える人の中にも、楽譜をよく読むこと、理解することを充分に教えないで、ただただ弾かせるだけという例も多くありますが、同じことがいえるでしょう。

ソルミゼーション

　個人のピアノ教師には、ピアノのレッスンと並行して、生徒たちにソルフェージュを行っている方も多いのですが、その多くは、聴音です。新曲視唱（初めて見た楽譜・旋律を無伴奏で唄う）まではなかなか困難ですが、いずれにしても、音程、音階の基本的な仕組みを理解していないと、子どもたちはただ無我夢中に取り組むしかありません。「絶対音感を」これらの必要条件としたり、これらのレッスンが「絶対音感を養うために必要」と考え違いをしているピアノ教師も少なくありません。

　教える側が音程、音階の構成を充分に理解をしていることで、習う側にとっても理解しやすいものになります。

　音楽の構造が単純だから、平易だから、わかりやすいから、扱いやすいからなどの理由で「わらべうた」に飛びつくのは危険です。人間の音楽との関わりのもっとも基本であり、原始部分であることが、子どもた

ちにとって受け入れやすい理由の大きな要素ではありますが、それだけに、歴史の積み重ねを正しく理解しておかなければ、その場の盛り上がりだけで終わってしまいかねません。

10世紀末期に生まれ1150年頃に没したグィード・ダレッツォは、聖歌隊員が、曲の途中で主音に位置が変わったときに、例えば mi -fa の半音程がどこにくるのかを知る方法として、5指の関節の間の部分を利用して計算する方法を提唱しました。グィードの手と呼ばれる図が残されています。「音楽をする」その根底には理解しておくべき音程の理論があることは、いつの時代でも同じです。

長音階と短音階を聴き比べると、私たちは長音階の方をいくらか明るく感じます。同じように、

　　　mi - fa 〜 so 〜 la 〜 ti
　　　re 〜 mi - fa 〜 so 〜 la
　　　so 〜 la 〜 ti - do 〜 re
　　　fa 〜 so 〜 la 〜 ti - do

この4種類の音階を聴き比べると、それぞれの音階にも明るい・暗いの微妙な違いがあることが解ります。

完全5度の音程は、3つの全音程と1つの半音程で成り立っていることは前記しましたが、この半音程のくる場所の違いによってできた4種類の音階が上記の音階です。

同様に、7音音階は長調と短調だけではありません。ドリア、リディアなどの旋法もあります。陰、陽、律、呂などの旋法もあります。これらの音階もそれぞれがその表情に微妙な違い、個性を持っています。

人の創り出した音楽を、書き残すために記譜法が発達しました。これは音階のルールに従っています。

今、私たちは記譜法に従って楽譜を理解して音楽を演奏します。楽譜

の表している音階の決まり事を理解することも重要であり、楽器を演奏する技術だけでは不充分です。ピアノやヴァイオリン、絶対音感の早期教育よりも、わらべうたのような人類の音楽の歴史の出発点に当たる部分、例えばリズムだけで成り立っている曲「トナエうた」などから、2音、3音、テトラ・コード、ペンタ・コード、ヘクサ・コードとすすめて、7音音階につなげることが必要でしょう。曲の構造や音階の仕組みを体験し、理解する手助けにもなります。

　この原稿を改めてまとめている今、新学習指導要領では中学校音楽で邦楽器を履修することが求められているために、お琴や、三味線などを習い始めた中学校の先生が多くなりました。その方たちが、自身がピアノという楽器を通して西洋音楽ばかりを学んできたからとまどっているという声も聞きます。
　何かそこでは、西洋音楽と邦楽を異質のものとしてとらえられているのではないのかと危惧したくなります。それらの音楽が共通の原理による音階によっていることを見落すことのないように、ここに述べたような音階の成り立ちも理解したいものです。

楽器と子どものかかわり〜声も大切な楽器

　楽器の演奏には体のいろいろな部分を、多彩に組み合わせ、コントロールすることが必要になります。
　それは決してスポーツのような外見的な激しさではありません。しかし、たとえば管楽器の演奏をしていると、見かけ以上に体のあらゆる機能を使って演奏している事実は、傍目には気づきにくいことです。管楽器ばかりではありません。『ひと』がもって生まれた素晴らしい楽器＝声であっても同じことなのです。
　日本語が聞き取りにくくなるような、日本語に合わない無理な発声方

法を子どもたちに強制したりすることは、避けられなければなりません。変声期にそのような無理な発声方法で歌わせると、おとなになっても発声における喉のコントロールが不得手になります。その結果、無意識ではありますが喉を締めて、喉に負担を掛けた状態で話すために、直ぐに声が枯れてしまいやすいなどの弊害を体験している人もいます。

　また幼児の声はおとなに比べて一般的に高いと言われていますが、かなり低めの声で歌う子どもも多く見かけます。例えばわらべうたを「Ｆ＝ｄｏ」とか「Ｇ＝ｄｏ」で歌うことにこだわると、正しく音程のとれない子どもがいますが、よく声を聴いて、少し低めに歌うようにすると、正確にしかも素直な声で歌うことができるようになります。
　その子の声を良く聴き、合わせてあげる力量がおとなの側に求められているのです。また、そのままの低めの声で小学校時代を過ごす子どももいれば、就学前１年ぐらいから徐々に声が高くなってくる子どももいます。子どもによって違うことを素直に受け入れることが必要でしょう。

さいごに

　私たちの国では明治維新後、脱亜入欧、富国強兵のもと、西欧至上主義による音楽教育が取り入れられました。
　改めて、音階の理論とそれにかかわる人類の歴史を簡単に纏めると「音階の成り立ちは、弦の長さの比によって表すことができ」、そして「その基本原理は、古代ギリシャでも中国でも共通するもの」です。ただし、それによって得た音の何と何を使うのかによっても、民族ごとの違いがうまれます。

　維新以前、それまでに培われてきた私たちの国の音楽の基本にある原理も同じなのですが、しかし、私たちの国の文化は、その調和を崩すこ

とに対して美を感じた文化なのではないのかと私は考えるのです。
弦楽器の弦はその両端を駒によってはっきりと区切り、規則正しい弦振動を生み出しますが、三味線では一の糸（一番低い音の弦）が上駒に乗っていません。そのために弦が『さわり』部分の角にふれて、独特の音色を出します。また、横笛には詰め物をして敢えて音程を不正確にしたりしていることからも、意識的に調和を崩したり、曖昧さを目的としていることが判ります。

　我が国では、職人が弟子に対して「見て覚えろ」という態度できたえ、そのような姿勢が評価されていることが多いようです。そのようにして覚えた人は、実はその次の世代を論理的に説明をして育てることが難しくなります。そのような状況が数世代も続けば、例えば管楽器の指穴の位置の決め方など、その根本にあった理論が忘れ去られてしまいます。そこに調和をあえて崩す、曖昧にする「美」が在ると、根本にある理論がいっそう伝えられにくくなることでしょう。これはあくまでもたとえ話ですが、我が国の文化にはこのような面が多いのではないかと思います。
　明治の音楽教育の導入者たちは、調和を崩して美を感じることを、その根本にある『調和の原理』を忘れ、ただ『音楽は感性』と誤解をしていたのではないでしょうか。そこにあるさまざまな基本原理を全く無視してきたのではないでしょうか。
　音楽家と呼ばれる人たちを、あたかも特別な才能や感覚を持った人と誤解し、また音楽家自身も自分の無知な部分を『感性』のひとことでうやむやにしてきた事が多いのではないでしょうか。

　以前、浜松のあるピアノ・メーカーの調律師の中心的な存在の人を紹介する番組がありました。この番組では彼が『半音の１／２００の違いを聞き分けることができる』ことを、殊更に強調していました。彼自身も実

際にそのような違いをピアノの音で生じさせ『(レポーターに対して、つまりは視聴者に対して) 解らないでしょうね』と、さも得意げに言っていたのが印象的であり、腹立たしくもありました。調律は『うなり』という現象を聴くことに慣れさえすれば、殆どの人が半音の1/200どころか、わずか1/500狂った状態も判断できるのです。しかしここで難しいのは、そして調律師にとって要求されることは、それを自在にコントロールすること、つまり、弦の張力の変化、すなわちチューニング・ピンと呼ばれる弦を巻き付けたピンを微妙に動かし、弦を必要とされる状態に安定させる技術に熟練していることなのです。

　私ならば『半音の1/200の違いですか？ほら、こういうふうに唸りを聴けば、だれにでもわかるでしょ。でもチューニング・ハンマーでチューニング・ピンを回して、音を合わせてみてください。思いどおりにピンを動かして、なおかつ狂いにくいように合わせることは難しいのですよ』と言い、体験していただくのですが。

　それでは『産業』に結びつかないから、そう言ってはいけないのでしょうか。

11章

ある母親のわらべうた実践

小川隆子

「わらべうたって知ってる？」と聞かれ、「ええと、『かごめかごめ』と『なべなべそこぬけ』と……『とうりゃんせ』もわらべうたかなぁ？」とのたまう声の主は、何を隠そうこの私。こんなわらべうた知らずの私が、今回ペンを握らせて頂く羽目になった。

私には、3歳4カ月になるみどりという1人娘がいるのだが、全くの放任状態。専業主婦で、時間的余裕のあるはずの私なのに、口うるさい主人のつける文句の数々に悪戦苦闘の守備態勢をとり、子育てはほとんど手抜き足抜き。そんな私がひょんなことからわらべうたとめぐり合い、今まで読み聞かせ以外は何も構ってやったことのないみどりにわらべうたを歌ってやった。すると、何をするにも反抗的でひっかかっていたみどりの心と態度が和らいだ。朝の歯磨き、洗顔がラクラクできるようになった……。

このことを『げ・ん・き』編集長に話すと、「それはおもしろい。ちょっとそのことを書いてみて」となった。

手抜き子育て、わらべうたとの出会い

大切なわが子と直面しあうのは一体どのくらいの時間なのか。今、あらためて指おりその時間を数えてみると、朝1時間、午後、保育園から帰って夜寝るまで日によって4〜6、7時間。この時間中、決して子どもと向き合って遊んでいない。買い物に行ったり、家事をする私の横をかわいそうなみどりは、喜々としてついて回っているだけ。私は、子どもの遊びに純粋に「付き合う」ということがない。かろうじて、夜寝る前、絵本を読むだけ。最近では、夏という季節柄、ちょっとだけプールに連れていく。なんと悲しいことに、私が、さあ、プールだからいっしょにバシャバシャして遊ぼうとはりきっても、いきなり純粋に自分の相手をしはじめた母親に奇異なものを感じるのか、みどりは「いやだ、ひとりでするの」と言い、受け止めてくれず、拒否される始末である。娘

11章　ある母親のわらべうた実践

の方が、お母さんは遊ぶ相手ではないと覚え込んでしまったのだろうか。これはエライことだと私は危機感を覚える。

　よく世間では、1人っ子は過保護、愛情過多のせいで、1人では何もできずいつも親の陰にいて、親としか遊ばず、話さず……等々言われるけれど、我が母子はとんでもない。親離れ、子離れのし過ぎによる愛情不足が問題である。こんなことではいけませんと、我が姿を省みるのだけれど、一向に態度を改めようとせず、相変わらず、自分中心の生活を送る私の傍らで、1人で何やかやブツブツひとり言を言って遊んでいる我が子。私は何か大切な物を失いつつ、この3歳4カ月という貴重な時をただいたずらに過ごしているという不安を抱く。

　春先には、喜んで毎日乗っていた自転車も、この炎天下に大汗かくのがイヤで乗らない。かくして運動不足、遊び不足の上、内蔵が丈夫で消化吸収が大変良いのでお腹が出てきている。父親譲りで口だけは並みはずれて達者。こんな我が子の姿を横目に、私は日常の雑事にかまけ、ながれゆく時に身をまかせ、子育てについてはあせらず、肩の力を抜いて（抜き過ぎ？）力まずに生きている。といっても、これではあまりにも手抜き過ぎの子育て。このままではせっかく神様に授けてもらったお宝ちゃん（みどりは、いとこもはとこもなし。四人のおじいちゃん、おばあちゃんにとって唯一の孫で、家の宝なのである）が、台無しになってしまうではないか。とは言いつつも、「まっいいか」とさほど悶々とするでもなく、半ば惰性で暮らしていた。

　そんなある日、わらべうたと出会った。幼稚園や保育園の先生方を対象としたわらべうたの講演ビデオで、これがめちゃくちゃおもしろい。

　わらべうたにはほとんど無知で、わが家には絵本タイムはあってもわらべうたタイムは存在したこともない。わらべうたとは全く無縁な生活をしていたわが家に、この日からわらべうたが登場するのである。

　講師の口から次々ととび出してくるわらべうた。それに合わせて嬉々として無心になって遊ぶ保育園・幼稚園の先生方の無邪気な姿はとても

普段の先生ではない。私も手遊び・ゲーム遊び・飛んだり跳ねたり走ったり、講師のうたに魅せられ、画面の前で一緒になって、我を忘れ本気で遊んでしまった。大の大人をここまで虜にするわらべうたの世界とは一体何なのだ。見終えても講師のうた声が耳から離れない。不思議なことに、メロディーも歌詞も、自然に私の口から出てくる出てくる。これは早速、みどりにも歌ってやり一緒に遊ぼうと意気込んだ。

わたしとみどりのわらべうたタイム

　わらべうたの世界にどっぷりと浸った私は、いつも通りに保育園から帰ってきたみどりに突然、「みどり　おうた歌ってあげる」と、

　　　　♪ももがなったら　だれにやろ
　　　　みどりにあげよか
　　　　○○ちゃんにあげよか♪

と始めた。急に変な声を張り上げ始めた私に、目を丸くしたみどりは一言、「おかーさん　なんだ　そりゃあ？　へんなうた歌ってどーしたの？」。
　わらべうたのすがすがしい感動をわが子に伝え、清浄とした時間を共有しようと一人勝手に想い描いた私の夢は、いとも簡単に潰れた。
「エーッ。いいうたでしょ」とは言ったものの、それ以上言葉が出ない。
「そうしたら、これはどう？」

　　　　♪ひとつひよこが　かごのなかで
　　　　だいろくねんね
　　　　ふたつふねには
　　　　………

11章　ある母親のわらべうた実践

　　　　みっつみよちゃんが
　　　　………♪

　「なんだよ　かーさん　へんなうた歌わないでよ」と、てんで受け入れてくれない。暫く唖然としていると、みどりは「♪あんたがた　どこさ　ひごさ　ひごどこさ　……♪」と口づさんでいる。
　そう言えばずーっと前に、私が知り得る数少ないわらべうたの１つである『あんたがたどこさ』を、ほんの１〜２度お風呂で歌ったことがあった。
「こっちの方がいい。♪どこさ　ひごさ　どこさ　ひごさ　……♪」と「♪どこさ♪」を繰り返している。
　なるほど、いきなり「良いうたでしょ。良いうたをかーさんが歌ってあげるから聞きなさい」とばかりに、無理矢理押しつけたって、「ヘン」の一言でシャットアウトされるのは当然のことであった。
　にもかかわらず、私の押しつけがましいヘンなうたを、ちゃんとわらべうたらしきものと認識し、今までインプットされたデータの引き出しから選び出し、自分が知っている唯一のわらべうたを口ずさんで、その世界を母親と共有しようとしている。そんなみどりの姿に私は感動した。
　そして同時に、子どもの持つ吸収力の大きさに驚いた。みどりはどんな些細なことも見逃さず、とても多くの良いこと、悪いことを、全てみな受入れ吸収してしまっているのだ。子どもは無垢で海綿のごとく、無抵抗に全てを吸い込むというが、みどりの心と頭はまさにその海綿以上の吸収力で『あんたがたどこさ』を吸収していたのだ。
　このことは、全ての子どもたちが身の周りで起きるあらゆることを、大人が望む望まないにかかわらず、その体内に吸収してしまっていることを示す。これは大変なことである。幸せ体験を少しでも多く与えなければ、彼女の心の海綿が暗く陰湿なもので膨れあがってしまうではないか。これは大急ぎでわらべうたを歌って聞かせ、幸せ体験を与えなけれ

ばと、危機感が募ってきた。
　その夜。いつも寝る前に絵本を読むのだが、その絵本タイムの直前のこと、

　　　　♪おやゆびねむれ　さしゆびも
　　　　　なかゆび　べにゆび　こゆびみな
　　　　　ねんねしな　ねんねしな♪

と歌った。ゆっくり左手の指を親指から順々に、右手で折り曲げながらやさしく掌で包んでいたのを思い出しながら、私もそれを真似てみた。みどりは母親がする初めての指遊びや初めて耳にする囁くようなうた声に興奮し、眠気を誘うどころではなくなってしまった。
　おおっと、これは大変だと思い、とっておきの静寂のうたを歌った。

　　　　♪あめ　こんこん　ゆき　こんこん♪

　布団の上に仰向けになったまま、手振りをつけ、両掌を上に向けてフワフワと雨雪の降る様をやってみた。みどりはその手振りにたいそう興味を持ち、即、自分もやり始め、もう１回、もう１回とエスカレートしてきた。ますます目が冴え、眠るどころではなくなってしまった。それでも、どうにかこうにか、我が母娘の第１回目のわらべうたタイムはおしまいにして、いつも通り絵本を読み聞かせ眠りにつかせた。
　みどりとしては、めったに遊んでくれたことのない母親がいきなり歌いだし、アレコレと相手になってくれたので、よほど嬉しかったのか、興奮しすぎ疲れたのか、絵本を閉じるとすぐに快い寝息をたて始めた。私はそのいつもより満足気な寝顔を見て、「うーん、これだ！」と思った。
　みどりはなかなかお利口さんで何でも自分でしたがる。ほとんどのことが出来る。自分で引き出しを開け、その日の服を選び、着替える。プ

11章　ある母親のわらべうた実践

ールに行く時も、私が1回行く用意をして持ち物を準備しただけで、その品物を覚え、あとはいつも自分で用意する。タオル・パンツ・帽子・ゴーグル・帰りにはく半ズボン。「行く時は水着を着ていくので帰る時はこれをはこう」と言いながら袋に入れている。食事も済めば流しに空の食器を運ぶ。私がアイロンをしようとすると、ちゃんとアイロン台とあて布を出してくる。と、こんな具合なのである（但し、機嫌のよい時だけ）。

　3歳4カ月にしては、けっこう身辺自立が出来ているのをいいことに、ほとんど何も構ってやらず、絵本の読み聞かせをかろうじてしているだけの私の子育てには、手抜き以前の大きなブラックホールがある。親譲りとはいえ、みどりは感情の起伏が激しく、ひとたび機嫌を損ねると、手がつけられない。平常なら出来ている身辺の自立が出来なくなり、パンツさえスムーズにはけなくなる。ありとあらゆることにつっかかり、ひっかかり、反抗的な文句ばかりとびだすみどりの姿に、母親として大きな責任を感じていた。

　もっとゆったりとした心で、ゆっくりと過ごすゆとりが我が母娘には必要なのだ。家事の手を休め、抱っこしてもっと母たる私の愛とかぬくもりの幸せ体験をさせてやらなければ！私の子育ての大きな落とし穴（ゆとりとぬくもりの欠如）を、このわらべうたタイムで埋めることができるのではないだろうか、とわらべうたを初めてみどりに歌ってみたのである。

　その翌朝、いつもなら自分で起き出してくるみどりが、まだ布団の中でグズグズしているので、それではさっそくわらべうたで起こそうと意気込んだ。

　　　♪ととけっこう　よがあけた
　　　　まめでっぽう　おきてきな♪

と耳元で歌ってみたが起きるはずもない。まだまだ眠いところへ、またしても押しつけがましく、耳慣れないうたを元気一杯に口ずさむ母親に向けて、「へんなうた歌わないで」と一言。毎朝、歌っていてこそスムーズに起きられるのだろう。いきなりでは無理と私は即あきらめ歌うのをやめた。

　どうにかこうにか起き上がり、着替え、すったもんだの朝食を終えたものの、歯磨き、洗顔、顔拭き、整髪といった、いつもの朝の基本的行動がどうにもはかどらない。イライラする私は半分ヤケクソで、

　　　♪くまさんくまさん　まわれみぎ
　　　　くまさんくまさん　りょうてをついて
　　　　くまさんくまさん　かたあしあげて
　　　　くまさんくまさん　さようなら♪

と、足踏みしながら歌ってみた。すると、くまさんに馴染みを感じたのか、うたの言葉がわかりやすかったのか、初めてのうたであるにもかかわらず、みどりは「おさるさんにして」と言ってきた。「おおっ、これはいける」と思った私はすかさず、

　　　♪さるさんさるさん　まわれみぎ
　　　　さるさんさるさん　りょうてをついて♪

と、歌い、元気よくクルクル回ってみせた。すると次々に、「こんどはうさぎさんで」「こんどはねこさんで」「こんどはみどりちゃんで」と言って主人公のバリエーションを楽しみながら、私と一緒に足踏みしたり、両手をついたりして嬉しそうにしている。さっきまで「嫌だ」を繰り返していた歯ブラシを片手に、大ニコニコでクルクル回って遊んでいる。それを見て私は即座に「さあ　それじゃ　今度は」

♪くまさんくまさん　はみがきしましょ
　くまさんくまさん　おめめはどーこ
　くまさんくまさん　おはなをふいて
　くまさんくまさん　おくちもふこう♪

と歌い、あれほどはかどらなかった朝の歯みがき、洗顔といった一連の朝の行事をあっという間に終えた。

みどりは、このうたがとても気に入ったらしく、「もっと歌ってェ、こんどはうさぎさんで、お顔拭いて……」とノリにのってきた。

朝の身支度はこの『くまさん　くまさん』でいこうと決めた私は、みどりのリクエストに答えた。あれほど泣いて抵抗していた大嫌いな身支度を楽しいことに変えた。

しばらくたったある朝食時

せわしく洗濯に没頭している私の目の前で、みどりがパンと牛乳と玉子焼きの朝食をとっている。お皿を見るとパンがあと少しだけになっていた。私は何を思ったのか、

♪もうちっと　もうちっと♪

と、両手ではやしながら歌った。これは、

♪いっちくたっちく　たいもんさん
　たいもは　いくらで　ごーわんす♪

の中にある一節であるが、そのとき私の口から自然に出たのだ。みどりはきょとんとして「なんだ、そりゃあ？」といつもの問をした。「パンが

あと少しになったね。全部食べてしまうまで、もうちょっとだね、と歌ったんだよ」と言うと、「ふーん、そうか」と納得顔で全部食べてしまった。

　これは何もわらべうたの一節を私が歌ったから、全部食べたというわけではない。ただこの時、みどりは私が歌ったことに私のぬくもりを感じたのであろうか、それ以来、食事でも何でも、あともう少しという時に、私が「♪もうちっと　もうちっと……♪」と歌うと、一緒に歌っている。さらに、『いっちく　たっちく　たいもんさん』のうたを全部覚えて、ふと耳をすますと１人で口ずさんでいるみどり。何度も歌ったわけではないのに、すんなり受け入れてしまったのだ。

　これは導入の状況によると思った。何気ない日常の１シーンの中で、自然に溶け出た調べであったのであろう。『もうちっと　もうちっと』が無理なく心の中に入り込んだのだ。

　みどりにすれば、「さあ歌ってあげよう。教えてあげよう」と、母親に構えられてはかなわないのだ。拒否反応を示すほかないであろう。この拒否反応を示し大パニックになったことといえば、３歳児健診の待合室でのこと。順番を待っている間、たまたま持っていた風船ヨーヨーを、私はボール代わりにポンポンつきながら、「♪ひとなげ　ふたなげ　みなげ　よなげ♪」と歌った。興味をもったみどりはさっそく「みどりちゃんがする。歌って」ときた。私は意気込んで「いいよ。歌うよ。さあ♪ひとなげ　ふたなげ♪」と歌い始めた。ところが、３歳のみどりがそう簡単に風船ヨーヨーを操れるはずがない。すぐに嫌になって「イヤだ。もうしない」とふくれっ面。これはなるほど、みどりには難しいと思った私は、風船ヨーヨーをポンポンつくのをやめ、片手にもったままリズムに合わせて、もう一方の手でトントンたたくという簡単な動作に変え、再び「♪ひとなげ　ふたなげ♪」と歌いながらやってみせた。それでも自分には出来ないことだと思い込んだみどりは見向きもせず、全く受け入れてくれない。それどころか、心が険悪状態となってしまい、待合室

の机をグイグイ押しまくり、ギーギーと大音をたて、保健婦さんに叱られるは、周りに居合わせた人たちの白い目は浴びるは、口には出さないがカッカカッカきている母親の視線を背中に「もー、イヤダー」と叫んで、廊下に飛びだし逃げだす始末。私はドタドタと後を追いかけ、人目につかない所へ連れだし「いいかげんにしなさい！」と、いつもの鬼の母となって、無駄とわかりつつも口やかましく説教タイム。

この場合は、ボール遊び等の3歳児のレベルを知らなかった私が悪い。特にみどりは何でも自分が出来なければすまない性分だから、もっと簡単な遊びでないと、最初に出来ないと思い込みイヤになってしまうだけである。また、出来ないことを教えてもらうなんてことはとてもじゃないが出来る年齢ではなかった。大人が規制の遊びのパターンを押しつけるようなもので、「それが出来る。出来ない」のジレンマのみが、子どもの心の中にはびこってしまうのである。私はわが子の性格も運動能力も把握できていない自分の無知さ加減を恥じた。

たゆまぬ親子のふれあいを重ね、生暖かい心の交わりを幾日も幾年もずーっと絶えることなく続け、泣き、笑い、怒り、哀しみ、急ぎ、ゆっくり、喧嘩し、仲良くし、食べ、飲み、眠り、起き、非泄し、……、日常生活を繰り返す中でじわじわと私たちの心と体を取り巻くようにして存在するものとなった時はじめて、わらべうたは当たり前のものとして受け入れられ、私たち人間の心のふるさととなるような気がする。

みどりの独り言とわらべうた

みどりは1人っ子のせいか、私が遊び相手をしないせいか、独り言が多い。何せ、食べること、お風呂、着替え、歯ミガキ……等、いわゆる、基本的生活行動にしか付き合ってもらえないみどりは、家にいる間は人形か、目に見えないものを相手に、何やらブツブツ言って遊んでいる。その独り言を聞いていると、けっこう面白い。「いらっしゃいませ。いら

っしゃいませ。パンとコーヒーですか。こっちもあります」「○○ちゃんは大きいんだから……でしょ。△△ちゃんこっちにおいで」「うんちしたの。そうか、じゃあ、お尻洗おうね」とか言って機嫌よく遊んでくれていると、こちらもそれを聞いて楽しんでいるのだが、いきなり、「ダメよ！そんなことしては」「いけません！ごめんなさいは」「もー、はやくしてー」「全部食べないと○○あげないよ」等々が強い口調で飛びだすとギョッとする。まったく、自分が言われた通りの言葉をそっくりそのまま口に出している。ひどい時は大声で「バッカー！」と怒鳴っている。父親のコピーである。いずれ、父親か母親か保育園の先生の口真似をし、言われた通りをお返ししているのだ。

　「子どもが３歳になったらツケがまわってくる」とよく脅されていたことが現実となり、私は今、上向いて吐いたツバを頭から浴びている。それにしても四六時中、独り言を口にしているみどりの頭の中は一体どんな様子なのか、心の中には何が息づいているのだろうか？お店やごっこや保育園の先生ごっこの１人芝居をしたり、保育園で覚えたうたを歌ったり、いつも車の中で聞く音楽を口ずさんだり、時には絵本の言葉が飛びだしたり……。絵本の言葉を口にした時は、絵本の世界にどっぷり浸っているんだな、と親としては非常に喜ばしく安心していられる。

　ところが、大人の叱責、罵声の真似を口写しされた時には顔面蒼白。どんな荒んだ心でいるのだろうか、何を思い描いているのだろうか、みどりのかわいそうな心の中を想像することさえ恐ろしい。特にみどりは、「口から生まれたみどりちゃん」の異名をとるほどのおしゃべりで、ずーっと口が動いている。その口から次々と言葉を機関銃のごとく発する。おだやかな言葉の時も、過激で恐ろしい言葉の時も、いつもその言葉の発生源としてみどりの心と頭は息をして成長を続け、みどりの人格を形成してしまうのであるから、親として怖いものがある。

　安定した良い心の状態を少しでも長くし、不安定な状態を短く、出来るだけ無に近づけたいと願うが、良い体験、いわゆる幸せ体験を多く積

まないと、心が幸せ状態にならない。ああ、やっぱりもっともっと抱っこして好き好きをしてやらねば……と深く我が子育てを反省していた。
　ちょうど、わらべうたを始めた直後のこと。
　みどりの独り言に「♪こまんか　こまんか　こまんかなーみ　もちっと　ふとー　なーれ♪」が飛びだした。たった1回膝の上に抱いて両手を合わせて歌ってやったこのうたが、しっかりみどりの心に息づいていたのだ。今まで抱っこして歌ってもらう体験の少なかっただけ心に刻まれた幸せが深かったのか。どなりまくる独り言を口にするのと雲泥の差ではないか。たった1回きりの体験から得たわらべうたをどれほど幸せで穏やかな心で口にしたのであろうか。例え空気を相手にせよ、わけわからずも、親の罵声を真似てケンカを売っている時とは、心の中にどれほどの違いがあろうかと、思わず涙が流れた。この後も、「♪あめこんこん　ゆきこんこん♪」「♪さよならあんころもち　またきなこ♪」、いろいろなわらべうたを口づさむようになった。
　まだまだ一緒に歌って遊んだ回数は少ない。気まぐれに私が半ば発作的に口づさむわらべうたを鋭くキャッチし、吸収し、自ら口づさんでいるみどり。大人が良とすることも悪とすることも、わけへだてなくとり込んでしまう、その逞しい吸収力。さも前から知っていたかのようにわらべうたを歌っているみどりの声は、とても穏やかで明るく暖かい。私はわらべうたに、我が子育てに欠けていたぬくもりを得た思いがするのであった。

わらべうたが私を変えた

　ふだん私は人も驚くほどの低音ボイスなのだが、誰もいないところで「コホン」と咳払い一つして、「♪えんやら　もものき♪」とびっくりするような高音で歌いはじめると、いつになく優しい気分でほんわかした心の、いつもとは違う自分を感じる。

「♪ほー　ほー　ほたるこい♪」と悦に入っていると、その素朴な詞とメロディーは日頃の煩わしさに膿んだ私の心を浄化してくれる。「♪ねんねんねやまの　こめやまち　こめやの　よこちょを　とおるとき　ちゅうちゅう　ねずみが　ないていた♪」と、いみじくも絶唱していると、気持ちがスーとして心暖かくなり、近所の奥さんにちょっと会釈するのさえ、にっこり笑顔が溢れたりする。
　イライラしたり、弱気になったりとマイナスの気分の時、わらべうたを歌い、どっぷりとその暖かい世界に浸ると、心が洗われ落ちつきを取り戻し強い気持ちになれる。そうすると必然的に、周りの人、子どもや家族にプラス化した気持ちで接することができるのである。私自身大きく欠けていた心のぬくもりとゆとりを与えてくれるわらべうた。それはどこまでも心やさしく暖かく、私自身を幼い頃の心の原点に立ち戻らせ、ぬくもりに満ちた母の胎内に似た感触で私の心を包み込む。
　わらべうたを生活の中で歌うようになったからといって、みどりの気難しい性格が変わったわけではない。しかし、1日のうちのいろんな生活場面での摩擦が少なくなったことは明らかな事実。これまで、私のちょっとした言葉のかけ方によっていちいち抵抗していたみどりだが、いつもの言葉かけをうたにしてみたり、わらべうたを変化させて生活上の言葉かけに応用してみたりすることで、随分その反応は和らいでいる。もちろん、ちょっと節をつけて何でもうたにしてしまうなんてことは、どこの家庭でもやっていることかもしれない。要は、それを口にする時の親子の心の通い合いが大切なのだと思う。そして、それを如何に生活の中に溶け込ませ、心なごむものにしていくかが大事なのだ。時の流れの中で、じっくりとわらべうたを歌い、わらべうたに包まれて強固な親子関係を築き上げることがまずは第一である。
　そして今や、私はわらべうたを口ずさむみどりの横で、次は家族みんなでわらべうたの幸せ体験を共有できるよう、彼女の父親をこの世界に誘い込む作戦を密かに練っている。題して「わらべうたファミリー作戦。

あとがき

　世界中のどの民族にも「子守歌」があるように、それぞれの民族には「わらべうた」があります。人を育てる教育は、肉声を通して直接語り伝えることが一番よい方法ですが、文明の力が浸透するにつれて、民族が脈々と語り継いできた古きよきものを置き去りにしてきました。

　サイレントベビーが話題になってからそれほどの時は経っていませんが、現実の幼児教育界には、子どもに語れないサイレント先生、子どもと遊べない先生が目につきはじめました。また、子どもに語る術を持たないサイレントママ、そして、子どもと一緒に遊ぶ術を待たないが故に、育児に苦しんでいる保護者の姿も目に浮かびます。

　自分自身のわずかながらの子育ての体験を振り返ってみると、人様に紹介するほどのことではありませんが、育てられたように、我が子を育ててきた気がします。これといって難しい理屈を振り回したわけではなく、幼い頃こんな遊びをしたなー、こんなうたを歌ってくれたなー等々を思い出しながら、我が子に接してきたような気がします。まさに、子育ての連鎖そのもの。

　本書は品切れにもかかわらずお問い合わせのある『げ・ん・き』37号「今こそわらべうたを」を中心に1冊にまとめました。わらべうたは言葉や仕草を使った愛情表現です。わらべうたが、家庭や匿・学校、そして地域に広がることを願ってやみません。

子育てのゆくえ
　　松居　和　　　　　本体価格 1456

育児不安・幼児虐待が増加している。先進国といわれる国々が、同じ問題を抱えている。アメリカの例を紹介し、日本の家族、地域、社会のあるべき姿を提案。

家庭崩壊　学級崩壊　学校崩壊
　　松居　和　　　　　本体価格 1429
　　　谷川俊太郎　河上亮一　推薦

　おもしろくてアッという間に読み終えた。「子育て」を低級な「仕事」と見始めるところに、人間社会を根本から揺るがす危険がある。

情報化時代の子育て
　　西村　辨作　　　　本体価格 1500

子どもの幸せを願わない大人はいないが、現代社会は、子どもの育ちや親子の絆の結実を邪魔するもので溢れている。幼い子を持つ親たちに、その注意ポイントをわかりやすく解説した書。

遠野のわらべ唄の語り伝え　人を育てる唄
　　阿部　ヤヱ　　　　本体価格 2095

伝え呼びかけの唄は春夏秋冬を通して、その季節の自然に対してうたわれる。やさしく思いやりのある子に育ってほしいと願うたった唄である。

遠野のわらべ唄の語り伝え　呼びかけの唄
　　阿部　ヤヱ　　　　本体価格 2095

現代は「心の保育」がほんとうに大切。興味をもって、次々読みすすんでいくうちに、読者の心も豊かになって、私も「心の保育」をこんなふうにやってみようという気持になる。(河合隼雄氏推薦文)

好きツ！ 絵本とおもちゃの日々
相沢　康夫　　　　本体価格 1305

毎日、わが子たちに読み聞かせをし、ほんもののおもちゃで遊んでいる父親が書いた、飾らないエッセーとまんが集。これはすぐに「わが家」でもやれると好評。

プーおじさんの子育て入門
柿田　友広　作　相沢　康夫　絵
　　　　　　　　　本体価格 1500

良いおもちゃと良い絵本は子育てを楽にしてくれる。日常の子育てのあり方をわかりやすくビジュアルに書いた書。

まだ好き…　続　絵本とおもちゃの日々
相沢　康夫　　　　本体価格 1524

好評のエッセー・「好きツ！ 絵本とおもちゃの日々」の続編。おもちゃと絵本という〈道具〉を使い、子育てを少しでも楽に、そして、愉しくするための提案書。特におもちゃ好きには必見。

げ・ん・き

Ｂ５変型判
128頁
年6回（偶数月）発行
税込定価　９２０円

　１人ひとりの子どもたちがすばらしい青少年期を迎えるために、大人は何を援助し、どういう環境を整備しなければならないのか…？
　『げ・ん・き』は３年、５年、10年先を見通した子どもの自立を願う子ども主役の保育誌です。

【著者紹介】

羽仁　協子（黄柳野高等学校理事長）
西山　志風（慶応義塾大学言語文化研究所教授）
阿部　ヤヱ（遠野市立博物館研究員）
近藤　信子（とんとんやかた主宰）
小林衛己子（常磐平幼児教室主宰）
鈴木　清子（明星台幼稚園）
内海喜久子（明星台幼稚園）
長谷川岑子（大和中央幼稚園）
梅本　妙子（元東播幼稚園園長）
市村　久子（絵本研究家）
大津　直規（国立音楽大学講師）
小川　隆子（主婦）

生きる力を育むわらべうた ～わらべうたは人生の入り口～

2001年8月10日　初刷発行	編　者	『げ・ん・き』編集部
	発行者	大塚　智孝
	印刷・製本	中央精版印刷株式会社
	発行所	エイデル研究所
		〒102-0073 千代田区九段北4-1-11
		TEL 03(3234)4641
		FAX 03(3234)4644

© Genki-hensyubu
Printed in Japan
ISBN4-87168-323-0　C3037
日本音楽著作権協会（出）許諾第0109316-101